Von S. Fischer-Fabian sind bei Bastei Lübbe Taschenbücher lieferbar:

64152 Alexander der Große
60519 Lachen ohne Grenzen
61493 Karl der Große
64192 Die ersten Deutschen
64197 Die deutschen Kaiser
64204 Ritter, Tod und Teufel
64206 Herrliche Zeiten

Über den Autor:

S. Fischer-Fabian, in Bad Salzelmen geboren, verbrachte seine Jugend im ostpreußischen Königsberg. Er besuchte die Universitäten Heidelberg und Berlin, wo er nach dem Studium der Geschichte, der Germanistik und der Kunstgeschichte promovierte. Er lebt heute am Starnberger See.
Mit seinen historischen Sachbüchern *Die ersten Deutschen, Preußens Krieg und Frieden, Herrliche Zeiten, Die Macht des Gewissens, Lachen ohne Grenzen. Der Humor der Europäer* und mit der Columbus-Biographie *Um Gott und Gold*, die alle Bestseller wurden, eroberte er sich weit über die Grenzen Deutschlands hinaus ein großes Publikum.

S. FISCHER-FABIAN

SIE VERÄNDERTEN DIE WELT

Lebensbilder aus der
deutschen Geschichte

BASTEI LÜBBE TASCHENBUCH
Band 64209

1. Auflage: Juli 2005

Vollständige Taschenbuchausgabe
der im Gustav Lübbe Verlag erschienenen Hardcoverausgabe

Bastei Lübbe Taschenbücher und Gustav Lübbe Verlag
in der Verlagsgruppe Lübbe

© 2002 by Verlagsgruppe Lübbe GmbH & Co. KG,
Bergisch Gladbach
Umschlaggestaltung: Tanja Østlyngen
Der Bildnachweis befindet sich am Ende des Buches
Satz: Dörlemann Satz, Lemförde
Druck und Verarbeitung: Ebner & Spiegel, Ulm
Printed in Germany
ISBN 3-404-64209-0

Sie finden uns im Internet unter
www.luebbe.de

Der Preis dieses Bandes versteht sich einschließlich
der gesetzlichen Mehrwertsteuer.

Meiner Uschi ...

Jedes Volk hat seine Helden, die es achtet,
liebt, verehrt, in denen die Menschen sich
wiederfinden. Die großen Männer sind zu unserem
Leben notwendig, damit die weltgeschichtliche
Bewegung sich periodisch frei macht von blassen
abgestorbenen Lebensformen.

> Jacob Burckhardt
> WELTGESCHICHTLICHE BETRACHTUNGEN

Ein großer Mann kann auch ein großes Unglück sein.

CHINESISCHES SPRICHWORT

Inhalt

Ein Wort zuvor
9

Arminius
Was wäre geschehen, wenn …
13

Otto der Große
»De sagittis Hungarorum libera nos, Dominus!«
37

Friedrich II. von Hohenstaufen
Das Staunen der Welt
57

Johannes Gutenberg
Die Beweglichkeit der Lettern
77

Nicolaus Copernicus
Der Sternenbote
99

Martin Luther
Die Macht des Gewissens
119

Friedrich der Große
»Alle Religionen seindt gleich«
139

Immanuel Kant
Die reine Vernunft
163

Schiller und Goethe
Der Briefwechsel
183

Alexander von Humboldt
Die Nacht am Orinoco
207

Richard Wagner
Gott und Dämon
231

Karl Marx
Ein Grab in London
257

Otto von Bismarck
Der Aufstieg und der Untergang
281

Robert Koch
Der Mikrokosmos
303

Albert Einstein
Die Formel
325

Ein Wort zuvor

Große Deutsche sind es, die in biographischen Essays hier vorgestellt werden. Die Art, wie sie ihr Leben bewältigt haben, in der Not nie ohne Hoffnung, im Glück nicht vermessen, ihrem Gott vertrauend oder, wer es poetischer will, den Sternen in ihrer Brust, kann uns als Vorbild dienen. Insofern sind sie wichtig in einer Zeit, die keine Leitbilder mehr hat. Sie haben unser kulturelles Erbe bereichert und ihre Wirkung erstreckt sich über die Grenzen Europas hinaus, ja – nimmt man nur Copernicus, Gutenberg, Kant, Einstein, Alexander von Humboldt, Karl Marx, Robert Koch, Luther – auf die ganze Welt.

Im Übrigen gilt, was Goethe einmal zu Eckermann gesagt hat, seinem grauen Famulus: »... habt doch endlich einmal die Courage, Euch den Eindrücken hinzugeben, Euch ergötzen zu lassen, Euch rühren zu lassen, ja Euch belehren, ja zu etwas Großem entflammen und ermutigen zu lassen.«

Was überhaupt macht einen großen Mann aus? Bei der Beantwortung dieser Frage kommt man um den Schweizer Kulturhistoriker Jacob Burckhardt nicht herum, der diese Problematik grundlegend behandelt hat. »Das Prädikat wird weit mehr nach einem dunklen Gefühle als nach eigentlichen Urteilen aus Akten und Urkunden erteilt; auch sind es gar nicht die Leute vom Fach allein, die es erteilen, sondern ein tatsächliches Übereinkommen vieler.« Alles hänge davon ab, ob man die Großen nach dem Intellekt beurteile, nach dem Sittlichen oder nach ihrer Wirkung.

Der Ruhm bietet keine Gewähr für Größe. Er vergeht so rasch wie der Lorbeer verwelkt. Und so steht es mit dem Erfolg. Niemand hat das besser gewusst als die Korsin Letizia Bonaparte, die

Mutter Napoleons. Dem Sohn, der frisch gekrönt aus dem Portal von Notre Dame de Paris schritt, raunte sie zu: »Pourvu que ça dure!« Was man frei übersetzen darf mit »Na, wie lange das wohl gut geht!«

Zu Burckhardts Favoriten gehört Friedrich II. von Preußen, dem das *epitheton ornans* »der Große« bereits zu seinen Lebzeiten zuerkannt wurde, und zwar von einem Franzosen: von Voltaire. Er besaß neben anderen Eigenschaften der Größe *Seelenstärke*. Schicksale ganzer Völker können davon abhängen, dass ein außerordentlicher Mensch in den Zeiten absoluter Verzweiflung standhaft bleibt. »Alle seitherige Geschichte ist davon abhängig, dass Friedrich dies von 1759 bis 1766 [im Siebenjährigen Krieg] konnte.«

Das Allerseltenste aber sei bei weltgeschichtlichen Individuen die Seelen*größe*. Sie liegt im Verzichtenkönnen zugunsten des Sittlichen, nicht bloß aus Klugheit, sondern aus innerem Anstand. Es ist jenes »Gran Güte«, das man bei Politikern selten finden wird. Dafür bei den Dichtern umso häufiger! Schiller – des Verfassers Lieblings-»Held« – hat dieses Gran, dieses Körnchen. Und Alexander von Humboldt hat es. Und Kant hat es.

Ein Charakterzug, der bei der Analyse bedeutender Persönlichkeiten oft vergessen wird, ist ganz einfach die Neugier. Dass er ein Genie sei, hat Einstein in noblem Understatement stets zurückgewiesen. »Ich war immer nur neugierig auf alles.« Er hatte sich das bewahrt, was die Griechen *das große Staunen* nannten.

Dieses Buch handelt – *horribile dictu* – ausschließlich von Männern. Historiker pflegten zu behaupten, dass sie »die Geschichte machen«. Wer das heute noch glaubt, sollte nicht vergessen, dass die Männer ohne ihre Frauen wenig hätten »machen« können. Sie waren Ehefrauen, Mütter, Geliebte, Lebenskameradinnen, Trösterinnen, Anregerinnen. Ob Charlotte Schiller, Cosima Wagner, Johanna von Bismarck, Elsa Einstein, Katharina von Bora (Luthers Käthchen), Constanze von Aragon (des Staufers Friedrich II. Gemahlin), Jenny Marx, um nur einige zu nennen – für sie alle gilt das Wort des spanischen Philosophen

Ortega y Gasset: »Wenn wir das, was große Männer geleistet haben, gegen das Licht halten, so erblicken wir darin als Wasserzeichen den feinen Umriss einer Frau.«

Der geneigte Leser, wie Autoren in vergangenen Zeiten ihr Publikum so freundlich anzureden pflegten, mag spüren, wie kompliziert die Aufgabe ist, Persönlichkeiten der deutschen Geschichte auszuwählen, die zu den Großen zu zählen wären.

Der Verfasser hat es sich nicht leicht gemacht. Er hat sorgfältig abgewogen, jemanden aufgenommen, wieder verabschiedet, erneut erwogen. Er hat mit seinem Verlag diskutiert, mit seiner Frau gestritten, mit Historikern gerungen wie Jakob mit dem Engel; hat sich mit all jenen auseinander gesetzt, die ihm vortrugen, dass dieser hier unbedingt hineingehöre, jener dort nicht, der eine auf keinen Fall, weil ihn schließlich jeder kenne, und der andere unbedingt, weil er unterschätzt worden sei.

Die Auswahl, die schließlich getroffen wurde, ist naturgemäß subjektiv und folgt nicht selten persönlicher Vorliebe.

»Was wäre geschehen, wenn ...«, hat sich der Autor immer wieder gefragt. Was wäre zum Beispiel, wenn – fast ein Jahrtausend bevor das Reich unter Kaiser Otto I. politische Gestalt gewann – ein Mann den berühmten Legionen des Varus *keinen* Einhalt geboten hätte. Ohne Arminius und seinen Sieg in der Varusschlacht wäre die Geschichte Europas anders verlaufen. Der Cheruskerfürst steht nicht von ungefähr am Anfang unserer Portraitgalerie.

Arminius

Was wäre geschehen, wenn ...

Der Gestalt des Arminius darf man sich nur mit Vorsicht nähern. So wie er auf seinem steinernen Sockel im Teutoburger Wald steht, den Schild an seiner Seite, den geflügelten Helm auf dem Haupt, das zum Himmel gereckte Schwert mit der Inschrift »Deutsche Einigkeit meine Stärke. Meine Stärke Deutschlands Macht« – so existiert er in der Vorstellung der Deutschen. Als eine Art Bilderbuchgermane also, aber nicht als ein Mensch von Fleisch und Blut, der einmal gelebt hat. Schuld daran ist die Deutschtümelei, die einen Mann, der am Beginn unserer Geschichte stand, zum Streiter wider »welsche Unnatur« gemacht hat, zum Schlachtengebieter, der Roms Ketten zerbrach, zur Lichtgestalt.

»Wenn ich ein Poet wer«, sagte Luther, »so wollt ich den celebrieren. Ich hab in von herzten lib« – und meinte Arminius (der inzwischen, aufgrund einer falschen Übersetzung, Hermann hieß).

Die Poeten haben ihn dann ausführlich celebriert. Klopstock, Wegbereiter deutscher Klassik, handelte das Thema in drei Dramen ab. Kleist machte ihn zu einem Helden von brennender Aktualität, wodurch seine HERMANNSSCHLACHT zum Fanal wurde, zum Aufruf wider Napoleon als Unterdrücker Deutschlands. Christian Dietrich Grabbe, unweit eines der angeblichen Varusschlachtfelder in Detmold beheimatet, versuchte sich an einem Nationaldrama. Auch eine Oper gibt es, sie heißt ARMIN, die Musik schrieb ein Herr Hoffmann, das Libretto der durch seinen KAMPF UM ROM bekannt gewordene Felix Dahn.

Wer war dieser Mann wirklich, von dem wir nicht einmal wissen, wo er geboren wurde, welches Alter er erreicht hat, ob sein Name römisch oder germanisch war, wie seine Frau Thusnelda endete und sein Sohn Thumelicus?

Hier müssen wir uns auf die Berichte römischer und griechischer Historiker verlassen. Sie sind lückenhaft, tendenziös bisweilen, durch die Überlieferung zum Teil entstellt, und doch sind sie ein Glücksfall, denn ohne sie herrschte um die Frühzeit unserer Geschichte absolutes Dunkel. Was Arminius betrifft, so existiert ein Bericht des Reiterobersten Velleius Paterculus, eines auf vielen Kriegsschauplätzen bewährten Haudegens, der nebenbei die Schriftstellerei betrieb.

Er bezeichnet ihn als »einen jungen Mann von vornehmer Abkunft, persönlicher Tapferkeit und einer genialen Klugheit, die normalerweise jenseits der Begabung eines Barbaren liegt... Schon sein Gesichtsausdruck und seine Augen verrieten das Feuer seines Geistes.«

Eine Charakterisierung, die schmeichelhaft klingt und doch glaubwürdig erscheint. Sie stammt von einem Mann, der Arminius persönlich gekannt hat, ja sein Kriegsgefährte gewesen war und nach dem Frontwechsel des Germanen, dem »Verrat«, wie er es nannte, keinen Grund gehabt hätte, ihn zu loben.

Arminius kam aus einer vornehmen Cheruskerfamilie, die, wie so manches germanische Adelsgeschlecht, ihre Söhne den Römern zur Ausbildung anvertraute. Auf dem Palatin in Rom gab es eine eigens dafür eingerichtete Schule. Der Cherusker allerdings hat sie, soviel ist jetzt gewiss, nicht besucht, sondern eine andere Schule bevorzugt: die des römischen Heeres.

Dort lernte er Velleius kennen und diente zusammen mit ihm in Germanien. Er wurde mit der Ritterwürde ausgezeichnet und erhielt das römische Bürgerrecht, eine Tatsache, die so manchem national gesinnten Historiker peinlich war. Arminius durfte nicht in den Geruch eines »Römlings« kommen.

Nun gab es Germanen, die ehrlich davon überzeugt waren, dass die Zukunft ihres Volkes nur im Bündnis mit Rom liegen konnte, mit einer Macht, deren militärisches Können ihnen imponierte, deren überlegene Kultur sie anzog. Und es gab andere, die von dieser Macht ausradiert zu werden fürchteten und ihr Heil in absoluter Unabhängigkeit suchten.

Das Jahr 8. v. Chr. war das Jahr, in dem Arminius vom balkanischen Kriegsschauplatz heimkehrte, wo er bei der Niederschlagung eines Aufstands gegen die Römer eingesetzt war, um nun einen eigenen Aufstand gegen die Römer zu organisieren. Ein Vorgang, dem eine gewisse Ironie nicht abzusprechen ist. Aber vielleicht hatten ihm seine Erlebnisse in Pannonien und Dalmatien gezeigt, wie drückend Roms Herrschaft über ein fremdes Volk sein konnte. Über die weiteren Motive seiner Rückkehr ist nichts bekannt. Vermutlich war es der Tod seines Vaters, der seine Anwesenheit als Nachfolger des Fürsten erforderlich machte.

Arminius bereitete den »Tag X« mit diplomatischem Geschick, psychologischem Einfühlungsvermögen und einer Raffinesse vor, die etwas Diabolisches hat. Talente, die man germanischen Führern bisher nicht hatte nachsagen können. Der gerade Vierundzwanzigjährige hatte seine Lektion gelernt, die man ihm unter den römischen Adlern erteilt hatte. Dass er die römische Militärtechnik beherrschte, über Taktik und Strategie mehr wusste als seine Lehrer und überdies Latein sprach, darf bei der ihm bescheinigten »genialen Klugheit« vorausgesetzt werden.

Er hatte jedoch noch Entscheidenderes erkannt: Dass römische Legionen in offener Feldschlacht schwer zu besiegen waren, die Chance aber ungleich größer schien, wenn man sie mit den Mitteln des Partisanenkriegs bekämpfte. So wie die Illyrier und Pannonier es bei ihrem Aufstand getan hatten, der letztlich zwar gescheitert war, aber einen so hohen Blutzoll gefordert hatte wie kein Feldzug Roms zuvor.

Er hielt den Kreis der Eingeweihten klein, ließ sie Schweigsamkeit schwören, reiste unter Vorwänden durch die Gaue, verhandelte mit Fürsten, um möglichst viele Stämme zur Beteiligung an der Verschwörung zu gewinnen: die Chatten, die Angrivarier, die Chattuarier, die Usipeter, Tubanten, Kalukonen, die Marser, die Brukterer. Gegen die letzteren zwei Stämme sollte sich später die maßlose Wut der geschlagenen Römer richten.

Innerhalb weniger Monate gelang das scheinbar Unmögliche: germanische Völker, die in schlechter alter Tradition untereinander zerstritten waren und miteinander rivalisierten, zu einem Bund zu vereinen. Wer nicht mitmachen wollte, wurde gefangen gesetzt oder beseitigt. Armin war jedes Mittel recht, um sein Ziel zu erreichen. Auch das der bewussten Täuschung.

Und hier gelang ihm sein Meisterstück, nämlich den römischen Statthalter Quintilius Varus derart zu verblenden, dass er den Feind für einen Freund hielt. Arminius machte sich dabei eine große menschliche Schwäche zunutze: die Eitelkeit. Varus war eitel wegen seiner zweifellos bedeutenden juristischen Fähigkeiten, und Arminius beutete diese Schwäche aus. Als Träger der Würde eines römischen Ritters genoss er ohnehin das Vertrauen des Statthalters. Er war häufiger und gern gesehener Gast an dessen Tafel und verstand es dabei immer wieder, den Gastgeber auf sein Lieblingsgebiet zu locken, die Juristerei.

Als Varus gegen Ende des Jahres 6 am Rhein erschienen war, herrschte Ruhe, und niemand konnte ahnen, dass es die Ruhe vor dem Sturm war. »Die Barbaren wurden zur Ordnung der Römer erzogen. Märkte wurden eröffnet und friedlicher Verkehr mit ihnen unterhalten.«

Die Aufgabe des neuen Statthalters war es, diesen Frieden dauerhaft zu machen, ein unterentwickeltes Land in eine zivilisierte römische Provinz umzuwandeln. Er war in erster Linie Verwaltungsfachmann und zutiefst von dem Gedanken durchdrungen, dass Halbwilden nichts Besseres passieren konnte, als an den Segnungen seiner Jurisdiktion teilzuhaben. Was die Germanen Recht nannten, musste Varus als eine Mischung aus Aberglauben und Willkür erscheinen, eine Annahme, die von seinem Standpunkt aus verständlich erscheint, denkt man an das Rechtswesen seines Volkes, das nicht umsonst als größter Beitrag zu unserer abendländischen Zivilisation gilt.

Diesem Recht versuchte er Geltung zu verschaffen. Aber die Art, wie er es tat, wirkte wie ein Schlag ins Gesicht derer, denen es zuteil werden sollte. Er *brachte* den Germanen nicht das Recht, er brachte es ihnen *bei*, in der Art jener Besatzungsgeneräle, die zu allen Zeiten die Mentalität der Besetzten nicht begriffen haben. Zur Entschuldigung des Statthalters hat man angeführt, dass er allzu lange im Orient gewesen sei, zu sehr an orientalische Verhältnisse gewöhnt war, um noch umdenken zu können. Doch was sich dort als wirksam erwiesen hatte zur Aufrechterhaltung von Gesetz und Ordnung, schlug hier in das Gegenteil um: Stockhiebe, Folter, öffentliche Auspeitschung, Hinrichtungen *coram publico*.

Bevor er nach Germanien kam, hatte er die Provinz Syrien als Statthalter verwaltet, fungierte eine Zeit lang als Berater des Königs Herodes, schlug nach dessen Tod die Rebellion der Juden nieder und ließ Jerusalem besetzen. Den Abschied des Römers aus Syrien kommentierte die offizielle Geschichtsschreibung mit den Worten: »Arm hatte er das reiche Land betreten, reich verließ er ein armes Land.« Über seinen Charakter sagt das wenig aus. Die meisten Statthalter pflegten die ihnen anvertrauten Provinzen wohlhabender zu verlassen, als sie gekommen waren. Cäsar hatte seine astronomisch hohen Schulden als Verwalter Südspaniens innerhalb eines knappen Jahres getilgt. Quintilius befand sich also in bester Gesellschaft.

Neben der Rechtsprechung war es das Steuersystem, das die Germanen aufs äußerste erbitterte. Das römische Finanzamt in Trier war in der Erfindung neuer Steuern so einfallsreich wie die Finanzminister unserer Zeit es sind. Es gab Kopfsteuern, Grundsteuern, Gewerbesteuern, Lizenzsteuern, Monopolsteuern, Umsatzsteuern, Vermögenssteuern, Erbschaftssteuern und zahlreiche Extrasteuern. Der Bürger Roms genoss seine Sonderstellung nicht zuletzt deshalb, weil die Bürger der einzelnen Provinzen so erbarmungslos zur Kasse gebeten wurden. Der riesige Apparat, mit dem ein Gebiet beherrscht und verwaltet wurde, das größer war als das der Vereinigten Staaten von Amerika, verschlang immense Mittel. Bisweilen wurde die Steuerschraube zu stark angezogen. Dann kam es zu Aufständen, wie auf dem Balkan. »Es ist geschehen, weil ihr euren Herden keine Hirten mitgegeben habt, sondern Wölfe.« So einer der Rebellen. Den Winter pflegten die Römer in den stark befestigten Garnisonen am Rhein zu verbringen. Ein Zeichen, wie wenig sicher sie sich in einem Land fühlten, das sie »Provinz« nannten, ohne dass es bereits eine gewesen wäre. Lediglich einige feste Lager, die von einheimischen Hilfstruppen unter römischem Kommando besetzt waren, sogenannten Auxilien, sorgten für die Präsenz. Mit dem Beginn der warmen Jahreszeit unternahmen die Legionen dann ihre Sommerfeldzüge: Unternehmungen, bei denen im allgemeinen kein Blut floss, sondern lediglich Macht demonstriert wurde.

Sechstausend waffenstarrende Legionäre auf dem Marsch, in den Flanken gedeckt von den Bogenschützen und der Reiterei; die Feldzeichen, aus Silber getriebene Adler, funkeln im Licht, Hörner und Tuben dröhnen, in der Mitte die Trainwagen und Lasttiere; die schweren Wurfgeschütze und Belagerungsmaschinen hinterlassen tiefe Räderspuren, der Legionskommandeur hoch zu Ross, umgeben von den ordensgeschmückten Stabsoffizieren – ein solches Heer war ein Anblick von erschreckender Großartigkeit, wie Augenzeugen immer wieder berichten, das allein dadurch wirkte, dass es existierte.

Endstation der Sommerfeldzüge waren die Sommerlager. Ein Mann wie Varus, der den Prunk liebte, eine reich besetzte Tafel und geistreiche Gespräche, hielt hier Hof. Das alte Spiel des *divide et impera*, des Zwietrachtsäens um zu herrschen, das er im Orient so vollendet beherrscht hatte, versuchte er auch hier zu spielen.

Gerade unter den Cheruskern hatten sich die Fraktionen Contra- und Pro-Rom am stärksten profiliert. Dem Arminius stand Segestes gegenüber, Stammesfürst wie er und von großem Einfluss. Er empfand ein Unternehmen, das sich gegen die größte militärische Macht der bewohnten Erde richtete, als Wahnsinn. Hinzu kam die Verstrickung von Politik und Privatleben. Arminius hatte ihm die Tochter Thusnelda geraubt, die einem anderen Mann versprochen worden war. Aus politischer Gegnerschaft wurde so persönlicher Hass. Oder, wie es der römische Schriftsteller Tacitus in seiner unnachahmlichen Art ausdrückt: »Die verwandtschaftlichen Beziehungen, die unter Einträchtigen Bänder der Liebe sind, waren hier nur Stachel zum Zorn unter Verfeindeten.«

Segestes war es, der den eigentlichen Coup der Aufrührer

beinah in letzter Minute auffliegen ließ. Kurz vor dem Verlassen des Sommerlagers hatte Arminius den Aufstand eines »entfernter wohnenden« Stammes melden lassen. Varus nahm den Köder sofort an und beschloss, die Insurgenten auf dem Rückmarsch in die Rheinfestungen niederzuschlagen. Damit war für die Germanen eine wichtige Voraussetzung jeder Strategie erfüllt: dem Gegner Zeitpunkt und Gelände einer Schlacht zu diktieren, womit Cäsar so häufig seine Erfolge errungen hatte.

Da erschien Segestes und enthüllte das Komplott bis in die Details. Varus hörte ihn geduldig an, glaubte ihm aber nicht. Das Gehörte erschien ihm zu phantastisch. Es erinnerte ihn allzu sehr an die Kabalen, die während seiner Statthalterschaft in Syrien die Mitglieder des Hauses Herodes gegeneinander angezettelt hatten.

Als Segestes forderte, ihn und Arminius in Ketten zu legen und so lange gefangen zu halten, bis seine Worte sich als wahr erwiesen hätten, stutzte er. Es war aber einfach unglaubhaft, dass ein römischer Ritter, der hochdekorierte Führer eines Hilfskorps, ein germanischer Fürst, der fast täglich Gast unter seinem Dach gewesen war, dass ein solcher Mann ihn, Varus, verraten könnte.

Varus schickte zuerst die Auxilien in ihre überall im Land verteilten Standlager. Dann verließen die drei Legionen, unter Zurücklassung einer kleinen Besatzung, das Lager durch die *porta praetoria*, das für die Römer glückbringende Tor, das diesmal kein Glück bringen sollte. Der Tross, in seiner Schwerfälligkeit ohnehin die Achillesferse jeder marschierenden römischen Einheit, war diesmal besonders groß. Da die Offiziere im Sommerlager auf keine der Bequemlichkeiten verzichten wollten, die ihnen in den Garnisonen am Rhein zustanden, wimmelte es von Sklaven und Freigelassenen, von Ehefrauen und Prostituierten, von Marketendern und Hasardeuren, von einer Vielzahl von Nichtkombattanten.

Unter den Freigelassenen waren zwei junge Burschen namens Thiaminus und Privatus, die der Unteroffizier Marcus Caelius aus Bologna als Diener beschäftigte. Ihre Gesichter sind uns, zusammen mit dem ihres Herrn, als Einzige aus der Zahl der 25 000 Todgeweihten bekannt. Der Bruder des Marcus hat sie auf einem Grabstein lebensgetreu verewigen lassen, in der Hoffnung, dass es eines Tages möglich sein werde, die sterblichen Überreste aus den germanischen Wäldern heimzuholen.

»CECIDIT BELLO VARIANO OSSA INFERRE LICEBIT – Gefallen in der Varusschlacht. Mögen seine Gebeine einst hier bestattet werden«, heißt es am Schluss der Inschrift. Der Grabstein, den man bei Xanten entdeckt hat, steht im Rheinischen Landesmuseum in Bonn: als wirklicher Zeuge eines unwirklich anmutenden Geschehens.

Im Jahre 1868 machte man am Fuß des Galgenbergs nahe Hildesheim einen aufsehenerregenden Fund. Bei der Anlage eines Schießstandes war der Spaten eines Musketiers in etwa zweieinhalb Meter Tiefe auf »eine spiralförmig gewundene Stange« gestoßen. Nach und nach förderte man Schüsseln, Trinkbecher, Schöpfkellen, Teller, Kannen, Platten, Serviertische, Misch- und Kühlgefäße zutage, insgesamt 74 silberne Gefäße und Geräte von erlesener Kostbarkeit. Der Schatz ist unter dem Namen »Hildesheimer Silberfund« weltbekannt geworden, und die Besucher, die ihn an seinem jetzigen Ort, dem Antikenmuseum in Berlin, bewundern, fragen immer wieder, wie viel er wohl heute wert sei.

Dass es sich um das persönliche Tafelsilber des Varus handele, der es im letzten Moment habe vergraben lassen, lässt sich nicht mehr aufrechterhalten – so verlockend dieses Annahme auch gewesen war. Doch, bei aller Pracht, für einen mit dem Kaiserhaus verwandten Statthalter war das Service nicht umfangreich genug. Das Hauptquartier des Varus mit seinen Repräsentationspflichten gegenüber den Germanenfürsten wäre, was die Tafel betrifft, anders ausgestattet gewesen. Ein Zusammenhang mit der Varusschlacht ist jedoch keineswegs auszuschließen. War es eines Germanen Kriegsbeute? War es die Opfergabe eines hohen römischen Offiziers, der die Götter versöhnen wollte?

Der Marsch der Legionäre in den Tod hat begonnen ...

Varus ist nach wie vor ahnungslos. Er hat noch nicht einmal Gefechtsbereitschaft befohlen. Die Kolonnen bewegen sich vorwärts in den für den Reisemarsch befohlenen Abständen, 90 Zentimeter von Mann zu Mann, in Sechserreihen. Die Reihen lösen sich auf an engen Stellen, vermengen sich mit dem Tross, stauen sich, quellen an den Seiten hervor. Ein Heerwurm kriecht durch die Landschaft, schwerfällig, langsam, jedem plötzlichen Überfall ausgeliefert.

Doch von irgendeinem Hinterhalt kann nicht die Rede sein. Die germanischen Stammesfürsten scheinen dafür zu bürgen. Sie reiten im Gefolge des Statthalters, begleiten den Zug eine lange Strecke Weges, melden sich dann in aller Form ab: Sie wollen, so geben sie vor, ihre Truppen mobilisieren, um dann zum römischen Heer zu stoßen. Zur gemeinsamen Niederschlagung des Aufstandes.

Diese Truppen sind jedoch längst da. Wenn auch nicht zur Unterstützung der Römer. Wie eine Geisterarmee sind sie den Legionen seit dem Abmarsch gefolgt, getarnt durch Wälder und Hügel in dem ihnen genau bekannten Gelände, auf den Befehl zum Zuschlagen wartend. Das Land zwischen Mittelrhein und Mittelweser steht bereits in hellem Aufruhr. Immer mehr Stämme schließen sich an. Der Kampf gegen Rom wird zur Sache des Volkes erklärt, die Führer der romfreundlichen Parteien, wie Segestes, sind nun gezwungen mitzumachen und bereits mitschuldig geworden: Die bei den einzelnen Stämmen postierten Kommandos der Römer hat man bis auf den letzten Mann niedergemacht.

Die Legionen marschieren weiter. Das Terrain ist unwegsam geworden, waldig, von Schluchten zerrissen, Regen setzt ein. Es ist der schwere, tagelang anhaltende Regen des Herbstes, der in diesen Landstrichen fällt, von Arminius ersehnt, ja, in seine Pläne einkalkuliert. Dazu ein Sturm, der immer stärker wird. Bäume stürzen und bilden schwer zu beseitigende Hindernisse, ein kleiiger Boden hemmt den Schritt, die Wagen bleiben stecken, der Himmel verfinstert sich, macht den Tag zur Nacht. In das heillose Durcheinander schreiender, fluchender Menschen stoßen urplötzlich die germanischen Kampftrupps.

Es sind Kämpfer zu Fuß, schnell, beweglich, ausgerüstet mit leichten Waffen, die kurze, vernichtende Angriffe ausführen, sich sofort wieder in das Dickicht zurückziehen, wenn sie auf Widerstand stoßen. Ihr Ziel ist es, die einzelnen Marschkolonnen zu zerteilen, die Kräfte des Gegners aufzusplittern, einzelne Trupps aus der Kolonne zu locken.

Varus bleibt gelassen, gibt in kluger Erkenntnis der Situation den Befehl, den Feind nicht zu verfolgen. Er hofft zuversichtlich auf das baldige Eintreffen des treuen Arminius, der mit seinen Auxilien dem Spuk ein Ende bereiten wird. Blutige Ironie, oder, wie Velleius es mit dem Pathos des römischen Historikers ausdrückte: »...wen die Götter verderben wollen, den schlagen sie mit Blindheit und bewirken so auf unheilvolle Weise, dass das, was geschieht, mit vollem Recht zu geschehen scheint, und so verwandelt sich tiefes Unglück in tiefste Schuld.«

Der andere Morgen scheint nicht anzubrechen, so dunkel ist der Himmel. Varus beginnt zu ahnen, dass er in eine Falle geraten ist. Das schon stark zusammengeschmolzene Heer gerät in ein versumpftes Waldgebiet. Sturzflutartiger Regen bricht immer wieder aus den Wolken; die Sicht beträgt nur wenige Meter, von allen Seiten tönt jetzt der Schlachtgesang der Germanen. Die Römer wehren sich mit dem Mut, den die Verzweiflung verleiht. Es kommt zu zahllosen Tragödien: So stürzt sich einer der Adlerträger mit dem geheiligten Symbol seiner Legion in den Sumpf, um es nicht in Feindeshand fallen zu lassen; ein anderer tötet sich mit Hilfe der Ketten, mit denen er bereits gefesselt ist. Der letzte Widerstand erlischt, als die römische Kavallerie ihr Heil in der Flucht sucht – vergeblich, sie wird abgefangen und vollkommen aufgerieben.

Über das Schicksal des Varus berichtet Velleius in militärischer Knappheit: »Der Feldherr hatte mehr Mut zum Sterben als zum Kämpfen. Getreu dem Vorbild seines Vaters stürzte er sich in das Schwert.« Die römische Art, Harakiri zu begehen, zog auch der Lagerpräfekt Lucius Eggius zusammen mit zahlreichen hohen Offizieren der Gefangenschaft vor.

Tausende von grauenhaft verstümmelten Toten bedecken

den Waldboden. Nur einigen wenigen Versprengten gelingt es, sich in das Kastell Aliso zu retten. Arminius, der Sieger, erscheint und erlebt, auf einem Hügel stehend, den großen Triumph seines Lebens. Er spricht zu den Kriegern und dankt ihnen für ihren Mut, der den Sieg über die unbesiegbar geglaubten Römer ermöglicht hat.

Man bringt ihm die Leiche des Varus, sie ist halb verkohlt, einige Männer aus seinem Stab hatten versucht, sie zu verbrennen, damit der Feind sie nicht schänden konnte. Arminius befiehlt, den Leichnam zu köpfen, und schickt den Kopf dem Markomannenkönig Marbod nach Böhmen. Er glaubt, den großen Zauderer unter den germanischen Führern durch diese schaurige Siegestrophäe zu gemeinsamem Handeln zu bewegen.

Sechs Jahre später suchte der römische Feldherr Germanicus das Schlachtfeld auf, um die Gebeine der Gefallenen zu bestatten. Über diesen sentimentalen Marsch in die Vergangenheit liegt ein Bericht des Tacitus vor, der die Ereignisse nach der Katastrophe in faszinierender Eindringlichkeit wiedergibt:

»Sie betraten die düstere Stätte, die mit so schmerzlichen Erinnerungen belastet war. Ein halbfertiger Wall und ein flacher Graben verriet, dass hier das letzte Aufgebot versucht hatte, sich in den Boden zu krallen. Sie sahen die bleichen Knochen der gefallenen Kameraden über den Boden verstreut und zu kleinen Hügeln gehäuft, je nachdem wie der Tod sie ereilt hatte; fliehend oder kämpfend. Dazwischen die Trümmer der Waffen, die Gerippe der Pferde. Aus dem Gewirr der Äste starrten Totenschädel, die man an die Bäume genagelt hatte. In den Waldlichtungen fanden sie die Altäre, auf denen die vornehmsten Gefangenen den Göttern geopfert worden waren.

Die Legionäre, die dem Inferno damals entkommen waren, schauten sich um und erzählten: ›Ja, dort, da sind die Generäle gefallen!‹ – ›Und hier, hier haben uns die Barbaren die Adler entrissen!‹ – Dann zeigten sie den Ort, wo Varus verwundet wurde, und jenen anderen unseligen, an dem er sich mit eigener Hand den Tod gab, auch den Erdhügel, von dem herab Arminius zu seinen Kriegern sprach. Und sie erzählten, wie viele Galgen er habe errichten, wie viele Opfergruben für die Gefangenen er habe ausheben lassen. So bestatteten sie, sechs Jahre nach der Katastrophe, die Gebeine der Soldaten von drei Legionen. Da aber niemand mehr erkennen konnte, ob es die sterblichen Überreste seiner Feinde waren oder seiner Kameraden, die er mit Erde bedeckte, so begruben sie alle in dem Glauben, es seien ihre Verwandten, ihre Blutsbrüder, ihre Freunde. All das geschah mit wachsender Erbitterung gegenüber einem solchen Gegner, und sie wurden traurig und zornig zugleich.

Germanicus war es, der eigenhändig das erste Rasenstück zur Errichtung des Grabhügels legte. Den Toten erwies er damit die letzte Ehre, den Hinterbliebenen, die ihn umstanden, seinen Respekt vor ihrem Schmerz.«

Die Errichtung des Hermannsdenkmals im Teutoburger Wald jährte sich im Jahre 2000 zum hundertfünfundzwanzigsten Male. Jubiläen können nützlich sein, wenn sie der Bestandsaufnahme dienen, dem Blick in die Vergangenheit und dem in die Zukunft. Und doch gab es eine ganze Anzahl Wissenschaftler, die beim Gedanken an den Jahrestag eine Gänsehaut bekamen, weil sie genau wussten, was ihnen in einem Arminiusjahr blüht: weitere neue Schlachtfelder.

Zyniker meinten, dass es keines solchen Anlasses bedurfte, sondern bereits äußerste Alarmstufe herrschte, wenn irgendwo im Westfälischen ein Deutschlehrer pensioniert wurde oder ein Pfarrer sich anschickte, in den Ruhestand zu treten. Rekrutierte sich doch das Heer der Heimatforscher aus diesen löblichen Berufsständen. Ganz früher kamen noch die Reserveoffiziere hinzu, die ihr auf den Manövern erworbenes strategisches Wissen verwertet sehen wollten.

Im Grunde machte es nichts, wenn eine neue Hypothese über den »wirklichen« Schauplatz der Varusschlacht erschien. Es gibt ohnehin inzwischen drei Dutzend »wirklicher« Schauplätze, wenn man nur jene rechnet, die einigen Anspruch auf Seriosität erheben. Nimmt man die weniger seriösen hinzu, so kommt man nach einer Schätzung des Bonner Museumsdirektors Harald von Petrikovits auf etwa siebenhundert. Varus hat es den Urenkeln seiner einstigen Bezwinger gründlich heimgezahlt.

Ja, hat sie denn nicht im Teutoburger Wald stattgefunden, die Schlacht? Schließlich steht das Denkmal dort, und in der Schule haben wir es doch auch so gelernt? So fragt der verwunderte Laie.

Die Antwort lautet: Selbstverständlich kommt einzig und allein der Teutoburger Wald in Frage. Tacitus hat in seinen ANNALEN einen *saltus teutoburgiensis* erwähnt, und die Angaben der anderen antiken Autoren stimmen, liest man sie nur genau genug, vollkommen damit überein. Im Übrigen spricht eine Fülle von Details wie die Entfernung vom Rhein, Marschdauer und Marschrichtung, die Landschaft, die strategische Lage eine eindeutige Sprache. Leider ist das lediglich die Antwort der »Teutoburgianer«, wie die Partei jener heißt, für die nur Schauplätze in Betracht kommen, die sich in diesem schönen, sich nördlich des Oberlaufs der Ems hinziehenden Mittelgebirge befinden.

Die »Wiehengebirgler«, gestützt durch Koryphäen vom Range eines Mommsen, haben im Prinzip dieselbe Antwort, nur liegen ihre Schauplätze um das Wiehengebirge herum. Wobei sie sogar noch auf einen spektakulären Fund augusteischer Münzen verweisen können.

Die »Lippianer« argumentieren ähnlich, wenn sie als Schlachtort für die Gegend nördlich und südlich der Lippe eintreten. Von den »Hannoveranern«, den »Hildesheimern« und anderen soll hier nicht weiter die Rede sein.

Ehe man sich über diesen Gelehrtenstreit mokiert, sollte man an die Wissenschaftler denken, »die die Freuden des Entdeckers mit dem Fluch lebenslangen Verkanntseins erkaufen« mussten und daran oft zerbrachen.

Es gibt jedoch eine ganze Reihe von Untersuchungen, bei denen nach der Methode verfahren wurde: Passt es nicht, so *macht* es passend. Aus Statistiken kann man bekanntlich alles herauslesen, auch das Gegenteil des Gemeinten. Ähnliches gilt für lateinische und griechische Texte. Es kommt nur darauf an, *wie* man einen Begriff zu übersetzen geneigt ist und auf welche Art man ihn in das eigene Gedankengebäude einfügt.

Nun liegt das Übel in der Tat darin, dass die Quellen die Szenerie höchst ungenau beschreiben. »In waldigen Bergen zwischen Weser und Rhein«, berichtet Dio Cassius, doch damit lässt sich wenig anfangen. Florus erzählt in seinem Abriss der römischen Geschichte von irgendwelchen »Sümpfen und Wäldern«, in denen das »blutige Gemetzel« stattgefunden habe.

Tacitus spricht von besagtem *saltus teutoburgiensis*, einem Waldgebirge, das seinen Namen von einer »Teutoburg«, einer germanischen Fliehburg, bezogen haben wird. Unser Teutoburger Wald aber trägt diesen Namen erst seit dem 18. Jahrhundert – früher hieß dieser Höhenzug Osning –, womit, was den Schauplatz der Schlacht betrifft, also gar nichts bewiesen ist, denn Tacitus kann auch ein anderes Bergland gemeint haben.

Der Spekulation war damit Tür und Tor geöffnet, und eine Literatur begann zu wuchern, die durch Quantität und Qualität der Schrecken aller Forscher ist, die auf dieses Gebiet verschlagen werden. »So viel wird nur über Dinge geschrieben, die man *nicht* wissen kann!«, meinte der Archäologe Friedrich Koepp in einem Buch, das 1912 erschienen ist. Inzwischen wissen wir mehr.

Und zwar von der Archäologie. Einer der Jünger dieser Wissenschaft, zu deren Ausübung die Leidenschaft gehört und die Geduld, ein Engländer namens Capt. J. A. S. Clunn, fand in der Gemarkung Kalkriese einen »weitgehend zerpflügten Verwahrfund römischer Silbermünzen«, wie es in der Fachsprache heißt, insgesamt waren es 160 Denare. Wichtiger jedoch als diese zweifellos kostbaren Münzen waren drei unansehnliche Bleiklumpen, die der Captain außerdem entdeckte. Sie erwiesen sich als Schleudergeschosse, Militaria also. Mit dem Spaten und der Metallsonde gingen die Archäologen in der Kalkrieser-Niewedder-Senke nun systematisch an die Arbeit.

Und sie fanden: Wurfspieße, Schwerter, Dolche, Helme, Brustpanzer, Schilde, Wehrgehenke, wie sie das römische Fußvolk benutzte. Teile von Trensen, Riemenlaschen, Beschläge, die auf Reitertruppen hinwiesen. Schanzwerkzeuge von Pionieren, Zuggeschirre von Trosswagen. Waagen, Gewichte, Bleilote, Schreibgriffel, Geräte, alles Dinge, wie sie die nichtkämpfende

Truppe mitzuführen pflegte. Dazu Münzen, goldene, silberne und, die wichtigsten, kupferne. Denn mit Kupfermünzen wurden die Legionäre besoldet. Viele von ihnen trugen die Kontermarke VAR, was bewies, dass sie geprägt wurden, als Varus der Statthalter war.

»...die Zusammensetzung des Verbandes aus schwerem und leichtem Fußvolk«, schreibt Wolfgang Schlüter, einer der Archäologen, »aus Reiterei sowie dem gesamten Spektrum der technischen Kontingente, der Versorgungs- und Verwaltungseinheiten, sprechen dafür, dass in dem Engpasse Kalkriese-Niewedde nicht eine versprengte Gruppe operierte, sondern ein vollständiges römisches Heer.«

Das Heer des Varus also. In diesen Engpass zwischen dem Kalkrieser Berg und dem Großen Moor, einer Stätte wie geschaffen für einen Hinterhalt, hatte Armin die Römer gelockt. Wie ihm das gelingen konnte – schließlich handelte es sich bei den Legionen um Eliteverbände, die von kriegserfahrenen Offizieren geführt wurden –, bleibt unerklärlich. Haben die Kundschafter versagt, die zur Aufklärung von Gegner und Gelände der kämpfenden Truppe vorausgeschickt wurden? Hatte man die Barbaren – so das in Rom gängige Wort für die Germanen – unterschätzt?

Arminius jedenfalls war eine strategische Meisterleistung gelungen. Er hatte in römischen Diensten offensichtlich einiges gelernt, nicht nur den Ort der Schlacht hatte er dem Feind aufgezwungen, er ließ in jener Senke, die die Legionäre passieren mussten, eine Mauer aus Grassoden und Erde aufwerfen. Von diesem mit Palisaden und Brustwehren bestückten Wall warfen seine Krieger ihre Speere, brachen aus den Durchgängen hervor, zogen sich wieder zurück, griffen aufs Neue an.

Auch diesen Wall, und das gilt als ein weiteres sensationell anmutendes Ereignis, fanden die Archäologen – seine Überreste zumindest! Er maß in der Sohle fünf Meter, war zwei Meter hoch und etwa fünfhundert Meter lang. Zwar erstreckten sich die Kämpfe über einen Bereich von mehreren Kilometern, doch der entscheidende Schlag auf den Kern der Armee, die als Elitetruppe geltende erste Kohorte, konnte nach den Funden nur zwischen dem Kalkrieser Berg und dem Großen Moor stattgefunden haben.

Der Biograph der Cäsaren, Gaius Suetonius, gibt uns einen Eindruck von der Verwirrung, die in Italien herrschte, wenn er über Augustus schreibt: »Schwere und schimpfliche Niederlagen hat der Kaiser überhaupt nur zwei erlitten während seiner Regierungszeit, und beide Male waren Germanen schuld daran. Nach dem Eintreffen der Nachricht wurden die Truppen Tag und Nacht in Alarmbereitschaft gehalten, damit kein Aufruhr ausbräche. Auch verbannte er die Germanen aus seiner Leibwache.

Man erzählt sich, dass der Kaiser derart verstört gewesen sei, dass er seinen Bart und seine Haare monatelang habe wachsen lassen und bisweilen seinen Kopf gegen die Türpfosten stieß, wobei er laut rief: *Vare, Vare, redde mihi legiones meas!* – Varus, Varus, gib mir meine Legionen wieder!

Zum Oberbefehlshaber der neu gebildeten römischen Armee wurde Tiberius ernannt, ein Mann ohne Glanz, düster, verschlossen, von den Soldaten geachtet, aber nicht geliebt, doch als Techniker des Krieges absolut zuverlässig und stets erfolgreich. Seine acht Legionen, mit denen er nach Germanien aufbrach, trugen weitgehend dazu bei, dass sich die Lage stabilisierte. Auf dem rechten Rheinufer blieb es vorerst ruhig. Die Germanen hatten ihren Sieg nicht ausnützen können. Zwar war es ihnen gelungen, alle Kastelle zu nehmen, die Lippe-Festung Aliso jedoch, in die sich die Reste der Varusarmee geflüchtet hatten, berannten sie vergeblich.

Der große Plan des Arminius, die Markomannen zum Einfall in die römisch besetzten Donauländer zu veranlassen und selbst in das ebenfalls römische Gallien zu marschieren, um so das Imperium an zwei Nahtstellen zu bedrohen, kam nicht zur Ausführung. Marbod machte, trotz der grausigen »Siegesdepesche« in Form des Varuskopfes, nicht mit, und neue Stämme konnten nicht für ein gemeinsames Vorgehen gewonnen werden.

Germanicus, Neffe des Tiberius, der 13 n. Chr. das Kommando übernahm, beschränkte sich auf die Strategie der verbrannten Erde. Es war ein langwieriges, schmutziges Geschäft und warf keine Lorbeeren ab für einen ehrgeizigen jungen Mann. Die ehrenvolle Anerkennung, die ihm der Senat für die Vernichtung der germanischen Marser hatte zuteil werden lassen, konnte ihm kaum behagen. Es war ein Sieg über einen Stamm, der keine Gegenwehr leisten konnte, weil seine Krieger nach einem Opferfest total betrunken waren.

Germanicus gewährte Segestes und seiner Familie Asyl und wies ihnen einen Wohnsitz auf dem linken Ufer des Rheins an. Auch Thusnelda wurde dort untergebracht; sie allerdings unter strenger Bewachung. Den Tod hatte sie vorerst nicht zu befürchten, dazu war sie als Geisel zu wertvoll. »Sie besaß mehr vom Geist ihres Mannes als von dem ihres Vaters«, schreibt Tacitus in einer ungewohnten Gefühlsanwandlung. »Keine Träne netzte ihre Wange, kein Flehen erniedrigte ihren Mund. Sie presste die Hände in den Bausch ihres Gewandes und blickte stumm auf ihren schwangeren Leib.« Arminius sollte seine Frau nicht wiedersehen.

Das Kind, das sie in Gefangenschaft zur Welt brachte, war sein Sohn und bekam den Namen Thumelicus. Seine Mutter durfte mit ihm den Triumphzug des Germanicus schmücken und wurde so zur Attraktion des Volkes von Rom. Zusammen mit anderen Gefangenen ging sie, den Dreijährigen an der Hand, vor dem Wagen des Triumphators. Eine Szene, die die Künstler aller Zeiten zur Nachbildung inspirierte. Nach römischem Brauch pflegte man den vornehmsten Gefangenen die Ehre anzutun, sie dem Jupiter zu opfern. Was mit Thusnelda geschah, wissen wir nicht. Auch die Spur ihres Sohnes verliert sich im Dunkel der Geschichte. Man vermutet, dass er als Gladiator in der Arena einen ruhmlosen Tod starb.

»Arminius war jetzt zweifach empört. Der Gedanke an seine Frau und ihren der Sklaverei preisgegebenen Leib ließ ihn wie von Sinnen durch das Land jagen«, um noch einmal den bewährten Tacitus zu bemühen. »Was für ein Feldherr, dieser Germanicus und sein Heer von Helden. Ich habe drei Legionen in die Knie gezwungen. Ich führe keinen Krieg gegen schwangere Frauen, sondern kämpfe einen gerechten Krieg gegen Männer und ihre Waffen... Wenn euch, Cherusker, die Vorfahren und die alten Sitten teurer sind als die Verlockungen fremder Eroberer, dann schart euch um Arminius, der euch zu Freiheit und Ruhm führen wird.«

Der Cherusker konnte in den folgenden Monaten und Jahren beweisen, dass sein Sieg über Varus nicht nur dem Umstand zuzuschreiben war, dass er hier einen Ahnungslosen übertölpelt hatte. Sein militärisches Genie zeigte sich in jeder Phase der nun ausbrechenden Kämpfe.

Nach wie vor bevorzugte er die Partisanentaktik, vermied, wann immer es ging, sich den Legionären auf freiem Feld zu stellen, sondern zog sich nach überraschenden Überfällen in die Wälder und Sümpfe zurück, wo er jeden Weg, jeden Steg kannte. Er schärfte seinen Leuten ein, immer zuerst die Auxilien zu attackieren, Hilfstruppen, die weniger gut ausgebildet und weniger zuverlässig waren als die Legionäre. Er täuschte Flucht vor, lockte die feindliche Kavallerie hinter sich her, um sie von bereitgestellten Reserven in den Flanken angreifen zu lassen.

Für Germanicus war die Auseinandersetzung längst zu einer persönlichen Angelegenheit geworden. Was war mit diesen Germanen? Warum gaben sie nicht auf? Was stachelte ihren Widerstand an? Zusammen mit den Offizieren seines Stabs besprach er die Lage.

Er kam zu dem Ergebnis: »Zu besiegen sind sie nur in regelrechter Schlacht auf offenem Gelände, während Wälder und Sümpfe sie genauso begünstigten wie der früh hereinbrechende Winter. Am meisten gelitten haben die Legionäre unter den endlos langen Märschen. Dringe man aber von der See herein, könne man ungehindert und unbemerkt Fuß fassen, den Train gefahrlos transportieren, die Kräfte von Ross, Reiter und Infanteristen schonen.«

Und Germanicus bereitete eines der gigantischsten Amphibienunternehmen der antiken Kriegsgeschichte vor.

Er ließ eine Flotte von über tausend Schiffen bauen, darunter Landungsboote mit flachem Kiel und Steuerrudern an Heck und

Bug, Spezialtransporter für die Wurfgeschütze, die Artillerie der Antike, dickbäuchige Archen für die Pferde, für das Brückenbaumaterial, für Verpflegung und Munition. Im Frühsommer des Jahres 16 lief die Flotte aus den Rheinhäfen aus, an Bord ein Expeditionskorps von etwa 60000 Mann. Auf dem alten Schiffahrtsweg über Drususkanal und Nordsee erreichte man die Mündung der Weser, fuhr den Strom hinauf bis etwa zur Höhe des Allerzuflusses, wo die großen Seeschiffe die Truppen ausbooteten.

Bei Idistaviso, das man heute in der Gegend von Lerbeck und Nammen vermutet, drei Kilometer östlich der Porta Westfalica, siegte dann, wie so oft, römische Disziplin über germanische Tollkühnheit. Trotz der Geländevorteile, hinter sich Hochwald und Hügel, im Rücken des Feindes die Weser, warteten die Cherusker nicht auf den günstigsten Moment des Zuschlagens, sondern stürzten sich wie die Rasenden auf den Feind.

In dem Chaos eines solchen Schlachtgetümmels, bei dem keinem Befehl mehr gehorcht wurde, keine Order mehr durchkam, »war Arminius deutlich zu erkennen, wie er mit dem Schwert, anfeuerndem Zuruf und durch den Hinweis auf seine blutenden Wunden die Front zu halten versuchte. Er warf sich mit einigen Todesmutigen auf die Bogenschützen, um sie auszuschalten. Es wäre ihm auch fast gelungen, wenn nicht die Kohorten der Raeter, Vindeliker und Gallier den Weg verlegt hätten. Von allen Seiten umzingelt, gelang ihm mit seinem schnellen Pferd der Durchbruch, wobei er sich das Gesicht mit seinem Blut beschmierte, um nicht erkannt zu werden.«

Was waren das für Siege, die so teuer erkauft wurden, unter so gewaltigen Verlusten an Menschen und Material, fragte sich Tiberius, der inzwischen als Nachfolger des Augustus Kaiser geworden war. Was nützte die Gewinnung der Elbelinie, wenn Roms Stolz, die Legionen, dabei verdarben? Der gefährlichste Gegner, Arminius, hatte nicht ausgeschaltet werden können, erfreute sich im Gegenteil steigenden Zulaufs und wachsenden Ruhms.

Spätestens seit dem Jahre 15 muss bei Tiberius der Sinneswandel eingetreten sein. Als nach dem 16er Feldzug die Hiobsbotschaft eintraf, dass die Transportflotte des Germanicus auf dem Rückweg in einen Orkan geraten und viele Schiffe mit Mann und Maus untergegangen waren, war das Maß voll. Der Kaiser beschloss, den Neffen von seinem Posten abzulösen, bevor weitere Hekatomben geopfert wurden.

Für ihn, Tiberius, war damit das germanische Kapitel abgeschlossen. In kühler Erkenntnis der Situation empfahl er, die Germanen ihrer eigenen Zwietracht zu überlassen und diese Zwietracht nach Kräften zu schüren. Das sei wohl der einzige Weg, auf dem ihnen beizukommen war. Gleichzeitig konstatierte er, dass es unsinnig sei, unbedingt ein Land erobern zu wollen, das zu erobern sich gar nicht lohne, weil es wegen seiner Unwirtlichkeit dem Imperium keinen wirtschaftlichen Gewinn bringen würde. Was nach den Trauben klingt, die nur deshalb sauer sind, weil sie dem Fuchs zu hoch hängen.

»Was immer die sachlichen und die persönlichen Motive gewesen sein mögen«, schreibt Mommsen, »wir stehen hier an einem Wendepunkt der Völkergeschichte. Nordwärts von Italien hatte wenige Jahre zuvor die römische Herrschaft bis an die Elbe gereicht; seit der Varusschlacht sind ihre Grenzen der Rhein und die Donau ... Es muss Tiberius nicht leicht angekommen sein, den ... fast vollendeten Bau zusammenstürzen zu sehen...«

Diese Erkenntnis war hauptsächlich auf Arminius zurückzuführen, der in der Schlacht im Teutoburger Wald und in den Kämpfen gegen Germanicus den Römern den entscheidenden Einhalt geboten hatte. Er wurde deshalb im 19. Jahrhundert als der Mann bejubelt, »der den Deutschen ihre Muttersprache vor der Verwelschung gerettet hat«, der »unser Volk vor der Verrömerung und Fremdherrschaft bewahrte«, ja, der verhinderte, dass »die weit vorgeschrittene Dekadenz Roms in Germanien eindrang, um wertvolle Kräfte und Lebensformen zu zerstören«.

Sieht man es nüchterner, so bleibt die Tatsache, dass die Geschichte Europas ohne Arminius und seinen Sieg in der Varusschlacht anders verlaufen wäre. Ganz Germanien wäre, wie Frankreich und Spanien, zu einer römischen Provinz geworden, in dem Land zwischen Rhein und Elbe hätte man eine andere

Sprache gesprochen – unsere Kultur hätte ein anderes Gepräge bekommen.

Nun gibt es nicht wenige Leute, die es ausgesprochen bedauern, dass Arminius als Sieger die Walstatt verlassen hat. Es handelt sich dabei keineswegs nur um notorische Anti-Teutonen, sondern um Menschen, die die Meinung vertreten, dass es Europa besser bekommen wäre, wenn Rom damals wieder bis zur Elbe vorgedrungen wäre. Germanien wurde, wie der amerikanische Historiker Will Durant meint, der »Barbarei – das heißt einer nichtklassischen Kultur – wieder ausgeliefert«. Die kulturelle Entwicklung wurde abrupt gestoppt, die »ausgestreuten Samen römischer Zivilisation kamen nicht zur Blüte«, ein Handicap entstand, das das vom römischen Joch befreite Land nie mehr in seiner Geschichte hat aufholen können. Mit einem romanisierten Germanien hätte es weniger Auseinandersetzungen gegeben, weil weniger Gegensätze, wäre die Geschichte dieses Kontinents weniger blutig verlaufen und der Traum der Vereinigten Staaten Europas längst Wirklichkeit.

Wenn man in geschichtlichen Ereignissen einen Sinn sieht, ohne Was-wäre-wenn, so hat die Varusschlacht allerdings auch eine andere Bedeutung. Dadurch, dass die Germanen frei blieben, konnten sie ihre eigene Kultur, ihre eigene Lebensweise entwickeln. Dass es eine andere, dem Romanischen entgegengesetzte war, ist nicht zu bedauern, sondern zu begrüßen, denn gerade aus der Polarität haben sich häufig große Kulturen entwickelt, und so wäre auch die des Abendlandes nicht denkbar ohne den germanischen Beitrag.

Die Gestalt des Arminius war lange Zeit von der Parteien Gunst und Hass verwirrt. Die Gunst stammte, verständlicherweise, von deutscher Seite, was nicht durchweg zum Vorteil des Begünstigten war. Der Hass kam von den Römern, für die der Cherusker nicht nur Todfeind war, sondern auch Verräter. Wobei Hass – eine Gemütsbewegung, die eine starke Bindung voraussetzt – schon zu hoch gegriffen ist, es war mehr ein mit Widerwillen gemischtes Befremden, das sie ihm entgegenbrachten: Ihre Meinung – oder ihr Vorurteil – wurde wieder einmal bestätigt, wonach man Barbaren nicht trauen dürfe, selbst wenn sie vornehmen Geschlechtern entstammten.

Auch in Deutschland ist darüber diskutiert worden, ob Arminius dem Bild germanischer Treue entsprochen habe. Schließlich besaß er das römische Bürgerrecht, diente in der römischen Armee und war zweifellos den Römern verpflichtet. Er hat dieses Treueverhältnis gebrochen, hat den Varus, der ihm vertraute, arglistig getäuscht und so die Voraussetzung zu seinem Erfolg geschaffen. Ironie des Schicksals: Arminius, als Fürst der Cherusker die Inkarnation germanischer Treue, siegt nur deshalb, weil er treulos wird.

»So kann man blondes Haar und blaue Augen haben und doch so falsch sein wie ein Punier«, lässt Heinrich von Kleist seinen Varus sagen.

Die Dichter haben den Zwiespalt eher gefühlt als die Gelehrten und sich nicht vor der Auseinandersetzung gedrückt. Hutten, Kleist, Klopstock gehen in ihren Werken auf das Problem ein, Grabbe deutet den seelischen Konflikt eines Menschen an, der der fremden Macht genauso verpflichtet ist wie seinem eigenen Volk, und bietet als Lösung, dass man eine betrügerisch agierende Macht mit Betrug bekämpfen dürfe.

Eine Antwort auf die Frage nach Treue oder Nicht-Treue liegt in der Tatsache, dass Arminius eben kein Bilderbuchgermane war, den man mit allen Tugenden schmücken konnte. Er dachte in erster Linie politisch und handelte politisch. Die Römer hatten ihm anschaulich vorgelebt, wie sehr der Zweck die Mittel heiligt und dass Perfidie nicht mehr perfid ist, wenn sie zum Erfolg führt. Das allein war seine Maxime. Er hatte erkannt, dass die bestausgerüstete und bestgeführte Armee der Welt nicht mit den Waffen allein zu besiegen war, sondern List, Tarnung, Täuschung hinzukommen mussten.

Vielleicht hat er einen inneren Zwiespalt gefühlt gegenüber seinen ehemaligen Waffengefährten, vielleicht tat ihm der vertrauensselige Varus leid; ja, es ist sogar anzunehmen, denn die Schilderung seines Kriegskameraden Velleius lässt Arminius nicht als Finsterling erscheinen. Er hat dennoch unbeirrt das einmal gestellte Ziel verfolgt. Dass er dabei moralisch schuldig wurde, dieses Manko teilt er mit vielen Großen der Geschichte.

Arminius konnte die Früchte seines Sieges nicht genießen. Der Cherusker wollte die errungene Position ausbauen, sich zum Alleinherrscher aufschwingen. Die Vollmachten, die dem Heerführer nur für die Zeit des Krieges zugebilligt wurden, sollten von nun an auch für Friedenszeiten gelten. Persönlicher Ehrgeiz spielte dabei eine ebenso große Rolle wie die Faszination, die die Macht ausübt, aber auch das Gefühl, dass seine Landsleute nur durch einen starken Mann zusammenzuschmieden waren, nur so der Kampf gegen Rom erfolgreich fortgesetzt werden konnte.

Die Freiheit aber war den Germanen unteilbar, sie wollten römische Fremdherrschaft nicht gegen germanische Diktatur eintauschen. Es kam zum Krieg eines jeden gegen jeden, in dessen Verlauf Arminius – er erreichte ein Alter von 37 oder 39 Jahren – umkam. Vermutlich durch den Dolch eines Verwandten.

Tacitus war es, der dem Arminius eine Huldigung schrieb, wie sie sich nicht eindrucksvoller denken lässt. Er hat in ihm nicht den verräterischen Barbarenhäuptling gesehen, sondern die große historische Persönlichkeit.

»Er war ohne Zweifel der Befreier Germaniens, ein Mann, der Rom nicht, wie es andere Könige und Feldherrn taten, in seinen Anfängen herausgefordert hat, sondern als es auf der Höhe seiner Macht stand. In den Schlachten hat er mit wechselndem Glück gekämpft, im Krieg jedoch blieb er unbesiegt. Seine Taten leben in den Liedern seines Volkes fort...«

Von ihm und seinen Taten sei also noch Jahrhunderte nach seinem Tod gesungen worden, und die Forschung fragte sich angesichts der Tacitus-Stelle, wo diese Heldenlieder geblieben sind. Wenn in der Physik das Gesetz gilt, wonach keine einmal erzeugte Kraft gänzlich verloren gehen könne, so gilt das auch im geistigen Bereich. Der Grundcharakter des Arminius besteht aus dem jünglingshaft Strahlenden, das dem Finsteren weichen muss, aus den Zügen eines jungen Edlen, der auf der Höhe seines Ruhms heimtückisch ermordet wird.

Nach einer Sagengestalt mit einem derartigen Schicksal galt es zu suchen, und die Forschung glaubte, sie bald gefunden zu haben: in keinem Geringeren nämlich als dem Helden Siegfried des Nibelungenliedes. Hier zeigen sich in der Tat frappante Ähnlichkeiten.

Siegfried wurde von den Verwandten seiner Frau ermordet – wie Arminius, denn mit den *propinqui* des Tacitus kann nur die Sippe des Segestes gemeint sein; Siegfried erschlug einen Drachen – wie Arminius, denn Fafner war das zum Drachen gewordene Heer der Römer; Siegfried wuchs in Xanten am Niederrhein auf – in Xanten lag das antike Castra Vetera, das mächtige Römerkastell, in das sich die Reste des Varusheeres geflüchtet hatten; Siegfried wurde von einer Hirschkuh gesäugt und starb wie ein von den Jägern gehetzter Hirsch – Arminius gehörte dem Stamm der Cherusker an, eine Bezeichnung, die auf den germanischen Wortstamm *herut*, d.h. »Hirsch«, zurückgeht; Siegfried war der Sohn des Königs Sigemund – Arminius' Vater hieß Sigimer.

Das sind eine Reihe von Parallelen, die nicht allein zufällig sein können. Diese Meinung jedenfalls vertritt die neuere Forschung und ihre Argumente überzeugen bis ins Detail. Eine Hypothese wird hier zur Tatsache erhärtet: Siegfried war Arminius...

Otto der Grosse

»De sagittis Hungarorum libera nos, Dominus!«

Sie lebten in einem Land der Urwälder, der Moore, der Seen, der reißenden Flüsse. Sie gehörten einem Volksstamm an, dessen Sitten streng waren und dessen Strafen grausam; die an ihren alten Göttern hingen: an Wodan, dem Allvater, an Freya, der mütterlich Sorgenden, an Baldur, dem Lichtvollen, an Thor, der mit dem Hammer die heiligen Ordnungen schützte, an Loki, dem Verschlagenen.

Sie führten eine jahrzehntelange Abwehrschlacht gegen einen Feind, der die stärkeren Bataillone hatte, die schärferen Waffen und die besser geschulten Führer. Ihre Dörfer wurden verwüstet, ihre Heiligtümer zerstört, ihre Menschen in blutigen Massakern dezimiert oder in ferne Gegenden verschleppt. Christen sollten sie werden und in ein größeres Reich eingegliedert werden.

Die Rede ist hier vom Krieg der Franken gegen die Sachsen, in dem Karl der Große und Widukind die Hauptrollen spielten.

In ihrer Volkskraft geschwächt, von ihren Besten verlassen, großer Landesteile beraubt, schienen die Sachsen nach ihrer endgültigen Niederlage keine Zukunft mehr zu haben. Doch in knapp einem Jahrhundert hatten sie sich regeneriert und waren so stark, dass aus ihren Reihen ein Mann hervorgehen konnte, der den Titel *Imperator Augustus Romanorum* tragen sollte: Otto I. Eine Wiedergeburt, die in der Geschichte ohne Beispiel ist.

Sein Vater hieß Heinrich, ein Mann, der, das weiß man noch von der Schule her, viele Burgen baute und den gefürchteten Ungarn einen toten Hund vorwerfen ließ, als sie nach Ablauf eines Waffenstillstands wieder ihren Tribut forderten. Keine Anekdote und keine Legende ist es, dass seine Gemahlin, Mathilde, eine Ururenkelin von Widukind war. Der westfälische Edeling galt als die Verkörperung des sächsischen Freiheitswillens, als der Held im Kampf gegen die Franken. Und er war zu Ottos Zeiten noch nicht vergessen.

Man schrieb das Jahr 912, als Otto geboren wurde. Es war eine Zeit des Gärens und des Werdens, eine wilde Zeit. Die Begegnung mit der Zivilisation und die Bekehrung zum Christentum hatten bei den Menschen nur eine Art Tünche hinterlassen, unter der altgermanisches Wesen noch hervorschimmerte. Die Reliquienverehrung und das Gottesurteil trugen heidnische Züge. Die Triebe waren kaum gebändigt. Wer sein Recht suchte und es nicht bekam, nahm es sich mit der Faust. Blut floss leicht. Der Totschlag war keineswegs unerhört. Ein Menschenleben, selbst das eigene, galt wenig. Nicht mehr Natur- und noch nicht Kulturmenschen – so standen sie an der Schwelle des 10. Jahrhunderts.

Ottos Kinderstube lag in den Pfalzen, in denen die Herrscher in bestimmten Zeitabständen residierten. Er wird noch den Brandgeruch in der Nase gehabt haben, der über dem Land lag. Die große Rodung zur Erlangung neuer Äcker und Weiden war in vollem Gange, eine Art innerer Kolonisation, von der noch heute Ortsnamen künden mit *rode, roda, brand, loh*. Die Axt und das Feuer fraßen sich immer tiefer hinein in die Wälder. Die Kinderfrauen werden ihm grausige Geschichten erzählt haben von den bösen Magyaren, die immer wieder in das Land einfielen, die Klöster brandschatzten, die Frauen und Kinder verschleppten.

Erzogen wurde Otto so wie alle Söhne der Großen. In erster Linie galt es, den Körper zu stählen, ihn widerstandsfähig zu machen gegen Strapazen und unempfindlich gegen den Schmerz. Sie hatten ihm beigebracht, beim Fechten mit dem Schwert keinen Fußbreit zu weichen, beim Bogenschießen die Scheibe zu treffen, den Gegner beim Ringkampf zu werfen, beim Wettlauf nicht der Zweite zu sein, ein Pferd in allen Gangarten zu beherrschen. Höchste Bewährungsprobe hierfür war die Jagd: die Pirsch mit dem Spieß auf Eber und Auerochse, bisweilen sogar auf den Bären.

Das, was man später »Bildung« nannte, wurde vernachlässigt. Zu lesen und zu schreiben, sich mit Bücherwissen zu plagen, war eines Fürstensohnes unwürdig. So etwas überließ man den Pfaffen. »Ein ritter so geléret was, daz er an den buochen las«, hieß es bezeichnenderweise im späteren Mittelalter. Es war eine Bildungsfeindlichkeit, die sich beim hohen Adel bis in das 19. Jahrhundert hinein erhalten hat.

Erst als Otto siebenunddreißig Jahre alt geworden war, versuchte er Lesen und Schreiben zu lernen. Die langen Winternächte saß er beim flackernden Licht des im Öl schwimmenden Dochtes und grub Buchstaben für Buchstaben in die mit Wachs überzogene Holztafel, die Hand verkrampft, die Stirn in tiefen Falten. Das Feuer des Kamins kämpfte gegen den harschen Wind, der durch die mit Teppichen verhängten Rundbogenfenster zog. Schreiben, die Sichtbarmachung des Gesprochenen, der geheimnisvolle Vorgang, der es ermöglichte, Gesagtes zu verewigen, diese Kunst zu erlernen, sollte ihm nie mehr recht gelingen.

Die *jungfrouwen* des Landes Sachsen begannen ihn sehr früh zu interessieren. Und die interessierten sich für ihn. Denn er war wohlgeraten, von athletischem Körperbau, das Gesicht beherrscht von großen leuchtenden Augen. Die Erzieher vermochten den leidenschaftlichen jungen Mann nicht zu bändigen. Vater Heinrich kam auf eine überraschende Idee, wie die Triebe zu kanalisieren wären: Er schenkte ihm eine Sklavin. Sklaverei war noch gang und gäbe im Europa des 10. Jahrhunderts.

Über Ottos Gespielin wissen wir kaum etwas. Die Chronisten betonen lediglich, dass sie edlen Geblütes gewesen sei, »wohl die Tochter eines heidnischen Häuptlings«, die aus der Beute der regelmäßig in die Länder jenseits der Weichsel unternommenen Feldzüge stammte. Der Sohn, der aus dieser Verbindung hervorging, kam als Erbe nicht in Betracht. Wilhelm, wie man ihn taufte, bekam dennoch eine sorgfältige Erziehung – in seinen Adern floss königliches Blut. Wenn wir dem unehelichen Sohn, einem Bastard also, später als Erzbischof von Mainz wiederbegegnen, so zeugt das von der Toleranz eines Zeitalters, das wir das »finstere Mittelalter« zu nennen uns angewöhnt haben.

Die Idylle dauerte keine zwei Jahre, dann kam die Staatsraison zur Geltung. Otto musste heiraten. Eine Einheimische war Vater Heinrich nicht gut genug: Er wollte für den Königssohn die Königstochter. Möglichst eine vom gleichen Blut. Die Vettern der Sachsen kamen vornehmlich dafür in Frage, jene, die den Kontinent während der Völkerwanderung verlassen hatten: die Angelsachsen. Engländerinnen waren beliebt beim hohen deutschen Adel. Die Verbindung mit ihnen brachte einflussreiche Verschwägerungen in ganz Europa und eine großzügige Mitgift. Eine Prinzessin namens Editha schien die geeignete Kandidatin zu sein und König Aethelstan sagte Ja. Was die Prinzessin sagte, interessierte genauso wenig wie die Meinung Ottos. Der Chef eines Fürstenhauses muss handeln, als sei er der Leiter eines Gestüts, wie es Friedrich der Große mit dem ihm eigenen Zynismus formuliert hat.

Das Heiratsgut übertraf die Erwartungen. Das Schiff, das den Ärmelkanal überquerte, glich einem schwimmenden Tresor. Und noch etwas führte es mit sich: ein zweites Mädchen königlichen Geblüts, Edithas jüngere Schwester. Heinrich sollte die Auswahl haben, so die praktischen Engländer. Der wählte Editha und vermittelte Adiva an einen burgundischen Herzog.

Im Jahre des Herrn 936 warf ein Schlaganfall Heinrich I. nieder, und der uralte Ruf ertönte alsbald: »Der König ist tot. Es lebe der König!« Die Witwe bat noch am Totenbett die »teuersten Kinder«, sie möchten sich nicht darüber verdüstern, wer von ihnen dem anderen vorgezogen werde. Sie war lebensklug genug, um zu wissen, dass die Gedanken ihrer drei Söhne keineswegs nur um den soeben Verstorbenen kreisten, sondern dass Ehrgeiz und Eifersucht sie bereits ihre Ränke schmieden ließen. Da war Thankmar aus der ersten Ehe des Vaters, die für nichtig erklärt worden war. Und Heinrich, der Purpurgeborene, gezeugt, als der Vater bereits König war. Und Otto, kein Porphyrogenetos, aber zum Nachfolger bereits gekürt. Gekürt – doch nicht gekrönt. Und solange er die Krone nicht trug, konnte er der Königswürde nicht sicher sein.

Der Sarg des Vaters war noch nicht in der Gruft, da waren die Boten schon unterwegs zu den Stämmen der Schwaben, der Lothringer, der Bayern, der Franken, der Böhmen und in die Grenzmarken östlich der Elbe. Sie luden die Fürsten nach Aachen ein. Der Sachse wählte Aachen, weil dort der Thron stand, von dem Karl der Große einst das Abendland regiert hatte. Dass er sich dort krönen ließ und nicht auf sächsischem Boden, war eine Demonstration. Er beanspruchte die Führung als König der Könige. Und tief in seinem Innern mag er den Gedanken gehegt haben, irgendwann den nächsten Schritt zu tun, den zum *Imperator Augustus*.

Im Grunde eine ungeheuerliche Anmaßung: Ein junger Mann bäuerlichen Adels, ohne Kenntnis des Lesens und Schreibens, des Lateinischen nicht mächtig, aus einem Land stammend, dem der Ruf des Barbarischen anhaftet, das keine Hauptstadt besitzt, keinen kulturellen Mittelpunkt, keine Beamtenschaft – dieser Mann setzt es sich zum Ziel, ein Reich zu errichten, in dem Christentum und Antike sich vereinigen.

Was 936 in Aachen geschah, sollte die Geschicke Europas für lange Zeit prägen, mit einer Wirkung, die sonst nur blutige Schlachten ausüben. Die Krönung eines Königs wurde zum Ereignis des Jahrhunderts. »Wie die Deutschen ein Volk geworden sind, das ist der köstliche und unvergängliche Inhalt der Geschichte Ottos des Großen«, schreibt Robert Holtzmann in seiner Darstellung der sächsischen Kaiserzeit.

Otto war nun König – und die bittere, schwere Not des Mannes, der das Reich begründete, begann. »Schwer ruht das Haupt, das eine Krone drückt«, heißt es bei Shakespeare. Die Tragödien der Sachsen, Salier und Staufer hätten ihm die gleichen Familiendramen geliefert, die er in seinem Land bei den Häusern York und Lancaster fand. Den Treueschwüren von Aachen folgte eine Kette von Eidbrüchen, Anschlägen, Aufständen. Die Herzöge, die ihm einst aufgewartet hatten an der Tafel, empörten sich gegen ihn. Schlimmer noch: auch seine eigenen Brüder. Mit Thankmar wurde er rasch fertig, wenn auch auf Kosten eines Mordes, den seine Männer am Altar begingen, wohin der Halbbruder sich geflüchtet hatte – eine Tat, die Otto beschämte und zugleich Genugtuung verschaffte.

In Heinrich, dem Purpurgeborenen, der seine Ansprüche noch nicht aufgegeben hatte, erwuchs ihm ein weit gefährlicherer Gegner. Er rebellierte, wurde besiegt, unterwarf sich, wurde in Gnaden wieder aufgenommen und verriet erneut seinen König, bevor der Hahn noch krähte. Seine Mitverschworenen sollten den König beim Ostergottesdienst in Quedlinburg mit dem Schwert durchbohren. Das Komplott flog auf, Heinrich wurde erneut ergriffen, floh aber aus der Haft; doch nicht, um sich dem Gericht zu entziehen. Er floh dorthin, wo ihn eigentlich der Henker erwarten musste. Nach Frankfurt zu Otto, seinem Bruder. Dort kam es zu einer jener Szenen, wie sie für den mittelalterlichen Menschen kennzeichnend waren in ihrer Mischung aus Gefühl und Kalkül, aus Reue und Berechnung, aus Edelsinn und Heuchelei. Er warf sich zu Boden, weinte bitterlich und bat alle um Verzeihung, denen er Böses angetan.

Ihm wurde vergeben, blieb er doch von nun an ein getreuer Untertan. Es ist ein Phänomen, wie oft dieser Herrscher seinen Feinden verziehen hat, auch wenn man berücksichtigt, dass zu den Tugenden eines christlich-germanischen Königs die *clementia* gehört, die Gnade gegenüber dem, der gefehlt hatte. *Ihm*, Otto, legte man die Milde nicht selten als Schwäche aus, wie auch seine Treue zum einmal gegebenen Wort. »Schoene und lanc was im der bart«, schrieb später ein mittelhochdeutscher Dichter, »und swaz er bi dem barte geswuor, daz liez er alles wâr.«

Noch einmal musste er zum Schwert greifen, um seine Würden zu verteidigen. Liudolf, der einst geliebte Sohn an seiner Seite, sah seine Rechte als Thronfolger gefährdet, denn was wäre, wenn Ottos zweite Frau einen Sohn gebären würde? Er entfachte einen Bürgerkrieg, überzog das Land des Vaters mit Mord und Brand und scheute nicht davor zurück, selbst mit dem Todfeind des Reiches sich zu verbünden – mit den Ungarn.

»Die Ungarn!« Die bloße Erwähnung des Namens genügte, um die Menschen ein Kreuz schlagen zu lassen. »*De sagittis Hungarorum libera nos, Dominus!* – Und befreie uns von den Pfeilen der Ungarn, o Herr!« Panik verbreitete sich, wenn der brandrote Himmel ihr Nahen ankündigte. Alles hastete in die nur notdürftigen Schutz bietenden Fluchtburgen oder in die Kirchen. Menschenblut, so raunte man sich zu, sei ihr tägliches Getränk und ihre Nahrung die aus den Körpern gerissenen Herzen. Greuelmärchen. Im Grunde unterschied sich die Grausamkeit ihrer Kriegführung wenig von der, wie sie christliche Heere bei ihren Eroberungszügen gegen die Ungläubigen und andere Heiden praktizierten.

Diese Reiternomaden, ursprünglich am Ural beheimatet, dann an der unteren Donau siedelnd, waren als Steppenbewohner an einen Lebenskampf gewöhnt, der sie täglich aufs äußerste forderte. Ihr ständiger Kriegszustand ließ ihre besten Tugenden nicht verkümmern: Kampflust, Tapferkeit, Todesmut. Zentaurengleich schienen sie mit dem Pferd verwachsen und nichts konnte sie aufhalten. Die sich ihnen entgegenstellenden christlichen Heere fegten sie hinweg. Nur Heinrich I. war es einmal gelungen, ihnen an der Unstrut Einhalt zu gebieten.

Anno Domini CMLV kamen sie wieder. Zu Hunderttausenden fluteten sie diesmal über die Grenzen nach Deutschland hinein, heißt es in der Kaiserchronik – mit der üblichen phantastischen Übertreibung der Zahlen, wie wir sie aus den Schlachtenberichten aller Zeiten kennen. (Schon bei den Persern hatte sich die Sonne verdunkelt, wenn sie ihre Pfeile abschossen.) Die Nachricht von ihrem Einfall war aus Regensburg gekommen und hatte sieben Tage gebraucht, ehe sie den Königshof in Magdeburg erreichte. Es dauerte weitere vier Wochen, und das war eine gute Leistung der Logistik, bis die Stammesaufgebote der Baiern, Franken, Schwaben, Böhmen mobilisiert waren. Eine Schlacht zu schlagen hieß ja erst einmal, die Truppen an die voraussichtliche Kampfstätte zu bringen.

Die Ungarn standen inzwischen bereits vor Augsburg, einer reichen Stadt, doch schlecht befestigt mit ihren niedrigen türmelosen Mauern, die einem Sturm mit Rammböcken und Mauernbrechern nicht lange standhalten würden. Bischof Ulrich, ein wehrhafter Gottesmann, in der Rechten sein Schwert, in der Linken das Kreuz, ein Held und Heiliger, wie ihn die Zeit gebar, organisierte die Verteidigung. Auch er hätte die Stadt nicht vor ihrem Untergang bewahren können, wenn nicht ein Wunder geschehen wäre dergestalt, dass die Magyaren, die im Morgengrauen angriffen, den Angriff, einem Hornsignal folgend, plötzlich abbrachen, sich sammelten und abzogen. Was war geschehen?

Der Verräter und die Schlacht, ein Thema, das durch die ganze Geschichte geht. Es reicht von dem Unbekannten, der die Perser bei Marathon warnte, über Ephialtes, der Xerxes' Männer in den Rücken des Leonidas führte, bis zum Müller von Königgrätz, der die Flügel seiner Mühle drehte, um den Anmarsch der Preußen zu melden. Diesmal hieß er Berthold, ein Baier, von Rachsucht erfüllt, weil er einst von »diesem Sachsen« verbannt und enteignet worden war. Er verriet dem Horka Bulescu den Zeitpunkt des Aufbruchs und die Marschrichtung des deutschen Heeres.

Dieses Heer war gerade von seinem Sammelpunkt bei Ulm nach Osten in Richtung Lechfeld aufgebrochen, in einer Formation, wie sie Europa noch nicht gekannt hatte. Sie wurde gebildet von deutschen Stämmen (die sich bis dato gegenseitig als liebste Feinde betrachteten), geführt von Männern, die immer wieder den Sturz des verhassten Sachsenkönigs betrieben hatten. Jetzt, da es um ihre Existenz ging, waren sie vereint.

Der Angriff der Ungarn in der Flanke der Deutschen und vom Rücken her trifft sie urplötzlich. Der von den Böhmen zu schützende Tross geht verloren, die ausbrechende Panik springt auf die vor ihnen marschierenden Schwaben über. Ein Rennen, Retten, Flüchten setzt ein. Der Franke Konrad behält die Nerven, greift die den Tross plündernden Magyaren an, vernichtet sie, kehrt mit den eroberten Fahnen zum Haupttheer zurück, stellt dadurch die Formation wieder her und, wichtiger noch, die Moral.

Die Stunde des Gegenangriffs hat geschlagen: Otto führt ihn, die Heilige Lanze hoch erhoben, der Bannerträger mit der Reichsfahne an seiner Seite, die das Bild des Erzengels Michael zeigt, des Schutzpatrons der Deutschen. Der Kampf des Mannes gegen den Mann hebt an, die »Blutarbeit«. Die fürchterlichen Wunden, geschlagen von rostigen Schwertern, schartigen Lanzen, den Widerhaken der Pfeile, den Hufen der Pferde, bedeuteten beim Stand des damaligen Sanitätswesens das Todesurteil – schmutzige Kehrseite des von unseren Schlachtenmalern gemalten heroischen Bildes.

Am Abend des ersten Tages waren die von ganz Europa gefürchteten Magyaren zersprengt, aufgerieben, in den Lech getrieben. Die Panzerreiter der Deutschen, eine Art schwere Kavallerie, mit ihren Kettenhemden, den metallverstärkten Helmen, den starkknochigen Pferden hatten eine ungekannte Stoßkraft entwickelt. Der Steigbügel, die Erfindung eines Nomadenvolkes, der Samarten, gab den Reitern einen festen Halt und steigerte zusätzlich ihre Angriffswucht. Der große Sieg wurde noch größer, als der König etwas unternahm, was damals ungewöhnlich war: Er ließ den fliehenden Feind verfolgen. Gefangene wurden dabei nicht gemacht. Der Horka Bulescu wurde kurzerhand aufgehängt. Eine schimpfliche Tat, denn der Magyar war Fürst und Heerführer wie Otto auch. Doch wollte man den Ungarn daheim demonstrieren, dass ihr Führer die Gunst der Götter verloren hatte.

War der Sachsenkönig eigentlich der geniale Feldherr, oder war er lediglich der große Beter, dessen Glauben alle mitriss? Darüber hat man gestritten – und dabei vergessen, dass der König den größten Sieg bereits vor der Schlacht errungen hatte: den über die Zwietracht der deutschen Stämme. Und wenn die Baiern, Franken, Schwaben, Sachsen, Lothringer zum ersten Mal spürten, dass sie *einem* Volk angehörten, dann im Angesicht des gemeinsamen Triumphes. Noch auf dem Lechfeld riefen die Krieger ihren König zum Imperator, zum Kaiser, aus. Eine Akklamation nach antikem Vorbild, aber ohne jede rechtliche Grundlage.

Denn noch war es nicht so weit...

Johannes XII. war, gelinde gesagt, ein dunkler Ehrenmann, gebrandmarkt von dem Ruf, noch korrupter zu sein, als es die römische Geistlichkeit ohnehin war. Er ließ die Peterskirche verkommen, verkaufte Bischofsämter, und den ehrwürdigen Lateran, die Residenz der Päpste, machte er zum Bordell, in das er auch Rompilgerinnen zu verschleppen pflegte.

Dieser Papst nun sah sich plötzlich einem Manne gegenüber, der, aus dem Machtkampf der italienischen Fürsten als Sieger hervorgegangen, sich König nannte, König Berengar II., und mit seinen Soldaten den Kirchenstaat gefährlich bedrohte. Was war zu tun? Johannes überlegte nicht lange. Er entsandte zwei geheime Emissäre nach Regensburg, die den auf der dortigen Pfalz residierenden deutschen König darauf hinwiesen, dass ihm, als Nachfolger der fränkischen Herrscher, ein erbliches Anrecht auf die Schutzherrschaft über Rom zustehe, ein Recht, das die Pflicht einschloss, der Kirche Beistand gegen ihre Unterdrücker zu leisten.

Präziser ausgedrückt hieß das: Hilfst du mir gegen Berengar, so verhelfe ich dir zur Kaiserkrone.

Otto ließ sich Zeit mit seiner Antwort. Die Großen des Reiches gingen in Regensburg aus und ein. Das Für und Wider wurde abgewogen. Ein mittelalterlicher König war nur *primus inter pares* – Erster unter Ranggleichen. Er konnte nicht allein entscheiden. Erwogen wurde auch, ob nicht ein »romfreies« Kaisertum denkbar wäre, die kirchliche Sanktionierung vorausgesetzt. Und wie stand es, falls Gott sich von ihm abwandte, wenn ihm auf der gefährlichen Reise etwas zustieß?

Im Frühjahr 961 brach er mit großem Gefolge auf. Er reiste nach Sachsen, nach Worms und nach Aachen, seinen Aufenthalt jeweils auf den Pfalzen nehmend. Diese Pfalzen – vom lateinischen *palatium*, Palast – waren Residenz, Rittergut und Herberge in einem, geschützt von Gräben und Mauern, gekrönt von einer Kapelle und dem Palast, dem vornehmsten Bau der Anlage. Die umliegenden Güter sorgten mit ihren Kornspeichern, Küchen und Kellern, ihren Äckern und Weiden dafür, dass es der Hofhaltung an nichts mangelte. Verantwortlich dafür war der Pfalzgraf, der den reichseigenen Besitz verwaltete.

Der König hielt Gerichtstag auf seinen Pfalzen, schlichtete

zwischen den Parteien – die sich meist um Grund und Boden und Privilegien stritten –, bestätigte alte Gesetze, erließ neue, rief in schwierigen Fällen Gottes Urteil an, indem er die Prozessgegner zu Zweikämpfen zwang. Vor allem aber repräsentierte er seine Macht durch seine körperliche Gegenwart. Das System der Pfalzen hat die Entstehung einer festen Residenz im Mittelalter verhindert, war aber segensreich dank der Gewissheit, dass der Herrscher allgegenwärtig war. Auch die Finanzierung des Staatshaushalts wurde dadurch auf elegante Art gelöst.

Allerdings waren die Pfalzen nach dem Abzug der oft nach Hunderten zählenden Hofbeamten kahlgefressen wie nach einer Heuschreckenplage. Besonders dann, wenn eine Reichsversammlung stattgefunden hatte, zu der die Edlen des Landes aus allen Himmelsrichtungen geritten kamen. Die Edlen waren außer edel auch höchst anspruchsvoll. Die Mahnung des alten Pfalzgrafen an seinen Sohn wird verständlich: »Zwei Dinge solltest du nicht tun im Leben. Einen Krieg führen und den König zu Gast bitten.«

In Worms nahm Otto einen längeren Aufenthalt. Er hatte einen allgemeinen Reichstag einberufen, zu dem die Herren aus allen Himmelsrichtungen geritten kamen. Einberufen waren sie, den Thronfolger zu wählen. Sie wählten ein siebenjähriges Kind, das den Namen seines Vaters trug. Dann zogen sie nach Aachen und erhoben Otto II. auf den Thron, auf dem einst Karl der Große gekrönt worden war. Der Knabe wurde in die Obhut des Erzbischofs von Mainz gegeben, jenes Mannes, der aus der Verbindung des Königs mit der kriegsgefangenen Sklavin hervorgegangen war. Eine Art Regentschaft übertrug man dem Erzbischof von Köln, einem Bruder des Königs, namens Brun.

Noch etwas unternahm Otto vor seiner Abreise, und diese Maßnahme zeugt von ungeheurem Selbstbewusstsein und langfristiger Planung: Er gab bei den Goldschmieden auf der Bodenseeinsel Reichenau die berühmte Reichskrone in Auftrag, die heute noch erhalten ist. Sie liegt in der Schatzkammer der Wiener Hofburg. Die Touristen aus aller Herren Länder, die das vierzehn Pfund schwere Prunkstück betrachten, fragen sich, zeitgemäß, was sowas wohl heute auf einer Auktion bringen würde. Für das Bildprogramm, das die Krone enthält, werden sie sich weniger interessieren. Die acht Platten aus reinem Gold, die Zahl der Perlen und die der Edelsteine, die bildlichen Darstellungen in Goldzellenemail, die Farben der Steine mit dem Blau der Saphire, dem Violett der Amethyste, dem Grün der Smaragde, dem Weiß der Perlen, die gesamte Komposition weist auf das Himmlische Jerusalem hin, in das einstmals einzugehen alle Gerechten erhoffen dürfen.

Im Herbst 961 zog Otto an der Spitze eines aus allen deutschen Stämmen bestehenden Heeres über den Brenner und nahm in Pavia Quartier. An seiner Seite ritt Adelheid. Ihretwegen war er vor nunmehr zehn Jahren schon einmal über die Alpen gegangen, um sie aus den Händen eines Thronräubers zu retten, der ihren Mann, den rechtmäßigen italienischen König, beseitigt hatte, um sich an seine Stelle zu setzen. Otto hatte sie nicht nur in Sicherheit gebracht, sondern klugerweise auch gleich geheiratet. (Seine englische Gemahlin Editha war inzwischen verstorben.) Aus dem *rex francorum* war so der König der Franken *und* der Langobarden geworden. Nur wer diese Krone trug, durfte hoffen, eines Tages die Kaiserkrone zu tragen. Die Hoffnung hatte sich damals nicht erfüllt: Die Römer scheuten sich, ohne Not einen kaiserlichen Oberherrn an den Tiber zu holen. Jetzt aber waren sie in Not.

Die Verhandlungen mit Papst Johannes wurden von Pavia aus geführt und zogen sich endlos hin. Um jeden Punkt des zu entwerfenden Vertragswerks, das später den Namen OTTONIANUM tragen sollte, wurde zäh gefeilscht. Erst im Januar des folgenden Jahres konnte Otto die Tore Roms passieren. Was sich seinen Blicken bot, war nicht mehr *Roma aeterna*, die Stadt, von der einst ein Weltreich regiert wurde. Ihre Tempel waren verfallen, die Paläste dienten als Steinbrüche, auf dem Forum weideten die Schafe. Und dennoch war er fasziniert von dieser gigantischen Steinwüste, aus der die Festungstürme des Stadtadels ragten.

»Nichts ist, Rom, dir gleich. Dein Stolz zerbrach die allmächtige Zeit; der Cäsaren Burgen und der Himmlischen Tempel, sie liegen im Staub. Niemals aber hat Chronos dich deines Glanzes ganz zu berauben vermocht.« Wie die Dichter sangen und sagten, so schien auch er zu fühlen.

Nicht mehr Sitz der Cäsaren war Rom, aber die Metropole der abendländischen Christenheit mit dem Grab des Petrus, des Felsens, auf den die Kirche sich gründete. Mit einem Papst an der Spitze, der zwar immer wieder in die Abhängigkeit der großen römischen Adelshäuser geriet, dessen Rang als Oberhaupt der katholischen Christenheit jedoch unbestritten blieb.

Die Römer pilgerten vor die Tore und starrten die Krieger an, die auf der Neronischen Wiese ihr Lager aufgeschlagen hatten. So etwa sahen sie alle aus, die aus dem Norden zu ihnen gekommen waren. Männer, »deren Bauch ihr Gott war, deren Rausch ihr Mut, deren blinde Wut ihre Tapferkeit«. Denn alles, was nicht römisch war, schien ihnen barbarisch. Und diese überlangen Schwerter, die unförmigen Schilde, die klobigen Panzer, die mächtigen Gäule. Barbaren eben.

Die Liebe war auf beiden Seiten nicht groß. Der deutsche König ließ sich nicht dadurch täuschen, dass man ihn feierlich einholte auf der alten *via triumphalis*, dass das Volk in frenetischen Jubel ausbrach, den Weg mit Palmwedeln schmückte. Seinem Schwertträger gebot er, beim Gebet nicht niederzuknien, sondern die Waffe gezückt über seines Königs Haupt zu halten. Denn: »...es ist mir bekannt, dass die Treue der Römer sich oft als wankelmütig erwiesen hat. Ein kluger Mann beugt deshalb dem Unheil beizeiten vor.«

Die Krönung in der von Tausenden Kerzen erleuchteten Peterskirche wurde zu einem feierlichen, großen Akt. Der Papst leistete über dem Grabe des Apostels Petrus den Treueeid. Die Deutschen überreichten Schatullen mit Edelsteinen, Schmuck aus rotem Gold und Silberbarren. Und nahmen als Gegengeschenk die Gebeine von Heiligen und Märtyrern entgegen, begehrte Reliquien, denn die Gründung eines Klosters oder der Bau eines Gotteshauses waren in ihren Landen ohne die »heiligen Reste« nicht denkbar.

Das Vertragswerk, das man nun verabschiedete, bestätigte

dem Heiligen Stuhl die Gebiete, die aus den Schenkungen der Frankenherrscher Pippin und Karl stammten (sie hatten den Kirchenstaat überhaupt erst ermöglicht), und billigte ihm das Recht zu, aus Königen Kaiser zu machen – vorausgesetzt, es handele sich um deutsche Herrscher. Papst werden durfte nur der, der dem Kaiser vorher die Treue geschworen und dessen Vorrechte anerkannt hatte. Ein Kalligraph schrieb es mit Goldtinktur auf purpurnem Pergament nieder, eine Niederschrift, die heute zum Wertvollsten gehört, was die Vatikanischen Museen besitzen. Das OTTONIANUM aber war dieses kostbare Material nicht wert.

Kaum hatte der gerade gekrönte Kaiser der Stadt den Rücken gekehrt und sich seiner Pflicht gemäß daran gemacht, die Schlupfwinkel Berengars auszuheben, der sich in die Felsennester des Appenin zurückgezogen hatte, als der Papst den Bedenken römischer Adelscliquen erlag, wonach man zwar den Teufel Berengar loswerden, an dessen Stelle aber den Beelzebub Otto im Hause haben würde.

So wie der Mönch Benedikt von S. Andrea klagte, so klagten sie: »Wehe Rom, das du einst über die Völker triumphiertest. Nun führt dein Zepter ein König aus Sachsen. Dein Volk hat er mit dem Schwert gerichtet und deine Stärke zunichte gemacht. Dein Gold und dein Silber schleppen sie in ihren Beuteln hinweg.« Dieser Sachse dachte in der Tat nicht daran, wieder in seine Heimat zurückzukehren, sondern schien sich in Italien etablieren zu wollen. Die nach Tausenden zählenden Krieger, die er anführte, hatten, wie alle Eroberer, ihre Spuren im Land hinterlassen. Der Krieg ernährte den Krieg. Den Bauern nahm man das Vieh weg und leerte ihre Scheuern, die Bürger in den Städten zahlten Kontributionen. Hungersnöte waren die Folge. Epidemien. Verarmung.

Papst Johannes brach den eben erst geschlossenen feierlich am Grabe Petri niedergelegten Vertrag und versuchte eine geradezu abenteuerliche Koalition gegen den Mann zusammenzubringen, den er um Hilfe gebeten hatte. Er schickte ein Schiff nach Byzanz und bat den Basileus um Hilfstruppen. Er wandte

»De sagittis Hungarorum libera nos, Dominus!«

sich an die Ungarn, sie möchten doch wieder in das Reichsgebiet einfallen. Er empfing demonstrativ den Sohn seines angeblichen Todfeindes Berengar.

Otto musste wider Willen nach Rom zurückkehren. Der Papst war rechtzeitig geflohen, also stellte man ihn in Abwesenheit vor Gericht. Durfte man das überhaupt? Galt nicht der Satz: *Papa a nemine indicatur* – der Papst kann von niemandem gerichtet werden? Otto war klug genug, sich nicht daran zu halten; denn das Wort entstammte einer der zahlreichen Fälschungen (diesmal der sogenannten Symmachianischen). Die Anklage lautete auf Mord, Meineid, Kirchenraub und Unzucht mit zwei Nonnen. Das genügte zur Absetzung des Papstes und zur Einsetzung eines neuen Stellvertreters Gottes auf Erden. In Ermangelung eines geeigneten Kandidaten – Eile tat not – nahm man den päpstlichen Sekretär und störte sich nicht daran, dass Leo ein Laie war. Die notwendigen Weihen wurden ihm in einem Blitzverfahren verabfolgt.

Als Otto in Rom erfuhr, dass Berengar nach langer Belagerung endlich gefangen gesetzt war, entließ er auf Drängen seiner Truppenführer die meisten seiner kriegsmüden Soldaten in die Heimat. Zu früh: Der Aufstand, der jetzt aufflammte und vom Expapst mit dem Gold des Kirchenschatzes geschürt wurde, kostete den Kaiser um ein Haar das Leben.

Und wieder drehte sich das schaurige Karussell: Niederschlagung eines Aufstands, erneute Treuegelöbnisse, Abzug aus der Stadt, erneuter Abfall und Vertreibung Leos, erneuter Einmarsch der Kaiserlichen, erneuter Schwur der Römer, Rückkehr ins Reich, nach anderthalb Jahren erneuter Italienzug. Strafgericht am Halse über die Empörer, Rückkehr nach Deutschland. Der langobardische Historiker Luitprand von Cremona schrieb: »... wir aber, wir Langobarden, Sachsen, Franken, Lothringer, Baiern, Schwaben und Burgunder, verachten diese so sehr, dass wir, wenn wir recht zornig sind, kein anderes Schimpfwort haben als ›Römer‹!«

Als Otto im Spätsommer 972 nach Deutschland zurückkehrte, traf er auf ein Land, das sich seit langer Zeit wieder eines tiefen Friedens hatte erfreuen dürfen. Die Bürgerkriege waren erloschen. An den Grenzen herrschte Ruhe, Städte wuchsen empor. Die Klöster waren zu Mittelpunkten der Kultur geworden. Ihre Schulen bildeten die kommende geistige Elite des Reiches aus, entwickelten neue Techniken des Kunsthandwerks, lehrten die Bauern ihre Erträge zu erhöhen. Handel und Wandel zeigten zaghafte, aber hoffnungsvolle Ansätze. Auf den Landstraßen herrschte Sicherheit und wer auf sein Recht vertraute, war nicht mehr verraten und verkauft. Deutschland war zu einem Gemeinwesen geworden – wenn man das Wort »Staat« noch nicht gebrauchen will –, wie es im Abendland nicht seinesgleichen hatte.

Dieses Reich hat er von fern regiert. Mit Briefen, Botschaften. Ein Strom von Kurieren, Meldereitern, Gesandten war über die Alpen gezogen. Von Rom, Pavia, Ravenna, Mailand nach Mainz, Köln, Magdeburg, Paderborn. Von Regensburg, Augsburg, der Reichenau nach Verona, Bergamo, Bologna. Er ließ Bischöfe zu sich kommen, empfing Herzöge, Abordnungen von Klöstern. Sie alle mussten lange strapaziöse Reisen unternehmen, zu Pferd die steilen Pass-Straßen empor, Schneestürmen und Wolkenbrüchen ausgesetzt, am Tagesziel oft so erschöpft, dass baumstarke Männer vom Pferde gehoben werden mussten. Wenn ihr König und Kaiser sie rief, so kamen sie geritten.

Es bleibt ein Phänomen, dass er ein Reich beherrschen konnte, das er so lange Zeit nicht besucht hatte. Ein Land, das er noch vor wenigen Jahrzehnten mit brutaler Gewalt zur Einheit hatte zwingen müssen, in dem noch genügend verborgener Zündstoff lagerte. Doch allmählich wurde es selbst den Getreusten unerträglich, ohne einen Mann leben zu müssen, der nie präsent war. Und die Präsenz eines Herrschers, seine leibhaftige Gegenwart, seine Aura waren lebenswichtig in dieser Zeit. Die ideelle Anwesenheit genügte nicht mehr. Seine Befehle wurden nur noch schleppend, schließlich gar nicht mehr befolgt. Gerüchte verbreiteten sich, dass er nicht mehr am Leben sei. In Magdeburg wurde der Herzog Hermann Billung wie der richtige König empfangen: mit großem Zeremoniell, Glockengeläut, der Prozession. Selbst Ottos Tisch und Bett bereitete man ihm.

»De sagittis Hungarorum libera nos, Dominus!«

Otto kam zurück, er sah und siegte. Seine Autorität schien grenzenlos zu sein. Auf dem Hoftag zu Quedlinburg inmitten einer Gesellschaft, die nicht nur das Reich repräsentierte, sondern ganz Europa. Boleslav II. aus Böhmen, Herzog Mieszko von Polen, König Haralds vornehmste Leute, Delegationen des byzantinischen Kaisers, des neuen Papstes, der in Sizilien herrschenden Fatimiden, aus Ungarn, Bulgarien – sie alle waren gekommen, ihm zu huldigen. Sie feierten ein hohes Fest, für einige Tage war Quedlinburg zur Hauptstadt des Abendlands geworden.

Ob jemand von den Sachsen, Baiern, Franken, Lothringern, Schwaben an diesem strahlenden Tag an den Preis dachte, den die Kaiserkrone gekostet hatte: an das Blut der Krieger, an den Schmerz der Witwen, an die Tränen der Waisen? Die ungeheuren Opfer waren es denn auch, die Ottos des Großen Politik ins Zwielicht brachten. Man hat mit Leidenschaft darüber gestritten, ob der Ottone »richtig« gehandelt habe, als er die Kaiserkrone begehrte. Denn: Hätte Otto sich nicht auf das italienische Abenteuer eingelassen, wäre es in der Zukunft nicht zu einer derartigen Schwächung des deutschen Königtums gekommen; hätte er sich auf die Heimat beschränkt, wären nicht Ströme deutschen Bluts sinnlos auf den Italienfahrten vergossen worden; hätte Otto den Verlockungen, Kaiser zu werden, widerstanden, wären alle Kräfte frei gewesen für die viel wichtigere Ausdehnung des Reiches nach Osten.

Die Historiker als Propheten der Vergangenheit; Gelehrte, die den Schluss des historischen Dramas kennen, hier haben wir sie *in nuce*. Nach den Dingen so zu fragen heißt, sie nicht aus der inneren Logik der Zeit zu sehen. Wenn die Kaiserpolitik ein »Fehler« war: Otto hatte keine Möglichkeit, diesen Fehler nicht zu begehen. Man lebte in der Idee des Kaisertums. Die Erringung wurde nicht nur als ein Recht angesehen, sondern als eine Pflicht. Das Volk wollte es und Gott gebot es: Durch den Mund des Propheten Daniel hatte er verkündet, dass das Römische Reich, das durch Konstantin ein christliches Reich geworden und durch Karl den Großen an die Franken gelangt war, bis an das Ende der Zeiten dauern werde. Und der derzeit mächtigste Mann war verpflichtet, dieses Reich zu erneuern.

Undenkbar, dass Otto sich einer solchen Berufung hätte entziehen können – in einem Zeitalter, in dem die Macht der Idee und der Tradition ungleich zwingender war als heute. Otto tat, was ihm seine Zeit gebot und was er selbst glaubte, für sein persönliches Ansehen tun zu müssen. Auf seiner Autorität als Kaiser beruhte seine Macht über die Adelsfamilien und über die Bischöfe. Ohne diese geistlichen Fürsten, die gebildet waren und lesen und schreiben konnten, war kein Staat zu machen.

Die Italienzüge wurden als eine nationale Aufgabe betrachtet, die den daran beteiligten Stämmen ein neues Bewusstsein vermittelte, das Bewusstsein, dass sie *einem* Volk angehörten, dass sie Deutsche waren. Wie anders hätten den Enkeln der Germanen neue Ziele gesetzt werden können? Wie sonst wären sie aus ihrer provinziellen Enge herauszuführen gewesen: in eine Welt, in der sie ihre Kenntnisse bereichern, ihr Wissen vermehren, sich kultivieren konnten?

Otto war nun sechzig Jahre alt, in einer Zeit mit einem Durchschnittsalter von etwa vierzig Jahren galt er bereits als ehrwürdiger Greis. Seine Freunde, seine Mitstreiter, der unglückselige Sohn Liudolf, die geliebte Tochter Liutgard, Wilhelm, der Älteste, der Bruder Brun, die Mutter, die erste Frau Editha, sie alle lebten nicht mehr. Zusammen mit seinem Sohn Otto besuchte er ihre Gräber und gedachte ihrer in langem Gebet. Er hatte sein Haus bestellt: Sein Sohn war im Alter von zwölf Jahren in der Peterskirche zu Rom zum Mitkaiser gekrönt und fünf Jahre später in derselben Kirche mit der Byzantinerin Theophano getraut worden. Otto hatte auf diesem Weg versucht, vom oströmischen Kaiser als Kaiser des Westens anerkannt zu werden. Was auch gelang. Dass die Braut keine Purpurgeborene war, wie gewünscht, sondern lediglich eine Nichte des Basileus, hatte man, wenn auch zähneknirschend, hingenommen.

Das Leben des ersten Kaisers der Deutschen ging zu Ende wie eine Saga. Er spürte, dass die Schatten länger geworden waren. Während er durch die Lande reist, er, der ewig Unbehauste, treibt es ihn immer wieder an die Stätten der Vergangenheit. Von Quedlinburg nach Merseburg, in die Stadt, die er kraft seines Gelübdes vor der Schlacht auf dem Lechfeld zur Bischofsstadt gemacht hatte. Von dort nach Memleben, heute ein unbedeutender Ort an der Unstrut, damals Sitz einer Königspfalz, wo sein Vater, Heinrich I., gestorben war. Und es ist, als ziehe es ihn mit Gewalt dorthin.

In der Dämmerung des Morgens nach seiner Ankunft hört er nach seiner Gewohnheit die Frühmette und verteilt Almosen an die Armen. Als die Vesperglocke läutet, ist er wieder in der Kapelle, er betet und sinkt während des Gebets lautlos um. Der Arzt hält ihn für tot, aber Otto schlägt die Augen auf und verlangt das Abendmahl, die heilige Wegzehrung.

»...er nahm es«, schreibt Widukind von Corvey, der Chronist, »und übergab dann mit großer Gefasstheit den letzten Hauch dem Schöpfer aller Dinge... Das Volk aber sprach viel zu seinem Lobe und gedachte dankbar seiner Taten; wie er mit väterlicher Milde sein Volk regierte und es von den Feinden befreite.«

Friedrich II. von Hohenstaufen

Das Staunen der Welt

Aus dem Meer ist eine Bestie aufgestiegen, voll Namen der Lästerung, mit den Füßen eines Bären, dem Rachen eines wütenden Löwen und an allen übrigen Gliedern einem Drachen gleich. Betrachtet genau Haupt, Mitte und Ende dieses Tieres, das sich Kaiser nennt, aber einem aus dem Stachel seines Schwanzes Gift spritzenden Skorpion gleicht, einem rasenden Jäger der Unzucht, einem Fürst der Tyrannei, Umstürzer des kirchlichen Glaubens, einem Meister der Grausamkeit und Verwirrer des Erdenrunds.« So Gregor IX.

»Die ewige Vorsehung hat für die Erde zwei Herren vorgesehen, den einen zum Schutz, den anderen zur Wehr. Aber der da, der sich Papst nennt, sitzt auf dem Stuhl, von seinen Genossen gesalbt mit dem Öl der Bosheit, und maßt sich an, wider diese Ordnung zu freveln. Er selbst ist der große Drache, der die Erde verschlingen will, der Antichrist, der für Geld Gedungene, der Fürst der Finsternis. Und weil er nicht einhält, Uns zu schaden und zu verfolgen, sind Wir zur Vergeltung gezwungen.« So Friedrich II.

In jenem Jahr des Herrn 1239 war der Kampf zwischen dem Papst und dem Kaiser, der nun schon seit über dreihundert Jahren währte, in sein letztes Stadium getreten. Seine Spuren waren blutig genug, doch die Grausamkeit und der Fanatismus, mit dem die Auseinandersetzung jetzt geführt wurde, übertrafen alles Dagewesene. Brennen, Morden, Verstümmeln, Foltern wurde zur grausigen Gewohnheit, und die Gegner, auf der einen Seite Papst Gregor IX., auf der anderen Kaiser Friedrich II., übertrafen einander in der Erfindung neuer Schrecken – im Namen Christi!

Dabei war es die römische Kirche selbst gewesen, die jenen Mann gemacht hatte, den sie nun hasste wie den Leibhaftigen.

Die Gassenjungen nannten ihn Federico, verspotteten ihn wegen seiner rotblonden Locken, und wenn er ihnen sagte, dass er ein König sei, lachten sie laut. Wie ein streunender Hund strich er über die Plätze Palermos mit ihren Kirchen, Moscheen, Synagogen, verweilte auf den Märkten mit dem babylonischen Sprachengewirr der Juden, Normannen, Griechen, Sarazenen, Sizilianer, Deutschen, fand sich erst zu später Stunde in den düsteren Gemächern des Castellamare ein, wo der Magister voller Angst auf ihn wartete.

Er konnte ihm nur gute Lehren geben, aber kein Gut und kein Geld. Die fremden Männer – apulische Barone, arabische Emire, päpstliche Legaten, deutsche Ritter, normannische Edle – hatten ihm alles gestohlen, was rechtens ihm gehörte. Nur eines besaß er noch: die Krone Siziliens. Seine Mutter, Witwe des deutschen Kaisers Heinrich VI., ließ ihn diese Krone aufsetzen, nachdem das im Dezember 1194 im mittelitalienischen Städtchen Iesi geborene Kind drei Jahre alt geworden war, und stellte ihn, bevor sie ihrem Mann in den Tod folgte, unter die Vormundschaft des Papstes.

Die Krone war für Federico eher eine Gefahr denn ein Gewinn, und der Papst konnte ihm wenig helfen. So wurde das Waisenkind allmählich zum Spielball der ständig wechselnden Machthaber Siziliens. Bezeichnend dafür ist der Brief, den der weit über sein Alter hinaus gereifte Friedrich den deutschen Fürsten schrieb. »Bald plagt mich der Deutsche, bald verletzt mich der Toskaner, bald quält mich der Sizilianer, bald beunruhigt mich der Gallier und irgendein Barbare oder sonst jemand. Die tägliche Nahrung wird mir nach Gewicht, der Trank becherweise, die Freiheit kärglich zugemessen. Unter Missbrauch meines königlichen Namens werde ich mehr regiert, als dass ich regiere, wird mir mehr befohlen, als dass ich befehle, muss ich mehr erbitten, als ich bekomme.«

Mit vierzehn Jahren, als er nach sizilischem Recht mündig geworden, sollte er etwas bekommen, was er nicht wollte: eine Gemahlin, und noch dazu eine elf Jahre ältere. Aber der Papst wollte es, denn Constanze von Aragon entstammte einem Haus, das vom Heiligen Stuhl lehnsabhängig war. So konnte nicht geschehen, was bei der Heirat mit einer deutschen Fürstentochter hätte geschehen können: die Vereinigung des Reiches mit Sizilien, womit der Kirchenstaat zwischen zwei Feuer geraten wäre.

Der König von Aragon wollte seine Schwester nur ungern an einen pubertären Gassenjungen aus Palermo hergeben und musste mit den Worten beruhigt werden: »Bei den Barbaren tritt die Manneskraft früh ein.« Und Friedrichs Widerstand gegen die Verkupplung mit ›einer älteren Dame‹ konnte erst gebrochen werden, nachdem man ihm mitgeteilt, was ihm als Mitgift in Aussicht stand: 500 Ritter. Jeder dieser Ritter trug Helm, Schild, Harnisch, Beinschienen, eine Lanze, ein Langschwert und ritt ein Pferd mit Zaumzeug, Steigbügeln und Brustpanzer. Das bedeutete den Gegenwert von etwa 500 mal 20 Rindern. Ohne Kronschatz, ohne Land, ohne ihm verpflichtete Lehnsherren blieb er dennoch ein Herrscher ohne Zukunft.

Er reagierte hilflos, als er hörte, dass auf dem festländischen Teil seines Reiches, in Süditalien, ein gewaltiges Heer sich bereit machte zum Sprung über die Meerenge von Messina. Es wurde angeführt von dem Welfen Otto, der nach zehnjährigem Bürgerkrieg in Deutschland zum alleinigen Herrscher geworden war, um schließlich die Kaiserkrone zu gewinnen. Otto IV. betrachtete Sizilien als einen Teil seines Reiches, und dass da drüben bereits ein Staufer auf dem Thron saß, war ihm gleichgültig. Für einen Welfen war ein Staufer ohnehin gleichbedeutend mit »Todfeind«.

Friedrichs Lage war verzweifelt: Vor ihm die von der mächtigen Flotte Pisas unterstützte Invasionsarmee, in seinem Rücken die zum Losschlagen bereiten Bergsarazenen. Man riet ihm, nach Tunis zu fliehen, und die schnellste Galeere lag unterhalb des Castellamare bereit zum Auslaufen. Aber es geschah etwas, was Friedrich später ein »erstes sichtbares Zeichen der von Gott ergangenen Berufung« deutete. Wie ein *deus ex machina* erschien ein Bote und meldete, dass die Feinde ihre Zelte abgebrochen hätten und von Unteritalien nach Norden abzögen. Um das Unwahrscheinliche noch unwahrscheinlicher zu machen, erschien wenig später eine hochrangige Delegation, die dem nun Siebzehnjährigen im Namen der deutschen Fürsten die Kaiserkrone anbot.

»Aber Kaiser ist doch Otto IV.?« Der sei vom Papst gebannt worden, weil er den Eid gebrochen habe, seine Hand nicht nach Sizilien auszustrecken. Ein Gebannter aber solle nicht länger Kaiser sein. Die sizilischen Großen warnten davor, diese Krone anzunehmen, sich auf dieses Abenteuer einzulassen – in einem Land, dessen Fürsten wankelmütig, ja arglistig seien. Und wer könne wissen, ob er sein Ziel, das Reich der Deutschen, überhaupt lebend erreiche! »Hier, in Sizilien und Apulien, sollst du herrschen und darfst nicht unser herrliches Königreich in anmaßendem Ehrgeiz verachten!«, riefen sie ihm zu.

In Friedrichs Antwort zeigt sich der künftige große Herrscher: »Alles auf Erden verliert seine Bedeutung gegen die Hoheit, den Glanz des Kaisertums. Wir dürfen keine Gefahren scheuen, wenn Unsere und Unserer Vorfahren Ehre auf dem Spiel steht, wenn Völker wie Fürsten Uns zur Annahme der höchsten Berufung auffordern.«

Arm und abgerissen wie ein Bettler, schreibt der Chronist, was gewiss übertrieben war, habe er sich Mitte März 1212 auf den Weg gemacht. Eine der phantastischsten Karrieren der Weltgeschichte begann...

Bereits kurz nach dem Auslaufen seines Schiffes aus Palermo beginnt man Jagd auf ihn zu machen. Pisanische Schnellsegler, den Welfen noch getreu, zwingen ihn, im Hafen von Gaeta Schutz zu suchen. Zu Pferd schlägt er sich nach Rom durch. Der Papst empfängt ihn, gibt ihm seinen Segen und, wichtiger noch, füllt seine Satteltaschen mit Goldmünzen. Ihm mag unbehaglich dabei zumute gewesen sein, hat er doch einst geschworen, niemals einem von der »Vipernbrut« der Staufer die Wege zu ebnen. Doch schließlich war der Jüngling durch heiligen Vertrag verpflichtet worden, zugunsten seines eben erst geborenen Sohnes Heinrich auf die Krone Siziliens zu verzichten.

Was die Pisaner auf hoher See versucht haben, versuchen jetzt die ebenfalls welfentreuen Mailänder. Unweit von Pavia überfallen sie seine Begleitmannschaft, doch Friedrich gelingt es, sich im Kampfgetümmel auf ein satteloses Pferd zu schwingen und den Fluss Lambro zu durchschwimmen. »Seine Höschen, die hat er im Lambro gewaschen«, sangen die Leute aus Milano (und den Spottvers gibt es heute noch), aber der, den sie haben wollten, stand inzwischen vor Konstanz, nachdem er, weil auch der Brenner von den welfischen Parteigängern versperrt war, sich den Weg über die unwegsamen Engadinpässe erkämpft hatte.

Die Konstanzer aber öffneten ihm nicht die Tore, hatte doch ein anderer sich bereits angemeldet. Otto IV. war inzwischen von Süditalien angelangt, nach langem Marsch, und hatte auch einige Fürsten wieder auf seine Seite gebracht. Doch als der päpstliche Legat den Bann Ottos noch einmal laut verkündete, fielen die Konstanzer um, und Friedrich nahm an der bereits für seine Feinde gedeckten Tafel Platz. Einhundertundachtzig Minuten entschieden über das Schicksal des Staufers.

»Das chint von Pulle man chomen sach, der Chaiser het groezer chraft, doch wart das chint sigehaft gar âne swertes slac...«, sangen die Troubadoure. Das Kind von Apulien muss eine unheimliche Faszination ausgestrahlt haben. Einem Alexander gleich ritt er durch die Lande. Jung, schön, heiter, verklärt von der Aura seiner südländischen Herkunft, gewann er die Menschen tatsächlich ohne Schwertschlag. Und wer von den Großen sich nicht bezaubern ließ, der erlag der Verlockung des Silbers, das Frankreichs König reichlich spendete. Denn der Deutsche sollte für ihn die Kastanien aus dem Feuer holen, sprich: den Welfenkönig Otto, den die Engländer als ihren »Festlanddegen« unterstützten, in die Schranken weisen.

Auch das »Kind von Pülle«, wie Friedrich immer noch von den Leuten zärtlich genannt wurde, erwies sich als überaus spendabel. Er verteilte den Rest des ihm noch verbliebenen väterlichen Kronschatzes. Nachdem gar nichts mehr zu verteilen war, pflegte er zu sagen: »Ich werde euch reich beschenken, wenn ich mit Gottes Hilfe zu Reichtum gekommen bin.« Und die Menschen glaubten ihm. So viel Großzügigkeit, so viel *milte*, hob sich wohltuend ab von Ottos notorischem Geiz.

»Ich hân hêrn Otten triuwe, er welle mich noch rîchen«, sang Walther von der Vogelweide, der Deutschen großer Dichter, der wie alle Minnesänger auf einen Mäzen angewiesen war, wollte er überleben. »Ich hatt' Herrn Ottos Wort, er wollte reich mich machen. Wie trüglich war sein Wort, 's ist zum Lachen. Soll das, was er versprach, mir Friedrichs Hand verleihen? Ich kann von ihm nicht fordern eine Bohne. Es sei denn, dass ihn meine Lieder machten froh.«

Das war deutlich gesagt, und Friedrich verstand den Dichter gut genug, wenn es auch noch eine Zeit lang dauerte, bis er ihm ein kleines Landgut übereignete als Dank für die von Walther geleistete propagandistische Hilfe. Da jubelte der von der Vogelweide: »Ich hân mîn lêhen, al die werlt, ich hân mîn lêhen – Ich hab mein Lehen, Gott noch mal, ich hab mein Lehen. Jetzt brauch' ich nicht mehr furchtsam in den Frost zu sehen und reichen Knickern um den Bart zu gehen. Der gute König, der großmütige König hat geruht, mich auszustatten... Mein Los war dies: Ich war zu lange blank, dass ich vor Missgunst manchmal aus dem Rachen stank. Heut' kann ich wieder atmen, Friedrich sei Dank.«

Bald war der Staufer Herr des ganzen deutschen Südens. Und das, obwohl er über kein nennenswertes Heer verfügte. Was ihm an Truppen fehlte, glich er durch eine intensive Reisediplomatie aus. In einer wahren Publicity-Tour, wie man heute sagen würde, reiste er zu den wichtigsten Städten, berief Hoftage ein, sprach vor Fürstenversammlungen, traf sich mit dem französischen Thronfolger, Sohn des Königs Philipp August, an der Reichsgrenze und kassierte gegen das Versprechen, niemals einen Friedensvertrag mit Otto abzuschließen, 20000 Silbermark.

Otto IV. war noch nicht geschlagen. Der baumlange Welfe, ein guter Soldat und tüchtiger Heerführer, verfügte noch über eine kampfstarke Truppe, der Friedrich nichts entgegenzusetzen hatte. Doch um den Staufer ging es Otto gar nicht. Würde er mit Unterstützung der Engländer die Franzosen schlagen, hätte sich der Thronstreit erledigt. Das Schicksal Deutschlands wurde nicht mehr in Deutschland entschieden: Es war längst zum Nebenschauplatz internationaler Auseinandersetzungen geworden, eine Folge der Zwietracht, die unsere Geschichte von Beginn an zu einer Tragödie mit vielen Akten gemacht hat. Der Ausgang des zwischen England und Frankreich geführten Krieges musste darüber entscheiden, wer in Zukunft die Kaiserkrone tragen würde.

Bei Bouvines, südöstlich von Lille, trafen die Heere aufeinander. Die Ritter Philipp Augusts siegten in einer blutigen Schlacht, und sie schickten die erbeutete Standarte mit dem Reichsadler, dessen Schwingen zerbrochen waren, dem Mann, der nichts zu ihrem Sieg beigetragen hatte: Friedrich.

Otto zog sich nach Köln zurück, das ihm noch ergeben war. Er war auf die Wohltaten der reichen Bürger angewiesen. Schließlich hatten auch sie von diesem »Kaiser« genug, gaben ihm Reisegeld und führten ihn vor die Tore. Als Pilger verkleidet, floh er nach Braunschweig. Seine letzten Getreuen verließen ihn einer nach dem anderen. Er zog sich auf die Wartburg in Thüringen zurück, wo er die Tage in Demut, Verzweiflung und Hoffnungslosigkeit verbrachte. Immer wieder betrat er den Beichtstuhl, um seine Sünden zu bereuen, und ließ sich von einem Mönch mit Ruten blutig schlagen. Kaum sechsunddreißig Jahre alt, legte er sich zum Sterben nieder und verfügte, dass die Reichsinsignien dem zu übergeben seien, den die Fürsten einstimmig erwählen würden.

Das aber hatten die Fürsten längst getan, nur die Krönung Friedrichs zum König blieb ihnen noch. Dafür erwählten sie Aachen, die Stadt Karls des Großen, und jenen Dom, der das Grab des heilig gesprochenen Frankenkaisers barg. Friedrich ließ die Gebeine umbetten in einen von rheinischen Goldschmieden gefertigten Schrein, den wir heute noch bewundern können. Das war eine Handlung von tiefer Symbolik. Weniger symbolisch, dafür umso überraschender war seine anschließende Verkündung, er werde in naher Zukunft einen Kreuzzug ins Heilige Land unternehmen, um das Grab Christi von den Ungläubigen zu befreien. Das war nichts weiter als eine Demonstration: dass er nicht gewillt sei, zum Werkzeug der Kurie zu werden, sondern das weltliche Schwert im Sinne der Christenheit führen werde.

Noch vor der Krönung im Sommer 1215 war Friedrich die Rechnung präsentiert worden von allen jenen, die ihm geholfen hatten, das zu werden, was er nun war. Des Papstes Faktura war die höchste: In der EGERER GOLDBULLE hatte der König die Gebietsrechte des Papstes in Mittelitalien bestätigen müssen. Was die deutschen geistlichen Fürsten betraf, so verzichtete er auf jede Einwirkung in die Bischofswahlen, stärkte mit anderen Zugeständnissen die Position der weltlichen Herrscher. Diese Zugeständnisse kamen einer Konkurserklärung der deutschen Kaiserpolitik sehr nahe, und man hat dafür nur eine Erklärung gefunden: Diesem König war Deutschland gleichgültig. Er fühlte sich fremd in einem Land, das nicht seine Heimat war, dessen Sprache er anfangs nur schlecht sprach, das seiner Zersplitterung wegen ohnehin kaum mehr regierbar war. Allenfalls das Elsass, »unserer deutschen Erbländer geliebtestes«, gab ihm ein wenig Heimatgefühl.

Im Jahre 1220 zog Friedrich die Brennerstraße entlang nach Italien, zufrieden mit dem, was er in acht Jahren in Deutschland erreicht hatte. Die der Kurie geschworene dauernde Trennung Siziliens vom Reich hatte er durch einen geschickten Schachzug unterlaufen. Sein Sohn Heinrich war von Palermo nach Deutschland geholt und von den Fürsten zum deutschen König gekrönt worden. Dafür hatten die Herren sich zwar wieder bezahlen lassen, aber da der Achtjährige bereits die sizilische Krone trug, war nun über ihn die Vereinigung Siziliens mit dem Reich erfolgt.

Als Friedrich in seinem südländischen Reich eintraf, trug er die *Kaiser*krone. Dem Papst war nichts anderes übrig geblieben, als ihn zu krönen. Er brauchte ihn im Kampf gegen die Ketzer und zur Rettung der Kreuzfahrer, die er nach Ägypten geschickt, wo sie in eine hoffnungslose Lage geraten waren.

Sizilien. Was für ein Land! Von der Sonne verwöhnt, mit Fruchtbarkeit gesegnet, seit alters her die Kornkammer des Römischen Reiches, bewohnt von Menschen, die sich trotz verschiedener Herkunft, Sprache und Religion gegenseitig tolerierten; beherrscht aber von einer Clique von Baronen und Prälaten, die das Volk bedrängte und sich alle Rechte und Güter, die einst der Krone gehört, angeeignet hatten. Friedrich, bei seinem Abschied ein armer König, war immer noch ein König Habenichts. Und machtlos dazu, denn ein Heer stand ihm nicht zur Verfügung. Wie er dennoch sich durchsetzte, bleibt ein bewundernswertes Beispiel dafür, welche Macht das Gesetz haben kann, wenn ein Staatsmann es mit Staatskunst zur Geltung bringt.

Er forderte die Großen auf, ja er bat sie geradezu, die in den letzten dreißig Jahren ergangenen Vergabungen, Schenkungen, Privilegien der kaiserlichen Kanzlei vorzulegen, und kassierte all jene, auf deren Rechtmäßigkeit auch nur der Schatten eines Zweifels fiel – und das war fast immer der Fall. Den Widerstand der großen Barone in ihren Burgen brach er mit den Waffen der kleinen Barone, um sie dann eiskalt fallen zu lassen, wenn sie ihre Schuldigkeit getan hatten. Macchiavelli hätte seine Freude an ihm gehabt. Auch die Gerichtsbarkeit nahm er den Baronen und übertrug sie seinen Beamten.

Die Juden schützte er vor Verfolgung, schließlich brauchte er sie in seiner Monopolverwaltung. Die Mohammedaner sollten nach ihrem Glauben selig werden. Die Genuesen und Pisaner, die den Seehandel durch Preistreibereien beherrschen, vertrieb er aus den Häfen und befahl, eigene Schiffe zu bauen. »Schwären und Übel mit dem Brenneisen kurieren«, nannte er diese Maßnahmen. Sie kamen einem Land zugute, das im Chaos der Willkür und Gewalt zu verkommen drohte. Das ausgebeutete Volk gewann er damit, und auch die Bewältigung der nächsten Aufgabe galt als populär.

Im wild zerklüfteten Inneren der Insel lebten die Sarazenen: wilde kriegerische Stämme, die keine fremden Herren duldeten; auf Raubzügen ständig unterwegs, bildeten sie einen Unruheherd, und wer Sizilien beherrschen wollte, musste *sie* beherrschen. Daran waren bisher alle christlichen Könige gescheitert: Ihre Felsennester schienen uneinnehmbar. In einem langwierigen blutigen Feldzug eroberte Friedrich ein Kastell nach dem anderen; bezwingen konnte er sie dennoch nicht, er musste sie deportieren. 16000 Männer und Frauen siedelte er auf dem festländischen Teil seines sizilischen Reiches an; in Lucera, nahe dem Monte Gargano. Dort gelang ihm Einmaliges: Ihren leidenschaftlichen Hass verwandelte er in eine andere Leidenschaft, die der fanatischen Hingabe an ihren Bezwinger.

Aus diesen Männern, die das Land bestellten und ihre Waffen zu führen wussten, formte sich Friedrich ein stehendes Heer von 12000 Reitern und Bogenschützen; und eine Leibgarde, die gegen Kirchenstrafen gefeit war, denn ein Bann konnte nur Christen treffen. Die Moscheen, die sie sich in Lucera bauten, nicht weit von den Grenzen des Kirchenstaats entfernt, mussten dem neuen Papst wie ein Trugbild der Hölle erscheinen.

Gregor IX. war ein Mann, der von Anbeginn erkannt hatte, welch ungeheure Gefahr der Kaiser für den Kirchenstaat darstellte, wenn es ihm gelang, Sizilien mit Mittelitalien, der Lombardei und Deutschland zu einem Machtblock zu vereinigen. Ziel des Papstes war es überdies, nicht nur das geistliche Schwert zu führen, sondern auch das weltliche und damit über die Welt zu gebieten. Der Kaiser stand diesen Plänen im Weg und musste vernichtet werden. Als Friedrich den Kreuzzug ins Heilige Land, zu dem er sich nach seiner Krönung feierlich verpflichtet hatte, 1227 ein weiteres Mal aufschob, schien die Gelegenheit zu einem ersten Schritt gekommen.

Die in Süditalien bereits versammelten Kreuzfahrer waren von einer Seuche heimgesucht worden, der Kaiser selbst war schwer erkrankt und hatte sein Schiff wieder verlassen, doch unbeirrt bestieg Gregor die Kanzel und sprach, während die Priester ihre brennenden Kerzen zur Erde schleuderten, den Bann über ihn aus. Friedrich trat den Kreuzzug dennoch an. Zum ersten Mal in der Geschichte begleitete den Führer eines Kreuzzugs nicht der Segen des Oberhaupts der katholischen Christenheit, sondern ein Fluch. Und er bekam ihn zu spüren: Die Kleriker, die Pilger, die Orden der Templer und Johanniter verweigerten sich, und der Patriarch der Christen in Jerusalem,

Gerold, beschwor den Sultan, diesen Deutschen zu meiden wie die schwarze Pest.

Der Sultan Al-Kamil aber war gerade dabei, eine Geschenksendung zusammenzustellen für den Staufer – Reitkamele, edle Pferde, einen Elefanten, denn er führte seit zwei Jahren Verhandlungen mit ihm, dergestalt, dass er ihm Jerusalem abzutreten versprochen hatte, wenn man ihm gegen seinen bösen Bruder Waffenhilfe leistete. Der Bruder war zwar inzwischen verstorben, und der Sultan hätte keine Hilfe mehr gebraucht, doch scheute er sich davor, die erneuten Verhandlungen abzubrechen. Er spürte den Geistesverwandten in dem »König der Emire«, wie die Araber Friedrich nannten, sprach er doch Arabisch, kannte sich aus in der Philosophie, wie er, schrieb Gedichte, wie er, diskutierte leidenschaftlich mit Gelehrten über Mathematik, Arzneikunde und Astrologie, wie er, war vom Scheitel bis zur Sohle ein Weltmann, wie er. Warum mit einem solchen Mann Krieg führen? Doch was die Rückgabe Jerusalems betraf, so wich er aus: Die arabische Welt würde ihm einen solchen Schritt nicht verzeihen. Auch für sie war Jerusalem eine heilige Stadt.

Friedrich aber brauchte den Erfolg. Er konnte sein Heer kaum mehr ernähren, nachdem die Nachschubschiffe vom Sturm verschlagen worden waren. Auch waren, wie er erfuhr, die Söldner der Kurie in sein Reich eingefallen und in Palästina wurde die Zahl seiner Feinde mit jeder ergebnislosen Verhandlungswoche größer. Seine Getreuen, wie der Deutschordensmeister Hermann von Salza, erlebten zum ersten Mal einen Kaiser, der in Tränen ausbrach und sein Haupt verhüllte. Als letzten Ausweg entschloss er sich, dem Sultan einen Brief zu schreiben, der seine Ratgeber fürchten ließ, er werde damit sein Gesicht verlieren.

»Ich bin Dein Freund. Die Könige und der Papst wissen von meiner Fahrt. Wenn ich zurückkehre, ohne etwas erreicht zu haben, werde ich ein Mann ohne Ansehen sein. Also übergib mir, bitte, Jerusalem, auf dass ich das Haupt unter den Königen des Westens nicht senken muss.«

Am 17. März 1229 zieht Kaiser Friedrich II. in die Königsstadt Jerusalem ein. Er hat keinen Tropfen Blut vergossen und er besitzt einen Vertrag, der ihm neben Jerusalem auch Bethlehem, Nazareth und einen Korridor zu den Küstenstädten zusichert. Die Straßen sind verödet. Niemand weiß, was dieser Kaiser ihnen bringen wird. Die Araber nicht, die um ihren Felsendom bangen (von dem aus der Prophet Mohammed Allah einen nächtlichen Besuch abgestattet hat), die »Griechen« nicht, wie man die griechisch-orthodoxen Christen nennt; die Pilger nicht, denen der Patriarch Gerold das Betreten der Stadt verboten hat. Nur die deutschen Wallfahrer lassen sich selbst von der Drohung der Exkommunikation nicht abschrecken.

Die Kirche des Heiligen Grabes ist leer, als Friedrich anderntags mit seiner Begleitung erscheint. Auf dem Passionsaltar liegt die Krone des Königs von Jerusalem, die er als sein Erbe betrachtet. Doch niemand ist erschienen, weder der Patriarch noch die Erzbischöfe von Nazareth und Cäsarea, sie ihm aufzusetzen.

Friedrich tut in diesem Augenblick etwas, was nach ihm nur noch Napoleon gewagt hat: Er krönt sich höchst eigenhändig selbst. Eine symbolische Handlung, die der Welt zeigen soll, dass er keinen Priester als Vermittler zu Gott braucht.

Der fahrende Sänger Freidank, ein Teilnehmer des Kreuzzugs, hat ausgesprochen, was die meisten Christen fühlten. »Got unde der keiser hânt erlöst ein grap, deist aller kristen trôst. Sît er das beste hât getân, sô sol man in ûz banne lân ...« Der Papst aber, vom Patriarchen informiert, dachte nicht daran, ihn vom Bann zu lösen. Der Vertrag mit dem Sultan sei ein Vertrag mit dem Teufel. Mit nicht zu überbietender Heuchelei hatte Gerold hinzugefügt: »... müssen wir ferner Eurer Heiligkeit, wenn auch mit brennender Scham, berichten, dass der Sultan ihm Sängerinnen und Tänzerinnen schickte, verrufene Personen also.« Auch raune man, dass er die Tochter des Sultans geheiratet habe und sich mit »vier Dutzend Sarazeninnen fleischlich verging« – was bislang nur Herkules gelungen war, als er die fünfzig Töchter des Königs Thespios beschlief. Wenn das alles geglaubt wurde, so war Friedrich daran nicht unschuldig. Seine Vorliebe für orientalische Lebensart hat er nie verhehlt und schönen Araberinnen war er nie abgeneigt.

Im Morgengrauen des 10. Juni 1229 sichteten die Wächter

von Brindisi einen Segler, an dessen Masten das kaiserliche Banner wehte. »Der Kaiser lebt! Er lebt, lebt!« Der Schrei gellte durch die Gassen, pflanzte sich fort von Ort zu Ort, löste bei seinen Anhängern Jubel aus und Entsetzen bei den Bewohnern jener Städte, die der vom Vatikan ausgestreuten Todesnachricht geglaubt, ihre Tore den päpstlichen Söldnern geöffnet und die kaiserlichen Beamten vertrieben hatten. Friedrichs Rachsucht war maßlos. Seine Sarazenen aus Lucera, deutsche Kreuzfahrer und die getreuen Sizilier lehrten die Päpstlichen das Fürchten. Allein die Gegenwart des Kaisers und sein Name wirkten lähmend. Lähmend auch die Exempel, die er an den eidbrüchig gewordenen Stadtoberen statuieren ließ. Abschneiden der Ohren und Nasen, Abhacken der Hände, Entmannen und besonders das Blenden der Augen mit glühendem Eisen gehörten zum grausigen Repertoire damaliger Rachefeldzüge; von der Zerstörung der Häuser, von Plünderung und der Versklavung von Frauen, Männern, Kindern nicht zu reden. Der Staufer bildete hier keine Ausnahme. »Die Kunde von Unseren Strafgerichten«, ließ er verlauten, »soll sich über den Erdball verbreiten und jeden Verräter bis ins Mark erbeben lassen.«

An der Grenze zum Kirchenstaat befahl er seinen Truppen, den Vormarsch zu stoppen, und schickte eine Botschaft zum Papst, wonach er alles tun wolle, um seinen Frieden mit der Kirche zu machen, »denn an der Zwietracht können nur die Feinde des Kreuzes ihre Freude haben«. Hier schrieb ein Sieger an einen Besiegten und bat um Frieden! Als die Verhandlungen nach über einem Jahr endlich in einen Vertrag mündeten, war der Kaiser der Unterlegene, dergestalt, dass er auf alle Ansprüche im Kirchenstaat verzichtete, dem sizilischen Klerus Steuerfreiheit zubilligte, sich aus den Bischofswahlen herauszuhalten versprach und alle begnadigte, die sich gegen ihn erhoben hatten. Sich unbedingt vom Bann zu lösen und damit wieder Handlungsfreiheit zu gewinnen, erklärt die sonst unbegreifliche Nachgiebigkeit. So wurde aus dem »Sklaven Mohammeds« wieder der »geliebte Sohn der Kirche«. Der mit der Kurie geschlossene Friede sollte keine zehn Jahre dauern...

»Wenn durch Wandlung der Dinge und der Zeiten die alten Gesetze der Menschen nicht mehr ausreichen, so ist es der Würde Unsrer kaiserlichen Majestät anheim gegeben, für neue Krankheiten neue Arzneien zu finden, auf dass die Tugendhaften belohnt, die Lasterhaften dagegen unter den Hammerschlägen der Strafen zermürbt werden.«

Dieser Passus gehört zu einer 1231 veröffentlichten Rechtssammlung, die unter dem Namen KONSTITUTIONEN VON MELFI bekannt wurde und für Jahrhunderte gültig blieb. Sie enthielt so ungewöhnliche Bestimmungen wie: »Die durch Gott geschenkte Gesundheit der Luft reinzuhalten, indem Abfälle und Kadaver in der Nähe von Behausungen nicht zu dulden seien, auch dort kein Flachs gewässert werden dürfe.« Praktisch das erste Umweltschutzgesetz des Abendlandes! Studenten der Medizin auf der von ihm gegründeten Universität Neapel hatten vorher Philosophie zu belegen, da sie sonst die Medizinwissenschaften nicht verstünden. Wer heute in Neapel promoviert, dessen Diplom trägt, wie seit Jahrhunderten, das Siegel Friedrichs. Ärzte hatten einen Schwerkranken zweimal am Tag, einmal in der Nacht zu besuchen; die Apotheken ihre Arzneien nach der Regel und ohne Betrügereien herzustellen. Der hohe Adel durfte ohne Genehmigung nicht heiraten, jeder Untertan sollte sich vor der Verehelichung mit Fremden hüten, »da durch die Mischung verschiedener Volksstämme die Reinheit des Reichs verdorbt werde«.

Die Bauern, denen Sizilien seinen Reichtum verdankte, bekamen hohe Zuschüsse. Alle anderen Untertanen wurden durch Steuern zur Kasse gebeten, wie sie selbst unsere heutigen Finanzminister nicht raffinierter hätten erfinden können. Wer nicht zahlte, wurde bestraft, dann gefoltert, schließlich auf die Galeere geschickt. Wobei alle vor dem Gesetze gleich waren und nicht einige gleicher.

»Wir wundern uns sehr«, gehörte zu Friedrichs meist gebrauchten Sätzen. Er wunderte sich über Dinge, die andere gedankenlos hinnahmen. Er wunderte sich, dass das Meerwasser »salzig« schmeckte, das der Flüsse und Seen dagegen »lieblich«; dass der eine Wind ständig nach Westen wehe, der andere immer nach Osten; dass der Vesuv und der Stromboli Feuer speiten und ein ins Wasser getauchtes Ruder nach der Oberfläche zu gekrümmt aussehe; dass jedes Volk eine andere Sprache spreche, und er fragte sich, ob es eine Ursprache gegeben habe. Seine Wissbegier war so stark, dass er vor schauerlichen Experimenten nicht zurückschreckte.

So, wenn er Neugeborene von Ammen aufziehen ließ, die mit ihnen kein Wort wechseln durften; um auf diese Weise zu erforschen, ob sie die älteste Sprache der Welt, die hebräische, sprächen oder die griechische, die lateinische, die arabische oder die Sprache ihrer Mütter (aber sie siechten alle dahin ohne die Ansprache jener, die sie pflegten). Oder wenn er einen zum Tode Verurteilten ins Fass sperrte, um zu beweisen, dass die Seele, die aus dem Fass nicht entweichen konnte, mit dem Körper untergehe.

Mag sein, dass für manche dieser Geschichten das *Se non è vero, è ben trovato* gilt, entscheidend ist, dass man ihm solche Geschichten zutraute. Wie man denn auch den ihm zugeschriebenen Ausspruch für wahr hielt, wonach Moses und Christus die Welt mit ihrer Lehre zum Narren gehalten hätten. Nun, das war päpstliche Greuelpropaganda. Aber ein guter Christ war Friedrich nicht, konnte er nicht sein mit seiner Skepsis, mit seiner Toleranz gegenüber anderen Religionen. Was sich auch in seinen Fragen zeigte, die er dem Philosophen Michael Scotus stellte; Fragen, die Bischöfe und Kardinäle an den Leibhaftigen denken ließen.

»Wie viele Himmel gibt es?« – »Wo ist die Hölle und wo das Paradies? Unter der Erde oder über der Erde?« – »Auf welche Weise sitzt Gott auf dem Himmelsthron und was tun Engel und Heilige da ununterbrochen im Angesicht Gottes?«

Im apulischen Foggia hielt er Hof, dort war er am liebsten, lieber als im schwülen Klima Palermos. Von dem prächtigen marmornen Palast mit den Statuen und Säulen, den brunnengekühlten Innenhöfen, den steinernen Löwen und Wasserbecken existieren heute – nach einem verheerenden Erdbeben und der Verwüstung im Zweiten Weltkrieg – nur noch die Adlerkonsolen am Palazzo Arpi. In Foggia versammelte er die Besten seiner Zeit: Philosophen, Gelehrte, Literaten, Astrologen, Musiker. Intensive Gespräche führte er mit den Dichtern: Warum gaben sie das Lateinische nicht auf und schrieben im sizilisch-apulischen Dialekt, der Sprache des einfachen Volkes? Bemühungen, die ihm von Dante das Prädikat »Vater der italienischen Dichtung« eintrugen. Seine Gäste verblüffte immer wieder, mit welcher Leichtigkeit er vom Lateinischen ins Griechische wechselte, vom Französischen ins Arabische, vom Hebräischen ins Volgare. Dass er das Deutsche überhaupt nicht beherrscht habe, ist wenig glaubhaft bei einem derartigen Sprachtalent.

Der Mann, der dort auf und ab ging im Thronsaal, diskutierend, dozierend, zuhörend, war nun fünfunddreißig Jahre alt. Körperlich durchtrainiert, begnügte er sich mit einer Mahlzeit gegen Mittag, machte oft genug die Nacht zum Tage, war nach anstrengenden Ritten noch zu schwierigen Verhandlungen fähig; geistreich, oft zynisch, voller Charme wirkte er, wie alle Großen auf Männer *und* auf Frauen. Der Staufer war dreimal verheiratet. Keine seiner Frauen hatte auch nur den geringsten Einfluss auf ihn gehabt, geschweige denn, dass sie wie die Gemahlinnen der Sachsenkaiser »Teilhaberinnen des Reiches« gewesen wären.

»...um Friedrich II. gab es keinen Boden, in dem eine Frau wurzeln konnte. Alle seine Gemahlinnen starben nach wenigen Jahren der Ehe, und selbst seine Geliebten, soweit wir sie kennen, teilten dieses Los: Keine hat ihn überlebt.« So resümiert Ernst Kantorowicz in seiner Biographie des Kaisers.

Friedrichs Wissen war phänomenal und seine Interessen schlossen auch die Architektur ein. Der Reisende, der von der Hafenstadt Barletta in die Berge fährt, wird bald eines Schlosses ansichtig werden, wie er es noch nicht gesehen. Es ist das Castel del Monte, ein Bau, der die mystische Zahl »8« in Form des Oktogons zehnmal wiederholt und spätantike, orientalische und gotische Formen zu einer Einheit verschmilzt. Entworfen hat ihn der Kaiser.

Ein anderes Werk erregte desgleichen das Staunen der Mitwelt und der Nachwelt – nicht umsonst wurde Friedrich *stupor mundi* genannt: DE ARTE VENANDI CUM AVIBUS – Von der Kunst, mit Vögeln zu jagen. Über die Jagd mit Falken zu schreiben, war nichts unerhört Neues, doch wie es hier geschah, setzte neue Maßstäbe. Anstelle der Naturbeschreibung tritt die Empirie, die keine Erkenntnis ohne Erfahrung duldet. Es galt, Dinge sichtbar zu machen, die so sind, wie sie sind. Der Leser erfährt nicht nur etwas über die Falken, über ihren Wettersinn, ihre Nistgewohnheiten, ihre Nahrung, auch viele andere Vögel werden geschildert, ihre verschiedenen Arten, den Geheimnissen des Vogelzugs wird nachgeforscht. Aus Tausenden von Einzelbeobachtungen entsteht ein ornithologisches Fachwerk ersten Ranges, und die dazu gehörigen Zeichnungen fertigt der Kaiser auch noch an.

Was Friedrich II. von anderen großen Herrschern vor allem unterscheidet, ist die durch alle Schrecken bewahrte gleichgewichtige Heiterkeit, wie wir sie sonst nur bei Cäsar finden. Es ist nicht bekannt, ob er sie auch noch bewahrte, als er von den »schauderhaften Dingen Unseres Sohnes« erfuhr, der als König Heinrich VII. sein Statthalter in Deutschland war. Es waren Dinge, die uns gar nicht schauderhaft erscheinen wollen: Heinrich bekämpfte in Konrad von Marburg eine der scheußlichsten Figuren der deutschen Geschichte, einen Mann, der Hunderte seiner Landsleute wegen Ketzerei auf den Scheiterhaufen brachte; er half den Stadtbürgern, wenn es gegen einen tyrannischen Bischof ging; er verbündete sich mit dem niederen Adel gegen die Fürsten, denen ihr Territorium alles bedeutete und das Reich nichts. Als er sich mit der lombardischen Liga verbündete, der Todfeindin des Vaters, und offenen Aufruhr gegen einen Kaiser predigte, dem das Reich der Deutschen so gleichgültig war, dass er seit vielen Jahren dort nicht mehr erschienen war, hatte er das Maß überschritten.

Und nun erschien Friedrich! Nicht mit einem großen Heer zog er 1234 über die Alpen, sondern, wie der Chronist schreibt, »mit großer Glorie, und es folgten ihm viele Wagen mit Gold und Silber; riesige Sudanneger führten mit sich Kamele, Leoparden, auch einen Elefanten, auf dem maurische Bogenschützen saßen«. Je näher dieser Zug der als Ziel auserkorenen Reichspfalz Wimpfen kam, umso größer wurde die Zahl jener, die Heinrich im Stich ließen. Das phantastische Brimborium, die Show, wie man heute sagen würde, die der »Märchenkönig« – und den Deutschen erschien er noch immer so – geradezu inszenierte, hatte ihre Wirkung nicht verfehlt. Heinrich musste sich demütigen, kniefällig, vor dem Forum der Fürsten, bevor das Urteil über ihn gesprochen wurde: lebenslanger Kerker wegen Hochverrats. Nach Apulien verbracht, stürzte er sich, als er nach siebenjähriger Haft in ein anderes Kastell verlegt werden sollte, mit seinem Pferd in eine Schlucht.

»Wir gestehen, dass Wir, der Wir durch des Königs Verrat nicht gebeugt werden konnten, durch des Sohnes Tod erschüttert sind. Aus Unserem Innersten bricht eine Flut von Tränen. Das Leid des liebenden Vaters hat die Stimme des strengen Richters verstummen lassen.« Worte, die zu spät gesprochen wurden.

1237 stand Friedrich II. auf dem Höhepunkt seiner Macht. Bei Cortenuovo, zwischen Mailand und Brescia gelegen, hatte er mit seinen Rittern und sarazenischen Bogenschützen den verhassten lombardischen Städtebund, der immer wieder die Reichshoheit verletzte, entscheidend geschlagen. Selbst Mailand war bereit, ihm nun weitgehende Zugeständnisse einzuräumen. Doch Friedrich verlangte, verblendet von seinem Triumph und dem Hass auf die Stadt, die ihn so oft herausgefordert hatte, die bedingungslose Unterwerfung. Des Kaisers Forderung bewirkte das Gegenteil: Die Mailänder verstärkten ihre Mauern, Türme und Wälle und verbündeten sich mit fünf anderen Städten.

»Peripetie« bedeutet im griechischen Drama den Wendepunkt, von dem an die Handlung der Katastrophe zutreibt. Auf Friedrich bezogen hieß das: Im Kampf mit dem Papst war Mailand ein solcher Wendepunkt.

Sechs Städte hatte er sich nun zu Feinden gemacht. Sie waren nur durch Erstürmung ihrer Mauern zu bezwingen. Bereits am kleinen Brescia scheiterte er und musste nach zweimonatiger Belagerung schmählich abziehen. Der Papst, der sich mit seinen

Kardinälen entzweit hatte, ja sogar aus Rom vertrieben worden war, sah seine Position wieder gestärkt. Er spürte instinktsicher, wo Friedrich, der sich dem römischen Pontifex nicht beugen wollte, sondern beharrlich die Meinung vertrat, dass der Herrgott für die Erde *zwei* Herren vorgesehen habe, den Priester und den Kaiser, am verletzbarsten war: in seinem zweifelhaften Glauben an den Gott der Christen. Hatte er nicht die jungfräuliche Geburt des Herrn in Frage gestellt? Galt er nicht durch seine Toleranz als ein halber Mohammedaner? Dieser Mensch war ein Ketzer und musste erneut gebannt werden. So geschah es am 20. März 1239.

Was sich nun ereignet, ist ein offener Krieg zwischen den beiden Mächten. Hammer will Friedrich jetzt sein, nicht mehr Amboss. Er rückt mit seinen Truppen in den Kirchenstaat ein. Der Papst betreibt die Absetzung des verhassten Tyrannen, indem er in Deutschland einen Gegenkönig anwirbt. Friedrich betont, dass er sich nie gegen die Kirche gewendet habe, sondern immer nur gegen den verderbten Klerus. Schließlich inszeniert der Papst etwas, was in der mittelalterlichen Kirchengeschichte ein Novum ist: einen Mordanschlag auf den Staufer. Zumindest hat er davon gewusst und ihn gebilligt.

Ein Mann aus der engsten Umgebung wird als Attentäter gedungen: der Leibarzt. Er reicht seinem Herrn ein Stärkungsgetränk. Friedrich, misstrauisch gegen jedermann, sagt: »Lasst uns den Trunk teilen.« Der Arzt täuscht ein Stolpern vor und verschüttet den Inhalt des Bechers. Ein zum Tode Verurteilter muss den Bodensatz ausschlürfen. Er verendet unter Qualen.

Der Stern des Kaisers begann zu sinken. Die Bürger von Parma eroberten bei einem Ausfall die vor ihren Toren errichtete kaiserliche Lagerstadt und erbeuteten den Staatsschatz, die Siegel, das Szepter, die Krone – und das Falkenbuch. Enzio, sein Lieblingssohn, ein Jüngling schön wie Apoll, fiel in die Hände der Bolognesen, und sie begruben seine Jugend in einer zweiundzwanzig Jahre währenden Kerkerhaft. Petrus Vinea, sein Kanzler, von dem man sagte, er habe den Schlüssel zum Herzen des Kaisers, wurde als Betrüger entlarvt, der riesige Summen unterschlagen hatte. Er, der die Gesetze verkündete, vermochte nicht nach diesen Gesetzen zu leben.

Es wurde einsam um Friedrich. Lange Tage ging er stumm einher und in den Nächten lag er schlaflos. Doch er raffte sich wieder auf. »Unseres Sinnes Erhabenheit beugen Wir trotz der Schläge des Schicksals niemals ...« Und es kamen gute Nachrichten. Ravenna war endlich erobert; die päpstlichen Soldaten vertrieben, die Romagna besetzt. Der Gegenkönig in Deutschland war gescheitert. Die Könige Frankreichs und Englands hatten sich von Rom abgewandt. Der gemeinsame Kampf aller weltlichen Fürsten gegen die Hybris des Papstes schien nahe.

Er war so tatenfroh, dass er in den Wäldern um Foggia auf die Jagd ging. Da warf ihn, im Winter des Jahres 1250, ein schweres Fieber nieder. Er, der gegen des Körpers Natur sich unangreifbar glaubte, erlag einer Seuche, die zur Nemesis der deutschen Italienfahrer geworden war: der Ruhr.

»Der Held seines Jahrhunderts, dessen Genie die Welt mit Bewunderung erfüllte, starb nach langen Kämpfen um ihre Befreiung von der Alleingewalt des Priestertums, gleich den meisten Menschen von seiner Zeit nicht begriffen, verlassen und in tragischer Einsamkeit.« So Ferdinand Gregorovius in seinem berühmten Buch über die Geschichte der Stadt Rom im Mittelalter.

Die Menschen glaubten nicht an seinen Tod. Einst werde er wiederkehren als ein Messias der Armen und Bedrückten, die verderbte Kirche zu richten, die Bösen zu vertilgen, die ewige Gerechtigkeit zu bringen.

Johannes Gutenberg

Die Beweglichkeit der Lettern

Mainz ist eine goldene Stadt. Sie wird begünstigt durch ihre Lage am Zusammenfluss von Rhein und Main, die ihren Kaufleuten die Möglichkeit bietet, flussauf und flussab Handel zu treiben; gesegnet ist sie durch Klima und Boden, die einen in ganz Europa begehrten Wein wachsen lassen; bewohnt wird sie von einer Bevölkerung, die sich mit einem turmbesetzten Mauerring umgürtete und mit prächtigen Kirchen schmückte. An ihrer Spitze steht der Kurfürst, der als Kanzler des Reiches zu den mächtigsten Herrschern im Lande zählt.

Dennoch gab es nur wenige steinerne Stadtpaläste. Die meisten Häuser waren aus Holz, errichtet im Fachwerkbau. In größeren Straßen lagen Trittsteine, damit man bei Regenwetter trocknen Fußes von der einen Seite auf die andere gelangte. In den Gassen sah es bei feuchtem Wetter wüst aus: Fußhoch lag der Schmutz. Friedrich III., der regierende Kaiser, blieb bei einem Besuch bis zu den Knien im Schlamm stecken. Immer wieder wies der Hohe Rat darauf hin, dass »niemand soll kein unrat uf die gassen schütten«, doch die Bürger vertrauten darauf, dass die überall herumschnüffelnden Schweine den gröbsten Unrat schon beseitigen würden. Wurde es allzu schlimm, konnte man die Gassen noch immer mit Stroh auslegen.

Wer bei Dunkelheit eine der zahlreichen Trinkstuben besuchte, brauchte eine Fackel, um wieder nach Hause zu finden. Straßenlaternen gab es nicht. Viele Bürger waren noch Stadtbauern. Sie hielten sich Kühe und Schafe, die sie morgens durch die Tore auf die Wiesen trieben. Vor den Toren gab es nicht selten einen »Stau«, wenn die Bauernkarren zum Markt rumpelten oder die schweren, von acht Pferden gezogenen Frachtwagen heranrollten, unter deren Planen wertvolles Kaufmannsgut lag. Von der Stadt lizensierte Bettler, die ihren Platz auf den Portalstufen der Kirchen hatten, hielten jedem ihre hölzernen Schalen entgegen. Die Aussätzigen rasselten mit ihren Klappern.

In dieser Stadt wurde Johannes Gutenberg geboren, ein Mann, von dem wir sein Geburtsjahr nicht wissen, dessen Gesicht und Gestalt kein zeitgenössisches Bild zeigt, an dem die Wissenschaftler oft verzweifelten, gibt es doch zu wenige Daten in seinem Lebenslauf, die als einigermaßen gesichert betrachtet werden können. »Tragisch«, so schreibt Aloys Ruppel in seiner Gutenberg-Biographie, »dass über dem Leben und Werk gerade des Mannes, der durch die Erfindung der Druckkunst mit beweglichen Metallbuchstaben das Licht des Wissens weithin in die Welt ausstrahlte, tiefes Dunkel gebreitet liegt.«

Das geht so weit, dass man sich international auf ein Geburts*jahr* und einen Geburts*tag* geeinigt hat. Es ist das Jahr 1400 und der Tag des heiligen Johannes, der 24. Juni: Weil der Zeitraum zwischen 1394 und 1404 als Geburtszeitraum von den verschiedensten Wissenschaftlern immer wieder genannt worden ist und weil sein Vorname eben Johannes war. Selbst sein Name war eher ein Beiname, denn der Vater hieß Friedrich Gensfleisch zur Laden, doch Johannes nannte sich nach dem elterlichen Hof Gutenberg. Er war der Sohn einer alteingesessenen Familie, deren Mitglieder sich als Patrizier dem Ritteradel gleichstellten und ratsfähig waren. Der Vater war Kaufmann und hatte sein Geld im Tuchhandel verdient.

Von der Kindheit und der Jugend seines berühmten Sohnes Johannes wissen wir buchstäblich nichts. Er wird, das darf man annehmen, eine Klosterschule besucht haben, worauf seine guten Lateinkenntnisse hinweisen, und später vielleicht eine Universität. In Frage käme die Erfurter Universität, deren Matrikel man mit detektivischem Spürsinn durchforschte, wobei man auf einen Johannes de Altavila stieß. Altavilla ist Eltville, das Nachbarstädtchen von Mainz, und genau dort hatten die Gutenbergs einen großen Besitz. Sollte Johannes dort einen Teil seiner Jugend verbracht haben, wäre es möglich, dass er sich als Student eher zu Eltville als zu Mainz bekannte. Außerdem pflegten die Mainzer Patriziersöhne in Erfurt zu studieren. Es gibt jedoch zu viele »hätte« und »wäre«, um daraus mehr als eine Hypothese zu machen.

Elf Jahre war Johannes alt, als Vater Friele – mainzerisch für Friedrich – zusammen mit über hundert Patriziern Mainz verlassen musste, denn es war zu einem erbitterten Streit mit den Zünften gekommen. Die Handwerker waren zu Zünften zusammengeschlossen, Berufsverbänden, die die Preise überwachten, die Arbeitszeit festlegten, die Ausbildung von Lehrlingen und Gesellen kontrollierten. Die Stadtherren, meist aus den Patriziergeschlechtern stammend, waren es zufrieden, denn die Zünfte sorgten für Ordnung. Ihre Stadt wurde nicht zuletzt bestimmt durch die handwerkliche Kunst und den Gewerbefleiß der Meister und Gesellen. Ihr Einfluss im Rat aber stand dazu im umgekehrten Verhältnis. Sie begannen aufzubegehren. Dabei wollten sie keinen Umsturz aller Dinge, sie wollten lediglich an der Herrschaft über ihre eigene Stadt beteiligt werden: gemäß ihrer Leistung, die sie erbrachten, ihrer (Steuer-)Last, die sie trugen, und ihrer Zahl. Die Hälfte aller Ratssitze zu erringen war ihr Ziel. In einigen Städten gelang ihnen das, in anderen scheiterten sie.

Bei den Auseinandersetzungen ging es nicht oft so friedlich zu wie beispielsweise in Speyer, wo die Zünfte darum baten, in den Rat aufgenommen zu werden, »damit sie wüssten, ob mit dem Gemeinwesen gut umgegangen werde«. Bisweilen kam es zu Hauen und Stechen, zu Grausamkeiten, und es tobten Straßenkämpfe. Als die Patrizier in Magdeburg den Sieg errungen hatten, ließen sie zehn Obermeister auf den Markt führen und verbrennen. In Köln starben dreiunddreißig Weber unter dem Beil. Gewannen die Zünfte die Oberhand, vertrieben sie die halsstarrigsten unter den Patriziern und zerstörten deren Häuser.

1428 war es in Mainz wieder einmal so weit. Im Rat der Stadt entbrannte zwischen den Handwerkern und den Patriziern ein Streit, bei dem es darum ging, den drohenden Bankrott der goldenen Stadt abzuwehren, dergestalt, dass die Steuern erhöht werden sollten, vornehmlich die der Geschlechter. Die Herren weigerten sich, und viele von ihnen zogen es vor »auszufahren«.

Mit Sack und Pack verließen sie ihre Häuser und nahmen lieber die mit dem »Ausfahren« verbundene Acht in Kauf, als sich zu beugen. Auch Gutenberg gehörte zu jenen, »die nit liep und leib mit der stad liden wollent«. Steuern zahlten sie nun gar keine mehr. Daran konnte dem Landesherrn, Kurfürst und Erzbischof gleichermaßen, nichts liegen und er versuchte, die beiden Parteien miteinander zu versöhnen.

In einem Sühnevertrag, der sogenannten *Rachtung*, heißt es: »… dass wir betrachtet haben solche Irrungen und Zwietracht, wie sie leider jetzt in deutschen Landen allgemein sind, und wie sie sich von Tag zu Tag mehr erheben und besonders solche Uneinigkeit zwischen den ehrsamen alten Geschlechtern auf der einen, dem Rat und den gemeinen Bürgern auf der anderen Seite.« Aber niemand wollte sich *rachten*, sich versöhnen, und so zogen sich die Verhandlungen jahrelang hin, bis es endlich zu einem Kompromiss kam: Die Adligen räumten den Zünftlern die Hälfte aller Sitze im Rat ein und jedes zweite Ratsamt. Die »Ausgefahrenen« sollten zurückkehren und Hof und Haus wieder in Besitz nehmen. So geschah es. Das Mainzer Patriziat behielt seine alten verbürgten Rechte. Zu denen, die ohne Auflagen hätten zurückkehren dürfen, gehörte auch Johannes Gutenberg. Er schien zu stolz, um dieses Angebot anzunehmen; er war, wie ein Vermerk in der Urkunde zeigte, *nit inlendig*.

Doch wenn er nicht »inlendig« war, also nicht in Mainz, wo hielt er sich dann auf? Wohin hatte es ihn verschlagen in jener Welt, die von der nationalen Geschichtsschreibung des 19. Jahrhunderts zur Butzenscheibenromantik stilisiert worden ist, die aber bei näherer Betrachtung von ihrem Glanz verliert. Hinter der prächtigen Fassade erscheint ein Reich, das in Hunderte von herrschaftlichen Gebilden zersplittert ist: mit Herrschern, die unfähig sind, den Frieden zu wahren und das Recht zu schützen; mit Päpsten, die ihr Amt, Gott auf Erden zu vertreten, missbrauchen; wo der Tod in vielerlei Gestalt kam, als Krieg, als Hunger, als Pest; wo die Scheiterhaufen geschichtet wurden, auf denen die Hexen und die Ketzer brannten.

Die Beweglichkeit der Lettern

Zwischen Verklärung und Finsternis erscheint uns die Welt des späten Mittelalters, die von extremen Spannungen bestimmt wurde.

Die Zeitlücke zu füllen, die sich zwischen 1429 und 1434 auftat – darum haben sich Gutenbergforscher eifrig bemüht. Nicht selten nach dem Motto im FAUST, wonach man im Auslegen keine Skrupel haben solle; denn: »Legt ihr's nicht aus, so legt was unter.« Waren es Lehr- und Wanderjahre, die seinen Gesichtskreis weiteten und ihm neue Erfahrungen einbrachten? Hatte er, der aus Mainz stammte, der Stadt der Goldschmiede und Münzer, sich in Basel niedergelassen, wo ein Konzil eröffnet wurde, das zur ökonomischen Absicherung eine »Reichsmünzwerkstätte« einrichtete? Fest steht nur, dass Gutenberg sich nach Straßburg gewandt hatte. Die erste Urkunde, die ihn dort erwähnt, zeigte einen Mann voller Tatkraft, Energie und der nötigen Rücksichtslosigkeit; einen Mann, der sich auch in der Fremde seiner Haut zu wehren wusste. Eine Urkunde aus dieser Zeit beweist das schlagend.

»Ich, Johann Gensfleisch, genannt Gutenberg, bekunde: Da die ehrsamen Bürgermeister und der Rat der Stadt Mainz mir etliche Zinsen und Renten verbunden sind zu geben, ist mir auch gestattet, dass ich sie mag angreifen, bekümmern und pfänden, falls sie nicht zahlen können und wollen. Da mir nun so viele Zinsen ausstehen, so habe ich meiner Nothdurft wegen Herrn Niclaus Wörstadt, Stadtschreiber zu Mainz, greifen lassen und dieser hat mir gelobt, dreihundertzehn guter Rheinischer Gulden [nach jüngst vergangener Währung etwa 10000 DM] zu geben und sie bis Pfingsten meinem Vetter Gelthus in Oppenheim auszuhändigen. Gegeben vom Sonntag nach dem Gregorientag, dem 14. März Anno 1434.«

Das war keine Selbstjustiz, sondern geltendes Recht, dem gemäß auch der einzelne Bewohner einer Stadt für die Schulden seiner Stadt haftete und in den Schuldturm geworfen werden konnte, wo er so lange schmachten musste, bis das Geld bezahlt war. Der Stadtschreiber war ein zu wichtiger Mann, als dass Mainz gezögert hätte, bei den Straßburgern vorstellig zu werden.

Das Resultat war der Satz Gutenbergs: »Ich bekenne, dass die Meister und der Rat der Stadt Straßburg mit mir geredet haben und ich ihnen zur Ehre und zur Liebe den Herrn Niclaus freigegeben und der dreihundertzehn Gulden ledig gesprochen habe.«

Ledig gesprochen hieß, dass Wörstadt nicht zahlen musste, die Mainzer dagegen ja. Und sie taten es. Das Ganze war ein geschickter Schachzug Gutenbergs: Er bekam sein Geld und gleichzeitig musste man ihm konzedieren, dass er sich »ritterlich« verhalten hatte. Und für einen Ritter galten noch immer die Tugenden der *mâze*, der *zuht* und des hohen *muots*. Auch wenn diese Begriffe langsam im Schwinden waren, denn der moderne »Ritter« versuchte denen nachzueifern, die er einst als »Pfeffersäcke« beschimpft hatte, den Kaufleuten. Der Stadtadlige Gutenberg jedenfalls zeigte sich, wie wir sehen werden, durchaus als ein mit allen Wassern gewaschener Kaufmann.

Wohnung genommen hatte er in St. Arbogast, einer Siedlung vor den Mauern Straßburgs. In dem kleinen Haus wohnten sein Diener Beildeck und dessen Frau, die als Köchin und Wirtschafterin den Schlüsselbund trug. »Nothdurft« also litt er nicht, die Bemerkung in jenem Brief war eher taktischer Natur. Er verfügte über einiges Kapital, doch galt es nun, in der Fremde seinen zukünftigen Lebensunterhalt zu sichern. Er musste standesgemäß leben, um sein Ansehen zu wahren und vor allem kreditwürdig zu sein. Das Geld lag auch damals für jeden auf der Straße, der eine Idee hatte.

Gutenberg hatte eine Idee: in Aachen, dessen Dom nicht nur den Thron barg, auf dem die Kaiser gekrönt wurden, sondern auch vier der kostbarsten Reliquien: das Gewand der Gottesmutter, die Windel des Jesukinds, das blutgetränkte Lendentuch des gekreuzigten Christus und das Tuch, in dem das abgeschlagene Haupt Johannes' des Täufers eingehüllt worden war. Alle sieben Jahre wurden diese heiligen Reste ausgestellt, und Wallfahrer aus ganz Europa machten sich auf den langen, beschwerlichen Weg nach Aachen. Sie zählten nach Zehntausenden. Die Tore wurden immer wieder geschlossen, und bald waren es so viele Besucher, dass die Reliquien vor ihnen geschützt werden mussten. Damit die Pilger dennoch einen Blick erhaschen konnten, führten die Domherrn die »Fernzeigung« ein. Auf der Turmgalerie des Doms standen die Geistlichen und hielten abwechselnd eines der Tücher hoch, akustisch begleitet von einem *vocalissimus*, der mit weit tragender Stimme auf die Bedeutung der einzelnen Reliquien hinwies. Unten auf den Gassen, den Dächern, den Mauerkronen standen die Pilger Kopf an Kopf und hielten Spiegel in die Höhe. Sie glaubten, und das Wunder ist bekanntlich des Glaubens liebstes Kind, dass das Spiegelbild der Reliquien ihren Segensschein bewahrte, so dass man daheim auch die Angehörigen damit beglücken konnte.

Den Aachenern brachten die Heiltumsfahrten, die »Ochervart«, himmlischen Lohn und klingende Münze. Wirtsleute, Vermieter, Verkäufer, Händler, Apotheker, Handwerker, Barbiere, Bader, Bettler, die gelüstigen Fräulein, sie alle konnten nach St. Remigius, dem 1. Oktober, harte Gulden zählen. Am meisten verdienten die Handwerker, die die so begehrten Spiegel herstellten, und das waren in der Regel die Goldschmiede. Der Bedarf war immer so groß und die örtlichen Zünfte waren derart überfordert, dass die sonst so strengen Zunftregeln für die sechs Monate der Heiltumsfahrt aufgehoben wurden. Womit auch die Fremden zum Zuge kamen: Auch sie durften in diesem Zeitraum die Pilgerzeichen verfertigen und verkaufen. Und zu ihnen gehörte Johannes Gutenberg.

Seine Idee war es, das, was die Zünfte in mühsamer Handarbeit herstellten, im Großen zu produzieren. Er ließ eine Presse bauen und entwickelte ein neues metalltechnisches Verfahren mit verschiedenen Druckformen. Die Spiegel wurden nämlich nachträglich an einer Art Plakette befestigt, die aus einer Blei-Zinn-Legierung bestand, und diese Plaketten konnte man prägen und prägen und prägen. Bei einem Preis von einem halben Gulden pro Spiegel und einer geschätzten Produktion von 32000 Stück ergab das – man hat das genau ausgerechnet – eine Summe von 16000 Gulden. Da man für etwa 80 Gulden ein komfortables Stadthaus bekam, war das selbst nach Abzug der Materialkosten ein großartiges Geschäft. Auch wenn an dem

Gewinn vier Personen beteiligt waren. Gutenberg hatte eine Art Produktionsgenossenschaft gründen müssen, um das nötige Kapital aufzubringen. So zahlten Andres Dritzehen, in dessen Haus die neue Presse installiert wurde, und Andreas Heilmann neben ihrer Arbeitskraft je achtzig Gulden ein. Hans Riffe, der Vogt des Anwesens Lichtenau, war am kapitalkräftigsten, wofür ihm ein Viertel des Gewinns garantiert wurde, die beiden anderen bekamen je ein Achtel, Gutenberg selbst würde den großen Rest, also die Hälfte, kassieren. Das wären 8000 Gulden für ihn, 4000 für Riffe und je 2000 für die beiden anderen.

Ihr Traum vom baldigen Reichtum verwandelte sich urplötzlich in einen Alptraum. Ein Geistlicher aus Aachen brachte eine Hiobsbotschaft: Die Heiltumsfahrt würde nicht im nächsten Jahr stattfinden, sondern erst im darauffolgenden Jahr: 1440. Das Kapital lag fest und brachte keine Zinsen. Die Lagerkosten für das eingekaufte Material und die bereits geprägten Pilgerzeichen mit dem Spiegel schlugen zu Buche. Wie war das Jahr bis zur Heiltumsfahrt zu überstehen und vor allem sinnvoll zu nutzen? Guter Rat war teuer. Meister Johannes konnte ihn erteilen, und der war wirklich teuer.

»Also su [sie] nu inn der gemeinschafft werent, do werent Andres Heilmann und er [Andres Dritzehen] zu Gutenberg kommen zu Sanct Arbogast, do hette er nu ettliche kunst vor ihnen verborgen, die er ihnen nit verbunden was zu zougen. Daran hetten sie nu nit ein gevallen gehebt und hetten daruff die gemeinschafft abgeton und ein ander gemeinschafft mitteinander verfangen...« (So der Zeuge Mudart Stocker später vor Gericht.)

Die neue 1438 gegründete Finanzierungsgesellschaft kostete allein die beiden Andresse weitere hundertfünfundzwanzig Gulden Einstand. Sie zahlten ohne zu zögern, auch wenn es sie ihr ganzes Erbe kostete. Die *künste und aventiur* im Haus des Meisters, die er damals schon seit zwei Jahren betrieb, müssen einen überwältigenden Eindruck gemacht haben auf die beiden Straßburger. Sie hatten sich zu absoluter Geheimhaltung verpflichtet, die sich bis auf den Erbfall erstreckte. Beim Tod eines Gesellschafters sollten »alle kunst, geschirre und gemaht werck by den andern bliben«. Wieder wurde Blei eingekauft, wurden Gussformen bereitgestellt, wurde eine neue Presse in Auftrag gegeben. Noch vor Weihnachten ereignete sich etwas, was mit dem Spruch des Salomo, der an manchem Hausgiebel stand, zu charakterisieren wäre: »*Homo proponit, sed Deus disponit* – Der Mensch denkt, Gott lenkt.«

Andres Dritzehen legte sich fiebernd ins Bett, geplagt von Gliederschmerzen, und gefragt, was er denn wohl habe, sagte er: »Mir ist gar tötlich.«

Die Vorboten der Pest hatten auf ihrem Weg von der Krim über Messina und Venedig das obere Rheintal erreicht. Wenige Jahre später suchte die Seuche ganz Europa heim und raffte fünfundzwanzig Millionen Menschen hinweg. Woher sie kam, was ihre Ursache war, davon hegte man Vorstellungen, die auf dem Boden des Aberglaubens und des Gerüchts wucherten. Im fernsten China habe sich die Erde geöffnet, Blut sei vom Himmel geregnet, Ungeziefer hätte die Menschen aus ihren Häusern vertrieben. Und aus dem Hexensabbat sei todbringender Nebel gestiegen, den der Wind hinüber zu den Ländern Europas getragen, begleitet von den Racheengeln, denn Gott habe die Pestilenz als Strafe für die Sünden der Menschen verhängt. Gegen die Seuche war buchstäblich kein Kraut gewachsen. Niemand konnte ahnen, dass sie mit den Handelsschiffen reiste. Ratten waren es, die in den Häfen die Taue emporkletterten, um sich in den Laderäumen einzunisten. *Pasteurella pestis* wurde von den Nagern nicht direkt auf den Menschen übertragen, sondern durch den nur wenige Millimeter großen orientalischen Rattenfloh. Auch die Welthandelsstadt Straßburg lag am Wasser.

Andres Dritzehen gehört zu den tragischen Figuren des Druckerdramas. Er hatte sich gleich zu Beginn von dem Mainzer in der Kunst des »Steine bolieren«, das heißt, des Edelsteinschleifens anlernen lassen (was Gutenberg als einen gelernten Goldschmied ausweist), war dann später, wie wir wissen, in das Geschäft mit den Heilsspiegeln eingestiegen, um dann, verlockt von der Aussicht auf großen Reichtum, erneut eine hohe Summe zu investieren. Als die Händlerin Bärbel von Zabern in seinem

Haus merkwürdiges Handwerkszeug sah, meinte sie: »Hülfe gott, was vertut ihr gros geltes, es möchte über zehn guldin haben costet.«

Dritzehen antwortete: »Du bist eine dörin. Hettest du als [so] viel, als es mich über 300 bare guldin gecostet het, du hettest din lebtage genug. Darumb habe ich min eigen und min erbe drangesez.«

»Heiliges liden [Leiden] misselinge ist uch [euch] dann, wie woltent ir dann tun?«

»Uns mag [kann] nit misselinge. Ee ein jor usskommet [vergeht], so hant wir unser houptgut [Kapital] wieder und sint dann alle selig. [Es wäre denn] gott welle uns blogen.«

Nun hatte ihn Gott *geblogen*, mit der Plage gestraft, und er lag auf seinem Sterbebett und fragte sich selbstquälerisch, wie er denn nur in die ganze Sache hineingeraten war. Und: Könnten nicht seine Brüder an seiner Statt in das Geschäft einsteigen oder wenigstens einen Teil der eingezahlten Gelder zurückbekommen? Genau das versuchten Jörg und Claus Dritzehen. Gutenberg aber weigerte sich, sie in die Gesellschaft aufzunehmen (da wären zwei Mitwisser mehr gewesen an seiner »geheimnisvollen Kunst«), und zurückzahlen wollte er lediglich fünfzehn Gulden. Zu nichts anderem sei er laut Vertrag verpflichtet. Die Brüder gingen vor Gericht. Der Straßburger Große Rat verhörte sechsunddreißig Zeugen und befand, nach fast einjähriger Prozessdauer, dass die Vertragsbedingungen rechtens gewesen seien. Gutenberg verließ als Sieger den Gerichtssaal.

Die Protokolle sind uns überliefert. Die darin angeführten Zeugen sagen in erster Linie, wie viele Gulden wer wem gegeben habe und bei welcher Gelegenheit; wie der erste, der zweite und der dritte Gesellschaftsvertrag ausgesehen habe, wer wem etwas geschuldet, etwas vorgeschossen, etwas noch nicht beglichen habe; dass der Andreas D. dem Hans D. ein Fuder Wein und drei Körbe Birnen nach Arbogast geschickt habe und so fort. Was es jedoch mit *künste und aventiur* wirklich auf sich hatte, welche geheimnisvollen Dinge in St. Arbogast und in der Krämergasse vor sich gingen, darüber erfahren wir wenig. Die Gesellschafter schwiegen, und das Gericht fragte sie nicht danach, denn die Herren Räte hatten nur über das Finanzielle zu entscheiden. Dennoch gibt es in den Aussagen einige Passagen, die aufhorchen lassen.

Nach dem Tod des Andres Dritzehen schickte Gutenberg seinen Diener von Arbogast nach Straßburg mit einem eiligen Auftrag. Lorenz Beildiek passierte die kleine Bogentür am Weisstorturm, durchschritt das Zolltor, überquerte zwei meterbreite Wassergräben vor der hohen Mauer. Er sprach mit niemandem und ließ sich von niemandem ansprechen, denn der Schwarze Tod hatte nun vollends Einzug gehalten. Er solle im Haus des seligen Andres zwei *würbelin* lösen, damit vier einzelne Stücke, welche sich in der Presse befanden, auseinander fielen, dann alles »uff die pressen legen«, weil nun keiner mehr erkennen könne, wozu sie gedient hatten.

Auch der Kistner, der die Presse gebaut hatte, wurde in das Haus geschickt mit den Worten: »Du weist umb die sache; do gang do hin und nym die stücke uss der pressen und zerlege su voneinander, so weis niemand, was es ist. Da nun dieser das tun wollte und also suchete, do was das ding hinweg.«

Und vom Goldschmied Hans Dünne erfahren wir, dass »er vor dryen joren Gutemberg bij den hundert guldin verdienet habe, alleine das zu dem trucken gehöret«.

Straßburg war mit seinen 25 000 Einwohnern eine große Stadt, im Reich nur übertroffen von Köln, Wien, Nürnberg und Lübeck. Hier blühte nicht nur der Handel, sondern auch das Handwerk. Die Glockengießer waren begehrte Fachkräfte, die es verstanden, Segenssprüche und Jahreszahlen in den Glockenrand *einzutrucken*. Auch in der Fertigkeit, mit Stempeln Buchstaben in die Einbände von Büchern zu prägen, waren sie ihren Zunftgenossen in anderen Städten überlegen. Die Stadt errichtete die erste Windmühle in Süddeutschland. Vor ihren Toren lief eine Papiermühle, deren Besitzer niemand anderer war als Andreas Heilmann, einer der Partner Gutenbergs. Friedel von Seckingen, einer der Kreditgeber des Mainzers, hatte ein wachsames Auge und Ohr für alle neuen technischen Erfindungen, so auch für die

Metallscheidekunst. Es war ein Umfeld, das einen Mann wie Gutenberg inspirieren musste.

Ob in der Stadt an der Ill die ersten Versuche unternommen wurden, Bücher zu drucken – diese Frage wird inzwischen von der Mehrheit der Buchdruckforscher mit Ja beantwortet. Die zitierten Aussagen einiger Zeugen deuten darauf hin, wie auch die verschiedenen Fachausdrücke, die immer wieder auftauchen und sich offensichtlich auf den Buchdruck beziehen. Die beiden *würbelin* hat man als zwei Schrauben gedeutet, Wirbel, die einen Schließrahmen mit einem Schriftsatz festhielten.

Wie weit die Versuche vorangeschritten waren, ob bereits der Durchbruch gelungen war zur technischen Anwendung der Erfindung beweglicher Lettern, muss offen bleiben. Was fehlt, ist ein eindeutiges Beweisstück: ein für die Zeit bis 1444 bezeugter typographischer Druck. Der Altmeister der Druckforschung, Aloys Ruppel, hat hierzu ein salomonisch anmutendes Urteil gefällt: »Straßburg ist wohl der Ort, wo die Buchdruckerkunst empfangen wurde, der Stadt Mainz aber gebührt die Ehre, ihr Geburtsort zu sein.«

Johannes Gutenberg, soviel haben uns die Straßburger Jahre gezeigt, war keineswegs der Mann, der sein ganzes Leben aufopferungsvoll in den Dienst einer Mission stellte, in dem Bestreben, der Menschheit mit seiner Erfindungskraft zu dienen – so jedenfalls haben ihn die meisten Biographen dargestellt. Er war eher ein gewiefter Geschäftsmann, nicht selten hart und rücksichtslos, ein Erfinder, der sich die Butter nicht vom Brot nehmen ließ – wie es so vielen anderen Erfindern geschah. Ein Kind von Traurigkeit wird er auch nicht gewesen sein. In seinem Haus waren Küche und Keller für seine Gäste gut bestückt. Besonders der Keller, denkt man an die 2000 Liter Wein und die zwei Fässer Branntwein, die er in St. Arbogast einlagern ließ.

Über des Meisters Privatleben gibt es ansonsten nur wenig zu berichten. Es sei denn, man vertieft sich in die Romane, die Dramen, die Erzählungen, deren Helden Johannes und Ennelin heißen, zwei Menschen, die sich in den Rheinauen kennen und lieben gelernt hatten, um dann vor den Altar des himmelragenden gotischen Münsters zu treten. Doch gerade das entscheidende kleine Wort war nicht gesprochen worden, erfahren wir aus dem Stadtarchiv. Wieder sind es also Gerichtsakten, die über Gutenberg Auskunft geben. Ennelin zu der Iserin Türe, ein Edelfräulein aus altem elsässischen Geschlecht, hatte sich auf einen *Eheverspruch* eingelassen.

»Seind aber darüber streittig geworden und haben die Sach vor das geistliche Gericht gelangen lassen.« Wie dieses Gericht nun entschieden hat, ob Gutenberg zur Verheiratung »verdonnert« wurde oder ob es gar kein Eheversprechen gab, das geht aus den Akten nicht hervor. Weder Ennelin zu der Iserin Türe noch der Mann aus Mainz erscheinen später jemals als verehelicht, und so darf, wieder einmal, nur gemutmaßt werden, ob das bischöfliche Gericht die Klage abgewiesen hat oder nicht.

Heureka ist griechisch und heißt: »Ich hab's! Ich habe es gefunden!« Der Grieche Archimedes stieß diesen befreienden Ruf aus, als er das nach ihm benannte archimedische Prinzip entdeckte, wonach ein in eine Flüssigkeit getauchter Körper so viel an Gewicht verliert, wie das von ihm verdrängte Wasser wiegt. Wird der Erfinder des Feuersteins, des Rads, der Schrift, des Ackerbaus, die als die wichtigsten Erfindungen der Menschheit gelten, diesen Ruf auch ausgestoßen haben? Und Gutenberg, dem Victor Hugo bescheinigt, dass seine Entdeckung das größte Ereignis der Menschheitsgeschichte überhaupt gewesen ist? Alfred Börkel, ein weithin unbekannter Dichter der – vorletzten – Jahrhundertwende, behauptet dies in seinem historischen Drama in vier Akten.

»Da, da entgleitet mir das Messbuch, fällt zu Boden,
Und von der Decke [Buchdeckel] losgesprungen, liegt
In Stücken rings um mich zerstreut das Wort.
Ich knie hin, und da – in dem Bestreben,
Die einz'len Teile wieder anzureih'n –
Durchzuckt's mich plötzlich wie ein Geistesblitz,
Kommt's über mich wie eine Offenbarung!
›Ich hab's, ich hab's! *Beweglichkeit der Lettern.*
Das ist die Kunst!‹ Das Rätsel war gelöst.«

»1 guldin bezalt für weinsteuer«, so lautet die letzte Nachricht vom März 1444 über Gutenbergs Anwesenheit in Straßburg. Erst im Oktober 1448 hören wir wieder von ihm, als er eine Anleihe von 150 Gulden bei seinem Vetter Arnold Gelthus in Mainz aufnimmt und sich verpflichtet, pro Jahr 7,5 Gulden Zins zu bezahlen. Dazwischen liegen viereinhalb Jahre und niemand weiß, wo der Meister in diesem Zeitraum gewesen ist. Aller Wahrscheinlichkeit nach war ihm Straßburg nicht mehr sicher genug, nachdem die mörderischen Haufen des Grafen Armagnac das Elsass immer wieder heimsuchten und auch Orte wie St. Arbogast zerstörten. Eine Spur führte nach Avignon, wo man sich nachweislich mit der Entwicklung des »künstlichen Schreibens« beschäftigte. Eine andere nach Haarlem in den Niederlanden, wo man mit Holzlettern und Blockbüchern experimentierte – und später Mainz den Rang als Wiege der Druckkunst streitig machte. Noch steht auf dem Groote Markt das Denkmal des »Erfinders der Buchdruckkunst«, Laurentius Coster, wie auf dem Sockel zu lesen ist.

Was für andere Erfinder gilt, die erst nach Hunderten, ja Tausenden von Versuchen *ihr* Rätsel lösen konnten, gilt auch für Gutenberg. Achtzehn Jahre hatte er an seiner Erfindung gearbeitet, oft verzweifelnd, häufig ratlos, neuen Mut schöpfend, nach einem gelösten Problem sich sogleich neuen Problemen gegenübersehend, doch nie aufgebend.

Erst in jüngerer Zeit fand sich in den Archiven ein Brief, den der Sekretär des deutschen Kaisers Friedrich III. an einen Kardinal geschrieben hat. Enea Silvio Piccolomini, der spätere Papst Pius II., berichtete darin von einem bewundernswerten Mann, den er 1454 in Frankfurt erlebt hatte. Dieser Mann führte in seinem Gepäck unterschiedliche Proben einiger Kapitel der Bibel mit. Sie waren in höchst sauberer und korrekter Schrift ausgeführt, an keiner Stelle fanden sich fehlerhafte Buchstaben, und das alles war nicht mit der Hand geschrieben, sondern gedruckt.

»Euer Hochwürden könnten sie ohne Brille lesen. Von mehreren Gewährsmännern erfuhr ich, dass 158 Bände fertiggestellt seien, einige versicherten sogar, es seien 180. An der Vollendung der Bände zweifele ich nicht, wenn man den Leuten glauben darf. Einige Quinternen [jeweils fünf Doppelblätter] sind hier dem Kaiser gebracht worden. Ich werde versuchen, eine dieser Bibeln hierherbringen zu lassen und sie für Euch zu kaufen. Ich fürchte aber, es wird nicht gehen, zum einen wegen der großen Entfernung, zum anderen, weil es, wie man mir berichtete, schon so viele Vorbestellungen von entschlossenen Käufern gibt.«

Der Brief trägt das Datum vom 12. März 1455, die Ortsangabe Wiener Neustadt und bildete das Entzücken aller Gutenbergforscher: Bei jenen Druckproben handelte es sich um nichts anderes als um die so berühmt gewordene Gutenbergbibel, und nun wusste man auch, wann die ersten Exemplare gedruckt worden waren. Es ist ein Buch, das ein Leser kaum in der Hand zu halten vermag mit dem zweiundvierzig mal dreißig Zentimeter großen Format, Folio genannt, und der zweispaltigen Anordnung der Seiten mit 42 Zeilen pro Kolumne. Ihre sechshundertdreiundvierzig Blätter sind in zwei Bänden gebunden. Von den einhundertachtzig Exemplaren haben sich neunundvierzig erhalten. Einige hat man auf Pergament gedruckt, die meisten jedoch auf Papier. Für jedes Pergamentexemplar wurde die Haut von 170 Kälbern gebraucht. Davon sind gerade vier Exemplare vollständig erhalten.

Streng bewacht liegen sie in den Bibliotheken von London, Paris, Washington, Göttingen. Wer sie kaufen wollte, müsste etwa drei Millionen Dollar zahlen. Doch sie sind nicht verkäuflich. Von allen Exemplaren haben nur neunzehn die Wirren der Zeit, den Übermut der Ämter und die Gier der Sammler unbeschädigt überstanden. Von den anderen fehlt mal ein Band, mal sind Seiten herausgetrennt, die Ränder beschnitten, oder sie sind in neue, oft geschmacklose Einbände gebunden.

Die Gutenbergbibeln sind über die ganze Welt verteilt, denn bald wollte jedes Land ein oder mehrere Exemplare des »schönsten aller Bücher« besitzen. So hat Deutschland als das Ursprungsland zwölf, Amerika neun, England acht, Frankreich vier und Japan eine Bibel. Wer vor dem Mainzer Exemplar steht, das noch den mit Leder überzogenen alten Einband besitzt, wird

Helmut Presser verstehen, den ehemaligen Direktor des Gutenberg-Museums, wenn er schreibt: »In diesem Buch schwingt noch etwas von der Begeisterung, die Gutenberg erfüllte, als ihm sein Werk geglückt war. Dass dieses erste gedruckte Buch der Welt zugleich so vollkommen werden konnte und eines der schönsten geblieben ist bis zum heutigen Tag, vermögen wir nur zu begreifen, wenn wir uns sagen, dass wir hier nicht nur den Anfang von etwas ganz Neuem, sondern zugleich den höchsten Gipfel der Schreibkunst erblicken dürfen.«

Was nun war »das ganz Neue«? Mit welchen Mitteln war es Gutenberg gelungen, ein Schriftbild zu schaffen, das in seiner Schönheit und Harmonie das Staunen der Welt erregte? Was hatte es auf sich mit den *beweglichen Lettern*?

Diese Erfindung war wie alle großen Erfindungen so genial wie einfach.

Meister Johannes gravierte einen Buchstaben in Spiegelschrift und erhaben in Stahl. Es entstand eine Art Stempel, den man nun in weicheres Metall schlug, in Kupfer zum Beispiel. In diese Buchstabenform goss er eine Legierung, die nach langen Versuchen sich als die geeignetste erwiesen hatte. Sie bestand aus Blei, Zinn und Antimon. Die kleinen Formen, Matrizen genannt, zum Guss in die bloße Hand zu nehmen, erwies sich als schwierig, führte gelegentlich auch zu Verbrennungen. Gutenberg konstruierte ein Handgießinstrument, wohl eine der wichtigsten Konstruktionen für den Buchdruck; denn nun konnten die Typen in großer Anzahl gegossen werden und gleichmäßig waren sie auch noch. Ein tüchtiger Gießer schaffte bis zu 600 Buchstaben am Tag, was eine enorme Steigerung der Produktivität bedeutete.

Die Typen wurden abgeschliffen, geglättet und in Setzkästen abgelegt, die bis zu 100 Fächer besaßen, wobei die am meisten gebrauchten vorne plaziert wurden. Buchstaben für Buchstaben fügte Gutenberg aneinander, bis eine Seite fertig war. Er benutzte dafür ein Holzbrettchen, das an der Längs- und Querseite eine Begrenzungsleiste trug. Ein Winkelhaken zur Aufreihung der Lettern erleichterte später die Arbeit. Der Satz wurde mit einem Faden umwunden, unter die Presse gelegt und fest verkeilt, damit die Lettern nicht verrückten.

Mit einem lederbezogenen Druckballen, den man in die Druckerschwärze tauchte, die »Dinte«, eine Mischung aus Galläpfeln, Kienspan, Ruß und Menschenharn, wurden die Lettern eingefärbt. Ein an der Presse installierter Rahmen umschloss den Satz und hielt den angefeuchteten Bogen Papier fest. Das Ganze schob man nun unter den Tiegel, zog an dem »Pressbengel«, einer etwa einen Meter langen Stange, und drückte damit das Papier auf den eingefärbten Satz. Eine Presse brauchte man nicht zu erfinden. Man kannte sie vom Keltern des Weins her und von den Buchbindern und Papiermachern. Man musste sie nur für den Buchdruck weiterentwickeln, und das hatte der Kistner Konrad Saspach in Straßburg getan.

Nach dem Druck wurden die Lettern wieder in den Setzkasten abgelegt. Ein Werk wie die 42-zeilige Bibel mit ihren 1282 Seiten zu drucken, bedurfte eines ungeheuren Arbeitsaufwands. Man hat ausgerechnet, dass allein für das Setzen zwei Jahre gebraucht wurden; und ein weiteres Jahr für das Drucken. Das alles beim Einsatz von sechs Setzern, die pro Tag, wie im Mittelalter üblich, zwölf Stunden arbeiteten. Denn für eine Seite brauchte ein Setzer einen ganzen Tag. Zwar hatte das Alphabet auch damals nur 25 Buchstaben (»i« und »jot« als ein Buchstabe gerechnet), doch für das Schriftbild hatte Gutenberg 47 Großbuchstaben und 243 Kleinbuchstaben, mal in schmaler, mal in breiter Ausführung, gießen lassen. Von Punkt und Komma und anderen Interpunktionszeichen nicht zu reden. Ganz zum Schluss gingen die Buchmaler ans Werk, illuminierten die Anfangsbuchstaben und verwandelten die Ränder in kleine Kunstwerke. Dass man so viele Bibeln herstellen konnte, die sich glichen wie ein Ei dem anderen, erschien manchem als Hexerei. Und einen Russen, der mit der »Drückerei« experimentierte, hat man in Moskau als bösen Zauberer in der Moskwa ertränkt.

Wer einen Blick in die Schreibstuben der Klöster warf, dem wurde die Bedeutung der neuen Erfindung augenfällig. Dort hockten die Mönche vor ihren Blättern, das Tintenhorn zur

Rechten, Radiermesser und Federkiel zur Linken, das zu kopierende Manuskript auf den Knien, und bemühten sich, »ihre Feder auf den rechten Weg zu führen, auf dass keine Leichtfertigkeit ihre Hand irre«. Auf den Rand der Pergamente notierten sie, des Redeverbots eingedenk, ihre Stoßseufzer. »Wie zugig ist es doch.« – »Mich dürstet so.« – »Die Lampe rußt arg.«

Die so hergestellten, mit der Hand geschriebenen Bücher waren kostbar und so teuer, dass nur die ganz Reichen sie sich leisten konnten. Zwar kostete eine auf Papier gedruckte Bibel immer noch vierzig Gulden, aber die Preise sanken mit der Zahl der neu gedruckten Exemplare. Wer lesen konnte, und deren Zahl wuchs, wurde von einer wahren Bücherleidenschaft ergriffen. Alle Studenten, verkündeten die Magister an den Universitäten, könnten nun bald so viel lesen und lernen wie vordem nicht in zwanzig Jahren. Wissen wurde zum Allgemeingut. Ein Gelehrter in Erfurt hatte nun gedruckt vor sich, worüber sein Kollege in Bologna nachgedacht hatte. Galilei erfuhr auf dem Postweg, was Copernicus im fernen Ostpreußen herausgefunden hatte. Columbus erlas sich aus einem Buch, dass man Indien vom Westen aus erreichen könne. Für Luther war »die Druckerei das äußerste Gnadengeschenk, durch welches Gott die Sache der Evangeli vorantreibt«.

Es gab auch Gegner des Buchdrucks. Die Herrscher misstrauten ihm als einem Medium zur Verbreitung umstürzlerischer Ideen. Die Geistlichkeit ergriff Missbehagen angesichts der Tatsache, dass bald viele das tun konnten, was nur sie durften: die Bibel lesen. Der Erzbischof von Mainz rief nach der Zensur, denn wer wohl solle das Volk – und insbesondere das weibliche Geschlecht – vor den Gefahren behüten, die aus der Druckerschwärze stiegen? Besonders nach der Übersetzung ins Deutsche könnte unermesslicher Schaden erstehen. Der Ruf wurde in Rom erhört. Jener berüchtigte »Index« (INDEX LIBRORUM PROHIBITORUM) entstand, wonach ein bestimmtes Buch weder herausgegeben noch gelesen, aufbewahrt, übersetzt und anderen zugänglich gemacht werden durfte. Viele berühmte Werke der Weltliteratur haben sich in diesem Verzeichnis im Laufe der Jahrhunderte versammelt.

Die Beweglichkeit der Lettern

Doch die Kunst, Bücher zu drucken, ließ sich nicht aufhalten. Im Jahre 1500 zählte man an zweihundertsiebzig Orten Europas weit über tausend Druckereien: Sie druckten vierzigtausend der verschiedensten Werke mit einer Gesamtauflage von etwa zehn Millionen Exemplaren. Nur gut drei Jahrzehnte waren vergangen nach dem Tod Gutenbergs 1468. Die Flut der Bücher stieg von Jahrhundert zu Jahrhundert und erreichte ihren Höhepunkt auf den Buchmessen unserer Zeit: In Frankfurt zum Beispiel wurden 1999 89440 Neuerscheinungen präsentiert. Geben wir in diesem Zusammenhang dem amerikanischen Historiker Will Durant das Wort, der sarkastisch bemerkt: »...und schließlich bildet der Buchdruck nach der Sprache das beste Instrument zur Verbreitung von Unsinn, das die Welt bis heute kennt.«

In einem aus dem Barock stammenden Gedicht heißt es: »Die edle Kunst der Druckerei kommt niemand als den Deutschen zu. Sie ist durch unseren Geist erfunden. Der falsche Dunst ist längst verschwunden, den Haarlem oder Peking macht.« Was »Haarlem« betrifft, so trifft diese Zeile zu, anders aber verhält es sich mit »Peking«.

Die Chinesen waren uns Europäern, wie bei der Seide, der Magnetnadel, dem Schießpulver, dem Papier, dem Porzellan etc., wieder einmal um Jahrhunderte voraus. Die Typographie, das heißt, das Drucken mittels auswechsel- und neu zusammensetzbarer Typen für jedes Schriftzeichen ist in China schon 1041 bekannt gewesen. Phi Cheng benutzte dazu gebrannte Tontäfelchen. Später nahm man Holzelemente. Die Koreaner brachten 1234 sogar ein mit metallenen Lettern gedrucktes Gesetzbuch in fünfzig Bänden heraus und schilderten im Vorwort ihre dabei verwendete revolutionäre Technik. Man kannte aber keine Presse (die einzelnen Seiten wurden von Tafeln »abgerieben«), und man hatte kein Alphabet: Anstelle von fünfundzwanzig Buchstaben verfügte die chinesische Schrift über 10000 verschiedene Schriftzeichen. Das Drucken mit metallenen Mobil-Lettern war also möglich, aber so umständlich und unwirtschaftlich, dass die neue Technik sich in Ostasien nicht durchsetzte.

»In dem großen gotischen Refektorium des alten Mainzer

Franziskanerklosters entschied sich im Spätherbst des Jahres 1455 ... Gutenbergs irdisches Geschick.«

Das klingt dramatisch, und da jedes Drama einen Helden und einen Schurken hat, wollen wir jetzt den Bösewicht vorstellen. Er hieß Johannes Fust, war Kaufmann und Geldverleiher in Mainz und hatte, in kluger Erkenntnis der geschäftlichen Möglichkeiten der »geheimen Kunst«, dem Meister Gutenberg einen Kredit gegeben, dergestalt, dass 800 Gulden der Einrichtung einer neuen großen Druckerei dienen sollten (wofür er sechs Prozent Zinsen und als Pfand den gesamten Druckapparat mit Gießinstrumenten, Stempeln, Matern, Bleitypen, Setzkästen, Pressen beanspruchte) und weitere 800 Gulden als Geschäftseinlage zum gemeinsamen Nutzen, das heißt zum Druck der Bibel bestimmt waren. Ferner verpflichtete er sich, die Kosten für Pergament, Papier, Druckerschwärze zu übernehmen.

Das Werk schritt voran, die Bibeln lagen gedruckt vor, der größte Teil war bereits verkauft, da strengte Fust einen Prozess an mit der Begründung, Gutenberg habe die Geschäftseinlage nicht ausschließlich für das gemeinsame Werk der Bücher benutzt, sondern einen Teil davon für die eigene Druckerei in seinem Haus verwendet, auch die einlaufenden Gelder für die verkauften Bücher zweckentfremdet, sprich zu eigenem Nutzen reinvestiert (was man heute »unterschlagen« nennen würde).

Meister Johannes bestritt alles, was man ihm vorwarf, aber seine Einlassungen überzeugten niemanden, und als der Geldverleiher eidlich bekräftigte – bei der Sitzung in eben jenem Refektorium –, dass er sich die Summe, die er vorgestreckt, selbst habe leihen müssen, entschieden die Räte, der Beklagte solle Kredit und Geschäftseinlage plus Zins und Zinseszins zurückzahlen. Das waren *summa summarum* 2220 Gulden, sehr viel Geld, wenn wir uns daran erinnern, dass man in Mainz für 80 Gulden ein solides Stadthaus bekam.

Formaljuristisch schien Fust im Recht, und ein Bösewicht, zu dem ihn die Nachwelt gemacht hat, war er nicht, eher ein scharf kalkulierender Geschäftsmann, einer jener modernen Kapitalisten, wie das ausgehende Mittelalter sie hervorbrachte.

Die Beweglichkeit der Lettern

Er wusste, dass Gutenberg in wenigen Monaten durch die einlaufenden Verkaufserlöse Geld genug haben würde und es dann für eine »unfreundliche Übernahme« zu spät gewesen wäre. Dass er diese Situation so eiskalt nutzte, hat ihm die Nachwelt verübelt, die das Bild eines gerissenen Geldverleihers zeichnete, der den blauäugigen Erfinder um die Früchte seines Lebenswerks gebracht hat. Fust jedenfalls machte sich mit dem Druckwerkzeug und einem Teil der Bibeln selbstständig, warb auch noch den hochqualifizierten Meistergesellen Peter Schöffer ab. Schöffer war es zu verdanken, dass die neue Offizin prachtvolle Druckerzeugnisse lieferte und entsprechend hohen Gewinn abwarf.

Gutenberg zog sich auf seinen nach ihm benannten Hof zurück und betrieb dort seine »Urdruckerei« in bescheidenem Maß weiter. Verarmt war er nicht, aber verbittert, denn er musste erleben, wie das PSALTERIUM MOGUNTIUM, das Buch der Psalmen, das heute zu den schönsten Büchern der Welt zählt, bei der Konkurrenz erschien: ein Werk, dessen Schrift er noch vor der Trennung geschaffen, dessen Satz und Druck mit hoher Wahrscheinlichkeit desgleichen. Bei einem weiteren Werk nimmt man inzwischen ebenfalls an, dass Gutenberg der Drucker war. Es ist das 1460 erschienene CATHOLICON. Dabei handelt es sich um ein lateinisches Wörterbuch mit anschließender Grammatik, das gleichzeitig den Gebildeten als Konversationslexikon diente. Der zweispaltige Satz und der kleinere Schriftgrad auf den 726 Seiten verlangten hohes technisches Können. Der Kolophon, wie die Schlussformel der Frühdrucke hieß, wird wegen seiner schönen Sprache in der Gutenberg-Literatur immer wieder zitiert.

»Unter dem Schutz des Höchsten, auf dessen Wink die Zungen der Unmündigen beredt werden und der oft den Kleinen enthüllt, was er den Weisen verbirgt, ist dieses hervorragende Buch, das Catholicon, in der erhabenen Stadt Mainz, die der ruhmreichen deutschen Nation zugehört und die Gottes Güte mit so hoher Klarheit des Geistes und durch solches Gnadengeschenk vor allen anderen Nationen der Erde vorzuziehen und zu verherrlichen geruht hat, im Jahre 1460 der Menschwerdung gedruckt und vollendet worden – nicht mit Hilfe des Schreibrohrs, des Griffels oder der Feder, sondern durch die wunderbare Harmonie und das Maß der Typen und Formen. Den Ruhm der Kirche, Catholicon, verherrliche durch dieses Buch! Gott sei gedankt ...«

Der Tag kam, an dem die apokalyptischen Reiter über Mainz hereinbrachen: die Krankheit, der Hunger, der Krieg mit dem Tod im Gefolge. Schuld daran war der Erzbischof Adolf von Nassau, der den vom Domkapitel der Stadt gewählten Prälaten mit Gewalt vertreiben wollte, um sich an seine Stelle zu setzen. Denn der Papst wollte den Isenburger nicht dulden, weil er sich Rom gegenüber eine gewisse Unabhängigkeit bewahren wollte, und so unterstützte er seinen Favoriten. Der Nassauer ließ seine Soldaten nachts über die Mauer steigen, die Häuser in Brand setzen, in blutigen Straßenkämpfen Hunderte der sich verzweifelt wehrenden Bürger abschlachten. Anderntags vertrieb er die überlebenden Männer, zog ihren Besitz ein, kassierte alle Freiheitsbriefe und löschte die Reichsunmittelbarkeit aus: Das goldene Mainz existierte nicht mehr. Die unermessliche Beute wurde verkauft und das Geld dem Vatikan überwiesen.

Zu denen, die enteignet und ins *elend* getrieben wurden, wie man die Fremde nannte, gehörte auch Gutenberg. Drei Jahre später muss Adolf von Nassau gemerkt haben, dass sich ohne die führenden Persönlichkeiten kein Staat machen ließ: Er begnadigte viele Bürger und rief die Ausgewiesenen zurück. Meister Johannes bezog wieder seine Werkstatt im Gutenberghof, die halb verwüstet war, und bemühte sich, sie neu einzurichten. Die Legende will es, und das macht sich bei einem Erfinder immer gut, dass Johannes Gutenberg, halb erblindet und von der Welt vergessen, bis zu seinem Tod dahinvegetierte.

Die Geschichte weiß es anders. Nach seiner Rückkehr war ihm die Gnade des Erzbischofs zuteil geworden: Er bekam pro Jahr ein Gewand, ein Malter Korn, zwei Fuder Wein und wurde von Steuer- und Frondiensten befreit. Sein Grab kennen wir nicht. Die Franziskanerkirche, in der man ihn zur letzten Ruhe geleitete, hat die Zeit nicht überdauert, und so fehlt von der Gruft jede Spur.

Nicolaus Copernicus

Der Sternenbote

Jeder sechste Erwachsene in Deutschland weiß nicht, dass sich die Erde um die Sonne dreht, hat also ein mittelalterliches Weltbild.« Dieses Ergebnis stelle sogar eine überraschende Verbesserung des Kenntnisstands dar, erklärten die Meinungsforscher. 1998 wusste noch jeder vierte Westdeutsche nicht, welcher der beiden Himmelskörper sich um den anderen dreht.

Man sollte also die Zeitgenossen des Sternenforschers Nicolaus Copernicus aus dem ostpreußischen Frauenburg nicht allzu sehr verurteilen, wenn sie seinen Erkenntnissen mit Unverständnis begegneten, ja mit Zorn und Hass, ihn als einen astronomischen Narren bezeichneten, einen trunkenen Sterngucker, einen gefährlichen Ketzer. Philipp Melanchthon bezeichnete die neue Lehre als *res absurda*, als Blödsinn. Luther äußerte sich in einer seiner Tischreden noch deutlicher: »Es ward gedacht eines neuen Astrologi, der wollte beweisen, dass die Erde bewegt würde und umginge, nicht der Himmel oder das Firmament, Sonne und Mond... Der Narr will die ganze Kunst Astronomiae umkehren. Aber wie die Heilige Schrift anzeigt, so hieß Josua die Sonne still stehen und nicht das Reich der Erde...« Demnach müsse sie sich vorher bewegt haben, und zwar um die Erdkugel.

Dass wir Menschen auf einer Kugel lebten, hatte sich zwar bei den meisten Wissenschaftlern herumgesprochen, zum allgemeinen Wissen war es jedoch noch nicht geworden. Zu eng war die Wissenschaft noch mit der Religion verschwistert. Sachverstand wurde von den Theologen durch Religion verdrängt. Sie waren es, die Columbus bei seinem »Bewerbungsgespräch« in Salamanca 1486 klar zu machen versuchten, dass es schwerlich eine südliche Halbkugel geben könne. Oder sei jemand so töricht, an Menschen zu glauben, die mit den Köpfen nach unten gehen, an eine Gegend, in der es in die Höhe regnet und schneit? Selbst die Gelehrten, die eine Kugelgestalt der Erde für gegeben ansahen, fragten sich: »Ein Schiff, das so glücklich wäre, den Westen vom Osten her zu erreichen, wie wäre es imstande zurückzukehren? Statt bergab ginge es doch dann bergauf. Kein Wind würde so viel Kraft haben, das Schiff den Berg hinaufzutreiben.«

Was für ein Bild der Welt machten sich die Zeitgenossen des Nicolaus Copernicus? Ehe wir uns damit ausführlicher beschäftigen, wollen wir ihn dort aufsuchen, wo er im Jahre 1473 das Licht der Welt erblickte. Thorn war einst vom Deutschen Ritterorden als Fester Platz gegründet worden, entwickelte sich zur Handelsmetropole, wurde Mitglied der Hanse und trug bald den Ehrennamen einer »Königin der Weichsel«. Als sein Vater, Oberhaupt einer wohlhabenden deutschen Kaufmannsfamilie, starb, war Nicolaus gerade zehn Jahre alt geworden und die Mutter überließ ihn ihrem Bruder zur weiteren Ausbildung. Ein weiser Entschluss, wie sich herausstellen sollte.

Oheim Lukas Watzenrode, als Hofjurist ein einflussreicher Mann, schickte den Jungen 1491 zum Studium nach Krakau. Mehr als tausend Studenten, darunter die Hälfte deutschsprachig, saßen dort zu Füßen der Professoren und hörten die Vorlesungen über die *artes liberales*. Die Sieben Freien Künste bildeten die Grundlage mittelalterlicher Bildung. Sie umfassten das Trivium (Grammatik, Dialektik, Rhetorik) und das Quadrivium (Arithmetik, Geometrie, Musik und Astronomie). An keiner Universität diesseits der Alpen stand das Studium der Mathematik und der Astronomie in solcher Blüte wie in Krakau. Hier verfügte man über Instrumente zur Beobachtung der Sterne: über eine Erdkugel, über eine Himmelskugel mit Sonnenuhr und Kompass, über einen Jakobsstab (zur Höhenbestimmung der Gestirne), über ein Astrolabium (zur Zeit- und Längenbestimmung). Copernicus wird sich mit diesen Geräten beschäftigt haben. Im Vorlesungsverzeichnis finden wir Kollegien über den Himmelsraum, die Theorien des Planetensystems, über Astrologie und die Geometrie des Euklid. Dass er sich bereits in Thorn dem Himmel verschrieben hatte, ist nicht anzunehmen. Auch geniale Menschen brauchen Zeit, um ihren Weg zu finden.

Wer als Student überleben wollte und, vor allem, weiterstudieren, brauchte privates Vermögen – staatliche Unterstützung gab es nicht – oder eine Pfründe. Oheim Lukas, inzwischen Bischof von Ermland, verschaffte sie ihm. Der Neffe wurde Domherr in Frauenburg. Eine Stelle, die nicht nur lebenslängliche Einnahmen bot, sondern ihren Inhaber nicht allzu sehr in die Pflicht nahm. Ein junger Domherr sollte der Residenzpflicht genügen, also am Sitz der Kathedrale anwesend sein, an den Hochämtern teilnehmen und Aufgaben in der Verwaltung des Bistums übernehmen, wie zum Beispiel die Leitung der Bibliothek. Wollte ein Domherr sich weiterbilden, so wurde das vom Domkapitel begrüßt und man gewährte ihm Studienurlaub. Copernicus machte reichlich Gebrauch davon.

Es traf sich gut, dass der Onkel einen Juristen brauchte: Die Beziehungen zum Deutschen Orden und dem polnischen König waren für das Bistum Ermland immer komplizierter geworden. Und wo wurde man in allen juristischen Kniffen und Tricks am besten unterwiesen? In Bologna. Die zu den ältesten Universitäten Europas zählende Universität war wegen ihrer Rechtsschule berühmt. Nicolaus legte seinen Chorrock aus weißer Seide ab, den langen schwarzen Talar, den mit Pelzen besetzten Schulterkragen, verpackte seine Sachen in die Satteltaschen und machte sich 1496 auf die lange Reise nach Italien. Teils zu Pferde, teils mit der Kutsche. Begleitet wurde er von seinem Bruder und anderen Scholaren, von denen einige bewaffnet waren. Das Reisen war wegen der Straßenräuber höchst gefährlich. Zwar führten die Studenten keine Reichtümer mit sich, für ein Lösegeld aber waren die meisten gut genug. Über Posen, Frankfurt an der Oder, Leipzig, Nürnberg, Augsburg, den Brenner, Verona erreichten sie glücklich Bologna.

Dort schloss sich der Dominus Nicolaus Kopperlingk de Thorn der Vereinigung der Jurastudenten deutscher Zunge an, *Natio Germanorum* genannt. Die gut Betuchten bezogen eine

Mietwohnung zusammen mit ihrem Hofmeister oder Diener. Die anderen, die sparen mussten – und das mussten die meisten, denn Bologna war ein teures Pflaster –, gingen bei einem der Professoren in Kost und Logis. Immer wieder kam es zu Raufereien zwischen den Studenten der einzelnen Nationen, wie an allen mittelalterlichen Universitäten. Der Degen, den jeder Student an seiner Linken trug, saß locker genug. So schlugen sich Ungarn mit Lombarden, Böhmen mit Burgundern, Engländer mit Sizilianern. Als »ewige Feinde« galten Deutsche und Polen. Ihre Streitigkeiten werden in den ANNALES über die einzelnen Nationen am häufigsten erwähnt.

Man schlug sich und vertrug sich wieder, wenn der »Ehre« Genüge getan war. Gefeiert wurde auch: Es gab viele Feste zu Ehren irgendeines Heiligen, dem man mit dem hier preiswerten Rotwein seine Devotion bekundete. An den Gelagen außerhalb der Porta di S. Mamolo nahmen auch Bologneser teil, »in deren Begleitung Frauenzimmer minderen Rufes« sich befanden. Die Stadtverwaltung erließ wiederholt strenge Verbote gegen Unsittlichkeiten jeglicher Art. Sie wurden genauso wenig beachtet wie die Kleiderordnungen, mit denen man die Scholaren zwingen wollte, ausschließlich ihre sie kenntlich machende Standeskleidung zu tragen: dunkle fußlange Talare, ein bis zum Hals reichendes Untergewand, eine Kapuze.

Copernicus wird als eher zurückhaltend, ja schüchtern geschildert, dabei fleißig, aber nicht streberhaft. Die Pflichtfächer, weltliches und geistliches Recht, absolvierte er mit Erfolg, aber ohne sonderliches Interesse. Mathematik und Astronomie entwickelten sich zu seinen Lieblingsfächern. Um auf diesem Gebiet voranzukommen, musste man Griechisch können. Das Hauptwerk des Ptolemäus, der ALMAGEST, war in dieser Sprache geschrieben. Es gab zwar lateinische Übersetzungen, die aber waren durch Auslassungen und Verstümmelungen entstellt. Griechisch stand von nun an auf seinem Stundenplan, eine schwer zu erlernende Sprache, und nicht umsonst gab es allzu wenige, die sie ausreichend beherrschten.

Tagsüber paukte er Griechisch, nachts saß er auf einem der

vielen Türme der Stadt und beobachtete den Sternenhimmel. Sein Lehrer war Domenico Norvara, der als Inhaber des Lehrstuhls für Astronomie weitbekannt war. Mit ihm zusammen beobachtete er die Bedeckung des Aldebaran durch den Mond. »Der den Plejaden Folgende«, wie ihn die Araber nannten, ist ein Stern erster Größe im Auge des Stiers. Hell strahlend mit stark rötlichem Licht, gehört er zu den Roten Riesen und ist sechsunddreißig Mal so groß wie die Sonne.

Wie die meisten an den Universitäten lehrenden Astronomen war auch Norvara gezwungen, sein schmales Salair aufzubessern: durch die Erteilung astrologischer Gutachten. Adlige und reiche Bürger, die wissen wollten, welches Los ihnen des Himmels Mächte zuteilen würden, gaben sie in Auftrag. Solche Dienste waren nicht anrüchig, wenn auch für einen Wissenschaftler nicht sonderlich schmückend. Copernicus hat sich des närrischen Töchterleins Astrologie, das die alte Mutter Astronomia vor Hunger schützte, nicht bedienen müssen.

»Wenn zuvor niemand so töricht gewesen wäre, dass er aus dem Himmel künftige Dinge zu erlernen Hoffnung geschöpft hätte, so wärst auch du, Astronom, so klug nie geworden, dass du daran gedacht hättest, des Himmels Lauf zu erkunden; ja, du hättest davon gar nichts gewusst«, meinte einige Menschenalter später Johannes Kepler, der dem Fürsten Wallenstein aus den Sternen las.

Damals müssen Copernicus die ersten Zweifel gekommen sein, ob das von Ptolemäus errichtete Weltgebäude noch auf soliden Fundamenten ruhte. Von dem griechischen Mathematiker, Astronomen und Geographen wissen wir, dass er im zweiten Jahrhundert in Alexandria wirkte. Das ist fast alles, was von seinem Leben bekannt ist. Umso mehr kennen wir von seinem wissenschaftlichen Werk. Seine dreizehn Bücher umfassen das gesamte astronomische Wissen der Zeit. Sein ALMAGEST war das erste systematische Handbuch der mathematischen Astronomie. Er begründete damit ein Weltsystem, bei dem sich die Planeten Merkur, Venus, Mars, Jupiter, Saturn sowie Sonne und Mond um die Erde bewegten. Man hatte sich neun ineinander geschachtelte Kugelschalen vorzustellen, in deren Mitte sich die Erde befand. Dieses geozentrische Weltsystem bildete während des gesamten Mittelalters die unantastbare Grundlage der Astronomie.

Das war ein System, das der Kirche gut gefiel, stimmte es doch mit dem überein, was die Bibel offenbarte: Gott hatte die Erde geschaffen und den Menschen, und da die Menschen zum Leben Wärme brauchten und Licht, setzte er die Sonne an den Himmel und den Mond als das kleine Licht für die Nacht und die Sterne als Orientierungspunkte. Es war ein schönes Gefühl zu wissen, dass der Herrgott das alles nur um des Menschen willen vollbracht hatte, diesen wunderbar komplizierten und doch so einfachen Bau, und wer nachts zum Himmelszelt hinaufblickte mit seinen Myriaden von Sternen empfand ein Gefühl von tiefer Geborgenheit.

Copernicus aber zweifelte an diesem schönen Bild. Seine Zweifel wurden nicht nur genährt von seinen Beobachtungen und Berechnungen, sondern von dem Wissen, dass andere antike Philosophen zu anderen Erkenntnissen gekommen waren, dass Aristarchos von Samos die Sonne in den Mittelpunkt gestellt, dass auch mittelalterliche Gelehrte wie Cusanus die Drehung der Erde um ihre eigene Achse diskutiert hatten.

Nach vierjährigem Studium verließ Copernicus Bologna mit dem Titel eines Magisters und ging nach Rom, wo das Jubeljahr 1500 Hunderttausende von Pilgern anlockte. Sein Geldbeutel war leer, denn er hatte mehr ausgegeben als sein Wechsel eintrug, und so musste er bei einer römischen Bank gegen hohe Zinsen einen Kredit von hundert Dukaten aufnehmen, wofür der Bevollmächtigte der ermländischen Kirche bürgte. Auf dem Stuhl Petri saß Alexander VI., ein Borgia, der sich seine Würde gekauft hatte wie auf einer Versteigerung. Seine dämonische Liebe zu seinen Kindern, dem berüchtigten Geschwisterpaar Cesare und Lucrezia Borgia, ließ ihn zum Verbrecher werden. Unter ihm pervertierte die heilige Stadt zu einem Sodom und Gomorrha. Ämterkauf, Korruption, Nepotismus waren mehr denn je die Regel. Keine Nacht verging ohne Dutzende von Mordtaten, darunter als Opfer auch Bischöfe und Prälaten. Doch dieselbe Kraft, die die großen Verbrechen erzeugte, schuf auch, so glauben Historiker, die großen Werke der Renaissance. Neben einem Alexander und Cesare Borgia lebten ein Michelangelo und ein Bramante.

»Die Kriegs- und Pilgerfahrten der Deutschen nach dem Land der germanischen Sehnsucht wurden zu wissenschaftlichen Wallfahrten. Wo nur eine hohe Schule blühte, fanden sich Deutsche ein. Alle diese deutschen Humanisten brachten in ihr Vaterland zurück: den Abscheu vor der moralischen Versunkenheit Roms und die Saat humanistischer Wissenschaft; und nirgends fiel sie auf einen fruchtbareren Boden als im deutschen Vaterland.« Um noch einmal Ferdinand Gregorovius und sein Buch über die Geschichte der Stadt Rom im Mittelalter zu bemühen.

Auch Corpernicus' Wissensdurst war noch nicht gestillt. Zwar kehrte er nach Frauenburg zurück, doch nur, um einen erneuten Studienurlaub zu beantragen. Die Confratres des Domkapitels waren nach reiflicher Überlegung dazu bereit, doch nur unter der Bedingung, dass er nun etwas anderes belege. »Damit du, Bruder, dem hochwürdigen Diöcesanvorstande wie den Herren vom Kapitel dermaleinst nützlich werden kannst, solltest du Arzt werden.« Nach dem Jurastudium und der Astronomie nun das Studium der Medizin. Das scheint uns höchst ungewöhnlich, den praktisch denkenden Patres dagegen nicht. Abgesehen davon, dass es nur wenige Ärzte gab in ihrem Land: Die Konstellation der Gestirne hatte Einfluss auf das Wohlbefinden des Menschen, und Heilmittel wurden stets unter Berücksichtigung astrologischer Daten verschrieben und eingenommen. Viele Professoren der Mathematik und Astronomie waren gleichzeitig Doctores medicinae.

Sie schickten ihren Confrater diesmal nach Padua, wo es sich billiger leben und ruhiger studieren ließ als in Bologna, das von Tausenden von Reisenden durchzogen wurde. Drei Jahre studierte er dort Medizin, besuchte die Demonstrationen am menschlichen Körper im »Anatomischen Theater« und wohnte der Zergliederung der Leichen bei. Der Rektor hatte die Pflicht, zu Beginn eines jeden Kursus zwei *corpora* hingerichteter Verbrecher zu beschaffen, einen männlichen und einen weiblichen. Das Studium der Medizin interessierte ihn nur wenig; auf einen Doktorhut in diesem Fach legte er keinen Wert, galt er doch wenig im Lande. »Ir wisset ja wol, dass der titel, den Ir habet«, heißt es in einem Brief an einen Arzt, »zu Padua, Bologna, Ferrara etc. umb ein schnödes geldt erkaufft wird.«

Umso mehr galt der Titel eines Doktors des weltlichen und kirchlichen Rechts. Nach seinem Studium der Rechte in Bologna hätte er sich dort damit schmücken können, doch er zog die kleine Universität von Ferrara vor, wo eine Promotion weniger kostete. Im Palast des Erzbischofs wurden ihm Lehrbuch, Barett und Siegelring, die Insignien seiner neuen Würde, feierlich überreicht. Die Urkunde hat man erst in jüngerer Zeit im Archivio Notarile entdeckt: »Der ehrwürdige und grundgelehrte Herr Nicolaus Copernicus aus Preußen, ermländischer Domherr und Scholastiker, der in Bologna und Padua studiert hat, ist als Doktor des kirchlichen und weltlichen Rechts anerkannt.«

Die Lehr- und Wanderjahre des Nicolaus Copernicus waren nun zu Ende. Aus der wärmenden Sonne Italiens ging es 1505 zurück in die »kalte Heimat«, wie die Ostpreußen selbst ihr Land nannten. Noch Ende des 19. Jahrhunderts pflegten preußische Dienststellen ihre Beamten, die sich etwas zu Schulden hatten kommen lassen, dorthin strafzuversetzen. So mancher Strafversetzte stellte bald fest, dass es sich um ein reizvolles Land handelte, mit den Buchenwäldern, den Eichenschlägen, den weiten grünen Wiesen, den fruchtbaren Äckern und, nicht zuletzt, seinen gastfreundlichen Menschen.

Copernicus ließ sich, nach vorübergehendem Aufenthalt in Heilsberg, in einem der Wehrtürme nieder, die aus der Mauer des Domhofs in Frauenburg ragten. Seine *curia*, wie diese Wohnungen der Domherren hießen, bestand aus drei Stockwerken, von denen das oberste auf einen Altan hinausführte, der wiederum mit einem zum Glockenturm führenden Wehrgang verbunden war. Von hier aus ging der Blick über den glitzernden Spiegel des Frischen Haffs bis zu den rötlichen Sandstreifen der Nehrung, über die grünblaue Wasserfläche der Ostsee bis zum Horizont.

»Das klare bewegliche Element, der weite Blick ringsum, Schönheiten, die man gar nicht vermutete, üben einen wundersamen Zauber auf den Schauenden aus«, heißt es in einem alten Reiseführer.

Im Turm und auf dem Altan hatte Copernicus seine »Sternwarte« eingerichtet. Das Wort steht in Anführungsstrichen, weil ihm das wichtigste Instrument dazu fehlte: das Fernrohr. Erst Galilei besaß ein solches Rohr, das er auf dem Campanile in Venedig den Herren der Signoria vorführte. Das *cannocchiale* zeigte ihnen die Türme von Padua zum Greifen nah, sprich in 36-facher Vergrößerung. Copernicus dagegen verband drei etwa drei Meter lange Latten aus Fichtenholz durch bewegliche Scharniere zu einem gleichschenkligen Dreieck. Auf die beiden Schenkelstäbe zeichnete er mit Tinte 1000 Teilstriche, auf die als Hypothenuse gedachte dritte Latte kamen 1414 Teilstriche. So hatte es schon Ptolemäus gehalten und mit diesem *instrumentum parallacticum* die Höhe der Sonne, des Mondes, der Planeten und der großen Fixsterne ermittelt.

Ein weiteres Gerät, das *quadratum*, gab die Höhe der Sonne durch den Schatten an, den ein im Mittelpunkt des Quadrats aufgerichteter Stift warf. Diese Geräte erscheinen schon den Zeitgenossen als primitiv, hatte man doch in den Nürnberger Werkstätten in der Rosengasse schon bessere, präzisere Instrumente konstruiert. Copernicus begnügte sich mit seinen Latten – an sie war er gewöhnt – und entlockte mit ihnen der Göttin Urania Geheimnisse, die dem Altertum unbekannt waren: Auf ihnen beruhte die ganze neue Astronomie.

Man muss sich den Astronomen vorstellen, wie er nachts seine Geräte aufbaut, um sie wenig später wieder abzubauen, denn vom Frischen Haff her steigt der Nebel; wie sehr er, das hat er einmal notiert, seine Kollegen im Orient beneidet, über denen sich ein nächtlicher Himmel von strahlender Leuchtkraft breitet; wie er wartet, bis der Himmel sich aufklärt; wie er die Wartezeit überbrückt mit seinen Berechnungen, Umstellungen, Einfügungen, langen Zahlenkolonnen, mit der x-ten Überprüfung der Hypothesen der antiken Autoren und den Korrekturen an den Zeichnungen. Ein Bote bringt aus der Dombibliothek Handschriften und Inkunabeln. Von der See her dringen die Schreie der Wildgänse in sein Turmzimmer.

Wenn Copernicus sich den Wehrgang entlangtastete, zum Glockenturm hinaufstieg und von dort den Himmel beobachtete, den Himmel mit seinen Sternbildern, der Cassiopeia, dem Capricornus, dem Centaurus, der Andromeda, dem Canis maior, den Plejaden, den Hyaden, dem Orion und so unendlich weiter, mag er das gedacht haben, was sein Landsmann aus Königsberg, Immanuel Kant, dreihundert Jahre später mit den Worten ausdrücken wird: »Zwei Dinge erfüllen das Gemüt mit immer neuer und zunehmender Bewunderung und Ehrfurcht: Der bestirnte Himmel über mir und das moralische Gesetz in mir.«

Weiß die Welt, dass dieser Mann an der Grundlegung eines neuen Weltbildes arbeitet? Sie weiß wenig. Der Astronom hat immer die Lehren des Pythagoras (der uns aus der Mathematikstunde noch vertraut ist) beherzigt, wonach man das, was man an Erkenntnissen gewonnen hat, nicht auf den Markt bringen, sondern nur einem kleinen Kreis von Freunden mitteilen sollte. Und hatte nicht der römische Dichter Horaz geraten, dass ein jegliches Werk neun Jahre ruhen solle, bis man es veröffentliche? Doch irgendetwas muss doch aus dem weltabgeschiedenen Winkel zwischen Ost- und Westpreußen über die Alpen gedrungen sein. Jedenfalls erhielt er 1516 ein mehrfach versiegeltes Schreiben aus den Kreisen des V. Lateranischen Konzils mit der dringenden Bitte, er möge sich an der Reform des Kalenders beteiligen. Die Fehler in der Zeitrechnung hätten sich derart gehäuft, dass, wie es in dem Brief ironisch hieß, die Tage nahe seien, an denen man zur Fastenzeit Fleisch esse.

Copernicus fühlte sich hoch geehrt, doch sein Gewissen als Wissenschaftler ließ es nicht zu, an einem Projekt mitzuarbeiten, für das ihm das Rüstzeug noch fehlte. Erst wenn der Lauf der Sonne und des Mondes bis auf die möglichst kleinsten Zeitteile bestimmt worden sei, erst dann wäre er zur Mitarbeit imstande.

Heute weiß man, was den Herren des Lateranischen Konzils zu Ohren und zu Gesicht gekommen sein könnte: Der COM-

MENTARIOLUS. Genauer: *Nicolai Coppernici de hypothesibus motuum coelestium a se constitutis commentariolus* – »Entwurf des Nicolaus Copernicus zu den von ihm selbst aufgestellten Vermutungen über die Bewegungen der Himmelskörper«. Diese kleine Schrift fand man über drei Jahrhunderte später in der Wiener Hofbibliothek, einer Bibliothek, die jedem zugänglich war und die viel benutzt wurde. Aufgefallen war diese Kostbarkeit bis dahin keinem der Entleiher. Wie sie dort hingekommen ist und welchen Weg sie genommen hat, weiß niemand genau. *Habent sua fata libelli* – Bücher haben ihre Schicksale. Fest steht nur, dass es sich hierbei um eine für fachkundige Freunde bestimmte Einführung in die Grundzüge des noch unveröffentlichten Hauptwerks handelte. Der Titel kann nicht von Copernicus stammen, denn er hat seine Lehre niemals als eine Hypothese aufgefasst, sondern als eine unumstößliche Tatsache.

In der Einleitung zollt er den antiken Astronomen seine Hochachtung, doch trotz ihrer großartigen Erfolge hätten sie den Erscheinungen in der Fortbewegung der Gestirne nicht gerecht zu werden vermocht. Durch *seine* Beobachtungen und *seine* Berechnungen drängte sich ihm die Überzeugung auf, es müsse sich eine zweckmäßigere, eine weniger komplizierte Anordnung der Kreisbahnen finden lassen. »Indem ich an diese fast unlösbar scheinende Aufgabe heranging, zeigte es sich, dass man mit geringerem Aufwand zum Ziel kommen könne; vorausgesetzt, man berücksichtigt folgende Grundvoraussetzungen, Axiome genannt.« Es sind ihrer sechs, und im dritten Axiom bringt er die Sache auf den Punkt: »Alle Planeten umkreisen die Sonne, die im Mittelpunkt all ihrer Bahnen steht. Es ist deshalb um die Sonne der Mittelpunkt des Weltalls zu setzen.«

Copernicus selbst war mit seiner Arbeit noch nicht zufrieden. Er wusste, dass er den Himmel viel häufiger beobachten müsse, dass neue Messungen notwendig seien, um einen wirklichen Fortschritt zu erzielen. Doch zur Bewältigung einer derartigen Aufgabe fehlte ihm, so primitiv das klingt, einfach die nötige Zeit. Das Domkapitel begann sich nun zurückzuholen, was es in ihr Mitglied jahrelang investiert hatte: 1517 wurde er zum Administrator ernannt und hatte seinen Sitz auf Schloss Allenstein. Ihm unterstanden 120 Dörfer und zahlreiche Güter mit ihren Domänen, Nutzwäldern, Mooren und Seen. Er war damit zu einem kleinen Landesherrn aufgestiegen mit absoluter Macht. Er besaß die Gerichtshoheit, übte die Oberaufsicht über die Geistlichkeit aus, war für das Waffenarsenal auf dem Schloss zuständig, für die Hellebarden, Wurfgeschosse, Schwerter, Rüstungen. Waren sich in den Städten die Innungsmeister nicht einig, so setzte *er* die Preise und Löhne fest. Er war verantwortlich für die Einhaltung der gesundheitspolizeilichen Vorschriften und für die Feuerwehren.

Die Bauern mussten ihren Zins und die Naturalien pünktlich liefern, denn davon lebte das Domkapitel, aber es waren freie Bauern, keine Leibeigene. Weite Fahrten führten ihn sommers wie winters über das Land, wo es wüste, vom Krieg zerstörte Gehöfte gab, die neu besetzt werden mussten. Den Neusiedlern vermittelte er Kredite und befreite sie für das erste Jahr von Zinszahlungen. Auf einer nächtlichen Fahrt mit dem Schlitten ließ er halten und erklärte dem Kutscher und dem Knecht die Sternbilder. Zu *seinen* Himmelsbeobachtungen kam er nicht. Immer wieder wurde seine Arbeit als Landprobst zunichte gemacht. Marodierende Söldnerbanden, vom Deutschen Ritterorden entlassen, vom polnischen König nicht gebraucht, plünderten die Dörfer und setzten die Häuser in Brand.

Hier ist es an der Zeit, einen Blick auf das merkwürdige staatliche Gebilde zu werfen, das sich im Nordosten Europas entwickelt hatte. Der Traum der Deutschen, dass ihre Kaiser als Cäsaren auf ewig die Welt beherrschen würden, war mit dem Niedergang des Kaisertums ausgeträumt. Auch das Papsttum hatte seine moralische Kraft und seine politische Macht verloren. Hier, im Norden Europas, war der Deutsche Ritterorden, der sein Reich im 14. Jahrhundert in ein blühendes Land verwandelt hatte, ebenfalls im Niedergang begriffen. Er hatte sich im Kampf mit den polnischen Königen aufgerieben, eine große Schlacht verloren und den Erhebungen der preußischen Städte nicht Paroli bieten können. Copernicus war Domherr am Sitz des Bischofs von Ermland, einem Gebiet, das, unter Zubilligung einer gewissen Souveränität, der Schirmherrschaft der polnischen Krone unterstellt worden war. Und immer wieder kam es zu kriegerischen Auseinandersetzungen zwischen den Ordensleuten und den Polen, für die das Ermland den Schauplatz abgab.

Copernicus hat die Förderung durch seinen Onkel, den Bischof, und die Großzügigkeit seiner Confratres, reichlich vergolten. Neben seiner Tätigkeit als Landprobst wurde er zu einer Art Verteidigungsminister ernannt, mit der Aufgabe, die Stadt Allenstein so wehrhaft zu machen, dass niemand einen Angriff wagen würde. Nach dem Friedensschluss zwischen dem Orden und dem Polenkönig wurde er zum Generaladministrator des Ermlands ernannt und widmete sich dem Wiederaufbau des geschundenen Landes. Seine Versuche, das Münzwesen zu sanieren, scheiterten. Der Vorschlag, das schlechte Geld, bei dem die Münzstätten den Anteil des Edelmetalls immer geringer gehalten hatten, aus dem Verkehr zu nehmen und den Münzstätten Thorn, Elbing, Danzig das Prägerecht zu entziehen, trug ihm die erbitterte Feindschaft der drei Städte ein. Sie artete in Drohungen, Tätlichkeiten und Anschläge aus.

Einen bei einem solchen Anschlag schwer verletzten Geistlichen behandelte er eigenhändig. Schließlich war er auch Arzt. Auf den ältesten Portraits, die es von ihm gibt, hält er eine Heilpflanze in der Hand, ein Maiglöckchen (das schwache Herzen stärken und der Leber Leiden lindern sollte) oder einen Stechapfel (dessen Blätter so giftig sind wie heilsam); dazu ein Kreuz und ein Gebetbuch, ein astronomisches Instrument aber, was zu erwarten gewesen wäre, war damals noch nicht abgebildet. Copernicus, der ein neues Weltbild schuf, war, so kurios es klingt, als Arzt weitaus bekannter denn als Astronom. »Auf dem Gebiet der Medizin wurde er wie ein zweiter Äskulap gefeiert«, heißt es in einem Brief des Wittenberger Mathematikers Rheticus, über den noch zu reden sein wird. Der Herr Doctor behandelte seinen Bischof, seine Mitbrüder und war sich nicht zu gut, einen Bauern zu besuchen, der von »einem newen gebrechen« befallen war, oder einen Handwerker, dessen »leibes schicklichkeit unschicklich« war.

Er fuhr mit der Kutsche nach dem fünfundsiebzig Kilometer entfernten Königsberg, um einem der fürstlichen Räte am Hof des Herzogs von Preußen in »seinen leiblichen Nöten« zu helfen. Nicht helfen konnte er seinem Bruder, mit dem er in Bologna studiert hatte. Andreas war an Lepra erkrankt, jener furchtbaren Seuche, die seit der Antike die Menschen heimsuchte und als Geißel Gottes galt: Sie war mit den damaligen Mitteln nicht zu heilen. In den medizinischen Werken des Copernicus finden sich seine handschriftlichen Randbemerkungen in lateinischer und deutscher Sprache. Als einen »zweiten Äskulap« weisen sie ihn nicht aus. Diese Kennzeichnung gehört zu den üblichen Übertreibungen der Epoche.

Im Alter von siebenundfünfzig Jahren zog sich Copernicus aus seinen Amtsgeschäften zurück und widmete sich nur noch seiner Arbeit. Nach wie vor war er nicht bereit, das Gesamtwerk einer breiten Öffentlichkeit zugänglich zu machen. Der COMMENTARIOLUS war ja nur für einen kleinen Freundeskreis bestimmt, und es handelte sich lediglich um einen »Entwurf über Vermutungen«. Doch anscheinend kann man eine wissenschaftliche Entdeckung auf die Dauer nicht geheim halten. 1533 ließ sich Clemens VII. in den vatikanischen Gärten einen Vortrag halten über die merkwürdigen Sentenzen dieses Deutschen aus einer Stadt, die an der Grenze des europäischen Kulturkreises lag. Wenig später schrieb der Kardinal Schönberg aus Rom: »Ich weiß, dass Du nicht nur eine genauere Kenntnis der Anschauungen der Alten besitzt, sondern auch ein neues Weltsystem aufgestellt hast. Du lehrst, wie ich vernommen habe, dass die Erde sich bewegt, die Sonne sich ganz in der Mitte der Welt befinde. Es ergeht nun an Dich, den gelehrten Mann, die inständige Bitte, Du mögest Deine Ermittlungen über das neue Weltgebäude mit erster Gelegenheit an mich schicken.«

Der Frauenburger Astronom zögerte – und lehnte schließlich ab. Er fürchtete das Geschwätz der Laien, die Verständnislosigkeit und den Neid seiner Kollegen. In ihm war eine schöpferische Unruhe und Unzufriedenheit, die ihn ständig zu neuen Beobachtungen und Verbesserungen seines Systems zwang. Vielleicht fürchtete er auch insgeheim, als Bewohner des katholischen Ermlands, die Inquisition. Eine unbegründete Furcht: Die katholische Kirche hatte (noch) nichts gegen die kopernikanische Lehre. Ganz im Gegensatz zu den Protestanten, die das, was er erforscht hatte, als gemeingefährlich ablehnten, wie wir erfahren haben. Doch gerade aus ihren Reihen sollte ein Mann kommen, der für Copernicus eine entscheidende Rolle spielte.

Georg Johann Rheticus muss ein Mann von ungemeiner Zivilcourage gewesen sein. Ohne Empfehlung, ohne den Segen seines Mentors Melanchthon, ohne Mittel, mit nichts anderem versehen als mit dem Feuereifer der Jugend, verlässt er 1539 die Universität Wittenberg, an der er eine Professur für höhere Mathematik bekleidet, und begibt sich an einen Ort, wo die bloße Erwähnung des Namens Luther mit Ausweisung, Verlust von Hab und Gut, ja des Hauptes, bedroht wird, wie es just in einem scharfen Mandat des Bischofs geschrieben steht. Hier klopft er an die Tür der *curia copernica* in Frauenburg und sagt: »Ich bin gekommen, Euch zu sehen«, bittet wie nebenbei um Gastfreundschaft und erklärt, dass er die lange Reise nur gemacht habe, um den hoch verehrten Meister zu überreden, endlich ein Werk, auf das die gesamte Menschheit Anspruch habe, zum Druck zu geben.

Er trifft auf einen Copernicus, der zwar immer noch zögert, doch, von allen Seiten bedrängt, langsam einzusehen beginnt, dass er um die Veröffentlichung seiner Entdeckungen nicht herumkommen wird. Er gewährt dem jungen Mann, der gerade fünfundzwanzig geworden ist, Einblick in sein Manuskript. Nach zehn Wochen liefert ihm Rheticus die NARRATIO PRIMA ab, den »Ersten Bericht«, der in die Geschichte der kopernikanischen Lehre eingegangen ist. Er umfasst achtunddreißig Blatt und bringt die Grundzüge des Hauptwerks sowie einige biographische Anmerkungen. Von tiefer Verehrung für Copernicus, »den besten und größten aller Menschen« erfüllt, schließt er mit den Worten: »Es lebe die Wahrheit, es siege die Kunst und das Können. Mögen die Wissenschaften immer die gebührende Achtung erfahren. Lasst uns mit tiefem Dank die vom Herrgott im

Sternenhimmel offenbarte Natur bewundern und mit Ehrfurcht betrachten.«

Dieses Hauptwerk trug den Titel DE REVOLUTIONIBUS ORBIUM COELESTIUM – »Über die Kreisbewegungen der Himmelskörper«. Die Erlaubnis, es zu drucken, war praktisch erteilt, und Rheticus sollte die Produktion bei der Druckerei Petreius in Nürnberg überwachen. Noch schienen nicht alle Bedenken ausgeräumt. Wie würden die reaktionären Kirchenleute beider Konfessionen die neue Lehre aufnehmen, stand sie doch im Widerspruch zum Wortlaut der Bibel? Man schlug Copernicus vor, er solle seine Lehre als eine Hypothese bezeichnen, als unbewiesene Annahme von Gesetzlichkeiten. Er lehnte mit Entschiedenheit ab: Für ihn handelte es sich nicht um Annahmen, sondern um Beweise. Rheticus schrieb sicherheitshalber einen Schutzbrief, mit dem er den Freund gegen die zu erwartenden Vorwürfe des Verstoßes gegen die Heilige Schrift zu verteidigen suchte. Copernicus selbst war es dann, der einen Ausweg fand, den man heute als einen genialen Coup bezeichnen würde: Er widmete sein Werk dem Papst.

»Vollständig bewusst bin ich mir, heiligster Vater, es werden gewisse Leute, sobald sie vernehmen, dass ich in meinem Werke der Erdkugel bestimmte Bewegungen zuschreibe, sofort ausrufen, eine solche Lehre sei durchaus verwerflich. Nichts anderes hat mich dazu veranlasst, für die Bewegungen der Himmelskörper eine neue Theorie zu suchen als die Überlegung, dass die Mathematiker und Philosophen bei ihren Forschungen in dieser Sache nicht alle der gleichen Meinung sind. Indem ich die Unsicherheit der überlieferten Lehren über die Bewegungen der Himmelskörper lange erwogen hatte, verdross es mich, dass diese Gelehrten den Gang der Weltenuhr, die doch der vollkommenste Baumeister für uns geschaffen hat, noch nicht anschaulich erklärt haben bis auf den heutigen Tag.«

Und: »Ich habe durchaus keinen Zweifel daran, dass die Mathematiker von Geist und Gelehrsamkeit mir ihre Zustimmung geben werden, wenn sie die von mir erbrachten Beweise vorurteilslos studieren werden ... Es lenkt in der Tat die Sonne, auf dem königlichen Thron sitzend, die sie umkreisende Familie der Gestirne. Wir finden in dieser Anordnung einen harmonischen Zusammenhang, wie er anderweitig nicht gefunden werden kann.«

Und weiter: »Damit aber in gleicher Weise Gelehrte wie Ungelehrte sehen, dass ich durchaus niemandes Urteil scheue, so möchte ich diese meine Nachtarbeiten lieber Deiner Heiligkeit als irgendeinem anderen widmen, weil Du auch in diesem entlegenen Winkel der Erde, in dem ich wirke, an Würde des Ranges und an Liebe zu den Wissenschaften in hohen Ehren stehst. Durch Dein Ansehen und Dein Urteil werde ich vor dem Biss der Verleumder sicher sein. Ich glaube mich auch darin nicht zu irren, dass meine Forschungen der Kirche von Nutzen sein können. Die Frage der Verbesserung des Kirchenkalenders blieb so lange unbeantwortet, weil die Länge des Jahres und des Monats und die Bewegungen der Sonne und des Mondes für noch nicht hinreichend genau bestimmt erachtet wurden.«

In Nürnberg begann man mit dem Druck und lieferte die ersten Korrekturbogen. Rheticus hat sie noch geprüft, dann musste er, einer Berufung an die Universität Leipzig halber, Nürnberg verlassen und die Kontrolle des Manuskripts einem Mann namens Osiander übergeben, der sich, wie man wusste, schon immer für Astronomie und Mathematik interessiert hatte.

Nun geschah Ungeheuerliches.

Osiander, Geistlicher, Protestant, Reformator, wohl wissend, wie Melanchthon und Luther über die neue Himmelskunde dachten, vorsichtig also, auch gutmeinend, schrieb ohne Wissen des Autors und ohne dazu beauftragt worden zu sein, eine Vorrede, in der er das, was für Copernicus feste Überzeugung war, als eine bloße Hypothese hinstellte, als ein Gedankenspiel, ein Rechenexempel. Dessen nicht genug, gab er seiner Vorrede eine Überschrift, die den unkundigen Leser glauben ließ, der Astronom selbst habe den Text verfasst. Der unter dem Schutz des Vertrauens begangene Frevel blieb ein Frevel, auch wenn der Autor geglaubt haben mag, die zu erwartenden Gegner milde zu stimmen.

Das erste vollständige Exemplar des Buches DE REVOLUTIONIBUS LIBRI VI wurde Copernicus an jenem Tag des Jahres 1543 überreicht, an dem er, durch einen Schlaganfall an Körper und Geist gelähmt, in seinem Turmgemach zu Frauenburg auf den Tod wartete. Da lag es vor ihm, das Werk seines Lebens, und er strich mit der Hand über den Einband...

Papst Paul hatte die Widmung angenommen (ob er das, was da stand, je gelesen hat, ist eher zweifelhaft). Was sollte er auch gegen eine bloße Hypothese haben? Galileo Galilei sorgte dafür, dass aus der Hypothese eine These wurde. Und damit wurde die ganze Angelegenheit brandgefährlich.

»...bleibt noch das eine zu berichten«, so Galileo, »das ich wohl als das Wichtigste betrachten darf: Ich habe vier Planeten mit meinem Fernrohr gefunden, die auffallend einen bestimmten Stern umkreisen und vom Urbeginn der Welt bis in unsere Zeit nie gesehen worden sind.« Es waren die vier Monde des Jupiter. Diese Entdeckung teilte Galileo der wissenschaftlichen Welt in einer Abhandlung mit, der er den Namen SIDEREUS NUNCIUS – »Sternbote« gab. Seine Anhänger sahen darin eine Bestätigung des Copernicus: Das sei doch nichts anderes als ein Modell en miniature des Sonnensystems. Nun verfüge man über ein durchschlagendes Argument, um die Skrupel jener zu beseitigen, die zwar das Kreisen der Planeten um die Sonne noch ertrügen, durch den Umlauf nur *eines* Himmelskörpers aber, des Mondes um die Erde (während beide eine jährliche Kreisbahn um die Sonne beschrieben) so beunruhigt gewesen seien, dass sie ein solches Weltbild für unmöglich erachteten.

Da Galileo sich ausdrücklich und immer wieder auf Copernicus berief, begannen hohe Kirchenleute, die Spuren dieses Menschens zum ersten Mal zu verfolgen. Mit dem Ergebnis, dass der einflussreiche Dominikanerpater Caccini aus Florenz dringend empfahl, ihn einzusperren und ihm den Prozess zu machen. Er wurde schonend darauf hingewiesen, dass es sich bei dem Entdecker des ketzerischen Systems um einen toten Deutschen handelte, der sein Buch siebzig Jahre zuvor veröffentlicht und dem Heiligen Vater gewidmet hatte.

Sei's drum, dann musste eben seine Lehre daran glauben, beziehungsweise jeder, der sie vertrat. Elf als Sachverständige geltende Theologen des Heiligen Offiziums gaben nach kurzer Beratung zu Protokoll: »Die Annahme, wonach die Sonne das Zentrum der Welt und unbeweglich sei, steht im Widerspruch zur Heiligen Schrift, ist philosophisch töricht und formal häretisch [ketzerisch]. Die Annahme, wonach die Erde nicht das Zentrum der Welt sei, sondern sich um sich selbst bewege und in täglicher Bewegung sei, ist ebenso tadelnswürdig und irrig im Glauben.«

Das waren deutliche Worte: Wer sich für eine solche »formalhäretische Annahme« einsetzte, konnte auf dem Scheiterhaufen landen. Das Dekret wurde von den Kanzeln der Kirchen und den Podien der Universitäten, überall dort, wo Katholiken lebten, verkündet und das Werk des Copernicus auf den INDEX LIBRORUM PROHIBITORUM gesetzt, auf dass die darin enthaltene Auffassung »nicht weiter zum Verderben der katholischen Wahrheit sich einschleiche«. Dort blieb es stehen bis zum Jahre 1835.

Roma locuta, causa finita – Rom hatte gesprochen und die Sache war erledigt, besser: die Welt wieder in Ordnung. Fest stand die Erde im Raum, von den Gestirnen umkreist, und die Menschen brauchten nicht mehr zu befürchten, kopfüber-kopfunter mit ihr durch das Universum zu rasen. Es war für den normalen Menschen auch ein furchtbarer Gedanke, dass Gottes Schöpfung, die Erde, zu einem Staubkorn degradiert würde.

»Wenn die Menschen innehielten, um der Tragweite des neuen Systems nachzugrübeln, müssen sie sich Gedanken über die Annahme gemacht haben, dass der Schöpfer eines so ungeheuren Kosmos seinen Sohn gesandt haben soll, um auf diesem unbedeutenden Planeten zu sterben«, schreibt Will Durant in seiner STORY OF CIVILISATION. Die heliozentrische Lehre bedeutete somit die stärkste Herausforderung der Theologie in der gesamten Religionsgeschichte.

Martin Luther

Die Macht des Gewissens

Die hölzerne Kirchentür, an die Luther am 31. Oktober 1517 seine berühmten 95 Thesen schlug, gibt es schon lange nicht mehr. Im Siebenjährigen Krieg wurde die Schlosskirche durch ein Bombardement bis auf die Umfassungsmauern zerstört. Heute ist die Tür aus Bronze und die Thesen sind in spätgotischen Minuskeln auf Lateinisch wiedergegeben. Mit hallenden Hammerschlägen soll Bruder Martinus seinen Protest an die Tür genagelt haben.

Thesen an das Schwarze Brett einer Universität zu heften, mit der Herausforderung zu einer Disputation, war an den mittelalterlichen Universitäten gang und gäbe. In der üblichen Einführung hieß es diesmal: »Liebe zur Wahrheit und der Eifer, sie ans Licht zu bringen … soll über die hier geschriebenen Fragen zu Wittenberg disputiert werden unter dem Vorsitz des hochwürdigen Paters Martinus Luther, der Künste und der heiligen Theologie Magister und eben derselben daselbst Ordinarius.«

Der einfache Inhalt seiner 95 Thesen, soviel erst mal, läuft hinaus auf die Unterscheidung des Begriffs der Buße als eines inneren sittlichen Vorgangs von dem kirchlichen System der Garantien und Leistungen, wozu auch die Zahlung von Geld gehört, der sogenannte Ablass. »Jeder Christ ohne Ausnahme, der wahrhaft Reue empfindet«, heißt es in der 36. These, »hat völlige Vergebung von Strafe und Schuld, die ihm auch ohne Ablassbriefe gebührt.« Oder in der 52. These: »Eitel und nichtig ist das Vertrauen, durch Geld das Heil zu erlangen, auch wenn der Papst selbst seine eigene Seele zum Pfand gäbe.« Einige der Thesen ähnelten Selbstgesprächen, andere Predigten für eine künftige Gemeinde, wieder andere waren aggressive politische Parolen. Die

DISPUTATIO CONTRA SCHOLASTICAM THEOLOGICAM, wie Luther die Thesen betitelte, nachdem sie gedruckt, waren Programm und Manifest in einem und sprachen eine bis dahin unbekannte Sprache – direkt, zielstrebig, ohne das sonst übliche »Gemurmel und Gemummel«.

Die Reformation hatte damit begonnen. Doch war es niemandem aufgefallen. Selbst Luther nicht.

Woher kam dieser einfache Mönch eigentlich?

Er wurde 1483 in eine Familie geboren, deren Oberhaupt sich im mansfeldischen Kupferbergbau vom Hauer zum Kleinunternehmer emporgearbeitet hatte. Die Mutter, durch sieben Schwangerschaften frühzeitig verbraucht, trug noch im Alter das Holz auf ihrem Rücken ins Haus. Gebetet wurde viel und noch mehr geprügelt. Die Weidenrute galt in deutschen Häusern als das beste Erziehungsmittel. Sein Vater prügelte den jungen Martin einmal derart, dass er von zu Hause weglief. Die »Rute« wurde übergangslos vom Vater zum Lehrer in der Mansfelder Kirchenschule weitergereicht. »Es sind manche Präzeptoren so grausam wie die Henker. So wurde ich einmal fünfzehnfach geschlagen. Denn ich sollte deklinieren und hatte es doch noch nicht gehabt.«

Später sehen wir ihn in Eisenach auf der Pfarrschule, wo er als Kurrendesänger zu seinem Lebensunterhalt beitragen muss; von Tür zu Tür gehend, bettelt er in leierndem Singsang: »Ein Brot, um Gottes willen ein wenig Brot.« In der Schule rückt er bald auf den ersten Platz. Tief atmet er auf in Eisenach, »meiner lieben Stadt«, und ist beinahe dankbar, dass man ihm das Latein damals eingeprügelt hat. So gut beherrscht er es jetzt, dass er lateinische Verse dichtet.

Der Vater schickt ihn zum Studium der Rechtswissenschaften auf die Universität Erfurt. Als Jurist wird der Sohn seinen Weg schon machen. Zuvor gilt es, die Hürden des Grundstudiums, der »Sieben Freien Künste«, zu nehmen: Grammatik, Rhetorik, Dialektik, Arithmetik, Geometrie, Musik und Astronomie. Er wird *Baccalaureus artium*, Magister gar, belegt unter siebzehn Kandidaten den zweiten Platz.

»Wie war es eine so große Majestät und Herrlichkeit, wenn man *magistros* promovierte und ihnen Fackeln vorantrug und sie verehrte. Man ritt zu Pferde rings in der Stadt umher in allen Prächten.« Den Professoren ist er ein musterhafter Student, die Kommilitonen nennen ihn »den Philosophen« und fürchten ihn bei den Disputionen wegen seines Scharfsinns. Er trägt stolz sein braunes Barett, wenn er durch die Straßen Erfurts geht, dieser reichen Stadt, deren Universität berühmter ist als alle anderen in Deutschland. Der Vater ist so stolz auf seinen Sohn, dass er ihn mit »Ihr« anredet und ihm eine kostbare Ausgabe des CODEX JURIS CIVILIS schenkt. Der Martin, der wird sich einmal nicht plagen müssen als ein Hauer, sondern er wird zu den Honoratioren gehören, und eine reiche Braut ist auch schon in Aussicht.

Im Mai 1505 nimmt Luther einen kurzen Urlaub, um die Eltern in Mansfeld zu besuchen, und es wird ein frohes Wiedersehen. Auf dem Rückweg, wie üblich geht er zu Fuß, gerät er bei dem Dorf Stotternheim in ein schweres Sommergewitter. Ein Blitz schlägt neben ihm ein, wirft ihn zu Boden. In panischer Angst gelobt er, ein Mönch zu werden, wenn die heilige Anna ihn aus der Todesnot errette. »Nachher reute mich das Gelübde, und viele rieten mir ab, mich lebendig begraben zu lassen. Auch mein Vater war sehr zornig, doch ich beharrte bei meinem Entschluss.«

Hans Luther, der die Pfaffen hasste und die Mönche verachtete, musste erleben, wie der Sohn in das wegen seiner Strenge berüchtigte Kloster der Augustiner-Eremiten einzog. Die ungeheizte Zelle in der Erfurter Comthurgasse wurde zur Stätte seiner inständigen Gebete, seines unaufhörlichen Fastens, seiner strengen Bußübungen und, vor allem, seiner ständigen Beichten. Das Erlebnis bei Stotternheim, das dem des Paulus bei Damaskus glich, war nicht die Ursache seines Gelübdes, sondern lediglich der Auslöser. Das Leben, das er bisher geführt hatte, war ihm als ein sinnloses Leben erschienen. War mit dem Rang eines Magisters die ewige Seligkeit zu erringen? Wollte er so seinem Herrn beim Jüngsten Gericht gegenübertreten? War er nicht verdammt auf Ewigkeit, wenn er nicht zum wahren Evangelium fand? Überall in der Welt dürsteten die Menschen danach. Nach einem Evangelium, das die in Sittenlosigkeit, Blasphemie und Vetternwirtschaft versinkende römische Kirche nicht mehr zu geben vermochte.

Luther machte auch als Mönch das, was man eine Karriere nennt. Er wurde Subprior des Konvents, bekam den Predigerauftrag an der Stadtkirche, promovierte 1512 auf Kosten seines Herzogs zum Doktor der Theologie. Inzwischen hatte er auch Rom aufgesucht, um eine vertrauliche Ordensangelegenheit zu regeln. Zu Fuß nach Art der Bettelmönche wanderte er über die Alpen. Vier Wochen blieb er am Tiber. Während er auf den Bescheid wartete, absolvierte er die vorgeschriebenen Andachten in den Märtyrerkirchen, vor den Papstgräbern, in den Kapellen, kroch auf den Knien die Scala Santa hinauf. Für jede Stufe gab es neun Jahre Sündenablass. »Es tat mir damals fast leid, dass mein Vater und meine Mutter noch lebten; ich hätte sie gern mit meinen trefflichen guten Werken aus dem Fegfeuer erlösen können.« Er sah vieles, was ihn abstieß, aber sein Glaube blieb unberührt, und so findet sich aus dieser Zeit kein abträgliches Wort über den Papst und die römische Kirche.

Zurück zum Jahr der Thesen. Er hatte mit ihnen eine Disputation anregen wollen, eine Auseinandersetzung über den Ablass. Aber anscheinend wollte niemand disputieren. Die Wittenberger Kollegen schwiegen. Dabei waren die Thesen doch aggressiv genug und stellten manche Lehrmeinung in Frage. Schließlich übersetzte er sie ins Deutsche – und in vierzehn Tagen kannte sie ganz Deutschland. Von Hand zu Hand wurden die gedruckten Zettel weitergegeben: Gutenbergs geniale Erfindung der gegossenen beweglichen Lettern machte es möglich. Wenn es noch eines Zündstoffes bedurft hätte, um das Thema »Ablass« zu einem Lauffeuer zu machen: Ein Mann namens Tetzel sorgte dafür.

Johann Tetzel gehörte zu den durch die Lande ziehenden Ablasspredigern. Wenn er mit seinem Wagen, an dem zwei rote Fahnen mit dem Papstwappen flatterten, in eine Stadt einzog, läuteten die Glocken und das Volk strömte herbei. Der Mensch war sündenbeladen, und da es ihm übermenschlich dünkte, sich Tag für Tag nach den Zehn Geboten zu richten, wurde die Last seiner Sünden immer schwerer. Man konnte die Last erleichtern durch sogenannte Genugtuungswerke wie Fasten, Almosengeben, Wallfahrten, Beteiligung an einem Kreuzzug. Das war oft mühsam und überdies blieben immer noch genug Sünden, die nur im Fegefeuer abzubüßen waren.

Und ins Fegefeuer musste ein jeder; es sei denn, er hatte sich durch eine der Sieben Todsünden der Hölle überantwortet und da blieb er ewig. Oder er war als eine »reine Seele« gleich ins Himmelreich eingezogen, doch solche Seelen waren fast ausschließlich unter den Märtyrern zu finden, und deren gab es nicht allzu viele. Das Fegefeuer war zeitlich begrenzt. *Wie* lange die armen Seelen dort verweilen mussten, darüber haben die Theologen sich nie einigen können. Fest stand nur, dass man die Zeit abkürzen konnte. Und hier kam Tetzel zum Zuge.

Wenn einer Geld für eine Seele in seinen Kasten lege, so predigte er, so fahre sie aus dem Feuer in den Himmel, sobald das Geldstück auf den Boden fiele und klänge. Er, Tetzel, könne mit seinem Ablass mehr Seelen erlösen als der heilige Petrus *in persona*. Wenn einer gar die Heilige Jungfrau Maria geschwängert, es werde ihm vergeben, wenn er nur das in den Kasten lege, was sich gebühre. Eine Gebührenordnung mit der Taxe für die einzelnen Sünden hing auch aus. Man konnte sogar Ablassbriefe erwerben für böse Taten, die man erst begehen wollte.

Das Geld floss, sofern nicht der jeweilige Landesherr seinen Anteil kassierte, nach Rom, wo es der Papst für die Kirchenverwaltung verwendete, für Bestechungen, Ämterkauf, für seine im Namen Christi geführten Kriege, aber auch, und das mag manchen trösten, für die Baumeister, die Maler, die Bildhauer, deren Werke wir heute noch in Rom bewundern. Am ergiebigsten für die Ablasskrämer waren die deutschen Lande. Das »deutsche Schaf«, soviel wusste man in Rom, ließ sich seit eh und je am willigsten scheren. Frankreich und England hatten sich bereits vom Vatikan unabhängig gemacht und zahlten nicht mehr.

Der Antiklerikalismus, der sich seit über einem Jahrhundert aufgestaut hatte, fand in Luther seinen Herold. Das Lied der wittenbergischen Nachtigall klang vielen Gläubigen gar köstlich in den Ohren. Umso misstönender fanden es die meisten kirchlichen Würdenträger. Der Kölner Inquisitor Hoogstraeten drohte Luther mit dem Scheiterhaufen, und das war sehr ernst gemeint. Andere warfen ihm vor, er säe »böhmisches Gift« aus, die Lehren des als Ketzer verbrannten Jan Hus. Man beschuldigte ihn, die kirchliche Ordnung zu unterminieren. Tetzel selbst antwortete wutentbrannt mit 106 Anti-Thesen.

Luther vergalt nicht Gleiches mit Gleichem. Er schickte seine Thesen und weitere Schriften, Reformen betreffend, an die Bischöfe. Er bat den am Ablass profitierenden Erzbischof von Mainz, seine Krämer zurückzuziehen. Er schrieb nach Rom und versicherte dem Papst seine Ergebenheit, ohne jedoch auch nur ein Jota von seinen Ansichten abzuweichen. Für Leo X. aus dem Haus der Medici, einem Förderer der Künste und Genießer des Lebens, war das, was da aus Deutschland zu ihm drang, nichts weiter als »Mönchsgezänk«. Doch die Kardinäle drangen in ihn, er möge diesen Doktor Luther nach Rom zitieren, bestünde doch immerhin die Gefahr, dass die Haupteinnahmequelle der Kurie, der Ablass, in deutschen Landen empfindlich getrübt werde.

Luther folgte der Vorladung nach Rom nicht. Seine Freunde meinten, dass er von dort nicht wiederkehren würde. Jetzt griff sein Landesherr ein, Friedrich der Weise. Er forderte vom Heiligen Stuhl, man möge seinen Untertan in Deutschland anhören, denn er sei ein Deutscher. Man einigte sich auf Augsburg, wo der päpstliche Legat, Kardinal Cajetan, das Verhör dann führte. Luther blieb starrsinnig. Der Kardinal wurde zornig und rief: »Hebe dich weg von mir und komme mir nicht wieder unter die Augen!«

Luther kehrte in sein Quartier zurück. Er fühlte sich von allen im Stich gelassen. Selbst sein höchster Vorgesetzter, der Generalvikar Staupitz, ihm väterlich zugetan, war abgereist. Man riet auch Luther dazu, denn seine Verhaftung stehe unmittelbar bevor. Er hatte noch die Kaltblütigkeit, die Unterredung mit

Cajetan schriftlich zu fixieren und den Text an das Portal des Doms zu schlagen, dann brachte man ihn bei Nacht und Nebel durch ein Seitentor aus der Stadt.

»Ich hatte nur Socken an, keine Stiefel, keine Hosen, kein Messer und keine Wehr. Ich ritt einen hart trabenden Klepper, ritt acht Stunden und fiel, als Rast gemacht wurde, wie tot vom Pferde in die Streu des Stalls und hatte keinen Bissen oder Trank zu mir genommen...«

Am 31. Oktober 1518, dem Jahrestag des Thesenanschlags, traf Luther wieder in Wittenberg ein und wurde sofort mit dem Bescheid konfrontiert, dass Cajetan vom Kurfürsten verlangt habe, er möge den Mönch einsperren und nach Rom befördern. Oder wolle er wegen des »losen Brüderleins«, dieses »Kindes des Satans«, seinen Ehrenschild beschmutzen? Beiläufig ließ er einfließen, dass auch ein Reichsfürst gebannt werden könne. Friedrich der Weise, besser der Zauderer, seufzte. Was war zu tun? Dieser Luther wurde auch ihm langsam lästig. Er schickte ihm den Brief und war nun bass erstaunt, dass der Doktor sofort bereit war, sein Land zu verlassen und nach Frankreich zu gehen. Er wolle nicht, dass der Fürst an ihm zum Mörder werde. Luther hatte bereits seine Freunde zu einem Abschiedsmahl gebeten, als ihm im Namen seines Herrn die Nachricht übermittelt wurde: Der Doctor Martinus möge bleiben. Gleichzeitig unterstützte er dem Papst gegenüber Luthers Forderung nach einer öffentlichen Disputation, damit er sich gegen die Beschuldigung wehren könne, ein Ketzer zu sein.

Es kam zu der berühmten öffentlichen Disputation mit dem Theologieprofessor Johannes Eck in Leipzig, bei der sich die Diskutanten elf Tage lang gegenüberstanden wie zwei Ritter beim Duell. Ihre Rüstung war ihre Überzeugung, ihre Waffe war das Wort. Luther, gereizt durch die immer wieder vorgebrachte Anklage, er sei ein »Hussit«, ein Ketzer, bezweifelte die Autorität des Papstes und behauptete, selbst die Konzilien seien Irrtümern unterworfen. Das waren starke Worte; selbst den Lutheranern unter den nach Hunderten zählenden Zuschauern verschlug es die Sprache.

Es dauerte fast ein Jahr, bis Rom antwortete. EXSURGE DOMINE heißt die Bulle, mit der einem gewissen Martin Luther der Bann angedroht wurde, falls er nicht innerhalb von sechzig Tagen 41 Sätze widerrufe, die dazu angetan seien, den Weinberg des Herren zu zerwühlen wie wilde Säue. Kein katholischer Christ, sei er Fürst, König oder Kaiser, dürfe diese Sätze lesen.

Die Auseinandersetzung begann zu eskalieren: Luthers Schriften werden in Köln, Mainz, Lüttich und Löwen auf Scheiterhaufen geworfen. Der Kaiser verbietet sie in ganz Burgund. Luther wird mit dem Tod bedroht. Ulrich von Hutten und Franz von Sickingen, die beiden Ritter, bieten ihm ihren Schutz. Unbeirrt nimmt er den Kampf an, zieht an der Spitze einer großen Menschenmenge auf den Schindanger am Elsterntor in Wittenberg und verbrennt die Bannbulle des Papstes. Es hätte nicht mehr der Broschüre AN DEN CHRISTLICHEN ADEL DEUTSCHER NATION und der Reformschrift VON DER BABYLONISCHEN GEFANGENSCHAFT DER KIRCHE bedurft, beide in den Augen der Kurie von unvorstellbarer Ruchlosigkeit: Luther verfiel dem Bann.

Im Dezember 1520 ritt Karl V. in Worms ein. Er kam von Aachen, wo er zum deutschen König gekrönt worden war und mit Zustimmung des Papstes auch den Titel eines römischen Kaisers erhalten hatte. Damit er sich diese Krone aufsetzen konnte, hatten die Fugger 852918 Goldgulden auf den Tisch gezählt, eine ungeheuerliche Summe, mit der die Wahlstimmen der deutschen Kurfürsten gekauft wurden. Sie war hoch genug, das Angebot des anderen Bewerbers, des französischen Königs, um das Doppelte zu übertreffen. Karl, das »edle junge Blut aus altem deutschen Stamme«, wie er begrüßt worden war, hatte nur einen einzigen deutschen Vorfahren, war französisch erzogen worden und sprach kaum ein Wort Deutsch. Nicht nur die Sprache war ihm fremd, auch dieses ganze Land, das von Kurfürsten, Erzbischöfen, Herzögen, Fürsten, Grafen regiert wurde, in Länder und Ländchen zersplittert war, ein Land, das, würde man es farbig auf einer Karte festhalten, einem bunten Flickenteppich gliche. Hier in Worms sollte er einen Mönch inquirieren, einen Kuttenträger, der vom Papst gebannt war, eine noch nie dagewesene Ungeheuerlichkeit! Aber es musste wohl sein, denn dieser Ketzer hatte mit seiner neuen Lehre ein ganzes Volk in einen närrischen Taumel versetzt und die Gefahr heraufbeschworen, dass die Kirche sich spaltete.

Luthers Fahrt im April 1521 von Wittenberg nach Worms gleicht einem Triumphzug. Aber in den Jubel mischen sich auch Rufe wie: »Ins Feuer mit ihm!« Freunde warnen ihn weiterzufahren. Ratgeber des Kaisers hätten vorgeschlagen, das zugesicherte freie Geleit zu brechen. »Aber ich entbot ihnen, wenn so viele Teufel in Worms wären wie Ziegel auf den Dächern, so wollte ich dennoch hinein. So fuhr ich auf einem offenen Wägelchen in meiner Mönchskappe in die Stadt. Denn ich will die Wahrheit sagen und muss es tun und sollte es mir zwanzig Hälse kosten.«

Zwei Tage später steht er im großen Saal der bischöflichen Residenz vor Kaiser und Reichstag und wird, nachdem er bestätigt hat, dass diese Bücher dort auf dem Tisch von ihm sind, gefragt, ob er bereit sei zu widerrufen. Am Tag zuvor ist er schwach und unsicher gewesen bei seinem Auftritt, denn wie alle wirklichen Männer kannte er die Furcht, doch jetzt richtet er sich auf und sagt mit fester Stimme: »Da Eure Majestät eine schlichte Antwort begehren, so will ich eine solche ohne alle Hörner und Zähne geben. Wenn ich nicht durch Zeugnisse aus der Heiligen Schrift oder mit klaren, hellen Gründen überzeugt werde, so bin ich an mein Gewissen und an das Wort Gottes gebunden. Ich kann und will daher nichts widerrufen, weil es gefährlich ist und die Seligkeit bedroht, wider das Gewissen zu handeln. Gott helfe mir, Amen.«

Der bleiche, unnahbare Mann dort, von dem später gesagt werden wird, dass in seinem Reich die Sonne nicht untergehe, erhebt sich indigniert. Im Saal rumort es. Der Offizial des Erzbischofs dringt auf Luther ein. »Lass dein Gewissen fahren, Martinus!« Doch der bahnt sich energisch seinen Weg durch die Menge, streckt, an der Tür angelangt, einen Arm hoch und spreizt die Finger, wie es die Landsknechte tun, wenn ihnen im Lanzenkampf ein guter Hieb gelungen ist.

Als er wieder in seinem Quartier, dem Johanniterhof, angelangt ist, ruft er jubelnd: »Ich bin hindurch, ich bin hindurch!«

Jahrzehnte später sagte der Kaiser zu einem seiner Ratgeber: »Ich habe ihn damals nicht umgebracht, und das war ein Fehler. So wuchs dieser Irrtum ins Ungeheure...«

Ende April verließ Luther Worms und reiste gemächlich durch Hessen und den Thüringer Wald in Richtung Heimat. Er war heiter gestimmt und stolz, es *gewagt* zu haben. Mitten im Wald unweit Eisenach ertönten plötzlich wilde Schreie, Waffenlärm, eine Gruppe vermummter Reiter umstellte den Wagen, warf den Kutscher vom Bock, riss Luther aus dem Rücksitz und verschwand mit ihrem Opfer im nächtlichen Holz.

Die Nachricht von dem Überfall verbreitete sich von Dorf zu Dorf, von Stadt zu Stadt. Was war mit Luther geschehen? Wo war er? Erschlagen in einem Bergwerk, angekettet im Verlies eines Turms, unter Bewachung auf dem Weg nach Rom? Niemand wusste Genaueres. Selbst sein Kurfürst nicht, der ihn doch zum Schein hatte entführen lassen. Dessen Hofmaler allerdings, Lucas Cranach, lächelte hintergründig, wenn die Rede auf seinen Freund Martinus kam. »Ich lass mich eintun und verbergen, weiß aber selbst noch nicht wo«, hatte der ihm geschrieben.

Inzwischen wusste er es. Er saß in einer kleinen düsteren Kammer, um deren Fenster die Raben kreisten. Luther hieß er nicht mehr, sondern Junker Jörg, die Tonsur begann zuzuwachsen und ein Bart kräuselte sich. Sein Gastgeber auf der Wartburg, der Schlosshauptmann von Berlepsch, hatte ihm eingeschärft, nicht ins Tal zu gehen, dorthin, wo Menschen wohnen. Denn jeder dieser Menschen war berechtigt, ihn zu fangen oder zu töten. Die Reichsacht war über ihn verhängt worden. Martinus schlief wenig, aß viel und trank sein Bier. Der Mangel an Bewegung ließ ihn so werden, wie es später im FAUST klang: »...hatte sich ein Ränzlein angemäst' als wie der Doktor Luther.« Er litt an Hartleibigkeit und Verstopfung. Nachts suchte ihn der Teufel heim. Für ihn war es keine Spukgestalt, sondern der Leibhaftige, weil er leibhaftig anwesend war. So wie für alle Menschen des Mittelalters, die der Teufel in Versuchung führen wollte. Einmal riss Luther ein Tintenhörnchen (Tintenfässer gab es noch nicht) vom Tisch und schleuderte es nach dem Geschwänzten. Der schwarze Fleck an der Wand konnte lange Zeit besichtigt werden. Noch heute würden die Touristen davon gern etwas abkratzen, doch, leider, wird der Tintenfleck nicht mehr erneuert.

»Ich würde lieber auf glühenden Kohlen brennen als hier verfaulen!«, stöhnte Luther. Schließlich setzte er sich an seinen Tisch, spitzte den Gänsekiel und begann mit einer »Gelegenheitsarbeit«. Sie blieb bis heute das größte Prosawerk der deutschen Literatur: die Übersetzung des Neuen Testaments ins Deutsche.

Nun war es nicht so, dass es keine deutschen Übersetzungen gegeben hätte. Insgesamt achtzehn hat man gezählt. Sie alle beruhen auf der Vulgata, auf der im 4. Jahrhundert entstandenen lateinischen Übertragung. Luther genügten diese »deutschen« Bibeln nicht, denn ihrem Deutsch war das Übersetzte allzu sehr anzumerken. Es hatte wenig zu tun mit der von ihm geliebten Muttersprache, deren Kraft, Anschaulichkeit und Reichtum er dem Griechischen gleichstellte. Die Worte sollten fließen, herausbrechen, leben, als hätten sie Hände und Füße, nur so seien sie Feuer, Licht und Leben.

Als Grundlage diente ihm die Sprache der sächsischen Kanzlei, derer sich die Schreiber aller Reichsstädte und Fürstenhöfe bedienten und die deshalb jenseits der Dialekte auch von allen verstanden wurde. Was aber nicht hieß, dass er so schrieb wie die Herren Kanzleiräte, da sei Gott vor. Er hatte sein eigenes Rezept: »Man muss nicht die Buchstaben in der lateinischen Sprache fragen, wie man soll Teutsch reden, wie diese Esel tun, sondern man muss die Mutter im Hause, die Kinder auf den Gassen, den gemeinen Mann auf dem Markt darum fragen und denselbigen auf das Maul schauen, wie sie reden und danach dolmetschen. So verstehen sie es dann und merken, dass man Deutsch mit ihnen redet.«

Ein berühmter, immer wieder zitierter Satz, der so einfach klingt, und doch war es so unendlich schwierig, ihn zu verwirklichen. Luther benutzte neben der Vulgata den griechischen Urtext und eine von Erasmus angefertigte neue lateinische Übertragung; dazu einige Wörterbücher. Da saß er auf seinem harten Schemel, starrte durch das Burgfenster und haderte. »Hätt ich gewusst, was ich jetzt weiß, zehn Ross sollten mich nicht gezogen haben.« Da war auch niemand, mit dem er hätte streiten können angesichts jener Stellen, die zweifelhaft waren, mehrdeutig, textlich unrein. Viele Stunden oft suchte er nach dem rechten Ausdruck. In der Vulgata hieß es zum Beispiel bei Matthäus 12,34: *Ex abundatia cordis os loquitur*. Hätte er die Buchstaben der lateinischen Sprache befragt, dann würde das heißen: »Aus dem Überfluss des Herzens redet der Mund.« Das wäre korrekt, aber trocken. Luther machte daraus: *Wes das Herz voll ist, des gehet der Mund über*. »Das heißt gut deutsch geredet«, meint Luther dazu im SENDBRIEF VOM DOLMETSCHEN.

Es blieb ihm erspart, die gleiche Stelle in der 1980 erschienenen Einheitsübersetzung der Heiligen Schrift zu lesen: »Denn wovon das Herz voll ist, davon spricht der Mund.« Ein Beispiel – unter vielen –, wie man eine Sprache kastrieren kann.

Die Lutherbibel wirkte stil- und sprachbildend. Für Männer wie Goethe, Herder, Hamann, Lessing, Klopstock glich sie einem Born, aus dem sie schöpften. Und bis in das 19. Jahrhundert hinein war sie nahezu die einzige Lektüre, die dem einfachen Mann zur Verfügung stand. Wer den Büchmann aufschlägt, wird feststellen, wie viele Worte Flügel bekommen haben: Geflügelte Worte, die ins Volk gedrungen sind. Sie sind so selbstverständlich in den Sprachgebrauch eingegangen, dass die meisten Menschen sich nicht mehr bewusst sind, dass sie gerade »lutherisch« gesprochen haben.

Von Pontius bis Pilatus ist der Herr X. gelaufen und stimmte dann eine Jeremiade an über die schrecklichen Philister, dabei hat er doch gar keine Hiobsbotschaft erhalten, sondern lebt mit seiner Familie immer noch wie in Abrahams Schoß, dieser ungläubige Thomas. Er muss halt sein Kreuz tragen, und wenn Matthäi am letzten ist, möge er seine Lenden gürten und mit seinen Pfunden wuchern, schließlich kann er nicht ständig ernten, wo er nicht gesät hat... Mit Hilfe des Büchmann könnte man dieses Spiel lange fortsetzen.

In Luther muss eine unheimliche Kraft geruht haben. Trotz vielerlei Anfechtungen, schlechten Schlafs, gelegentlicher Verzweiflung bewältigte er die Arbeit, die ein Team von Übersetzern ausgelaugt hätte, in knapp drei Monaten. Im Mai 1522 gingen die Drucker in Wittenberg ans Werk. Im September wurde das NEWE TESTAMENT DEUTZSCH ausgeliefert. Noch vor Weihnachten waren die 5000 Exemplare vergriffen. Die ganze Heilige Schrift, Altes und Neues Testament, übersetzte Luther in den folgenden Jahren. Hans Lufft, sein Hauptverleger, verkaufte um die 100000 Exemplare und wurde ein schwerreicher Mann. Der »Bestseller-Autor« selbst nahm nie einen Pfennig.

»Darumb lieben freunde, folgt mir, ich bin doch der gewesen dem es Gott zum ersten offenbaret hat, euch so ein Wort zu predigen. Darum habt ihr jetzt unrecht getan, dass ihr ein solch spiel ohn mein geheis und zuthun habt angefangen und mich nicht zuvor darum gefragt. Nicht also! Nicht also!«

Luther steht auf der Kanzel der Stadtkirche und fleht seine Gemeinde an. Schlimme Dinge waren ihm durch Boten berichtet worden, so schlimm, dass er sich im Morgengrauen auf ein Pferd geschwungen hat, um nach Wittenberg zu reiten – bei Gefahr seines Lebens, denn er war geächtet.

Was war geschehen? Die Augustiner hatten ihr Kloster verlassen, *seine* Mönche, die Bilder aus den Kirchen waren herausgerissen worden, Kruzifixe wurden zerbrochen, die Beichte als seelengefährdend abgeschafft. Weg mit der Orgel und ihrem sinnlichen Klang. Hinweg mit dem ewigen Lesen der Messe. Bischof, Kardinal, Kutten, Kappen, Regel, Statuten, das ganze Gewürm und Geschwürm päpstlichen Regiments – fort damit! Die ersten Priester hatten sich eine Ehefrau genommen. »Schwarmgeister« schienen die Macht ergriffen zu haben. Anhänger Thomas Müntzers, der später die Bauernkriege schürte, treten auf und geben sich als Sendboten des Heiligen Geistes.

Luther ist verstört, ja entsetzt darüber, wie sie seine Lehre missbrauchen. »Warum bist du entsetzt«, wird er gefragt, »hast du nicht Wind gesät und erntest nun Sturm!?« Konnten sie sich nicht alle auf den Sendbrief An den Christlichen Adel deutscher Nation berufen? Setzten sie nicht die lutherische Lehre in die Praxis um? In acht großartigen Predigten versucht Luther, seine Anhänger zu mäßigen, sie von Gewalttaten abzuhalten. Denn »Aufruhr hat kein Vernunft. Sehet mein Tun an. Habe ich nicht den Päpstlichen allein mit dem Wort mehr Abbruch getan als alle Kaiser zuvor mit dem Schwert?« Er bittet alle, ihm Zeit zu geben, nichts unchristlich zu übereilen.

Luther gelingt es tatsächlich, den Aufruhr der Herzen und der Hirne zu bändigen. Allein durch die magische Kraft des Wortes. Philipp Melanchthon, den man als den intellektuellen Führer der Reformation bezeichnen kann, durfte aufatmen, als die Zentnerlast der Verantwortung, die er während der Abwesenheit Luthers getragen, von seinen Schultern genommen wurde. Der kleine zarte Mann, Humanist und Griechischprofessor, war ein Freund Luthers und doch in allem sein Gegenteil: friedfertig statt kämpferisch, versöhnlich statt streitbar, entgegenkommend statt unerbittlich.

Nach diesen acht großartigen Sermonen schien Luther auf seinem Höhepunkt. Seine Lehre verbreitete sich von Dorf zu Dorf, von Stadt zu Stadt, überall standen Volksprediger auf, predigten auf den Märkten, vor den Toren. Sie drang über die Landesgrenzen hinaus bis nach Schweden, Holland, Ungarn; in die vom alten Glauben beherrschten österreichischen Länder. Die Obrigkeit, so sie sich dagegen stemmte, blieb machtlos mit ihren Gesetzen, Verboten, Verordnungen. Zwei Jahre bräuchte er noch, beschwört Luther seine lieben Deutschen in seiner treuen Vermahnung, zwei Jahre, habet Geduld.

Doch ein Stand im ganzen Land hatte keine Geduld mehr: die Bauern. Zu Frondiensten gezwungen von ihren weltlichen Herren, ausgebeutet von der Kirche durch den kleinen Zehnten und den großen Zehnten, rechtlos, geknebelt, durch immer neue Abgaben verelendet, den Horden des Krieges als Erste ausgeliefert, hatten sie im Laufe der Geschichte immer wieder versucht, ihr schweres Joch abzuwerfen, und sie waren immer wieder blutig gescheitert. Diesmal sollte es anders werden: War Luthers Lehre nicht die Grundlage für ihre Forderungen, war er nicht für die Freiheit des Christenmenschen eingetreten, hatte er nicht die Fürsten gewarnt, die Bauern fürderhin »zu schinden und zu schaben«? Überall flammten jetzt die Aufstände auf, wurde der rote Hahn auf Klöster, Schlösser, Burgen gesetzt. Der Hass entlud sich in unvorstellbaren Bestialitäten.

Luthers Warnungen kommen nicht nur zu spät, sie werden von den Bauern als Verrat angesehen: Erst habe er sie ermutigt, jetzt stehe er auf der anderen Seite. Seine Streitschrift WIDER DIE RÄUBERISCHEN UND MÖRDERISCHEN ROTTEN DER BAUERN lässt die Obrigkeit frohlocken, verstört seine Freunde, zwingt Generationen von Historikern, seine Handlungsweise zu erklären, zu rechtfertigen, zu entschuldigen. Die Aufstände versinken in einem Meer von Blut. Hunderttausende von Bauern werden erschlagen, geköpft, geblendet, vertrieben. Das Joch der Überlebenden wird schwerer denn je. Die Volkstümlichkeit des Reformators schwindet wie Schnee unter der Sonne.

Die Reichsacht, die immer noch gültig ist, hinderte ihn daran, dort zu sein, wo seine persönliche Anwesenheit wichtig gewesen wäre. Als der Kaiser 1530 endlich wieder nach Deutschland kam und in Augsburg dem Reichstag vorstand, musste Luther das Geschehen von der Veste Coburg aus verfolgen. Philipp Melanchthon, der fast zerbrechlich wirkende Mann, führte an seiner Statt die Verhandlungen. Er führte sie nach seiner Art, und die brachte Luther immer wieder in Rage. »Er ist zu lind und lässt sich einnehmen, denn er möchte gern aus Liebe allen dienen. So werden die Papisten aufgeblasen. Kämen sie *mir* so, ich wollte sie anders stöbern. Zu den Klötzen muss man eine grobe Axt nehmen. Philipp lässt sich fressen...«

Philipp arbeitete dessen ungeachtet weiter an einer Schrift, die als AUGSBURGER BEKENNTNIS welthistorische Bedeutung erlangen sollte. Sie handelt vom Glauben und Leben der evangelischen Kirche und von abzustellenden Missbräuchen der katholischen Kirche. Sie wurde vor dem Reichstag in Deutsch verlesen, ein dem Kaiser mühsam abgerungenes Zugeständnis. Die Verlesung dauerte zwei Stunden, und Karl dämmerte vor sich hin. Die Katholiken antworteten mit einer Gegenschrift, der CONFUTATIO. Diese Widerlegung wurde wiederum von den Lutheranern widerlegt. Schließlich ging man auseinander: Die Spaltung Deutschlands wurde in Augsburg entschieden.

»Das Heroenzeitalter der Reformation« war vorbei. Luthers Anhänger hielten ihn immer noch für einen großen alten Mann, aber die Betonung lag auf *alt*. In vielem resignierte er. War all sein Predigen, Schreiben, Kämpfen nichts anderes gewesen als das ewige Wälzen eines Steins den Berg hinauf, wo er dann wieder zu Tal donnerte? War er ein Sisyphus? »Ich habe geschrien und gelehrt, nichts hat genützt. Ihr undankbaren Bestien, ich will aufhören, euch zu lehren, und keine Perlen mehr vor die Säue werfen! Ich mag solchen Säuen kein Hirte sein!«

Immer wieder sorgte er sich um »seine lieben Deutschen, für die ich geboren bin und denen ich dienen will. Ich kann es ja nicht lassen, ich muss mich sorgen um das arme, elende, verlassene und verratene und verkaufte Deutschland, dem ich kein Arges, sondern alles Gute gönne, wie ich's schuldig bin meinem lieben Vaterland.«

Seine Arbeitskraft schien trotz aller Gebrechen unerschöpflich. Woche für Woche brachte die Postkutsche ganze Körbe mit Briefen. Er beantwortete mit Hilfe dreier Schreiber jeden Brief. Er tröstete an ihrem Glauben Verzweifelnde, entschied über die Besetzung einer Pfarrstelle, mahnte die Gemeinden, den Kirchengesang nicht zu vernachlässigen, warnte ernsthaft vor den Fangstricken des Satans. Immer wieder setzte er sich mit Zwingli auseinander, dem Schweizer Reformator. Wenn es seine Gesundheit erlaubte, bestieg er die Kanzel der Wittenberger Stadtkirche und predigte. Und Katherine Lutherin, die heilige, sorgfältige, gnädigste Hausfrau ... Doch wir sind der Zeit vorausgeeilt und müssen zurück in das Jahr 1523.

Im April, der Wind wehte noch scharf, wurde ein Planwagen im Hof des Nonnenklosters Nimbschen bei Grimma mit leeren Heringstonnen beladen und erreichte nach mehreren Tagesreisen Wittenberg, wo er vor dem Augustinerkloster verhielt. Unter der Plane krochen neun erschöpfte junge Frauen hervor. Sie hatten ihre Eltern angefleht, sie wieder heimzuholen, wären sie doch dem trostlosen Leben als »Bräute Christi« nicht mehr gewachsen. Die Eltern hatten sich geweigert. Als Luther davon erfuhr, hatte er mit Hilfe von Mittelsmännern die Entführung inszeniert; ein gefährliches Unternehmen, denn darauf stand die Todesstrafe. Luther versuchte die Damen, die alle von Adel waren, bei ihren Verwandten unterzubringen oder er vermittelte ihnen Ehemänner. Katharina von Bora, eine Vierundzwanzigjährige mit aparten slawischen Gesichtszügen, blieb übrig. Als ein in Aussicht genommener Nürnberger Patriziersohn absprang, nahm der Reformator sie mehr aus Mitleid denn aus Liebe zu seiner Ehefrau. Aber man darf auch sagen: entschloss *sie* sich für *ihn*.

Man hat diesen Schritt als eine »letzte große Priesterhandlung« gegen die katholische Kirche (Zölibat!) bezeichnet und zugleich als eine Resignation, denn sein Eingreifen in die Welthändel hatte ja in der Katastrophe des Bauernkriegs geendet, aber es war wohl mehr die Erkenntnis, dass es nicht gut sei, wenn der Mensch allein ist, denn aus dem Alleinsein entspringe das Unheil. Er hat seinen Schritt nie bereut. Katharina, Käthe genannt, verwandelte das verlassene Kloster, in dem er bis dato allein gelebt, in ein behagliches Heim. Sie bestellte den Garten, grub einen Brunnen, zog Vieh auf, füllte die Schränke mit Wäsche, die Keller mit Wein und braute Bier, Luthers Lieblingsgetränk. Sie bewirtete Dutzende von Hausgästen, wimmelte ungebetene Gäste ab, war, bewaffnet mit dem großen Schlüsselbund, absolute Herrin im Haus. Er stellte beinahe erstaunt fest: »Es ist doch ein groß Ding um die glückliche Gemeinschaft zwischen Mann und Weib.«

Wie es bei Luther im Hause aussah, muss für jeden Schreibtischarbeiter eine Horrorvorstellung sein. Auf Regalen, Tischen, Fensterbänken, Hockern, Stühlen, auf dem Fußboden stapelten sich Bücher, Druckfahnen, Traktate, Streitschriften, Broschüren, Hefte, Flugblätter – Chaos allerorten.

Der Fürst Georg von Anhalt erhielt von einem Eingeweihten

die Warnung: »Das Haus des Doktor Luther bewohnt eine bunte, gemischte Schar von Jünglingen, Studenten, Mädchen, Witwen, alten Frauen und Knaben. Darum herrscht dort große Unruhe, und viele bedauern das um des guten Mannes, des ehrwürdigen Vaters willen. Wie jetzt die Sache steht und sich das Hauswesen des Herrn Doktor verhält, möchte ich nicht geraten haben, wenn Euer Gnaden in seinem Hause absteige.«

Für alle musste der Tisch gedeckt sein. Luther aß und trank gern und gut, und auch seine Gäste sollten es gut haben. Er war nicht kleinlich, ließ auffahren, was Küche und Keller hergaben. »Gott wird es uns vergelten«, sagte er, wenn Katharina vorwurfsvoll die Augen zur Decke richtete, weil sie an ihr Haushaltsbuch dachte. Zwischen den Gängen wurde viel Konversation getrieben. Am meisten redete der Gastgeber selbst. Es störte ihn nicht, wenn die Scholaren sorgfältig alles notierten, was des Doktors Mund entfloh, und auch nicht, dass sie mit ihren Kladden zum nächsten Buchdrucker liefen. Luthers berühmte TISCHREDEN drehten sich um alles, was es Neues gab im Lande und was des Erzählens wert schien.

Seine Ausdrücke waren deftig, aber immer treffend, einige so grob, dass manch Fräulein am Tisch betreten schwieg, aber man lebte ja im Zeitalter des Grobianismus. »Warum rülpset und forzet ihr nicht? Hat es es euch nicht geschmacket?« Über den Beischlaf: »In der Woche zwir, macht im Jahre hundertvier, schadet weder dir noch mir.«

Und so ganz nebenbei, so möchte man sagen, gebar ihm Katharina sechs Kinder.

Wenn es nötig war, trat sie auch als Heilgehilfin auf. Es war oft nötig. Luther litt im fortgeschrittenen Alter an mancherlei Gebrechen. Neben der Gicht und dem Rheumatismus war es vor allem ein Steinleiden, das ihm rasende Schmerzen bereitete. Ihr schwieriger Patient meinte: »Ein Arzt kann nicht schädlicher sein denn du ...«

»Wenn von Rom die Rede ist, so fallen meist nur die bekannten Schimpfworte«, schreibt Richard Friedenthal in seiner Lutherbiographie. »Seine Ansichten über die verschiedenen Nationen erheben sich nicht über die üblichen Vorurteile: Die Franzosen sind sinnlich, die Spanier gewalttätig und übertreffen die Italiener noch an Schlechtigkeiten ... Auch über ihre unnatürlichen Laster ergeht er sich, ihre Päderastie; die Knabenliebe nennt er ›italienische Hochzeit‹ und meint dazu: ›Gott bewahre uns vor diesem Teufel!‹ Seine lieben Deutschen werden aber keinesfalls verschont. Die ›trunkenen, vollen‹ Deutschen, die ›blinden, tollen‹, das sind fast stehende Formulierungen ...«

Blickte er zurück auf sein Lebenswerk, so konnte er zufrieden sein: Über drei Viertel aller Deutschen hatten sich zu seiner Lehre bekannt. Er hatte ihnen die Bibel gebracht, ihre Sprache in neue Bahnen gelenkt, ihnen damit ihre Identität vermittelt und das Gefühl, *einem* Volk anzugehören.

Ende Januar 1546 wird Luther von seinem ehemaligen Landesherren, dem Grafen von Mansfeld, gebeten, in einem Familienstreit zu vermitteln. Er besteigt die Kutsche, trotz aller Bitten Käthes, daheim zu bleiben, denn eine solche Reise mitten im Winter ist lebensgefährlich. Es gelingt Luther, die beiden feindlichen Brüder an einen Tisch zu bekommen. In der darauf folgenden Nacht wacht er fiebernd auf. Er sagt: »Mir ist so weh, ich glaube, ich werde hier zu Eisleben, da ich geboren und getauft bin, bleiben.« Er stirbt wenig später. Auf seinem Nachttisch findet man einen Zettel. Darauf steht: »Wir sind alle Bettler, das ist wahr.«

Friedrich der Grosse

»Alle Religionen seindt gleich«

La journée des dupes – »Der Tag der Betrogenen« wurde der 1. Juni 1740 genannt: Jene, die in seiner Gunst gestanden hatten und nun glaubten, im Glanz der aufgehenden Sonne zu stehen, wurden »düpiert«. Sie hatten ihm den Rücken gestärkt gegen einen tyrannischen Vater – die Motte-Fouqué, Jordan, Knobelsdorff, Suhm, Beilfeld, Pesne – und sahen nun den Ämtern und Ehren entgegen. »Warum Groschen aufklauben, wenn es Dukaten regnen wird«, rief einer von ihnen, als er bei der Nachricht vom Tod des verhassten Alten vor Aufregung den Spieltisch umgeworfen hatte.

Der Mann mit der zierlichen Gestalt, den großen, beinah schwermütigen Augen, der einschmeichelnden Stimme, den lebhaften Bewegungen der Hände gab ihnen jedoch eindeutig zu verstehen, dass die schönen Tage von Rheinsberg nun vorbei seien. »*Messieurs, à présent je suis roi* – Meine Herren, ich bin jetzt König.« Wie Eiseshauch wehte es die Generäle an, die er herbeigerufen hatte. »Ich hoffe, Sie werden mir beistehen, die schöne Armee zu erhalten, die Sie meinem Vater haben bilden helfen.« Und nach einer wohlberechneten Pause: »Gegen einige von Ihnen liegen Klagen vor über Habsucht, Härte und Übermut. Stellen Sie sie ab.« Den Baron Pöllnitz, den er mit der Beisetzungsfeier beauftragt hatte, beschied er: »Sparen Sie nicht an dem, was zu einem würdigen Leichengepränge notwendig ist … Aber keine Durchstechereien mit den Kaufleuten!«

Ganz anders verhielt er sich gegenüber den Gefährten seines Unglücks. Peter von Keith, seinerzeit im letzten Moment nach England geflüchtet, wurde zurückgerufen und zum Oberstleutnant befördert. Vater Katte, der den Tod des Sohnes nie verwunden hatte, bekam den Grafentitel und das Patent als Feldmarschall. Jandun, der Lehrer der Kindheitsjahre, vom Alten verbannt, erhielt eine Stellung im Auswärtigen Amt. Das alles war hoch anzurechnen, denn Dankbarkeit zählt sonst nicht zu den Tugenden der Majestäten.

Katte und Keith sind zwei Männer, die wichtige Rollen spielten in der großen Tragödie, die den Titel trägt »Der Vater und sein Sohn«. Wie Väter das Leben ihrer später berühmt werdenden Kinder bestimmten und wie diese Kinder mit dem väterlichen Erbe fertig wurden, wie sie versuchten, gegen den übermächtigen Vater aufzubegehren – ein solcher Konflikt kommt in der Weltgeschichte nicht selten vor. Der Konflikt zwischen Friedrich Wilhelm I. und Friedrich II. jedoch weist so viele dramatische Elemente auf, dass man bisweilen glaubt, ein Dichter vom Format eines Schiller hätte ihn für die Bühne geschrieben.

»Hier blieb auf seiner Flucht vom 4./5. August 1730 Friedrich der Große dem Vaterland erhalten«, steht auf einer Tafel in dem Dorf Steinsdorf unweit von Sinsheim.

Auf seiner Reise zu den deutschen Serenissimi, unternommen im Dienste seines Kaisers, übernachtete der König mit seinem Gefolge in diesem Dorf. Man kampierte, nach Art des Hauses Preußen, in den Scheunen eines Bauernhofs. Von hier aus konnte man in drei Reiterstunden die Rheinfähre erreichen, die zum französischen Ufer übersetzt. Der Kronprinz wollte diese Chance zur Flucht nützen. Er ertrug das Leben nicht mehr unter der Fuchtel des Vaters. Der Achtzehnjährige wurde geohrfeigt, mit dem Stock verprügelt, vor dem gesamten Hof gedemütigt. Der König wütete über den effeminierten, den weibischen Kerl, der zu nichts nutze sei in der Welt. Gerade die letzten Wochen waren besonders quälend gewesen.

Friedrich Wilhelm, der Soldatenkönig genannt, hatte, wie so mancher Vater, den ältesten Sohn nach seinem Bilde formen wollen. Sein Gemüt möge derart geformt werden, hieß es im Erziehungsreglement, dass er Respekt vor der Tugend und Verachtung gegenüber dem Laster bekomme. Zu den Tugenden gehörten Sparsamkeit, Demut, Gehorsam, frommer Sinn; zu den Lastern Müßiggang, Komödien, französische Romane, Flötenspiel. Wichtig sei es vor allem, die Liebe zum Soldatentum zu wecken. Im Fechten, Reiten, Schießen, Exerzieren dürfe er von niemandem übertroffen werden. Nichts vermöge einem Prinzen mehr Ehre zu bereiten als der Degen.

Doch die Tugenden, die Fritz nach seines Vaters Meinung als künftiger Beherrscher Preußens haben sollte, besaß er nicht. Sie waren ihm auch nicht anzuerziehen. Er taugte nicht zu einem sparsamen Wirt, nicht zu einem frommen Christenmenschen und zu einem guten Soldaten schon gar nicht. Die Uniform galt ihm als Sterbekittel, eine Pistole als eine Mordwaffe, ein Exerzierplatz als eine Stätte der Erniedrigung. Seine »Insel privaten Glücks« war ihm erst kürzlich brutal zerstört worden: die Flöten zerbrochen, die Bücher beschlagnahmt, die Notenblätter mit den eigenen Kompositionen verbrannt.

Friedrich Wilhelm hat unser Verständnis, wenn er sich zu sorgen begann, dass dieser Sohn einmal die Lebensarbeit einer ganzen Generation zunichte machen, ja den Thron gefährden könne. Er handelte nach alter, aber nicht guter Väter Weise, wonach einer, der nicht hören wolle, fühlen müsse.

Der Kronprinz erhebt sich an diesem Tag gegen halb drei Uhr und tritt auf den Hof des Bauernguts. Aus dem Nebel der Morgendämmerung taucht, wie verabredet, der Page auf mit den gesattelten Pferden. Nicht verabredet war es, dass auch der Oberst Rochow vom Stab des Königs plötzlich erscheint. Der dilettantische Plan scheitert, bevor der erste Schritt getan ist. In Wesel, auf preußischem Boden, fragt der Vater den Sohn: »Warum?« und bekommt zur Antwort: »Weil Sie mich wie einen Sklaven behandelt haben.« Im Jähzorn zieht der Alte seinen Degen, doch ein Offizier wirft sich dazwischen. Friedrich wird arretiert und von einer Eskorte quer durch das Reich nach Küstrin verbracht. Der Leutnant von Keith kann fliehen. Hans Hermann Katte vom Regiment Gens d'armes, der zweite Fluchthelfer, wird vor das Kriegsgericht gestellt und wegen Hochverrats zu »ewigem Gefängnis« verurteilt.

Der König kassiert den Richterspruch, fordert die Herren Offiziere auf, erneut zusammenzutreten, und fügt drohend hinzu, ein anderes Urteil als die Todesstrafe sei gleichbedeutend mit einer *Ihm* erwiesenen Untreue. Die Richter beweisen genug Zivilcourage, um ihr Urteil zu bestätigen. Friedrich Wilhelm ändert per Kabinettsbeschluss: Katte sei mit dem Schwert vom Leben zum Tode zu bringen. Und dann der Satz, den Fontane, der Preußen hasste und zugleich liebte, nie ohne Erschütterung hat lesen können: »Das Gericht möge Katten sagen, dass es Seiner Königlichen Majestät leid täte. Es wäre aber besser, dass er stürbe, als dass die Justiz aus der Welt käme.«

Was nun erfolgt, ist der Tragödie Höhepunkt. Katte wird auf den Hof der Festung Küstrin geführt, wo der Henker seiner wartet. Dem Richtplatz gegenüber liegt der Kerker, in dem der Kronprinz gefangen gehalten wird. Man schleppt ihn ans Fenster und zwingt ihn, Augenzeuge der Hinrichtung zu werden.

Er schreit: »Mein lieber Katte, im Namen Gottes flehe ich Sie an: Verzeihen Sie mir!«

Katte winkt zu ihm hinauf und ruft: »Mein Prinz, ich sterbe mit tausend Freuden für Sie!«

Der Befehl, den Sohn zum Zuschauer der Exekution zu machen, entsprang keinem Sadismus des Vaters. Er glaubte ernsthaft, des Sohnes Widerstand ein für alle Mal zu brechen, ihn durch Schrecken zu läutern. Für Friedrich jedoch war es ein Trauma, das er nie überwunden hat. Wie überhaupt der Versuch, aus einem haltlosen Prinzen einen würdigen Thronfolger zu machen, indem man ihn durch das Fegefeuer einer brutalen Erziehung gehen ließ, scheitern musste. Die Achtung vor den Mitmenschen, das Vertrauen zu ihnen, wurde weitgehend zerstört. An ihre Stelle traten Zynismus und Menschenverachtung.

Nach kurzer Inhaftierung im Kerker wurde Friedrich in der Küstriner Domänenkammer beschäftigt: auf dass er durch tägliche harte Arbeit zur inneren Einkehr gelange. Nach anderthalb Jahren winkte Erlösung; vorausgesetzt, er würde mit der ihm vom Vater ausgesuchten Braut einverstanden sein. Das war der Kaufpreis, um von der Galeere herunterzukommen. Elisabeth Christine aus dem Hause Braunschweig-Bevern war keine Schönheit, eher provinziell, aber gutherzig und, vor allem, nicht ohne Geist, wie er nach der ersten Begegnung erleichtert feststellte. Während der Verlobungszeit schickte sie ihm zum Zeichen ihrer Verliebtheit Braunschweiger Würste. Was seinen erbarmungslosen Spott erregte.

Friedrich genoss es, endlich König zu sein. Er arbeitete mit derselben Leidenschaft, mit der er sich vergnügte. Die ersten Reformen, die er verkündete, ließen aufhorchen. »Alle Religionen seindt gleich und guht«, hieß es da. »Wan nuhr die Leute, so sie profesiren [sich dazu bekennen], Erlige leute seindt, und wen Türken und Heiden kommen und wollten das Land pöplieren [bevölkern], so wollen wir sie Mosqueen und Kirchen bauen.«

Die Folter wurde abgeschafft, eine Maßnahme, die im damaligen Europa revolutionär war; auch wenn die Kabinettsorder bei Majestätsverbrechen und Hochverrat Ausnahmen zuließ.

»Dass die Gazetten nicht genieret« werden dürfen, wenn sie interessant sein wollen, hat sich nur auf den unpolitischen Teil der Zeitungen bezogen. Wehe dem Schreiber, der sich kritisch mit Gesetz und Ordnung befassen wollte. Von Pressefreiheit konnte also keine Rede sein. Doch bei aller Unzulänglichkeit wurden Zeichen gesetzt, die einen Weg in die Zukunft wiesen.

Als er den französischen Mathematiker und Physiker Maupertuis zum Direktor der Akademie der Wissenschaften berief, den Bau eines Opernhauses ankündigte, in Paris nach guten Schauspielern und in Italien nach schönen Stimmen fahnden ließ, den Philosophen Wolff aus der Verbannung erlöste, eine Zeitschrift für Politik und Literatur gründete und, last but not least, die »Langen Kerls« nach Hause schickte, die berühmt-berüchtigte Riesengarde seines Vaters, glaubte man an Europas Höfen, dass nun eine neue Zeit angebrochen sei.

Zur selben Zeit aber befahl der Neue die Aufstellung von sechzehn weiteren Infanteriebataillonen, fünf Schwadronen Husaren und einer Schwadron schwerer Kavallerie. Wem galt nun seine Gunst: den Musen oder dem Kriegsgott Mars?

Der *roi charmant*, wie ihn die in Berlin akkreditierten Diplomaten nannten, war inzwischen damit beschäftigt, diese Herren in die Irre zu führen. Auf Schloss Rheinsberg wurden Bälle veranstaltet, Maskeraden, Flötenkonzerte. Zwischen den Festen traf er sich mit seinen engsten Ratgebern. Die außenpolitische Lage schien so günstig wie nie zuvor. Frankreich stritt sich mit England um die Vorherrschaft in Übersee, Rußland schien durch Thronwirren gelähmt. In der Hofburg zu Wien saß ein, wie er glaubte, schwaches Weib ohne Geld, Truppen, »Experienz und Wissen«. Kaum anzunehmen, dass Maria Theresia 1740 fähig sein würde, das zu verteidigen, was Friedrich gern gehabt hätte: die reiche Provinz Schlesien.

Hatte man Anspruch darauf? Der ließ sich konstruieren.

»Wenn man im Vorteil ist, soll man ihn nützen«, erklärte Friedrich seinen Ministern. »Lasse ich ihn aus, so behalte ich einen Trumpf in der Hand, den ich nicht auszuspielen verstand.« Er gab den Befehl an seine Truppen, die Grenzen Schlesiens zu überschreiten. Die Besetzung des wehrlosen Landes kostete ihn zweiundzwanzig Mann und die Frau eines Dragoners, die bei der Überquerung eines Flusses ertrank.

Wehrlos war Schlesien deswegen, weil die österreichischen Generäle nicht damit gerechnet hatten, dass jemand mitten im Dezember Krieg führte. Das war gegen die Spielregeln. Friedrich ahnte nicht, wie viele Soldaten es ihn noch kosten würde, bis Schlesien wirklich sein Eigen war.

Im Augenblick war er von Euphorie geblendet, und er schrieb: »Meine Jugend, der Durst nach Ruhm ... die Befriedigung, meinen Namen in den Zeitungen zu lesen und dereinst auf den Blättern der Geschichte, hat mich verführt.«

Damit sagt er etwas, was ein Politiker nicht sagen sollte, denn Skrupellosigkeit will moralisch getarnt sein. Und skrupellos war der Überfall auf Schlesien. Ja, man hat ihn als das Verbrechen des Jahrhunderts bezeichnet. Doch gilt es, mit den Maßstäben der Zeit zu messen. Keine der damaligen Großmächte hat jemals gezögert, einen Angriffskrieg vom Zaun zu brechen, wenn die Zeichen günstig standen. Habsburg nicht, Russland nicht, England und Frankreich schon gar nicht. Nur waren ihre

Herrscher nicht so töricht, sich offen zu ihrer Aggression zu bekennen.

Die Österreicher kamen zurück und bewiesen, wie sehr man sie unterschätzt hatte. Bei Mollwitz, einem Dorf unweit von Brieg, jagten ihre Reiter die preußische Kavallerie in die Flucht. Unter den Flüchtenden war auch der Preußenkönig: So hatte er sich das »Rendezvous des Ruhms« nicht vorgestellt. Vom Feldmarschall Schwerin dringend gebeten, sich in Sicherheit zu bringen, verschwand er mit einer Eskorte in Richtung Etappe.

In einem Wirtshaus bei Löwen erreichte ihn nach zwei Tagen der Meldereiter. Und er erfuhr, dass er vor seinem Sieg geflohen war. Schwerin, Pommer von Geburt, hatte die Nerven *nicht* verloren: Mit der noch intakten Infanterie war er wie auf dem Exerzierplatz nach vorn marschiert und hatte, ehe die Sonne sank, die Schlacht entschieden.

Das hat ihm der König nicht verziehen. Vom Schlachtfeld hinwegkomplimentiert zu werden – kein Wort hat er darüber jemals verloren...

Preußens Herrschaftsgebiet war quer über Europa hin verstreut, vom Rheinland bis an die russische Grenze, die Kernlande durch geschlossene Blocks fremder Territorien von den Außengebieten geschieden. Ein Gebiet, das selbst für deutsche Verhältnisse ein einzigartiges Gebilde aus Stücken und Flicken darstellte. Schlesien bildete den ersten und wichtigsten Schritt im Konsolidierungsprogramm. Die anderthalb Millionen Einwohner brachten ein Steuereinkommen von vier Millionen Talern und siedelten in einem Land, das so groß war wie der dritte Teil Preußens.

Maria Theresia hatte den Kampf noch lange nicht aufgegeben. Beim Anblick schlesischer Landsleute, so wurde in Wien berichtet, sei sie immer in Tränen ausgebrochen. Nahe Chotusitz kommt es zu einer erneuten Schlacht zwischen den Österreichern und den Preußen. Friedrich führte diesmal höchstselbst die Truppen, es war die erste »eigene« Schlacht und er siegte in drei Stunden. Unter hohen Verlusten. Neun Morgen Ackerland mietete der zuständige Intendant von einem Bauern, um die Gefallenen zu begraben und die Pferdekadaver zu verscharren. »Heldenäcker« wurden die Felder genannt: Sie zeichneten sich später durch einen besonders fetten Boden aus.

»Wer hätte gedacht«, notierte Friedrich 1742 nach dem Frieden zu Breslau, »dass sich das Schicksal eines Poeten bedienen würde, um das System Europa umzustürzen und die Berechnungen der Könige von Grund aus zu verrücken.« Sein Vater, sinnierte er, wäre gewiss stolz auf ihn gewesen.

Zwei Jahre später war der »Poet« (er schrieb selbst im Feldlager seine Gedichte) gezwungen, erneut auszurücken. Vielleicht hat er jetzt an seinen Außenminister Podewils gedacht, der ihn vor dem Ersten Schlesischen Krieg warnend darauf hingewiesen hatte, dass es kein Land in ganz Europa gebe, dessen Rücken, Flanke und Herz so ungeschützt sich darböten wie die Preußens. Er marschierte in Böhmen ein, um der Verpflichtung aus einem neuen Bündnis nachzukommen, dem mit Frankreich. Denn Österreich setzte gerade über den Rhein, um sich Lothringen wiederzuholen. Als nunmehr ernst genommener Monarch befand Friedrich sich plötzlich im Getriebe europäischer Politik zwischen England, Frankreich, Österreich, Bayern, Sachsen, Spanien mit all den Verträgen, Wortbrüchen, Vertragsaufkündigungen, Intrigen, Bündniswechseln, Bündniserneuerungen.

»Wer in dieses Getriebe gerät«, schreibt er später in seinen DENKWÜRDIGKEITEN, »wird es schwer haben, seinen Charakter rein und makellos zu bewahren. Er ist ständig gefährdet, von seinen Verbündeten verraten und von seinen Freunden im Stich gelassen zu werden. Und so steht er plötzlich vor der schrecklichen Wahl, entweder sein Volk zu opfern oder sein Wort zu brechen.«

Der Feldzug nach Böhmen entwickelte sich zu einer Katastrophe: Die Preußen wurden nicht durch die Waffen des Gegners geschlagen, sondern durch dessen Stiefel. Ein Mann namens Traun führte die österreichischen Truppen, der die Meinung vertrat, dass Soldaten viel zu schade seien, um ihr Leben im Kampf zu riskieren. Er vermied jede Schlacht, ließ marschieren und marschieren, bis der Gegner ausmanövriert war. Eine Kunst, die einst Wallenstein perfekt beherrscht hatte.

Die Preußen mussten den Rückzug antreten. Von Hunger gequält, ohne Futter für die Pferde, wuchs die Zahl der Blessierten, der Erschöpften und, vor allem, die der Deserteure. Das ganze Elend der damaligen Armeen zeigte sich, in deren Reihen viele Soldaten standen, die mehr Angst vor ihren Offizieren hatten als vor ihren Feinden. Etwa siebzehntausend waren es, die allein bei diesem Feldzug von den preußischen Fahnen flüchteten.

Es kostete einen großen Teil des Staatsschatzes, vornehmlich das vom Vater für Notzeiten gehortete Silberzeug, das jetzt vom Schlosskeller auf Kähnen in die Münze transportiert wurde. Dem allgemeinen Defätismus trat der König mit harten disziplinarischen Maßnahmen entgegen – und durch markige Worte (»Wir werden Schlesien behalten oder ihr werdet nur unsere Gebeine wiedersehen«). Er beschloss, ein Spiel mit hohem Risiko zu spielen. Trotz der noch nicht ganz wieder hergestellten Kampfkraft seines Heeres greift er die vereinigten Österreicher und Sachsen bei Hohenfriedberg an – und siegt. Wenn ihm dann auch bei Soor und bei Kesselsdorf das Schlachtenglück treu war, so lag es nicht zuletzt an den gegnerischen Befehlshabern, deren Arroganz nur noch von ihrer Unfähigkeit übertroffen wurde, vom Feldmarschall Traun einmal abgesehen.

Der Mann, der Ende 1745 in Berlin einzog, war ein anderer als der, der fünf Jahre zuvor zum »Rendezvous des Ruhms« ausgezogen war. Er genoss den Jubel und dachte an den Vater, der dem Jammerlappen von Sohn den Triumph niemals zugetraut hätte. Schlesien schien nun endgültig erobert zu sein. Aber er dachte auch an den Preis: Tausende von Toten, zahllose Verwundete, Desertierte und fünf Millionen Taler hatten ihn die beiden schlesischen Kriege gekostet. »Wäre mir nicht das Glück geneigt gewesen«, gestand er in einem Gespräch mit dem französischen Botschafter, »ich stünde heute als ein Monarch ohne Thron da und mein Volk würde grausam unterdrückt.« Er fügte hinzu: »Ich werde in Zukunft keine Katze mehr angreifen, es sei denn, um mich zu verteidigen. Ich will endlich leben und leben lassen...«

Sanssouci nannte er es, weil er hier »ohne Sorge« leben

wollte. Das bei Potsdam gelegene Gartenschloss, das Knobelsdorff nach den Träumen seines Herrn gebaut hatte, war mit seinen hängenden Gärten ein berückendes Gebilde friderizianischen Rokokos. Hier tagte die glanzvolle Tafelrunde mit Männern wie Maupertuis, d'Argens, Algarotti, La Mettrie, Generälen, Botschaftern, Wissenschaftlern. Im Mittelpunkt stand neben dem König François Marie Arouet, genannt Voltaire. Der kleine, etwas verwachsene Mann war das Idol der europäischen Intellektuellen. Er gestand später, nirgends eine so geistreiche Unterhaltung erlebt zu haben, so viel Esprit, so viel Witz und, höchstes Lob für einen Franzosen, eine so gute Küche. Er fühlte Genugtuung, dass ihm ein fremder Monarch mehr Hochachtung entgegenbrachte, als sie ihm je in Versailles zuteil geworden war. Was er an Friedrich wirklich bewunderte: Da saß ein nachlässig gekleideter zierlicher Mann, der tiefgründig zu diskutieren wusste – und gleichzeitig den Mut besaß, ein Kürassierregiment gegen eine feindliche Batterie zu führen, einer, der Verse schrieb und Schlachten schlug.

Später hat sich das Verhältnis zwischen dem König und dem Philosophen stark getrübt, ja es kam zum Bruch, verursacht durch des Franzosen allzu leichtfertige, ja dubiose Geldgeschäfte, gefördert von Eitelkeit und Eifersucht. Losgekommen sind sie jedoch nie voneinander. Als Voltaire starb, rief Friedrich, geradezu gotteslästerlich: »Himmlischer Voltaire, bitte für uns!«

Die berühmte Tafelrunde bestand ausschließlich aus Männern. Frauen spielten in Sanssouci, im Gegensatz zu anderen Höfen, keine Rolle. Elisabeth Christine, die Gemahlin, war in Potsdam nicht erwünscht. Nach den »Flitterwochen« in Rheinsberg hatte er sie nur noch selten gesehen. Als er nach dem Siebenjährigen Krieg, nach so langer Trennung, an die Spree zurückkehrte, hatte er nur einen einzigen Satz für sie übrig. »Madame sind korpulent geworden.« Sie war ihm dennoch von Herzen zugetan und trug ihr Los in Demut und Resignation.

Dass Friedrich homosexuell gewesen sei, ist oft behauptet worden. Da war ein König, der sich ausschließlich mit Männern umgab, nur junge, gut aussehende Kammerhusaren beschäftigte, sich die Frauen vom Leib hielt, eine jahrzehntelange Freundschaft mit dem geheimen Kämmerer Fredersdorf unterhielt – Gründe für die Behauptung gab es genug. Die moderne Psychoanalyse hat ihn auf die Couch gelegt: Seine Flöte sei nichts anderes gewesen als ein Phallussymbol, das Flötenspiel eine ins Musikalische sublimierte Homosexualität. Seine Kriege habe er nur geführt, um den drei »rasenden Weibern«, Maria Theresia, der Zarin Elisabeth und der Pompadour, Ludwigs XV. einflussreicher Maîtresse, zu zeigen, was für ein Mann er sei. Das ist sehr weit hergeholt. Eine homoerotische Komponente ist gewiss nicht auszuschließen, doch der Streit ist müßig. Sexuelle Neigungen haben, wie sich inzwischen herumgesprochen hat, nichts mit der Bedeutung und dem Wert eines Menschen zu tun.

»Ein Regente, der mit honneur in die welt Regieren will, mus seine affehren alles selber tuhn«, hatte der Vater in seinem Testament geschrieben. Der Sohn richtete sich akkurat danach. Das bezog sich nicht nur auf die Regierungsgeschäfte, sondern auch auf die Belange der Kunst. In dem von Knobelsdorff neu erbauten Opernhaus nahe den Linden bestimmte er, was aufgeführt werden sollte, welche Rollen mit wem zu besetzen seien, wie die Kostüme auszusehen hätten. Er schrieb sogar Libretti. Künstler, die sich zu oft für indisponiert hielten, wurden von der Wache auf die Bühne geschleppt. Die vertragsbrüchige Primaballerina Campanini ließ er mit Gewalt von Venedig nach Berlin verbringen.

Es sei leichter, einen komplizierten Vertrag auszuhandeln, als eine Opernaufführung hochkarätig zu besetzen – stöhnte der königliche Intendant. Da waren ihm die Flötenkonzerte in Sanssouci lieber. Hier brillierte der König als Solist, der eigene Kompositionen vortrug: stets mit erheblichem Lampenfieber. Am Pianoforte spielte er keinem Geringeren als Johann Sebastian Bach ein Thema vor, das der Kantor der Thomaskirche so »ausbündig schön« fand, dass er daraus eine Folge von Fugen machte, das berühmte »Musikalische Opfer«. Mit der Musik Haydns und Mozarts konnte der Preuße nichts anfangen.

Gar keinen Zugang hatte er zu deutscher Literatur. Kein

Wunder bei einem Mann, der auf allen Gebieten das Französische bevorzugte und seine Muttersprache, nach eigenem Eingeständnis, so schlecht sprach wie ein Kutscher. Diese Sprache fand er unmelodisch, spröde, schwer aussprechbar wegen der vielen aufeinander folgenden Konsonanten und stummen Endungen. Selbst ein Genie wäre nicht imstande, solche Urlaute in Wohllaute zu verwandeln. Aber Genies gab es in Deutschland nicht. Da liefen die Deutschen ins Theater, um sich GÖTZ VON BERLICHINGEN anzuschauen, eine scheußliche Nachahmung der englischen Stücke durch den Monsieur Göt'. Friedrichs vernichtende Abhandlung DE LA LITTÉRATURE ALLEMANDE erschien 1780, zu einer Zeit, da das gebildete Europa Goethes WERTHER verschlang, von seiner STELLA und dem CLAVIGO schwärmte, da Klopstocks Oden kursierten, Wieland schrieb, Herder schrieb, Hamann schrieb, alles Dichter, die man später die deutschen Klassiker nannte. Friedrich kannte sie nicht und wollte sie nicht kennen. Auch einen Lessing nicht, dessen MINNA VON BARNHELM, ein wahres Preußenstück, dessen NATHAN DER WEISE, ein Schulbeispiel religiöser Toleranz, doch nach seinem Herzen hätte gewesen sein müssen.

»Von dem größten deutschen Sohne, von des großen Friedrich Throne, ging sie schutzlos, ungeehrt«, schrieb Schiller und meinte die deutsche Muse.

Wer einen Krieg vom Zaun gebrochen hat, diese Frage hat die Historiker nicht brotlos werden lassen. Einig waren sie sich selten. Was den Siebenjährigen Krieg betrifft, so haben zweieinhalb Jahrhunderte nicht genügt, diese Frage zu beantworten. Für den Engländer Howard Young war es Frankreich mit seiner seit Ludwig XIV. notorischen Lust an der Aggression und seinem Wahn von der Hegemonie. Für den Franzosen Pierre Gaxotte kam nur England in Frage: Sein Bestreben, die Meere zu beherrschen und den Welthandel, setzte voraus, dass man Frankreichs Truppen auf einem europäischen Kriegsschauplatz band. Die deutschen Gelehrten, traditionell in zwei Lager gespalten, untersuchten, ob Friedrich angegriffen habe, um sein Land mit Westpreußen und Sachsen abzurunden, oder lediglich einem gegnerischen Angriff zuvorkommen wollte (den auf jeden Fall Österreich, Schlesiens wegen, plante).

Wichtiger wäre es, darüber nachzudenken, wie ein großer König in die Lage kommen konnte, sich plötzlich einem Bündnis von drei mächtigen Staaten gegenüberzusehen: Österreich, Frankreich und Russland. Der »Alptraum der Koalitionen«, der Bismarck drei Generationen später um den Schlaf bringen sollte – ihn träumen zu müssen, daran trug Friedrich ein gerüttelt Maß Schuld. Er hatte die politische Lage falsch eingeschätzt, dergestalt, dass er damit rechnete, Frankreich würde sich nie mit Habsburg verbünden, da sie »Erbfeinde« seien, und Russland nicht zum Krieg bereit wäre ohne Englands Unterstützung. Es war eine Fehlrechnung.

Was vereitelt werden sollte, trat ein: Achtzig Millionen Menschen standen fünf Millionen Menschen gegenüber. Ein Krieg brach aus, der am Ohio geführt wurde und an der Elbe, in Kanada und in Ostpreußen, im ostindischen Ponichéry und im schlesischen Bunzlau, der Mitteleuropa zum Schauplatz der apokalyptischen Reiter machte. Ein Krieg, in dessen Verlauf und an dessen Ende ein frühzeitig gealterter, verbrauchter Mann namens Friedrich stand.

Der erste Schritt des *Praevenire quam praeveniri* führte 1756 die preußischen Truppen nach Sachsen. Zwar hatte sein König sich der Neutralität befleißigt, doch war August III. so neutral, wie ein Komplize unschuldig ist. Was er 1744 getan hatte, wollte er wieder tun: So lange warten, bis der Ritter im Sattel zu wanken begann. Um dann, bei der vorgesehenen *destruction totale de la Prusse*, den Anteil zu fordern. Friedrich wusste von diesem Plan, und er hätte ihm ein willkommenes Alibi geliefert, doch wäre er auch ohne dieses Wissen in Sachsen eingefallen: Das Land würde seine vier bis fünf Millionen Taler Kontributionen im Jahr einbringen; und die Elbe war der ideale Wasserweg für den Nachschub nach Böhmen, dem mutmaßlichen Kriegsschauplatz.

Die sächsischen Soldaten wollten keinen Krieg und zogen sich in das befestigte Lager Pirna zurück. Hunger hieß hier bald ihr Küchenchef. Für seinen Kollegen August allerdings ließ Friedrich täglich einen Wagen mit Lebensmitteln passieren. Die Österreicher unternahmen einen Versuch, das Lager zu entsetzen, scheiterten aber. Die Kapitulation von Pirna war die Folge. 18000 Sachsen wurden gleichsam über Nacht in preußisches Blau gekleidet. Die Männer aber besaßen keine Landsknechtsmentalität. Bei der ersten Gelegenheit machten sie sich »dünne«: in geschlossenen Formationen und unter Mitnahme ihrer neuen Waffen. Nur ihre neuen preußischen Vorgesetzten nahmen sie nicht mit: Die erschossen sie.

Es galt nun, die Verbündeten Österreichs, Russland und Frankreich, derart zu schrecken, dass sie gar nicht erst in den Krieg eintraten. Und das schien zu gelingen: Die Österreicher wurden in einer kühnen Operation vor Prag geschlagen, in die Stadt zurückgeworfen und zur Übergabe aufgefordert. Der Parlamentär kam mit der Antwort zurück: »Durch Heldenmut wollen wir uns den Respekt des Königs von Preußen verdienen.« Sie wussten, dass ein 54000 Mann starkes Entsatzheer unter Führung des Feldmarschalls Daun unterwegs war. Daun pflegte jedes Risiko einer Schlacht zu meiden. Auch diesmal wartete er geduldig auf seiner Höhenstellung bei Kolin. In der Kartentasche verwahrte er ein Schreiben – und das ist wohl einmalig in der Kriegsgeschichte –, auf dem ihm seine Herrin hatte bescheinigen müssen, dass sie ihm eine Niederlage nicht verübeln würde.

Er brauchte das Schreiben nicht. Kolin wurde für Friedrich zu einer vernichtenden Niederlage, bei der seine Bataillone von der österreichischen Kavallerie zuschanden geritten wurden, er zwei Drittel seiner Infanterie verlor, insgesamt 12000 von 18000 Mann. Aus jener Schlacht stammen die berühmt-berüchtigten Worte des Königs »Kerls, wollt ihr denn ewig leben?!«, mit denen er die Fliehenden aufhalten wollte, und auch die Antwort eines Musketiers: »Für dreizehn Pfennige [die tägliche Löhnung] war's heute genug.« Kolin kostete Menschen, Pferde, Material – und den Ruf, unbesiegbar zu sein. Ein Wendepunkt.

Die Franzosen drangen bis zur Elbe vor, die Russen waren über Ostpreußen hergefallen, die Schweden landeten in Pommern und näherten sich der Uckermark, und in Schlesien marschierte Leopold von Daun. Friedrich hockt in seinem Feldquartier und muss sich eingestehen, dass der böhmische Feldzug gescheitert ist. Er weiß, dass er Fehler gemacht hat, aber er sucht die Schuld bei anderen. Der Bruder August Wilhelm, der beim Rückzug einen Teil der Streitkräfte befehligt hat, bekommt zu hören: »Befehlige meinetwegen einen Harem von Hoffräuleins; aber solange ich am Leben bin, vertraue ich dir keine zehn Mann mehr an.« Er schreibt der in Bayreuth residierenden Schwester Wilhelmine: »Wer Unglück nicht ertragen kann, verdient kein Glück. Man muss stärker sein als alles, was geschieht, und seine Pflicht tun.« Das klingt wie ein Kalenderspruch, und es hat auch auf vielen Kalendern gestanden. Er schreibt Brief auf Brief, und vor allem schreibt er Verse, schickt sie Voltaire zur Begutachtung. Das alte Heilmittel hilft: Er fasst wieder neuen Mut.

Das Jahr 1757, das so düster begonnen hat, endet strahlend. Am 5. November griff der General Seydlitz mit seinen Reitern die Franzosen und die Reichsarmee (die aus Kontingenten der deutschen Kleinstaaten bestand) bei Roßbach an, fegte sie mit solcher Gewalt hinweg, dass sie, unter Hinterlassung der gesamten Ausrüstung, in kopfloser Flucht das Weite suchten. Die Reichsarmee hieß von nun an die »Reißausarmee«; und in allen Sprachen und Dialekten sang man: »Und kommt der große Friederich und klopft nur auf die Hosen, so läuft die ganze Reichsarmee, Panduren und Franzosen.« In England (das pro Jahr vier Millionen Taler nach Berlin überwies, denn die Preußen waren ein guter Festlanddegen) war Fridericus so populär, dass viele Gasthäuser sich flugs »King of Prussia« nannten.

»Zum ersten Mal nach langen Jahrhunderten völligster Schwäche und Erstorbenheit«, schrieb Goethe in Weimar, »durchdrang die Deutschen wieder das sporende Glück erprobter Kraft und Tüchtigkeit.« Die Bayern, Württemberger, Hessen, Märker, Pommern, Ostpreußen, Sachsen, Schlesier, Hannoveraner, Mecklenburger, die anscheinend schon vergessen hatten, dass sie Deutsche waren, erinnerten sich wieder, einer Gemeinschaft anzugehören.

Genau ein Jahr nach Roßbach kam es zu einem Treffen, über das Napoleon, der Friedrich so manchen Fehler in der Truppenführung ankreidete, schrieb: »Diese Schlacht ist ein Meisterwerk. Sie allein würde genügen, um Friedrich unsterblich zu machen und ihm einen Rang unter den größten Feldherren zuzuweisen.« Die Schlacht von Leuthen ist sehr rasch Lesebuchlektüre geworden und so legendenumrankt, dass die Geschichten die Geschichte verdrängt haben. Die schiefe Schlachtordnung, die hier angewandt wurde, war nicht allein entscheidend für den Sieg. Hinzu kommen musste der in vielen Niederlagen bewährte Karl von Lothringen auf der anderen Seite; musste der Umstand, dass Friedrichs Armee diesmal aus Landeskindern bestand, vornehmlich aus Märkern und Pommern, die man nicht wie die angeworbenen Ausländer ins Feuer zu treiben pflegte; und schließlich der Umstand, dass die Artilleristen (die der König sonst nicht leiden konnte) diesmal hervorragend postiert waren.

Eindrucksvoll sind die Worte, die der König vor der Schlacht an seine Offiziere richtete: »Wir müssen den Feind schlagen oder uns von seinen Batterien begraben lassen. So denke ich, so werde ich auch handeln. Ich muss es tun, oder es ist alles verloren.« Erschütternd ist der Choral, den die einfachen Männer beim Anmarsch sangen, ihren Glauben an Gott mit ihrer Pflicht gegenüber dem Staat verbindend (»Gib, dass ich tu mit Fleiß, was mir zu tun gebührt, wozu mich Dein Geheiß in meinem Stande führt«).

Roßbach und Leuthen, zwei Schlachten, die den Sieg brachten – den Frieden brachten sie nicht. In Zorndorf trafen des Königs Regimenter zum ersten Mal auf die Russen, die, das Land verwüstend, die Oder hinaufgezogen waren, mit dem Ziel, sich in der Lausitz mit den Österreichern zu vereinen. Wieder war es Seydlitz, der mit seinen 8000 Reitern das Blatt wendete. Auf Zorndorf, den halben Sieg, folgte Hochkirch, die ganze Niederlage. Folgten die Schlappen von Landeshut und Maxen.

»Mein Bruder will immer nur bataillieren«, hatte ihm Prinz Heinrich vorgeworfen, den so mancher für den besseren Strategen hielt. Friedrichs riskantes Draufgängertum, sein bedingungslos offensiver Stil hat gewiss manchen Fehler verursacht, aber er hat ihm auch jenen furchterregenden Nimbus geschaffen, der ganze Armeen ersetzte. Die gegnerischen Befehlshaber hatten, wie sie selbst eingestanden, alle Angst vor ihm.

Kunersdorf, heute Kunowice, liegt zehn Kilometer östlich von Frankfurt an der Oder und bildete 1759 den Schauplatz für das blutigste Spektakel des ganzen Krieges. Russen und Österreichern war es endlich gelungen sich zu vereinen. Mit ihren 68000 Mann standen sie 48000 Preußen gegenüber: »Die größten Massen aufgebotenen Menschenfleischs seit den Blutbädern des Spanischen Erbfolgekriegs.« Lassen wir Johann Jacob Dominicus sprechen, der die Sache aus der Sicht des einfachen Soldaten schildert. »Der König ist allzeit vornn gewesen und gesagt: ›Kinder, verlast mich nicht!‹ Zwey Pferde sind ihm unterm Leyb erschoßen und hat zu letzt noch eine Fahne genommen und gesagt: ›Wer ein braver Soldat ist, der folge mir!‹ Wir mußten unterdessen retirieren bis an die Oder. Und die Cosaken hinter uns drein, bin ich mein Lebtage nicht so gelauffen...«

Sein König findet Unterschlupf in einem zerfallenen Haus. Der Rock ist an drei Stellen von Kugeln zerlöchert. Er zwingt sich, einen Brief an den Minister Finckenstein zu schreiben. »...glaube ich, dass alles verloren ist. Ich werde den Untergang meines Vaterlands nicht überleben.« Da ist die goldene Dose mit den Opiumpillen, die er stets bei sich trägt. Sie reichen, um ihn zu jenen Gestaden zu führen, von denen es keine Wiederkehr gibt. Wie rasch wäre man aller Sorgen ledig ... Andertags instruierte er einen seiner Generäle, wie man dem Unglück einen Anstand geben könne, und sah dem Gnadenstoß entgegen.

Und es ereignet sich, was unter dem Namen »Mirakel des Hauses Brandenburg« geschichtsnotorisch geworden ist. Der russische Befehlshaber Saltykow schreibt der Zarin Elisabeth: »Noch solch ein Sieg und ich werde die Siegesbotschaft allein überbringen müssen. Der preußische König pflegt seine Niederlagen teuer zu verkaufen.« Er gibt den Befehl zum Rückzug. Sollten doch die Österreicher ihre Kastanien allein aus dem Feuer holen. Aber ohne die Russen will Daun auch nicht mehr.

Der Krieg zog sich dahin. Es wird marschiert und hier und da noch batailliert. Bei Liegnitz und Torgau sogar erfolgreich. Doch beide Bataillen entschieden auch diesmal nichts. Der König hatte, wie man spottete, nur seinen Sarg vergoldet. Die Lage schien hoffnungslos. Preußen glich einem Schwerkranken, der die Kälte der Todesboten in seinen Gliedern spürt. Friedrich hätte den Frieden haben können. Wenn er nur zu einem einzigen Opfer bereit gewesen wäre: Schlesien. Doch das hieße, die Toten zu verhöhnen und die Lebenden zu verachten.

Er wartete und wartete und vertraute auf die bewährte »göttliche Eselei« seiner Feinde, aber die kam nicht. Und dann kam sie doch. Dass es keine »Eselei« war, sondern eine Fügung des Schicksals, konnte Friedrich gleichgültig sein. Die Zarin Elisabeth, die »Messalina des Nordens«, wie er sie genannt hat, war gestorben. Ihr Nachfolger, Großfürst Peter, war geradezu vernarrt in alles Preußische. Statt Zar wäre er lieber Regimentskommandeur in Potsdam geworden. Er stellte alle Kampfhandlungen unverzüglich ein. Seine Gemahlin, eine Prinzessin aus dem Hause Anhalt-Zerbst, später unter dem Namen Katharina die Große bekannt, ließ Peter ermorden, setzte sich an seine Stelle und nahm den Krieg mit Preußen nicht wieder auf. Dem König, der von seinen Offizieren neben allen anderen Eigenschaften *fortune* erwartete, ihm war, wieder einmal, Fortuna geneigt gewesen.

Im Jagdschloss Hubertusburg, unweit von Leipzig, kamen sie zusammen und beendeten 1763 einen Krieg, der ihre Finanzen ruiniert, ihre Länder verwüstet, ihre Armeen ausgeblutet hatte. Man einigte sich auf den *status quo ante*, das bedeutete: Preußen durfte Schlesien behalten. Neben Österreich, Großbritannien, Frankreich und Russland hatte es seinen Platz als Großmacht behauptet. Trotz aller Not und aller Leiden hatte sich bei den Menschen ein Bewusstsein herausgebildet, das Goethe den Wert, die Würde und den Starrsinn der Preußen genannt hat. Als Sieger fühlte sich der König nicht. Der Ruhm, der mit so vielen Opfern erkauft worden war, erschien ihm schal. Er entzog sich dem Empfang der Berliner und ließ die Kutsche über unbeleuchtete Seitenstraßen zum Schloss fahren.

»Ich kehre in eine Stadt zurück, von der ich nur noch die Mauern kenne, in der ich niemanden von meinen alten Freunden mehr vorfinde, wo unermessliche Arbeit mich erwartet.«

Als die Landräte im Berliner Schloss zur Audienz erschienen, unterbrach er ihren Sprecher abrupt. »Hat Er Crayon? Nun, so schreibe Er auf. Wie viel Roggen zu Brot, wie viel Sommersaat, wie viele Pferde, Ochsen und Kühe ihre Kreise höchst nötig brauchen.«

Die Not war allerorten groß. Aus allen Landesteilen liefen die Gesuche um Unterstützung ein. Von den 210000 Soldaten waren 64000 nach Hause geschickt worden, um dem Wiederaufbau zu dienen. 35000 Kavalleriepferde wurden nicht mehr zur Attacke geritten, sondern vor den Pflug gespannt. Die abgebrannten Bauern bekamen freies Bauholz und 50 Taler. Den Landkreisen wurde die Grundsteuer erlassen; den Städten, die durch die vom Feind erpressten Kontributionen verschuldet waren, Beihilfen gewährt. Insgesamt erreichte die sofortige Hilfe 6000000 Taler. Drei Jahre nach Kriegsende waren allein in dem schwer heimgesuchten Schlesien 8500 Häuser wieder aufgebaut. Hundert Jahre habe Habsburg gebraucht, schrieb ein schlesischer Bürgermeister, um die Zerstörungen des Dreißigjährigen Krieges zu beseitigen.

Friedrich fühlte sich schuldig vor seinem Gewissen und verpflichtet, den »verunglückten Untertanen« wieder aufzuhelfen. Mit seiner Reisekutsche inspizierte er die einzelnen Provinzen. Über Stock und Stein, über unwegsame Straßen, bei jedem Wetter. Auf dem Bock der wegen seiner Grobheit berüchtigte Kutscher Pfund.

»Ist das hier Dolgelin? Hier will ich bleiben.«

»Nein, Ihro Majestät. Die Sonne ist noch nicht unter. Wir kommen noch recht gut bis Müncheberg. Dann sind wir morgen früher in Potsdam.«

Der König war jetzt über fünfzig: Sein Rücken war gekrümmt, seine Haare auf einer Seite weiß, die Gicht plagte ihn, Koliken setzten ihm zu. Die Ärzte wies er barsch ab.

»Hat er Crayon?«, wurde zu seiner Devise. Auch sein eigenes »Büchelgen« füllte sich. Warum hatten sie die weißen Rüben noch nicht gepflanzt, die Luzerne, die Kleesorten, die er sich aus England hatte schicken lassen? Und vor allem: die Kartoffel? Prügel verdienten die Bauern, die partout das nicht anbauen wollten, was sie nicht kannten. Warum wehrten sich die Gutsherren gegen die aus Spanien importierten Merinoschafe? Viele Mühe verwandte er auf die Entwässerung von Mooren und Sümpfen. Die Trockenlegung des Oderbruchs zwischen Lebus und Oderberg gehört zu den großen Leistungen der inneren Kolonisation. »Hier habe ich eine Provinz im Frieden erobert.« Über 900 Dörfer wurden angelegt, umgeben von Hunderttausenden von Morgen ertragreicher Äcker. 300000 Menschen fanden bis 1786, Friedrichs Todesjahr, hier eine neue Heimat.

Die Neubauern zu Freibauern zu machen, das allerdings gelang ihm nicht. Zu stark war der Widerstand des grundbesitzenden Adels, der Junker. Er musste sich damit begnügen, die Frondienste zu mildern, die Erbrechte zu verbessern und alle vor Vertreibung zu schützen. Die Inspektionen der Domänen, Steuerämter, der Gerichte und Bürgermeistereien führten dazu, dass es niemand mehr wagte, die Untertanen ungerecht zu behandeln, Untreue im Amt zu begehen, nachlässig zu arbeiten. Jeder wusste, der Tag des Jüngsten Gerichts, wie man den Besuch des Königs insgeheim nannte, drohte jedem.

Das eigentliche Regierungsgeschäft betrieb der König »aus dem Kabinett heraus«, sprich, durch Kabinettsordres, denen die Kraft von Gesetzen zukam. Gegen acht Uhr erschien einer der Räte mit den Briefen, in denen die Absender um etwas baten, sich über etwas beschwerten, sich nach etwas erkundigten. Friedrich beantwortete sie in kurzem präzisem Diktat oder versah sie eigenhändig mit Randbemerkungen: mit dem Federkiel und in deutscher Sprache. Da er nach dem Klang der Worte schrieb, war seine Orthographie oft abenteuerlich. Sein Stil aber umso anschaulicher. Sie zeigen der Nachwelt einen Herrscher, der die Sparsamkeit, die Gerechtigkeit, das Pflichtbewusstsein über alles stellt, sich aber nie des Misstrauens, der Ungeduld, des Sarkasmus enthalten kann. Die Marginalien haben ihre Aktualität bis heute bewahrt.

Eine Bitte um Beförderung aufgrund langjähriger Dienstzeit schlug er mit den Worten ab: »Kommt nicht auf lange Dienste an, sondern auf gute.«

Der Frau von Rochow, die um ein Darlehen von 100000 Talern bat, beschied er: »Wann die Edelleute Liderlich Seindt und alles durchbringen, kann ich sie nicht helfen.«

Der Major von T. wollte seine Tochter mit einem wohlhabenden, aber bürgerlichen Gutsbesitzer verheiraten und bat, den künftigen Schwiegersohn zu adeln. Marginalie: »Man nobilitiert nur diejenigen, die sich vorzüglich verdient gemacht und nicht blos verdient haben.«

Der Kammerpräsident von B. ersuchte um Verlängerung seines Urlaubs wegen eines Anfalls von Podagra (Gicht). »Die podagras in Urlaub, die kenne ich.«

Prediger Berlens möchte eine Gehaltszulage. »Die Apostel haben kein gehalt gehabt. Der Prister ihr Reich ist nicht von diese welt.«

Der Buchhändler Kanter aus Königsberg würde gern zum Kommerzienrat ernannt werden. »Buchhändler, das ist ein viel mehr honetter Titel.«

Ein Oberst bat darum, seine Memoiren zur Durchsicht von Ihro Majestät einsenden zu dürfen. »Man soll mihr nicht damit behelligen.«

Ganz schlecht kamen die Minister weg bei ihren schriftlichen Rapporten. Sie wurden abgekanzelt, mit Spandau – Festungshaft – bedroht, »Esel« geschimpft, »Erzspitzbube«, »Windbeutel«. Der englische Gesandte schrieb nach London, dass es angenehmer sein müsse, Affe in Borneo zu sein als Minister in Preußen.

Als er aus dem Zweiten Schlesischen Krieg zurückkam, nannten sie ihn den Großen. Nun, in den Jahren nach 1763 hieß er nur noch der Alte Fritz. Für Thomas Mann »ein schauerlicher Name, denn es ist wirklich im höchsten Maße schauerlich, wenn der Dämon populär wird und einen gemütlichen Namen erhält«. Für das Volk von Berlin, von Pommern, Schlesien, Brandenburg, Ostpreußen war er nicht schauerlich. Gewiss, die Leute schimpften, wenn sie sich ungerecht behandelt fühlten, schimpften in aller Öffentlichkeit. Der Medicus Zimmermann schrieb erstaunt nach London: »...wird keinem ein Haar dafür gekrümmt.«

Sie wussten, dass sie an der Bittschriftenlinde am Potsdamer Stadtschloss nicht vergeblich warten würden; dass sie einem hochmütigen Minister ins Gesicht sagen durften: »Dann gehe ich eben zum König«; dass der Mann dort hinter den hohen Fenstern für sie arbeitete, anstatt seine Zeit zu verschwenden, wie es seine »Kollegen« an den anderen europäischen Höfen taten, mit Hetzjagden, Maskenbällen, Lustfahrten.

Der König hatte sich immer mehr zurückgezogen. Einen wahren Freund halte er für eine Himmelsgabe, schrieb er einmal in einem Brief. Die wenigen Freunde, die er gehabt hatte, waren ihm vorausgegangen – als Quartiermacher in jenem unbekannten Land: der Reitergeneral Seydlitz; der Marquis d'Argens, Weltmann, Abenteurer, Schriftsteller; Quantz, der Flötenlehrer; Zieten, Held von Torgau; Keith, Earl Marshal of Scotland, Diplomat und Sonderbotschafter; Fredersdorf, *le grand factotum du roi Frédéric*.

Die Natur war ihm nun Trost. Regelmäßig besuchte er die Versuchsgärten, inspizierte die Spaliere. »Mein Geißblatt ist gekommen, mein Holunder wird bald ausschlagen, die Wildgänse sind wieder da.«

In Europa gehörte es zum guten Ton, Sanssouci zu besuchen und *Ihn* um eine Audienz zu bitten. Nur wenigen wurde sie gewährt. Traf er auf eine Persönlichkeit, wie den Fürsten von Ligne, den diabolischen Casanova, den Fürsten Orlow, den Baron von Steuben, wurde er mit einem Schlag lebhaft. So kenntnisreich wie elegant plauderte er über Kunst, Krieg, Medizin, Literatur, Religion, Ethik, Geschichte, Gesetzgebung, und die Partner berichteten, dass er in diesen Momenten von einer Art Magie umwittert gewesen sei.

Den Tod fürchtet Friedrich nicht. Er ärgert sich nur, dass er nun bald kommen würde. »Ich möchte ihn mit der Faust wegschlagen.« Die Schmerzen nehmen zu. Der Schlaf flieht. Er verbringt die Nächte im Lehnstuhl. Auf der letzten Truppenparade holt er sich die Krankheit zum Tode: sechs Stunden zu Pferd im strömenden Regen. Er weigert sich, seine Arbeit einzuschränken, entschuldigt sich bei den Kabinettsräten, dass er sie bereits um vier Uhr früh bestellt habe statt um sieben. »Messieurs, die wenige Zeit, die ich noch habe, muss ich nutzen.« Den Königlich Britischen Leibarzt Zimmermann, der aus Hannover an sein Krankenbett gerufen wird, fragt er: »Na, wie viele Kirchhöfe haben Sie schon gefüllt?« Der antwortet: »Nicht so viele wie Eure Majestät.« Das mag eine Anekdote sein, aber sie charakterisiert Zimmermanns Schlagfertigkeit, und schlagfertige Leute mag der König.

Am 15. August 1786 diktiert er dem Kabinettsrat L. eine Gesandteninstruktion. Am Abend des Sechzehnten quält ihn ein Husten. Er wird wach und bittet, das auf einem Sessel schlafende Windspiel zuzudecken. Er stirbt in der Nacht darauf.

»Kein Gesicht, das nicht Aufatmen und Hoffnung verriete«, schreibt der Graf Mirabeau, der zu Besuch in Sanssouci weilt, »nicht *ein* Seufzer, nicht *ein* Wort des Lobes. Damit also endet so viel Ruhm, endet eine Regierung von fast einem halben Jahrhundert, erfüllt von so vielen großen Tagen...«

Immanuel Kant

Die reine Vernunft

Er war klein und zierlich, maß gerade 1,57 Meter, die Brust schien eingesunken, sodass er bisweilen schlecht Luft bekam und die Hand, seiner Atemnot wegen, auf die Herzgegend presste. Die rechte Schulter ragte etwas höher hinaus als die linke, was ihm den Hauch einer Verwachsenheit gab. Der Kopf schien, verglichen mit dem Körper, groß. Durch die ins Blonde gehenden Haare, das gut geschnittene Gesicht und die alles beherrschenden Augen wirkte er beinahe hübsch.

»Kants Auge war wie von himmlischem Äther gebildet, aus welchem der tiefe Geistesblick, dessen Feuerstrahl durch ein leichtes Gewölk etwas gedämpft wurde, sichtbar hervorleuchtete«, heißt es in einem Brief eines seiner Schüler überschwenglich. »Es ist unmöglich, den bezaubernden Anblick und mein Gefühl dabei zu beschreiben, wenn er mir gegenübersaß, seine Augen nach unten gerichtet, sie dann plötzlich in die Höhe hob und mich ansah. Mir war dann immer, als wenn ich durch dieses blaue ätherische Feuer in Minervens innerstes Heiligtum blickte.«

Seine Konstitution war so gebrechlich, sein Nervenkostüm so sensibel, dass bereits der Geruch eines frisch gedruckten Zeitungsblattes eine Migräne hervorrufen konnte. Die strenge Einteilung seines Tageslaufes, über die in der Königsberger Gesellschaft bisweilen gespottet wurde, diente ausschließlich dazu, seine Gesundheit zu erhalten und seine Arbeitskraft zu bewahren.

Morgens um fünf Uhr ertönte die Stimme Martin Lampes, der ihm über vierzig Jahre hinweg ein getreuer Diener war: »Es ist Zeit!« Eine rauhe Stimme war das, denn Lampe war ein ehemaliger Soldat. Nach einem kargen Frühstück setzte Kant sich an den Schreibtisch, ordnete sein Vorlesungsmanuskript und erschien um sieben Uhr im Hörsaal vor seinen Studenten. Nach der zweistündigen Lesung widmete er sich seinen eigenen Studien und ging dann zu Tisch an die Table d'hôte eines nahen Hotels oder, später, in sein Haus gegenüber dem Schloss, wohin er regelmäßig Gäste einlud. Diese Tischgesellschaften waren berühmt in der ganzen Stadt. Was sie von anderen akademischen Tafeln unterschied, waren die Teilnehmer. Sie kamen nicht aus dem Umkreis der Universität. Da waren vielmehr ein Kriminalrat, ein Kaufmann, ein Stadtrat, ein Bankdirektor, ein Regierungsrat, ja, schrecklich zu sagen, eine Frau.

Philosophiert wurde selten, politisiert umso häufiger. Kant führte das Wort. Er war geistreich, witzig, doch nie boshaft. Wenn die Postkutsche neue Zeitungen brachte oder die ersten Exemplare eines in Leipzig oder Nürnberg gedruckten Buches, ging die Diskussion hoch her. Kamen Besucher aus Italien, Frankreich, England, so sprach man ausführlich über das, was dort geschehen war. Und die Herren verwunderten sich, dass ihr Gastgeber die fernen Länder so gut kannte, als sei er dort oft gewesen. Sie konnten nicht ahnen, dass er über seine ostpreußische Heimat nie hinausgekommen war, ja selbst Königsberg nur höchst ungern verließ.

Am Nachmittag unternahm er seinen Spaziergang. Die Nachbarn verglichen ihre Uhren, wenn der Professor in seinem grauen Leibrock, den Zopf sorgfältig gepudert, das spanische Röhrchen in der Hand, aus seiner Haustür trat: Halb vier Uhr war es jetzt. Die kleine Lindenallee, die später »Philosophenweg« genannt wurde, spazierte er genau achtmal auf und ab, zu jeder Jahreszeit und bei jedem Wetter. War es sehr schlecht, sah man den wackeren Lampe, wie er ängstlich hinter ihm herging und den großen Regenschirm mahnend schwenkte. Manchmal verhinderte er die Begegnung seines Herrn mit anderen Spaziergängern, drohte doch damit die Gefahr einer Erkältung durch das dabei erfolgende Gespräch und den zwangsläufig geöffneten Mund. Kant war davon überzeugt, dass er es nur dieser Übervorsicht verdankte, nie krank zu Bett gelegen zu haben.

Des Abends sah man ihn, immer sorgfältig nach der Mode gekleidet, mit dreieckigem Hut, den Wadenstrümpfen, der Halsschleife, in einem Kaffeehaus beim Billard oder beim L'Hombre, einem spanischen Kartenspiel (aus dem sich der Skat entwickelte). Auch dort traf er wieder Freunde: Vornehmlich Mr. Green und Mr. Motherby, zwei englische Kaufleute, mit denen er bis zum Tod verbunden war; den Diakon Wasianski, dem wir einen Bericht über Kants letzte Lebensjahre verdanken; den Arzt Trummer, dem er als Einzigem das vertrauliche »Du« gestattete. Selbst dieses »Entgegenkommen« hat er später bereut. Nie die Distanz aufzugeben, selbst bei engen Freunden nicht, gehörte zu seinen Grundsätzen. Wenn die Uhr von der Schlosskirche zehnmal schlug, erlosch hinter den Fenstern der Kantschen Wohnung das Licht.

Kant wurde 1724 als viertes von elf Kindern geboren, von denen, wie es damals so ging, nur ein Bruder und drei Schwestern ein höheres Alter erreichten. Der Vater war Sattlermeister, genauer: Riemermeister, und wohnte an der Grünen Brücke. Er lebte mit der Familie in bescheidenen Verhältnissen, brachte es nie zu Wohlstand, machte aber auch keine Schulden. Königsberg war eine aufstrebende Stadt, geprägt vom Handwerk und besonders vom Seehandel. Von der Ostsee liefen die großen Segelschiffe aus Holland und England in die Pregelmündung, den Fluss hinab kamen die Litauer und Polen mit ihren Flößen und flachen Kähnen.

Die Stadt bildete eine Drehscheibe, die nicht nur Handelsgüter vermittelte, sondern auch die Güter des Geistes. Der gediegene Wohlstand der Handelsherren und Handwerker ließ eine bürgerliche Kultur aufblühen, die über die Jahrhunderte Bestand hatte. In den engen Gassen des Hafenviertels wurde Kant schon früh vertraut mit den Menschen des Ostens und des Westens, mit englischen Seeleuten, russischen Pelzkaufleuten, flandrischen Tuchwebern, samländischen Bernsteinhändlern, die das Gold des Meeres hier umschlugen. Die Luft ging scharf in dieser durch ihre Backsteinbauten streng wirkenden Stadt. Und das betraf nicht nur das Klima. Hundert Jahre später würde man sie die Stadt der reinen Vernunft nennen.

Wieder war es, wie bei vielen anderen später bedeutenden Männern, die Mutter, die den entscheidenden Anstoß gab, wohin die Lebensreise gehen sollte, diese lange Reise ins Denken. Sie brachte den Sohn zu Professor Franz Albert Schultz, der an der Universität Theologie lehrte. Schultz prüfte den Achtjährigen auf Herz und Nieren und fand ihn geeignet für das Collegium Fridericianum, ein Gymnasium, das einen guten Ruf hatte. Bereits in der Quinta hatte das Collegium seinen Primus, und das blieb Immanuel bis zum Ende seiner Schulzeit.

»Nie werde ich meine Mutter vergessen«, hat Kant später geschrieben. »Denn sie pflanzte und nährte zuerst den Keim des Guten in mir. Sie öffnete mein Herz den Eindrücken der Natur, sie weckte und erweiterte meine Begriffe, und ihre Lehren haben einen immerwährenden heilsamen Einfluss auf mein Leben gehabt.«

An seine Schule erinnerte er sich weniger gern. Sie wurde von Pietisten geleitet, Anhängern einer Bewegung, die Herzensfrömmigkeit und tätige Nächstenliebe als entscheidende christliche Haltung betonten. Das klang theoretisch gut, erwies sich aber in der Praxis des Collegiums als religiöse Nötigung durch ständige Andachten, Gebete, Bußübungen. Schrecken und Bangigkeit überfielen ihn, wenn er an diese »Jugendsklaverei« zurückdachte, bekannte er einem Freund. Statt zu gläubigen Menschen wurden die Schüler zu Heuchlern, und Frömmigkeit verwandelte sich in Frömmelei. Aus Kant ist kein Kirchgänger geworden. Selbst bei der jeweiligen Semestereröffnung, wenn die Professoren in feierlichem Zug zur Kirche zogen, bog er kurz vor dem Portal ab und schlug den Weg nach Hause ein.

Nach seinem sechzehnten Geburtstag finden wir Kant in den Hörsälen der Albertina, der Königsberger Universität, wo er eifrig mitschrieb, was die Dozenten von ihren Handbüchern mit monotoner Stimme ablasen. Die Mutter hätte es gern gehabt, dass er Pfarrer würde. Doch die Theologie hatte man ihm auf dem Fridericianum gründlich ausgetrieben. Er belegte Philosophie, Mathematik und Naturwissenschaft, ohne recht zu wissen, was genau er werden wollte. Zusammen mit einem Kommilitonen lebte er auf einer Bude, verdiente sich Geld mit Nachhilfeunterricht und, pikanterweise, mit Kartenspiel und Billard. Als der Vater starb und damit dessen geringer monatlicher Zuschuss wegfiel, musste er das Studium abbrechen. Er verkaufte seine Bücher und verdingte sich als Hauslehrer bei verschiedenen adligen Familien auf dem Lande. Gumbinnen, Insterburg, Saalfeld, Mohrungen sind Namen, die keiner mehr kennt; damals waren es wohlgestaltete Städte. Hauslehrer oder Hofmeister zu sein, wie sie sich nannten, war nicht selten eine demütigende Tätigkeit (wovon Männer wie Fichte, Lenz, Schelling, Hegel, Hölderlin erzählen können). Die Tage, an denen er nach Königsberg jeweils wieder zurückkehrte, waren ihm Festtage.

Im Januar 1758, der Schnee lag schwer auf den Dächern, ziehen durch die Tore der Stadt berittene Truppen ein. An ihrer Spitze der General Nikolaus von Korff. Durch Europa tobt der Siebenjährige Krieg. Die Russen besetzen ganz Ostpreußen, und die Städte huldigen der Zarin Elisabeth (was ihnen Friedrich der Große nie verzeihen wird). Der preußische Adler muss dem russischen Doppeladler weichen – auf Münzen, Dokumenten und dem Kopf der Zeitungen. Vier Jahre bleiben die fremden Soldaten. Während auf den Schlachtfeldern von Zorndorf, Hochkirch, Kunersdorf, Liegnitz, Torgau Zehntausende von Preußen, Österreichern, Franzosen, Russen fallen, geht das Leben in Königsberg seinen geregelten Gang. Der General Korff führt ein mildes Besatzungsregiment, erlaubt seinen Offizieren sogar, die Vorlesungen an der Universität zu besuchen. Immanuel Kant, inzwischen Privatdozent für Philosophie, sieht in seinem Hörsaal ordensgeschmückte Leutnants und Hauptleute, die das Deutsche so gut sprechen wie das Russische. Sie sind in der Mehrzahl baltischer Abstammung.

Zwanzig Stunden umfasst der Vorlesungsplan. Kant liest über Mathematik und Physik, über Logik und Metaphysik, über Moralphilosophie und Naturrecht, über philosophische Enzyklopädie, über Theologie und Pädagogik, über Anthropologie und, als erster Dozent an einer deutschen Universität, über physische Geographie, über Kritik der Gottesbeweise, ja über Fortifikation (Befestigungswesen) und Pyrotechnik (Feuerwerkerei). Über seine eigene Philosophie hat er nie gelesen ...

Promoviert hatte er 1755 mit der Dissertation DE IGNE – »Über das Feuer«. Seine Arbeit DIE ERSTEN PRINZIPIEN DER METAPHYSISCHEN ERKENNTNIS machte ihn zum Privatdozenten. Es folgte die Abhandlung ÜBER DIE PSYCHISCHE MONADOLOGIE. Beide Arbeiten musste er nach dem Brauch der Zeit vor einer öffentlichen Versammlung verteidigen. Er bestand die Disputationen mit Glanz. Seine Vorlesungen waren von Anfang an gut besucht. Die Studenten liebten ihn, weil er ihnen kein unnahbarer Dozent war, sondern ein fürsorglicher väterlicher Freund. Er gab ihnen einen Rat, den heute kein Universitätsprofessor mehr seinen Schülern geben würde: »Nehmen Sie Kenntnis von *allen* Wissenschaften. Studieren Sie nicht um des Brotes willen.« Die Zahl seiner Hörer wuchs. Das war lebenswichtig: Die Existenz hing ab von den Unterrichtsgeldern, die ihm gezahlt wurden. Andere Einnahmen hatte er nicht. Universitätslehrer zu werden bedeutete damals zugleich, ein Gelübde der Armut abzulegen.

Seine Bemühungen, das heißt, es war eher ein ständiger Kampf, eine ordentliche Professur zu erhalten, die ihm ein regelmäßiges Einkommen gesichert hätte, zogen sich über viele Jahre hin. Als die ordentliche Professur für Logik und Metaphysik endlich frei geworden war, zog man ihm einen Mitbewerber vor. Es nützte auch nichts, dass er die Preisfrage der renommierten Preußischen Akademie der Wissenschaften mit einer preisgekrönten Arbeit beantwortete, dass er in der Berliner Gesellschaft in aller Munde war, man sich Abschriften seiner Vorlesungen erbat.

Endlich – endlich! – bot man ihm eine Professur an – und Kant lehnte ab. Für »Dichtkunst und Rhetorik« sei er nicht zuständig, ließ er verlauten. Er wusste genau, was er in dieser Position *auch* hätte tun müssen: Weihespiele verfassen, hohe und höchste Persönlichkeiten mit *carmina*, Jubelgedichten, feiern, auf alles und jedes, was an der Albertina an Feierlichem geschah, einen Reim finden.

Einfach war der Kollege Kant nicht. Als die Universitäten von Jena und Erlangen ihm Angebote unterbreiteten, die seine wirtschaftliche Situation schlagartig verbessert hätten, lehnte er wieder ab. Sein Gemüt sei, schrieb er den dortigen Direktoren, zu Veränderungen unentschlossen, die anderen vielleicht gering erscheinen mögen. Die Wahrheit ist: Er wollte einfach seine Vaterstadt nicht verlassen.

»Königsberg ist eine große Stadt«, schrieb er, »der Mittelpunkt eines Reiches, in welchem sich die Regierung befindet, die eine Universität hat und dabei noch die Lage zum Seehandel, welche durch Flüsse aus dem Innern des Landes sowohl als auch mit angrenzenden entlegenen Ländern von verschiedenen Sprachen und Sitten einen Verkehr begünstigt – eine solche Stadt ... kann schon für einen schicklichen Platz zur Erweiterung sowohl der Menschenkenntnis als auch der Weltkenntnis genommen werden.«

Nach Erlangen und Jena wollte er nicht und nach Halle und Mitau auch nicht. Das Angebot der Stadt, die Stelle eines Unterbibliothekars zu übernehmen, nahm er dagegen an. Die Stelle brachte ihm 62 Taler im Jahr, das war zum Leben zu wenig und zum Sterben zu viel, aber auf dem morgendlichen Gang zur Königlichen Schlossbibliothek umwehte ihn die Luft seiner Heimat. Was gab es Schöneres!

Sechsundvierzig Jahre alt musste Kant werden, bis ihn der Ruf der Fakultät erreichte: Er möge eine in Latein abgefasste, sein Fach betreffende Arbeit einreichen. Markus Herz hieß diesmal der Mann, mit dem es zu disputieren galt. Nach drei Stunden konnte Immanuel den Beifall des Auditoriums und die Urkunde entgegennehmen. Der Bordeaux, der regelmäßig über Bremen zur Pregelmündung verschifft wurde, der Ostpreußen Lieblingswein, floss an diesem Abend reichlich in der kleinen Weinstube unweit des Schlossteichs. Kant hatte rasch noch einen Kredit aufgenommen auf sein neues Jahresgehalt von 220 Talern (eine Summe, die nach einem Jahrzehnt auf 620 Taler aufgestockt wurde).

ÜBER FORM UND PRINZIPIEN DER SINNES- UND DER VERSTANDESWELT lautete der Titel der Schrift, die ihm 1770 die Professur einbrachte. Es war seine vorerst letzte Veröffentlichung.

Doch war es ein offenes Geheimnis, dass er über einer großen Arbeit saß, über seinem philosophischen Hauptwerk, das unter dem Titel DIE KRITIK DER REINEN VERNUNFT eine kopernikanische Wende in der Philosophie herbeiführen sollte.

Kant war nun gut situiert, und da er sparsam war, konnte er manchen Gulden, manchen Taler zurücklegen. Fast 43 000 Gulden lagen am Ende seines Lebens auf seinem Konto. Die Familien der beiden Schwestern unterstützte er Jahr für Jahr mit 200 Talern. Als deren Töchter heirateten, reicherte er ihren Brautschatz mit je 100 Talern an. Ein Familienleben fand ansonsten nicht statt. Mit seinen Schwestern soll er in gutem Einvernehmen gelebt haben, was darauf zurückzuführen sei, meinten Spötter, dass er jahrzehntelang mit ihnen kein Wort gewechselt habe.

In der Königsberger Gesellschaft war er hoch geschätzt. Die Frauen waren ihm zugetan wegen seines Charmes und seiner Kunst, geistreich zu parlieren. Keiner gelang es jedoch: ihm das Ehejoch aufzuerlegen: Für ihn wäre es ein Joch gewesen, bedeutete ihm doch Unabhängigkeit, ein autonomes Freiheitsgefühl alles. Auch zu einer Geliebten hat es nicht gereicht. So blieb es bei platonischen Beziehungen. Er habe höchstwahrscheinlich nie ein Weib berührt, vermuten Psychologen unserer Zeit. Lebenslängliche sexuelle Enthaltsamkeit sei anzunehmen.

Zehn Jahre lang schwieg Kant und man begann sich zu fragen, ob Kant nun, nachdem er das Ordinariat bekommen hatte, das Ziel seiner Wünsche erreicht habe und damit sein Ehrgeiz gestillt sei. Was Lavater, der Begründer der Physiognomik, aus dem fernen Zürich schrieb, drückte das aus, was die meisten dachten: »Sind Sie denn der Welt gestorben? Warum schreiben so viele, die nicht schreiben können, und Sie nicht, die es so vortrefflich können? Warum schweigen Sie – bei dieser Zeit, dieser neuen Zeit – geben keinen Ton von sich? Schlafen? Kant, ich will Sie nicht loben, aber sagen Sie mir doch, warum Sie schweigen? Oder vielmehr: Sagen Sie mir, dass Sie reden wollen.«

Kant schien sich ausschließlich seiner Lehrtätigkeit zu widmen. Nicht nur Studenten besuchten seine Vorlesungen, auch

Männer und Frauen aus der Königsberger, wie man heute sagen würde, High Society fanden sich ein. Dabei machte er es seinen Hörern nicht leicht. Seine Texte waren schwierig; seine Stimme nicht sehr kräftig; er verlor bisweilen den Faden. Doch die Ausstrahlung seiner Persönlichkeit war stärker als alles andere. Kein Geringerer als Herder, der durch Übersetzung und Kritik das Verständnis für andere Nationalkulturen begründete, ein Mann, der den jungen Goethe beeinflusste, schrieb: »Ich habe das Glück genossen, einen Philosophen zu kennen, der mein Lehrer war. Er hatte in seinen blühendsten Jahren die fröhliche Munterkeit eines Jünglings, die, wie ich glaube, ihn auch in seinem spätesten Alter begleitet. Seine offene, zum Denken gebaute Stirn war ein Sitz unzerstörbarer Heiterkeit und Freude, die gedankenreichste Rede floss von seinen Lippen, Scherz und Witz und Laune standen ihm zum Gebot und sein lehrender Vortrag war der unterhaltendste Umgang ... Menschen-, Völker-, Naturgeschichte, Naturlehre und Erfahrung waren die Quellen, aus denen er seinen Vortrag belebte. Nichts Wissenswürdiges war ihm gleichgültig; keine Kabale, kein Vorurteil, kein Namensehrgeiz hatte je für ihn den mindesten Reiz gegen die Erweiterung und Aufhellung der Wahrheit. Er munterte auf und zwang angenehm zum Selbstdenken. Dieser Mann, den ich mit größter Dankbarkeit und Hochachtung nenne, ist Immanuel Kant. Sein Bild steht angenehm vor mir.«

Es gab auch kritische Stimmen, ja negative, wie die von Fichte, der bei Kant hospitierte, seine Erwartungen enttäuscht sah und beim Vortrag des Professors einschlief.

Kant ist im Laufe seiner Königsberger Jahre immer wieder umgezogen. Wie Goethe, der am Frauenplan viele Jahre unter dem Geräusch der Webmaschine seines Nachbarn gelitten hat, war er äußerst lärmempfindlich. Hundegebell konnte ihn verzweifeln lassen, die Musik eines nahen Tanzetablissements seine Nerven ruinieren; in einer anderen Wohnung war es das Gepolter, das die Schauerleute beim Löschen der Frachtschiffe machten, was seine Gedanken zerrieb. So zog er von der Magistergasse zum Ochsenmarkt, vom Ochsenmarkt zum Holztor, vom Holztor in das Haus des Buchhändlers Kanter. Unglückseligerweise schaffte sich der dortige Nachbar einen Hahn an. Den Akten heutiger Prozesse ist zu entnehmen, dass ein solches Federvieh 613-mal innerhalb eines Tages zu krähen imstande ist.

Des Philosophen Angebot, den Hahn zum zehnfachen Marktpreis zu kaufen, lehnte der Besitzer ab, wusste er doch, dass er seinen Liebling damit dem Hackebeil überantwortete. Kant packte also wieder seine Siebensachen und zog in die Prinzessinstraße am Schlossgraben. Unweit der neuen Wohnstätte lag zwar der städtische Kerker, doch durch die dicken Mauern drang kein Ton. Bis zu jenem Tag, da ein frömmelnder Gefängnisdirektor auf die Idee kam, die Läuterung der ihm anvertrauten Sträflinge dadurch zu befördern, dass er sie geistliche Lieder singen ließ. Da Sänger Luft brauchen, befahl er, zur Zeit der Chorgesänge die Fenster weit zu öffnen.

Der entnervte Kant schrieb folgenden Brief an den ersten Bürgermeister und bescherte uns damit eine Köstlichkeit: »Königsberg, den 9. Juli 1784. Ew. Hochwohlgeboren waren so gütig, der Beschwerde der Anwohner am Schlossgraben, wegen der stentorischen Andacht der Heuchler im Gefängnisse, abhelfen zu wollen. Ich denke nicht, dass sie klagen Ursache haben würden, als ob ihr Seelenheil Gefahr liefe, auch wenn ihre Stimme beim Singen dahin gemäßigt würde, dass sie sich selbst bei zugemachten Fenstern hören könnten (ohne auch selbst alsdann aus allen Kräften zu schreien). Euer Wohlgeboren gehorsamster Diener I. Kant.«

1781 wurden Lavaters drängende Fragen beantwortet: Die KRITIK DER REINEN VERNUNFT erschien.

Metaphysik kommt aus dem Griechischen und bedeutet »das, was hinter der Natur steht«. Diese philosophische Grundlehre versucht die Dinge zu erkennen, die über die sinnlich-körperlich erfahrbare Welt hinausgehen. Zum Beispiel die Ideen Gott, Freiheit, Unsterblichkeit. Während die Physik die einzelnen Erscheinungen der natürlichen Welt nach Gesetzen erklärt, strebt die Metaphysik ein System an, die einzelnen Erscheinungen hinter den Dingen in einen systematischen Zusammenhang zu bringen, um dadurch die Erfahrbarkeit der Welt überhaupt zu ermöglichen.

Kant nun entthronte die »Königin der Wissenschaft«, wie man die Metaphysik genannt hat. Er räumte ein, dass die menschliche Vernunft gewisse Fragen nach dem übersinnlichen Wesen der Existenz nicht abweisen kann. Beantworten aber kann die Vernunft solche Fragen im wissenschaftlichen Sinn auch nicht. Sie übersteigt nämlich das gesamte menschliche Denkvermögen. Metaphysik im bisherigen Sinne ist also nicht möglich, führt Kant in der KRITIK DER REINEN VERNUNFT aus. Wie aber dann? Nun, die Dinge der Welt können nur als Erscheinungen erkannt werden, und zwar in den *apriorischen* (von der Erfahrung unabhängigen), allein von der Vernunft gewonnenen Formen der Anschauung und des Denkens.

In völliger Umkehr der früheren Metaphysik nahm Kant jetzt nicht mehr das Sein, den Erkenntnisgegenstand, sondern das Bewusstsein, die Erkenntnisart, zum Ausgangspunkt der philosophischen Besinnung, was er seine kopernikanische Wende nannte. »Wohl bleiben dabei die alten Gegenstände des Philosophierens: ›Gott, die Welt und der Mensch als Person, das vernünftige Sinnenwesen der Welt‹ erhalten«, schreibt Kurt Rossmann in seinen Studien über Kant. »Aber sie wurden jetzt in ein völlig neues Licht gestellt, in das Licht der menschlichen Vernunft selber. Dass es das Recht und die Pflicht des Menschen sei, sich in der Selbstprüfung seiner Vernunft selbst zu belehren und sich seiner eigenen Möglichkeiten und Grenzen zu vergewissern, um die Stelle geziemend zu erfüllen, die ihm in der Schöpfung angewiesen ist, das wurde für Kant jetzt zu den Grundfragen der Philosophie.«

Kant hatte sich keine großen Illusionen gemacht über die Wirkung seiner KRITIK. Nur wenige Leser würden sie verstehen, und man könne nicht erwarten, dass die Art des Denkens urplötzlich auf ein anderes Gleis geführt werde, sondern es gehöre Zeit dazu, um sie allmählich in die entgegengesetzte Richtung umzuleiten. Dass aber überhaupt kein Echo kam, hat ihn erstaunt, befremdet, verwirrt. Als endlich nach einem Jahr in den

Göttinger Anzeigen von gelehrten Sachen eine Besprechung erschien, musste er lesen, dass es sich bei seinem Werk lediglich um eine Wiederholung der Ideen englischer Denker handele. Sein Verleger spielte bereits mit dem Gedanken, ob man »das alles« nicht als Makulatur einstampfen lassen sollte.

Es spricht für Kants absolute Wahrhaftigkeit, dass er erst einmal mit sich selbst ins Gericht geht. Warum gab es noch immer kein Echo? Selbst nach Jahren nicht? Sein Werk sei wohl doch zu trocken geschrieben, zu dunkel in den Formulierungen, zu weitschweifig in der Vermittlung seiner Gedanken. Er setzt sich hin – und das ist einmalig in der Geschichte der Philosophen – und erklärt die wichtigsten Gedanken in einem auch Laien verständlichen populären Auszug. DIESE PROLEGOMENA ZU EINER KÜNFTIGEN METAPHYSIK, das betont er dennoch, seien aber nicht für Lehrlinge bestimmt, sondern für künftige Lehrer.

Nun endlich erscheinen weitere Besprechungen; erscheint eine KRITIK DER REINEN VERNUNFT IM GRUNDRISSE, erscheint ein WÖRTERBUCH ZUM LEICHTEREN GEBRAUCH DER KANTISCHEN SCHRIFTEN. Der Verleger wagt eine zweite Auflage. Es formieren sich die Anhänger und, was wichtig ist, die Gegner. Das Eis der Nichtbeachtung und der Wall der Missverständnisse sind gebrochen, wenn auch der Erfolg anfangs mehr auf einem *succès de scandale* beruhte. Kants »hochtrabende Worte«, so seine Gegner, waren bald im Mund eines jeden Gelehrten, denn jeder bemühte sich mitzureden.

Der Königsberger Philosoph war im Gespräch. Doch nur im Kreis einer kleinen Schicht von Fachgelehrten, von Studenten, von Gebildeten des Bürgertums. Man darf nicht vergessen, dass am Ende des 18. Jahrhunderts die Analphabeten immer noch weit in der Mehrzahl waren. Und von denen, die lesen und schreiben konnten, waren, trotz Gutenberg, nur wenige in der Lage, sich Bücher anzuschaffen. Wie also ist das, was die Philosophen in ihrem Kämmerlein sich erdachten, ins Volk gedrungen? Die Pfarrer, die Universitätslehrer, die Schriftsteller kamen als Vermittler in Frage. Ihr Anteil daran, das Volk mit den neuen Gedanken bekannt zu machen, war auch beträchtlich. Selbst eine negative Vermittlung hat ja eine Wirkung. Man lebte im Zeitalter der Aufklärung, einer geistesgeschichtlichen Epoche, die sich von der Tradition und der Autorität abkehrte und zum Subjekt und zu eigener vernünftiger Erkenntnis hinwandte.

Kant war ein Kind der Aufklärung und gehörte neben Leibniz, Mendelssohn, Lessing zu ihren führenden Vertretern in Deutschland. Die Frage »Was ist Aufklärung?« hat niemand gültiger beantwortet als er. Für ihn bedeutete sie »den Ausgang des Menschen aus seiner selbstverschuldeten Unmündigkeit. Unmündigkeit ist das Unvermögen des Menschen, sich seines Verstandes zu bedienen. Selbstverschuldet ist diese Unmündigkeit, wenn die Ursache derselben nicht am Mangel des Verstandes, sondern der Entschließung und des Mutes liegt, sich seiner ohne Leitung eines anderen zu bedienen. Sapere aude! Habe Mut, dich deines eigenen Verstandes zu bedienen!, ist also der Wahlspruch der Aufklärung.«

In seinem zweiten Hauptwerk, der 1788 veröffentlichten KRITIK DER PRAKTISCHEN VERNUNFT, postuliert Kant, dass alle sittlichen Begriffe a priori, also von der Erfahrung unabhängig, in der Vernunft ihren Sitz und Ursprung haben. Jedes Individuum hat ein Gewissen, ein Pflichtgefühl, das Bewusstsein von einem gebieterischen Moralbesitz. Denn: »Zwei Dinge erfüllen das Gemüt mit immer neuer und zunehmender Bewunderung und Ehrfurcht: Der bestirnte Himmel über mir und das moralische Gesetz in mir.«

Dieses moralische Bewusstsein steht in ständigen Auseinandersetzungen mit unseren Begierden. Es gleicht einer gerichtlichen Instanz, die in jedem Menschen wirksam ist. Das Tribunal ist unnachsichtig. Es befiehlt uns, das Rechte zu tun, und zwar um seiner selbst willen, nicht um glücklich oder belohnt zu werden; sprich, die Lust oder der eigene Vorteil kann niemals als Grundlage einer Sittenlehre gelten. Das, was als *gut* anerkannt werden soll, muss so beschaffen sein, dass es ohne Widerspruch für alle gelten kann.

Der *Kategorische Imperativ*, wie Kant die Forderung des Sittengesetzes nennt, ist unbedingt, ist ein Sollen, das von jeder

Rücksicht auf Sein oder Seinkönnen unabhängig ist. Er lautet: »Handle nur nach derjenigen Maxime, durch die du zugleich wollen kannst, dass sie ein allgemeines Gesetz werde.«

Das ist eine Forderung, die weit über das hinauszugehen scheint, was ein Mensch zu erfüllen imstande wäre. Sie ist rigoros. Damit hat Kant viele seiner Mitmenschen geängstigt. Sein Widerwille, die Glückseligkeit als Beweggrund der Sittlichkeit anzunehmen, war so groß, dass selbst Schiller fand, der Kantische Rigorismus schrecke die Grazien. Und er gehörte zu seinen größten Bewunderern. »Nehmen Sie, vortrefflicher Lehrer«, hatte er ihm einmal geschrieben, »die Versicherung meines lebhaftesten Danks für das wohltätige Licht an, das Sie in meinem Geist angezündet haben; eines Danks, der wie das Geschäft, auf das er sich gründet, ohne Grenzen und unvergänglich ist.«

Dieses überschwengliche Lob hindert ihn nicht daran, sich über seinen rigorosen Lehrer lustig zu machen. In dem Gedicht *Die Philosophen* heißt es: »Gern dien' ich den Freunden, doch tu' ich es leider aus Neigung, und so wurmt es mich oft, dass ich nicht tugendhaft bin ... Da ist kein anderer Rat! Du musst versuchen, sie zu verachten, und mit Abscheu alsdann tun, wie die Pflicht dir gebeut.«

Wer einen Verwandten im Krankenhaus besucht und ihm, auf dass er sich freue und seine Heilung befördert werde, ein Geschenk überreicht, verliert in dem Moment seine Tugendhaftigkeit, wenn er als der Schenkende sich selber freut. Ebenso rigoros verurteilt Kant die Lüge als den eigentlichen »faulen Fleck« in der menschlichen Natur. Selbst die Notlüge wird verworfen, wann auch immer jemand sie praktiziere. Einen Freund, der sich vor einem mordlustigen Gesellen in Sicherheit bringen will, dürfen wir nicht mit einer Notlüge schützen, wenn wir gesehen haben, dass der Freund in unser Haus geflüchtet ist. Auf die Frage des potentiellen Mörders, ob sein Opfer unsere Tür passiert hat, müssen wir mit »Ja« antworten.

Kant ist unerbittlich, wenn es um seine »Vernunft« geht. Sie ist für ihn die höchste menschliche Instanz, und da sie das ist, müssen alle Gebiete des Wissens und des Glaubens ihr unter-

stellt werden – auch die Religion. In seiner Schrift RELIGION IN-
NERHALB DER GRENZEN DER BLOSSEN VERNUNFT fordert er
die Zurückführung der Religion auf die Moral. Die Existenz Gottes ist der Garant dafür, dass die sittlich gut Handelnden auch
glückselig werden. Der Glaube an die Unsterblichkeit der Seele
und die Freiheit motivieren dazu, dem Kategorischen Imperativ
immer zu gehorchen. Die Kirche ist nichts weiter als eine moralische Gesinnungsgemeinschaft, die bei der Erfüllung der Tu-
gendpflichten hilfreich sein kann.

Wenn sie jedoch für sich allein den Anspruch erhebt, die Moral zu bestimmen, und den ausschließlichen Weg zu Gottes
Gnade beansprucht; wenn sie den Staat zu beherrschen und die
weltlichen Herrscher als Werkzeuge zu benutzen sucht – dann
muss sich der freie Wille gegen eine solche Kirche erheben und
außerhalb von ihr die »reine Religion der Vernunft« suchen.

Im Oktober 1794 erhielt Kant ein versiegeltes Schreiben des
preußischen Kabinettsministers Wöllner, das per eiliger Post aus
Berlin gekommen war. Der Philosoph las mit wachsendem Entsetzen, dass er das Missfallen Unserer höchsten Person König
Friedrich Wilhelms II. erregt habe, dergestalt er seine Lehren
zur Entstellung des Christentums missbrauche, besonders in seinem Buch RELIGION INNERHALB DER GRENZEN DER BLOSSEN
VERNUNFT, womit er unverantwortlich handele gegen seine
Pflicht als Lehrer der Jugend.

»Wir verlangen des ehesten Eure gewissenhafte Verantwortung und gewärtigen Uns von Euch, bei Vermeidung Unserer
höchsten Ungnade, dass Ihr Euch künftig hin nichts dergleichen
werdet zu Schulden kommen lassen, sondern vielmehr Euer
Ansehen und Eure Talente dazu anwendet, dass Unsere landes-
väterliche Intention je mehr und mehr erreicht werde; widrigen-
falls Ihr Euch bei fortgesetzter Renitenz unfehlbar unangeneh-
mer Verfügungen zu gewärtigen habt.« Die philosophischen und
theologischen Professoren der Albertina mussten sich verpflich-
ten, Kants verderbliche Lehren nicht mehr zu behandeln.

Friedrich Wilhelm II., berüchtigt wegen seiner Günstlings-
wirtschaft und seiner okkultistischen Neigungen, hatte mit der

von seinem Vorgänger, dem großen Friedrich, geübten Toleranz ein Ende gemacht. Aus einer Randbemerkung des Alten Fritz kannte man Wöllner als »einen betriegerischen Pfafen und weiter Nichts«, jetzt aber war er der Mann, der die Aufklärung und ihren führenden Kopf, Immanuel Kant, im Namen des Königs energisch bekämpfen sollte. Des Königs Ungnade schien umso befremdlicher, als er doch anfangs dem Königsberger Philosophen geneigt gewesen war, dessen Gehalt sogar um die Hälfte erhöht und ihn durch die Berufung zum Rektor geehrt hatte. Die Französische Revolution, die die Aufklärung in Deutschland genährt hatte, war inzwischen zur Schreckensherrschaft geworden. Den Wöllners und Konsorten war es nicht schwer gefallen, den König zu überzeugen, dass die Stützen von Altar und Thron nun bedroht waren.

In seinem Antwortschreiben betonte Kant, dass er in seinen Schriften nur das gelehrt habe, was er selbst mit Gewissheit als wahr erkannt; so sei auch diese jetzige »Verantwortung« eines Mannes, der in seinem 71. Lebensjahr vielleicht bald einem Weltrichter Rechenschaft geben müsse, mit völliger Gewissenhaftigkeit abgefasst. Und es folgte die überall Aufsehen erregende Passage: »Um auch dem mindesten Verdacht vorzubeugen, so halte ich es für das Sicherste, Eurer Königlichen Majestät zu erklären, dass ich mich fernerhin aller öffentlichen Vorträge, die Religion betreffend, als Euer Majestät getreuester Untertan enthalten werde.«

Einige warfen ihm durch nichts zu rechtfertigende Nachgiebigkeit vor, andere sprachen gar von einer feigen Verleugnung seiner Lehre; selbst seine Anhänger waren irritiert und trösteten sich damit, dass ihm nichts anderes übrig geblieben sei als vorsichtig, geschickt und diplomatisch zu reagieren. Unbefriedigend blieb die »Verantwortung« eines seinem Werk verpflichteten Philosophen dennoch. Sein späterer Einwand, er habe ja nur *diesem* König Enthaltung gelobt, nicht dessen Nachfolgern, wurde als sophistisch bezeichnet. Doch war eine solche kleine Kriegslist gegen einen übermächtigen Gegner nicht legitim?

Überdies: Der alte Mann – in seiner Zeit galt ein Siebzigjähriger als Greis – hatte keine Kraft mehr, gegen die Knebelung der Geistesfreiheit zu protestieren. Bezeichnend hierfür ist, was er in diesem Zusammenhang einem Freund schreibt: »Das Leben ist kurz, vornehmlich das, was nach schon gelebten siebzig Jahren übrig bleibt. Um das sorgenfrei zu Ende zu bringen, wird sich doch wohl ein Winkel der Erde ausfinden lassen.«

Kant zog sich allmählich vom Universitätsbetrieb zurück. Den ehrenvollen Antrag, wieder Rektor zu werden, lehnte er ab. Drei Semester lang las er noch über Metaphysik, Logik, Geographie. Wie aus dem Lektionskatalog hervorgeht stets mit dem Zusatz: *Modo per valitudinem seniumque liceat* – Falls es Gesundheit und Alter erlauben. 1799, fünf Jahre vor seinem Tod, findet sich sein Name im Vorlesungsverzeichnis nicht mehr. »Hier ist alles noch beim Alten«, lesen wir in einem Brief des Münzmeisters Goeschen an seinen auswärts studierenden Sohn. »Die Academie hat weiter keinen Verlust erlitten. Als dass Kant in dieser Welt nicht mehr lieset...«

Seine Studenten waren nicht so herzlos. Von drei Musikcorps begleitet, zogen sie vor das stille Haus in der Prinzessinstraße, um ihrem Professor zu danken. Ihr Sprecher, ein Graf Lehndorf, versicherte, »...dass Ihre Lehren nie aus unseren Herzen weichen werden, sondern unser eifriges Bestreben dahin gehen soll, der Nachwelt durch unsere Handlungen zu zeigen, dass wir Ihrer würdig waren«.

Eine der letzten Arbeiten Kants war die Broschüre ZUM EWIGEN FRIEDEN. Er wusste, dass es einen Frieden, der bis zum Ende aller Tage währen würde, nicht geben könne, es dessen aber ungeachtet die Aufgabe der Menschheit sei, danach zu streben. Ein erster Schritt dahin wäre es, eine internationale Ordnung zu entwickeln. Das Völkerrecht – und hier horchen wir auf – solle auf einer Föderation freier Staaten gegründet sein; wobei jedes Volk seine eigene Regierungsform bestimmen möge. Die äußeren Beziehungen der Staaten von Europa würde ein gemeinsamer Rat bestimmen.

»Könnte ein solches Unternehmen mehr Böses erzeugen«, fragt Kant, »als die ewige Praxis internationaler Täuschung und

Gewalt es jetzt tut?« Am Ende, so hoffe er, würde es sich erweisen, dass Macchiavelli Unrecht hatte: Es bräuchte kein Widerspruch zu bestehen zwischen Moral und Politik. Nur die Moral könne den gordischen Knoten zerhauen, den die Politik nicht zu lösen vermag.

Kantianer, die das Traktat zum ewigen Frieden als ein Produkt sentimentaler Schwärmerei, gar als Erzeugnis einer schon eingetretenen Senilität ansahen und es deshalb gar nicht erwähnten, mögen nachdenklich geworden sein, als der Völkerbund 1919 und später die UNO sich darauf beriefen...

Die letzten Jahre Immanuel Kants glichen einem ständigen Kampf gegen die schwindenden Kräfte seines Geistes und seines Körpers. Während er in der Schule gelernte lange Strophen aus Vergil und Lukrez ohne Stocken zitieren konnte, wusste er jedoch nicht mehr, wie gewisse Straßen und Plätze seiner Heimatstadt hießen. In den Taschen seines Leibrocks häuften sich die »Memoirenzettel«, auf denen er sich die Namen der zu erwartenden Tischgäste notiert hatte und über welche Themen man sich unterhalten könne. Doch zu einer geistvollen Konversation, wie sie einst den Gastgeber ausgezeichnet hatte, kam es immer seltener. Er ermüdete rasch, erging sich in schwer verständlichen Andeutungen. »Die Tischgenossen schieden mit trübem Gefühl von der sinkenden Größe des Mannes«, schreibt einer der Teilnehmer, »und mit tiefem Nachdenken über das Unterliegen des Riesengeistes...«

Es ist rührend zu lesen, wie ihm die Freunde Dinge abnahmen, die er nicht mehr so recht bewältigte. Kriminalrat Jentsch erschien jeden Donnerstag und stopfte ihm die Pfeifen für die ganze Woche. Kaufmann Motherby besorgte Kabeljau, Kants Lieblingsgericht, und englischen Käse. Der Geheime Kommerzienrat Jacobi war für Rheinwein zuständig, die Professorin Pörschke trocknete in der Küche Erbsen und Bohnen, Diaconus Wasianski kam pünktlich um fünf Uhr früh und schnitt die Schreibfedern, Regierungsrat Vigilantius kümmerte sich um die Quittungen der von Berlin gezahlten Gehaltszulage.

Auf einem Zettel in des Professors Westentasche fand sich die

Notiz: »Jentsch fragen, wie man Lampe abschaffen kann.« Der getreue Diener hatte zu trinken begonnen und anstatt seinen Herren zu stützen, musste er selbst gestützt werden. Der Philosoph setzte ihm eine stattliche Pension aus und vermerkte im Führungszeugnis trocken: »Er hat sich treu, aber für mich nicht mehr passend verhalten.«

Kant hatte in seinem Leben nie das Bett hüten müssen. Ärzte kannte er nur als seine Tischgäste. Am 3. Februar 1804 besuchte ihn, alarmiert von den Freunden, ein Professor der Medizin und damaliger Universitätsrektor. Der aus seinem Lehnstuhl mühsam sich erhebende Kranke wollte sich nicht wieder setzen, bevor der Arzt Platz genommen hatte. Er zeigte, und man hat sein ganzes Wesen darin gesehen, jenen seelischen Adel, der sein Werk und sein Leben ausmachte: »Das Gefühl für Humanität hat mich noch nicht verlassen.« Der Arzt erkannte, dass seine Kunst hier nichts ausrichten würde. Er saß einem vom Tode Gezeichneten gegenüber. Neun Tage später starb Immanuel Kant. Er musste nicht leiden: Er erlosch.

Was Egon Friedell in seiner KULTURGESCHICHTE DER NEUZEIT über Kant schreibt, bleibt gültig: »...als Erforscher der menschlichen Erkenntnis war er ein ... Weltwunder, ein Gehirn von einer solchen formidablen Überlebensgröße, einer Schärfe des Distinktionsvermögens und Kraft des Zuendedenkens, wie es auf Erden nur einmal erschienen ist ... Er war nichts weniger als ein Dichter, sondern ein reiner Denker, vermutlich der reinste Denker, der je gelebt hat.«

Schiller und Goethe

Der Briefwechsel

Weimar enttäuschte ihn. Aus Dresden gekommen, dieser prachtvollen Stadt, traf er auf engbrüstige Häuser, von Ackerwagen befahrene Straßen, auf Gehsteige, die Hühnern und Schweinen Auslauf boten. Nachts musste man sich, wie in allen diesen kleinen Städten, mangels Beleuchtung von einem Diener heimleuchten lassen, und wer sich zu weit von den Hauptplätzen entfernte, konnte im Straßenkot stecken bleiben. Das Ganze war ein unseliges Mittelding zwischen Residenz und Dorf, war ein Nest, das Hauptstadt spielen wollte. Und wer nach dem Schloss des regierenden Hauses suchte, fand eine brandgeschwärzte Ruine, die seit Jahren auf den Wiederaufbau wartete.

Im Juli 1787 nahm Schiller Wohnung in einem Gasthof, der unweit vom Frauenplan lag. Dort aber war jener Mann zur Zeit nicht anwesend, den kennen zu lernen er letztlich gekommen war. Der Kammerpräsident von Goethe war nach Italien beurlaubt worden und wurde vorerst nicht zurückerwartet. Den Herzog selbst hatte es in die Niederlande gezogen. Schiller gewann dennoch rasch Anschluss an die Weimarer Gesellschaft. Er war bereits ein berühmter Mann in Deutschland; berühmt und berüchtigt. Die Uraufführung der Räuber in Mannheim war ein Fanal gewesen, ein Aufschrei gegen die Serenissimi, die Klein- und Kleinstfürsten, deren Welt morsch geworden war.

»Mich ekelt vor diesem tintenklecksenden Säkulum, vor den abgeschmackten Konventionen des schlappen Kastratenjahrhunderts«, hatte er seinen Karl Moor rufen lassen. Und: »Stelle mich vor ein Heer Kerls wie ich, und aus Deutschland soll eine Republik werden, gegen die Rom und Sparta Nonnenklöster sein sollen.« In Kabale und Liebe hatte er bürgerliche Rechtschaffenheit der Niedertracht einer Hofgesellschaft gegenübergestellt.

Er lernte Herder kennen, dem wir die IDEEN ZUR GESCHICHTE DER PHILOSOPHIE DER MENSCHHEIT verdanken; Wieland, den Übersetzer Shakespeares und Herausgeber des TEUTSCHEN MERKUR; er begegnete anderen Mitgliedern des Weimarer Musenhofs. Wen er auch traf – es vergingen immer nur wenige Minuten, bis sie begannen, Goethe zu erwähnen, ihn mit einer Art von Anbetung zu nennen, seinen klaren, universalen Verstand zu preisen, sein inniges Gefühl, die Reinheit des Herzens; alles, was er sei, sei er ganz; einer, der noch mehr als Mensch denn als Schriftsteller bewundert werden müsse. Dieser Goethe hatte anscheinend alle Menschen umgemodelt, die jemals mit ihm in Berührung gekommen waren.

Auch Schiller verehrte Goethe, doch die nicht enden wollenden Lobeshymnen machten ihn allmählich missvergnügt. Er hatte Mühe, sein Selbstbewusstsein zu bewahren. Charlotte von Kalb, Seelenfreundin aus Mannheimer Tagen und ein bisschen mehr, ermutigte ihn, sich seines eigenen Wertes bewusst zu bleiben: Schließlich werde überall nur mit Wasser gekocht. Aus seinen hypochondrischen Stimmungen aber löste er sich immer nur schwer. Als der von allen ungeduldig Erwartete bei einer Gesellschaft im benachbarten Rudolstadt am 9. September 1788 endlich vor ihm stand, war die Reaktion voraussehbar. Das war der Mensch, den alle vergötterten, dem alle zu Füßen lagen? Nun, er, Schiller, weigerte sich dazuzugehören. Steif trug er sich und steif ging er; schien älter auszusehen, als er eigentlich sein musste. Gewiss, die Stimme klang nicht unangenehm; das Auge war lebhaft und leuchtend; und wenn er sprach, hörte man ihm gern zu. Ob man sich einander näher kommen würde, daran war doch zu zweifeln. Er schien so weit voraus zu sein, dass man ihn unterwegs nicht mehr würde einholen können. Goethes Welt war nicht seine Welt; der schien ganz anders angelegt worden zu sein.

Hätte Schiller geahnt, wie der Mann, den er gerade kennen gelernt hatte, über *ihn* dachte, sein ganzer späterer Kampf um

Anerkennung wäre ihm von Anfang an sinnlos erschienen. Dieser lang aufgeschossene Dichter mit den hektischen roten Wangen, der nach Tabak roch, leidenschaftlich daherredete und das in schwäbischem Dialekt; ein kraftvolles, aber unreifes Talent, der Dichter der RÄUBER eben, der mit seinen ethischen und theatralischen Paradoxien so viel Verwirrung in der Welt angerichtet hatte; der die Harmonie der Seele störte, die man sich in Italien erworben hatte, und nun auch noch hier in Weimar sich eine beherrschende Position zu schaffen suchte – nein, das war kein Mann für Goethe, der später schrieb, was er jetzt dachte: Schiller ist mir verhasst...

Sie gingen einander aus dem Wege, sie *vermieden* sich, und wenn eine Begegnung unumgänglich war, blieb es bei belanglosen Worten. Die Bemühungen beiderseitiger Freunde zu vermitteln, das Eis zum Schmelzen zu bringen, scheiterten. Dabei litten sie beide darunter, keinen Zugang zueinander zu finden. »Meine Gründe, die ich jeder Vereinigung entgegensetze, sind schwer zu widerlegen«, glaubte Goethe. »Niemand konnte leugnen, dass zwischen zwei Geistesantipoden mehr als ein Erdkreis die Scheidung machte, da sie denn beiderseits als Pole gelten mögen und deswegen in eins nicht zusammenfallen können.«

Schiller sah sich als der Zerrissene: gespalten zwischen Zuneigung und Ablehnung, zwischen Anerkennung und Bewahrung des eigenen Stolzes, ja zwischen Liebe und Hass. »Mit Goethe messe ich mich nicht. Er hat weit mehr Genie als ich und weit mehr Reichtum an Kenntnissen.« Keinem Sterblichen habe er sich mehr entgegengesehnt. Das sei der Mensch, von dem er Wahrheit über sich selbst erwarte und über das, was er geschrieben hatte. Mit Spionen wolle er ihn umgeben, um diese Wahrheit zu erfahren. Er persönlich werde sich nicht darum bemühen. Und »...da ich nicht an dieses einzige Wesen gebunden bin, da jeder in der Welt seine Geschäfte hat, so habe ich auch die meinigen; und man hat wahrlich zu wenig bares Leben, um Zeit und Mühe daran zu wenden, Menschen zu entziffern, die schwer zu entziffern sind ... Ich habe zu viel Stolz, einen Menschen abzuwarten, bis er sich mir entwickelt hat.«

Anfang Dezember 1788 klopfte der Geheime Regierungsrat Voigt bei Schiller an, um, nach umständlichen Präliminarien, sich eines Auftrags zu entledigen, hinter dem der Herzog stehe, in den auch sein unmittelbarer Vorgesetzter, der Minister Goethe, eingeweiht sei, ein Auftrag, bei dem es sich darum handele, den just frei gewordenen Lehrstuhl für Geschichte an der Universität Jena neu zu besetzen, und ob der Herr bereit sei, dieses Ehre bringende Amt hinkünftig einnehmen zu wollen. Carl August gehöre, wie der Herr wohl wisse, neben den Fürsten von Gotha, Meiningen, Coburg, Hildburghausen – die ganze deutsche Kleinstaaterei erscheint vor unserem inneren Auge – zu den Fürstlichen Erhaltern der Gesamtakademie, auch sei an das dortige Geheime Konzilium bereits ein Promemoria gerichtet worden, in dem es heiße, dass Besagter sich durch seine Schriften einen Namen erworben habe und besonders neuerdings durch eine GESCHICHTE DES ABFALLS DER NIEDERLANDE Hoffnung erwecke, dass er das historische Fach mit Glück beherrschen werde.

»Er wird von Personen, die ihn kennen, auch von Seiten des Charakters und der Lebensart vorteilhaft geschildert, sein Betragen ist ernsthaft und gefällig, und man kann glauben, dass er auf junge Leute guten Einfluss haben werde.« Das waren die ersten Worte, die Goethe über Schiller schrieb, und sie klingen wie ein Zeugnis, das ein Handwerksmeister seinem Gesellen ausstellt.

Ehre brachte dieses Angebot gewiss, das Amt selbst aber kein Geld (sieht man von den Kolleggeldern ab). Und Geld war das, was Schiller, nicht zuletzt seiner hohen Schulden wegen, am dringendsten gebraucht hätte. Auch hatte ein Universitätsprofessor damals keineswegs den gesellschaftlichen Rang, den er heute hat. Da waren auch die Zweifel, ob er einem solchen Amt überhaupt gewachsen sein würde. Er fühlte sich nicht als ein Gelehrter, Gelehrsamkeit war bei ihm nicht vorauszusetzen. In seinen Träumen erlebte er Studenten, die ihn mit ihrem besseren Wissen vor aller Öffentlichkeit blamierten. Man tröstete ihn damit, dass Jena eine ansehnlichere Stadt sei als Weimar, mit breiteren Gassen, behäbigeren Häusern, größeren Plätzen. Es sei ein

Stapelplatz des Wissens und der Gelehrsamkeit und seine Universität nehme bei den Studierenden in halb Europa einen hohen Rang ein. Für die in der Saalestadt erscheinende Allgemeine Literatur Zeitung arbeiteten so bedeutende Männer wie Kant, Fichte, Humboldt, Georg Forster, Gottfried August Bürger, die Gebrüder Schlegel. Auch Goethe redete ihm zu, sprach von *docendo discimus*, durch Lehren lernen wir.

Schiller hat sich dann zur Annahme der Professur entschlossen: in heroischer Resignation. Die Sache würde ihm immerhin einen gelehrten Namen verschaffen, und der war nötig, um endlich von der Liste der literarischen Vagabunden gestrichen zu werden. Die Antrittsvorlesung übertraf alle seine Erwartungen. Durch die lange Johannisstraße strömten die Studenten in derartiger Zahl, dass aus den Fenstern gefragt wurde: »Ist Feuer in der Stadt?!« Das größte Auditorium war schon am frühen Morgen überfüllt; die Hörer ließen sich das Essen an ihre Bänke bringen; nach studentischer Art empfingen sie den Neuen mit trommelartigem Klopfen, das sich am Ende der Lesung zu rasendem Stakkato steigerte. Der Titel: *Was heißt und zu welchem Ende studiert man Universalgeschichte?*

»Meine Vorlesung machte Eindruck«, schrieb Schiller bescheiden, »den ganzen Abend hörte man in der Stadt davon reden, und mir widerfuhr eine Aufmerksamkeit, die bei einem neuen Professor das erste Beispiel war. Ich bekam eine Nachtmusik und Vivat wurde dreimal gerufen.«

Als die Sensation verraucht war, den Dichter der RÄUBER zu erleben, kehrte der Alltag wieder ein. Aus den vier- bis fünfhundert Studenten wurden dreißig bis vierzig, von denen nicht alle ihre Kolleggelder zahlten. Es kam wenig ein, dafür ging mehr hinaus: an Gebühren für die Kanzleien, für die Einführung, für die Ernennung zum Magister, für die Robe. Sechzig Taler hatte ihn die Sache bisher gekostet, ohne dass er etwas anderes dafür bekommen hatte als bedrucktes (Urkunden-)Papier. Das war mehr als sein Geldbeutel vertragen konnte. Er fühlte sich auf einmal übertölpelt und äußerte verärgert: »Diese Professur soll der Teufel holen.«

In Jena hatte Schiller bei der Jungfer Schramm Quartier bezogen: Drei sonnige Zimmer, und am Fenster des einen stand sein Schreibtisch, der erste eigene Schreibtisch seines Lebens. Weimar war nur eine knappe Reitstunde entfernt, aber Goethe sah er höchst selten. Er hing dunklen Gedanken nach, wenn er sich fragte, warum der Geheime Rat ihn in die Universitätslaufbahn geradezu gedrängt hatte. Dass Goethe alles getan habe, um ihn von Weimar wegzuloben, darüber ging schon damals die Rede, aber das gehört in die Sparte böswilligen Klatsches. Dennoch war Schiller verbittert. Es gibt Äußerungen, die man heute noch mit Fassungslosigkeit liest.

»Öfters um Goethe zu sein, würde mich unglücklich machen: Er hat auch gegen seine nächsten Freunde keinen Moment der Ergießung, er ist an nichts zu fassen; ich glaube in der Tat, er ist ein Egoist in ungewöhnlichem Grade ... Er macht seine Existenz wohltätig kund, aber nur wie ein Gott, ohne sich selbst zu geben. Ein solches Wesen sollten die Menschen nicht um sich herum aufkommen lassen. Mir ist er dadurch verhasst, ob ich gleich seinen Geist von ganzem Herzen liebe und groß von ihm denke.«

Jetzt kommt jene viel zitierte Passage: »Ich betrachte ihn wie eine stolze Prüde, der man ein Kind machen muss, um sie vor der Welt zu demütigen. Eine ganz besondere Mischung von Hass und Liebe ist es, die er in mir erweckt hat, eine Empfindung, die derjenigen nicht ganz unähnlich ist, die Brutus und Cassius gegen Cäsar gehabt haben müssen. Ich könnte seinen Geist umbringen und ihn wieder von Herzen lieben.«

Dieser Goethe war ihm nun einmal im Wege, wie er später gestand. Er erinnerte ihn so oft daran, wie hart ihn das Schicksal behandelt hatte; wie er bis auf diese Minute noch kämpfen musste und wie leicht des anderen Genie von den Göttern geleitet wurde. Das bringt sein Leiden an Goethe auf den Punkt. Seine ganze Verzweiflung an sich, an der Welt und den Menschen und, ganz schlicht, auch seine materielle Not zeigen sich in diesem Brief an den Freund Körner in Dresden: »Könntest Du mir innerhalb eines Jahres eine Frau von 12000 Talern verschaffen, mit der ich leben, an die ich mich attachieren könnte, so wollte ich dir in fünf Jahren eine klassische Tragödie und ein halbes Dutzend schöner Oden liefern – und die Akademie in Jena könnte mich im Arsch lecken.«

Diese Passage wird gern weggelassen. Der Verfasser des Briefes kannte seit einigen Monaten eine junge Dame, die keine reiche Partie war, die er aber liebte. Das heißt, ob er *sie* liebte oder doch eher die Schwester, darüber war er sich nicht im Klaren. Charlotte von Lengefeld war keine Schönheit, aber von schlichter Natürlichkeit und praktischer Vernunft, sie strahlte Geborgenheit aus. Caroline schien ganz das Gegenteil: temperamentvoll, leidenschaftlich, von geistiger Brillanz. Eva und Lilith, Urphänomene des Weibseins, in den beiden Schwestern waren sie verkörpert. Charlotte liebte Schiller, glaubte aber irgendwann, dass er besser zur Schwester passe, und wollte in edler Entsagung zurücktreten.

Der Dichter selbst verblieb in der Unentschlossenheit seiner Gefühle. »O Caroline! Lotte! Warum sind wir getrennt? Was macht meine Caroline? Was macht meine Lotte? Lebt wohl, meine Liebsten, Teuersten. Morgen kommen eure Briefe. Der Tag meiner Hoffnung...« In Weimar tuschelte man bald von einer »Doppelliebe«, und die eifersüchtige von Kalb tat alles, um das pikante Gerücht zu nähren. Mit Erfolg, denn es hielt sich bis heute. Schiller hat dann die Frau gewählt, die ihm Ruhe und Geborgenheit versprach. Eine Wahl, zu der ihn Caroline ermutigte! Und Charlotte schien noch bildsam. »Deine Seele muss sich in meiner Liebe entfalten, und mein Geschöpf musst du sein...« In Jena richteten sie sich bescheiden ein; ein Diener und eine Zofe waren allerdings unumgänglich.

Goethe gehörte zu den ersten Besuchern des jungen Paares. Es entspann sich sogleich ein lebhaftes Streitgespräch über Kant, der für den einen eine Erbauung war, ein Labsal, dessen Kritik der Urteilskraft er sich gerade bestellt hatte; der andere, Goethe, wehrte sich gegen dessen Philosophie mit Macht, bezeichnete sie als eine Drohung, eine Zwingfeste, welche die heiteren Streifzüge über das Feld der Erfahrung versperren sollte.

Sie konnten also auch über die Philosophie einander nicht näher kommen. »Es fehlt ihm ganz an der herzlichen Art, sich zu irgendetwas zu bekennen«, klagte Schiller. »Ich möchte doch nicht über Dinge, die mich sehr nahe interessieren, mit ihm streiten.«

Bald sollte ihm auch die Kraft dazu fehlen. Aus der Hochstimmung seines Lebens heraus, aus dem häuslichen Glück, das er mit Charlotte gefunden hatte, riss ihn im Januar 1791 ein katarrhisches Fieber. Zu früh wieder auf dem Katheder, traf ihn der Rückfall. Bei der geringsten Anstrengung fiel er in Ohnmacht. Mit eisernem Willen schrieb er weiter an seiner GESCHICHTE DES DREISSIGJÄHRIGEN KRIEGES. Dann erfolgte der zweite Rückfall und diesmal spürte er den Schatten des Todes. Seinen jeweiligen Zustand hat er akribisch genau aufgezeichnet. Schließlich war er seinerzeit auf der Karlsschule in Stuttgart zum Regimentsmedicus ausgebildet worden. Der moderne Mediziner kann daraus die Diagnose stellen: Erkältungskatarrh, Lungenentzündung, begleitet von trockener Rippenfellentzündung, Durchbruch von Eiter durch das Zwerchfell. Schiller bat, die Freunde zu rufen, damit sie lernten, wie man ruhig sterben könne.

Nach der Genesung zog die Sorge bei ihm ein, begleitet von ihrer grauen Schwester, der Not. 1400 Taler hatten ihn die Ärzte gekostet mit ihren Besuchen, ihren Zugpflastern, Aderlässen, Brechmitteln, den Gaben von Opium, und es war doch alles wirkungslos geblieben. 200 Taler hatte ihm der Herzog bewilligt pro Jahr, eine Summe, die ihm selbst so schäbig erschienen war, dass er die Anweisung mit gesenkter Stimme und verlegenem Gesicht zusagte. 1500 Taler hatte die Schwiegermutter aus ihrem schmalen Vermögen bei der Hochzeit beigesteuert. Das Geld für die Kur in Karlsbad musste er sich leihen. Doch da nahte Rettung. Nicht aus Deutschland, sondern aus Dänemark. Der Erbprinz Friedrich Christian und sein Finanzminister Graf Schimmelmann – ihre Namen seien ausdrücklich genannt – bewilligten ihm eine Ehrengabe von 3000 Talern.

»Nehmen Sie dieses Angebot an, edler Mann!«

Schiller schrieb in seinem Dankesbrief – und man liest die Worte nicht ohne Zorn: »Zugleich die strengen Forderungen der

Kunst zu befriedigen und seinem schriftstellerischen Fleiß auch nur die notwendigste Unterstützung zu verschaffen, ist in unserer deutschen literarischen Welt, wie ich endlich weiß, unvereinbar.«

Sechs Jahre sollten seit der ersten Begegnung der beiden Dichter in Rudolstadt vergehen, ehe sie einander näher kamen. Der DON CARLOS war vom Weimarer Theater, dessen Direktor Goethe war, einstudiert worden und galt als das eindrucksvollste Theaterereignis des Jahres 1792. Schiller hatte die Zeitschrift DIE HOREN gegründet mit dem Ziel, die deutsche Literatur zu repräsentieren, den deutschen Geist. Er war an bedeutende Schriftsteller herangetreten, um sie als Mitarbeiter zu gewinnen. Neben Wilhelm von Humboldt, Herder und Fichte gehörte auch Goethe dazu, der zehn Tage verstreichen ließ, ehe er antwortete. »Euer Hochwohlgeboren eröffnen mir eine doppelt angenehme Aussicht, sowohl auf die Zeitschrift, welche Sie herauszugeben gedenken, als auch auf die Teilnahme, zu der Sie mich einladen, und ich wünsche mich durch die Tat für das Vertrauen dankbar zu zeigen...« Nach langem Zögern und mehrfacher Änderung schrieb er an den Schluss, dass er sich freue, mit von der Partie zu sein. Ein sehr höflicher, doch zurückhaltender Brief. Schließlich war da noch Schillers Aufsatz ÜBER ANMUT UND WÜRDE, bei dessen Lektüre Goethe einige kritische Bemerkungen auf sich bezogen hatte.

Man hat von einem gütigen Schicksal gesprochen oder von einem Zufall, dass das Eis endlich zwischen ihnen zu brechen begann. Doch scheint es eher, dass Schiller jene Begegnung diplomatisch geschickt inszeniert hat. Die beiden Dichter hatten 1794 in Jena an einem Vortrag der Naturforschenden Gesellschaft teilgenommen, deren Ehrenmitglieder sie waren, und auf dem gemeinsamen Weg in Richtung der Schillerschen Wohnung..., doch hierüber haben wir einen detaillierten Bericht Goethes.

»Wir gelangten zu seinem Haus, das Gespräch lockte mich hinein; da trug ich die Metamorphose der Pflanzen lebhaft vor und ließ, mit manchen charakeristischen Federstrichen, eine symbolische Pflanze vor seinen Augen entstehen [die »Urpflanze«]. Er vernahm und schaute das alles mit großer Teilnahme, mit entschiedener Fassungskraft, als ich aber geendet, schüttelte er den Kopf und sagte: ›Das ist keine Erfahrung, das ist eine Idee.‹ – Ich stutzte, verdrießlich einigermaßen; denn der Punkt, der uns trennte, war dadurch aufs strengste bezeichnet. Seine Behauptung aus ANMUT UND WÜRDE fiel mir wieder ein, der alte Groll wollte sich regen; ich nahm mich aber zusammen und versetzte: ›Das kann mir sehr recht sein, dass ich Ideen habe, ohne es zu wissen, und sie sogar mit Augen sehe.‹

Schiller, der viel mehr Lebensklugheit und Lebensart hatte als ich, erwiderte darauf als ein gebildeter Kantianer; und als aus meinem hartnäckigen Realismus mancher Anlass zu lebhaftem Widerspruch entstand, so ward viel gekämpft und dann Stillstand gemacht: Keiner von beiden konnte sich für den Sieger halten, beide hielten sich für unüberwindlich. Der erste Schritt jedoch war getan ... Seine Gattin, die ich von ihrer Kindheit auf zu lieben und zu schätzen gewohnt war, trug das ihrige bei zu dauerndem Verständnis; alle beiderseitigen Freunde waren froh, und so besiegelten wir, durch den größten, vielleicht nie ganz zu schlichtenden Wettkampf zwischen Objekt und Subjekt, einen Bund, der ununterbrochen gedauert und für uns und andere manches Gute bewirkt hat.«

Später legte er das erstaunliche Bekenntnis ab: »Für mich insbesondere war es ein neuer Frühling, in welchem alles froh nebeneinander keimte und aus aufgeschlossenen Samen und Zweigen hervorging. Unsere beiderseitigen Briefe geben davon das unmittelbarste, reinste und vollständigste Zeugnis.«

Auch Schiller hat über dieses Gespräch berichtet, und ein Schreiben vom 23. August war es dann, das den Bann endgültig brach. Es beginnt ein schriftlicher Gedankenaustausch, der mehr aussagt über zwei Dichter als dickleibige Folianten es zu sagen vermöchten. In der Weltliteratur gibt es kein ähnliches Beispiel eines geistigen Bündnisses zwischen zwei großen Naturen. Die Briefliteratur hat hier zweifellos einen Höhepunkt erreicht. Wer sich festliest, und jedem wird das so ergehen, dem bleibt das Staunen über den Reichtum, der sich hier ausbreitet, über die Anregungen, die Gedankenblitze, über das ganze Kaleidoskop menschlicher Beziehungen, über das Leid und die Freuden, den Schmerz und das Glück. Der Humor kommt nicht zu kurz. Als Goethe die bevorstehende Ankunft eines neuen Erdenbewohners meldet, bekommt er die Antwort: »Zu dem neuen Hausgenossen gratuliere ich im Voraus. Lassen Sie ihn immer ein Mädchen sein, so können wir uns noch am Ende miteinander verschwägern.«

Eine phantasievolle Vorstellung ... Es zeigt sich eine herzerwärmende Freundschaft, doch eine gewisse Grenze wird nicht überschritten; das »Du« bleibt ausgespart. Formulierungen wie »Leben Sie wohl und lieben mich«, »Mit lebhafter Sehnsucht«, »Von Ihnen nichts zu hören, wäre mir kaum erträglich«, »Geliebter Freund« sollten einen nicht täuschen, sie waren zwischen Männerfreunden üblich. Auffällig ist, dass Schiller immer der Werbende ist und Goethe der Umworbene.

Im Grunde ist es das hohe Lied der Freundschaft. Sie ähnelt einem befruchtenden geistigen Wettkampf, einem *agon*, wie die Griechen das nannten. Ein jeder konnte dem anderen geben, was ihm fehlte, und etwas dafür empfangen. Der Ältere meinte, der Jüngere habe ihm eine zweite Jugend geschenkt, der Jüngere spricht von einem Frühling, der ihm wintertags erblüht sei.

Dabei schien das, was Schiller unter Dichten verstand, so der Literaturhistoriker Hermann Grimm, gar kein Dichten für Goethe. Des einen poetisches Schaffen war dem anderen etwas Fremdes. Schiller suchte sich seine Stoffe, dann modellierte er so lange, bis sie ihm bequem lagen. Während Goethe nur sacht am Baume schütteln musste, um sich die schönsten Früchte zufallen zu lassen.

Schiller blieb sein Leben lang kränklich. Seine Vita liest sich bisweilen wie ein ewiger Krankheitsbericht. Eine immerwährende Erkältung mit hartnäckigem Schnupfen, Koliken, Unterleibskrämpfen, heftige Katarrhe und vor allem Lungenentzündungen quälten ihn. Dass er an einer Tuberkulose litt, wie man das ganze 19. Jahrhundert über annahm, wird inzwischen von der modernen Medizin bestritten.

»Kann ich nur mein fünfzigstes Jahr mit ungehinderten Geisteskräften erreichen, so hoffe ich so viel erspart zu haben, dass meine Kinder unabhängig sind.« Man liest es mit Rührung. Als er Goethe berichtet, dass die Krankheit seine physischen Kräfte zu untergraben drohe, bekommt er durch Boten die Einladung, für vierzehn Tage in das Haus am Frauenplan zu ziehen.

»Sie würden jede Art von Arbeit ruhig vornehmen können. Wir besprächen uns in bequemen Stunden, sähen Freunde, die uns am ähnlichsten gesinnt wären ... Sie sollten ganz nach Ihrer Art und Weise leben und sich wie zu Hause möglichst einrichten. Dadurch würde ich in den Stand gesetzt, Ihnen von meinen Sammlungen das Wichtigste zu zeigen, und mehrere Fäden würden sich zwischen uns knüpfen.«

Die Einladung wird freudig angenommen, verbunden mit der ernstlichen Bitte, sich nicht zu inkommodieren. »Denn leider nötigen mich meine Krämpfe gewöhnlich, den ganzen Morgen dem Schlaf zu widmen, weil sie mir des Nachts keine Ruhe lassen ... Sie werden mir also erlauben, mich in Ihrem Haus als einen völlig Fremden zu betrachten, auf den nicht geachtet wird... Die Ordnung, die jedem anderen Menschen wohl macht, ist mein gefährlichster Feind, denn ich darf nur in einer bestimmten Zeit etwas Bestimmtes mir vornehmen müssen, so bin ich sicher, dass es nicht möglich sein wird. Entschuldigen Sie die Präliminarien, die ich notwendiger Weise vorhergehen lassen musste, um meine Existenz bei Ihnen nur möglich zu machen.«

Dann der Satz, den man nicht so leicht wieder vergisst: »Ich bitte bloß um die leidige Freiheit, bei Ihnen krank sein zu dürfen.«

Spötter meinten, der Gastgeber könne froh gewesen sein, dass der Gast nicht seine fauligen Äpfel mitgebracht habe. Dass Schiller solche Früchte in der Schublade seines Schreibtisches aufbewahrte, um gelegentlich daran zu schnüffeln, als seien sie ein inspirierendes Rauschmittel, ist keine Anekdote. Im Schillerhaus zu Weimar pflegen viele Besucher nicht danach zu fragen, was er wohl an diesem Schreibtisch für ein Werk unter der Feder gehabt habe, sondern wollen wissen: »Stimmt das mit den faulen Äpfeln?« Goethe, hoch empfindlich gegen Hundegebell, gegen Tabakrauch und modrige Gerüche, hatte, als er sie einmal zu riechen bekam, alle Fenster aufgerissen und großes Unbehagen geäußert.

Schiller verfügte während seines vierzehntägigen Aufenthalts über drei Zimmer, die ja gewartet werden mussten. Er sei während dieser Zeit keiner Menschenseele begegnet. Es gab aber eine Menschenseele. Sie hieß Christiane Vulpius. Goethe hatte sie nach seiner Rückkehr aus Italien, wo er die körperliche Liebe kennen gelernt, ins Haus genommen: als seinen Bettschatz – aus dem im Laufe der Zeit ein Haus- und Küchenschatz wurde. Sie blieb unsichtbar, da der Hausherr sie keinem seiner hochmögenden Besucher vorzustellen pflegte. Während des sich über zwölf Jahre hinziehenden Briefwechsels erwähnt Schiller den Namen Christiane Vulpius kein einziges Mal. Warum er das nicht tut, geht aus einem Brief hervor, in dem er seinen Freund gegen die Gräfin Schimmelmann verteidigt, die Zweifel an dessen Charakter angemeldet hatte.

»Es wäre zu wünschen, dass ich Goethe ebenso gut in Rücksicht auf seine häuslichen Verhältnisse rechtfertigen könnte, als ich es in Hinsicht auf seine literarischen und bürgerlichen kann. Aber leider ist er durch einige falsche Begriffe über das häusliche Glück ... in ein Verhältnis geraten, welches ihn in seinem eigenen häuslichen Kreise drückt und unglücklich macht und welches abzuschütteln er leider zu schwach und zu weichherzig ist. Dies ist seine einzige Blöße, die aber niemanden verletzt als ihn selbst, und auch diese hängt mit einem sehr edlen Teil seines Charakters zusammen.«

Über »Christiane und Goethe« ist viel geschrieben worden. Es ist hier nicht der Platz, darüber zu befinden, ob Schillers Urteil zutraf über das »Kreatürchen« (wie die Stein sie nannte) oder über das »Gleine nadur Wessen« (wie Christiane über sich selbst schrieb), es bleibt lediglich zu registrieren, dass sie für Schiller nicht existierte. Und für seine Frau, die adelsstolze Charlotte von Lengefeld, schon gar nicht.

Nach Schillers Besuch, oder sagen wir »Genesungsaufenthalt«, beschlossen sie, gemeinsam miteinander weiterzuwandern. Sie schrieben sich fast täglich. Wenn kein Brief kam, klopfte einer an des anderen Tür. Goethe entfloh häufig dem Haus am Frauenplan, in dem es ihm der ständigen Besucher wegen bisweilen zu unruhig wurde, nahm Quartier im Jenaer Schloss und ging zu Schillern hinüber.

»Er kömmt alle Nachmittage und bleibt bis nach dem Abendessen. Gewöhnlich tritt er schweigend herein, setzt sich nieder, stützt den Kopf auf, nimmt auch wohl ein Buch oder einen Bleistift und Tusche und zeichnet. Diese stille Szene unterbricht etwa der wilde Junge [Schillers Sohn Karl] einmal, der Goethe mit der Peitsche ins Gesicht schlägt, dann springt dieser auf, zaust und schüttelt das Kind, schwört, dass er mit seinem Kopf einmal Kegel schieben müsse, und ist nun, ohne zu wissen wie, in Bewegung gekommen. Dann folgt gewöhnlich ein interessanter Diskurs, der oft bis in die Nacht fortdauert ... Schiller wandelt, ja man möchte sagen, rennt unaufhörlich im Zimmer herum ... Oft sieht man ihm sein körperliches Leiden an, besonders wenn ihn die Suffukationen [Erstickungsanfälle] anwandeln ... Kann man ihn in solchen Momenten in eine interessante Unterredung ziehen, so verlässt ihn das Übel wieder. Überhaupt sind ihm anstrengende Arbeiten das sicherste Mittel für den Augenblick. Man sieht, in welcher ununterbrochenen Spannung er lebt...« So erinnerte sich der kursächsische Rittmeister Karl Wilhelm von Funk, gelegentlich Gast bei Goethe.

Im Gespräch die sich bei einem neuen Werk stellenden Fragen zu klären, die Materie zu sichten, bevor sie gestaltet wird, wurde ihnen zur Lebensnotwendigkeit. In diesen Werkstattgesprächen half man sich gegenseitig. Schiller, in der Jugend streng gehaltener Internatszögling, als Erwachsener ein Stubenmensch, kannte wenig von der Welt. Der Zug der Kraniche in seiner Ballade war ihm lediglich ein Begriff ohne Anschauung. Bei der Bearbeitung von Goethes EGMONT für die Bühne erfinden sie gemeinsam neue Szenen. Für Schiller ist das gleichzeitig eine wichtige Vorbereitung auf seinen WALLENSTEIN. Seinerseits verschafft er der IPHIGENIE das, was sie dringend brauchte: Theaterwirksamkeit. Goethe bedankt sich, indem er dem Freund den Stoff zu WILHELM TELL überlässt, den er ursprünglich selbst dramatisieren wollte, und liefert ihm eine exakte Schilderung der Schweizer Natur mit ihren föhngepeitschten Bergseen, stürzenden Wassern, grünen Matten, den Fischern, Hirten, Jägern. Auch hier fehlte Schiller jede persönliche Erfahrung: Die Schweiz war ihm unbekannt.

Wie wichtig es ist, einen Freund zu haben, der nicht gleichzeitig ein Schmeichler ist, dafür geben die beiden ein Beispiel. Sie machen sich gegenseitig nichts vor; sie loben dort, wo Lob angebracht erscheint, und kritisieren, ohne niederzureißen. Goethe bleibt nicht verborgen, dass bei dem Freund die dramatische Kraft bisweilen von des – philosophischen – Gedankens Blässe angekränkelt wird. Den wiederum regt es auf, wie zögerlich der andere reagiert, als er ihn immer wieder mahnen muss, am FAUST weiterzuarbeiten. Diese ewigen Mahnungen können Goethe bisweilen lästig werden, und er weicht zurück vor der ungestümen Tatkraft, die hier auf ihn eindringt, zu sehr auf ihn eindringt. Aber er vergisst nie, wie wichtig ihm die schöpferische Teilnahme des anderen ist; besonders am ersten Teil des WILHELM MEISTER. An der Entstehung von HERMANN UND DOROTHEA, einem Epos, das ein Schicksal der aus Salzburg vertriebenen Protestanten zum Thema hat, ist der Einfluss des Schillerschen Idealismus mit den Händen greifbar, Goethe tat hier etwas, was er sonst peinlich vermied: ein Werk von einem anderen beurteilen zu lassen, bevor er selbst es vollendet hatte.

»Es ist unglaublich, wie er jetzt die Früchte eines wohlangewandten Lebens und einer anhaltenden Bildung erntet«, schrieb Schiller halb neidvoll, halb anerkennend, »wie bedeutend und sicher jetzt alle seine Schritte sind, wie ihn die Klarheit über sich selbst und über die Gegenstände vor jedem eitlen Streben und Herumtappen bewahrt.«

Die Literaturhistoriker sind sich darüber einig, dass keines der Werke, die in der Zeit ihrer »Werkstattgespräche« entstanden sind, so geworden wäre, wie wir es besitzen: der FAUST nicht, die Balladen nicht, der WILHELM MEISTER nicht, HERMANN UND DOROTHEA nicht und auch der WALLENSTEIN nicht.

Den Höhepunkt der Zusammenarbeit erreichten sie gegen

Ende 1795 mit ihren XENIEN. Das waren Sinngedichte, die in geistreicher, aber beißender Weise literarische und menschliche Torheiten geißelten und daneben auch treffende Bemerkungen über Kunst, Literatur und Leben enthielten. Die Verbildung des Zeitalters und die schreckliche Mittelmäßigkeit der Literaten wurden attackiert, der Gegner bloßgestellt. Im Rausch der Abrechnung mit den Feinden wurden die Grenzen des guten Geschmacks gelegentlich überschritten. Bitterkeit, Hass zeigten sich. Sie verschränkten sich bei der Arbeit derart ineinander, dass die Urheber nicht mehr eindeutig festzustellen waren. Genau das war auch ihre Absicht.

Den Vorwurf, Heiden zu sein, beantworteten sie mit dem Distichon: »Welche Religion ich bekenne? Keine von allen, die du mir nennst! Und warum keine? Aus Religion.«

Über Kant heißt es: »Wie doch ein einziger Reicher so viele Bettler in Nahrung setzt! Wenn die Könige bauen, haben die Kärrner zu tun.«

Zeitkritisch gibt sich Xenie 26: »Eine große Epoche hat das Jahrhundert geboren, aber der große Moment findet ein kleines Geschlecht.«

In *Würde des Menschen* sind sie ihrer Zeit weit voraus, wenn sie Sozialistisches vorwegnehmen. »Nichts mehr davon, ich bitt euch. Zu essen gebt ihm, zu wohnen. Habt ihr die Blöße bedeckt, ergibt sich die Würde von selbst.«

Am bekanntesten unter den 600 Xenien (was soviel wie »Gastgeschenke« heißt) sind die beiden, die sich auf das Reich der Deutschen beziehen. »Deutschland? Aber wo liegt es? Ich weiß das Land nicht zu finden, wo das gelehrte beginnt, hört das politische auf.«

Und: »Zur Nation euch zu bilden, ihr hofft es, Deutsche, vergebens; bildet dafür, ihr könnt es, freier zu Menschen euch aus.«

Freunde haben sie sich mit ihren XENIEN nicht gemacht, was sie von vornherein in Kauf nahmen. Ein Sturm der Entrüstung brach los bei jenen, die der Stachel traf, und Schadenfreude bei jenen, die die Attacken für überfällig hielten. Den Sinn vieler Sinngedichte würden wir heute nicht mehr verstehen, weil uns Personen und Assoziationen fremd geworden sind.

Die Angriffe haben sie noch fester miteinander verbunden. Wenn einer von ihnen eine ungerechte Kritik bekam, schritt der andere ein. So beim REINICKE FUCHS, den Schiller energisch gegen den Rezensenten verteidigte. Wenn man gerecht sei, so sei es das beste poetische Produkt, das seit so vielen Jahren in Umlauf gekommen sei und sich an die ersten Dichtwerke anschließe; so sei es in der Tat horribel, dass es so schlecht behandelt werde – und der Skribent möge sich schämen.

Goethe wiederum nahm Schiller gegen die erbarmungslosen Verrisse seiner Gedichte durch die jungen Romantiker um die Schlegels in Schutz. Sie verspotteten DIE WÜRDE DER FRAUEN und verhöhnten DAS LIED VON DER GLOCKE, bei dessen Rezitation sie vor Lachen fast von den Stühlen gefallen waren. Nun lässt sich dieses Lied in der Tat parodieren, weil einige Verse dazu herausfordern. Wer es von unseren Vätern und Großvätern (wie auch noch der Autor) in der Schule auswendig lernen musste, dem blieb es über die Zeiten hinweg, besonders über die schlechten, ein Stück tröstlicher poetischer Weisheit.

1791 war Goethe mit der Leitung des Weimarer Theaters betraut worden. Er übernahm diese Aufgabe halb widerstrebend: Der Etat war gering, die Schauspieler wurden schlecht bezahlt. Ein Liebhaber bekam in der Woche 1 Taler 18 Groschen (ein Paar Schuhe kostete 1 Taler 4 Groschen). Eine gute Gage erhielt die Jagemann, weil sie nicht nur auf der Bühne eine führende Rolle spielte, sondern auch im Schlafzimmer des Herzogs. Gastspiele berühmter auswärtiger Akteure konnte man sich nur selten leisten. Dass in diesem schmucklosen Comödienhaus auch Redouten, Maskenzüge, Kostümfeste, Bälle veranstaltet werden mussten, machte die Aufgabe nicht reizvoller. Aber der Herzog wünschte es, und den Wunsch musste Goethe als einen Befehl ansehen. Als er zusagte, für eine gewisse Zeit den Direktor zu spielen, ahnte er nicht, wie lange das »Spiel« dauern würde (mehr als ein Vierteljahrhundert). Und dass ihm ein Rattenschwanz von Ärger bevorstand mit einem Ensemble, das einem Kindergarten glich. Er würde bisweilen gezwungen sein, Widerspenstigen mit der Polizei zu drohen. Eine renitente Aktrice, die ohne seine Erlaubnis in Berlin gastiert hatte, stellte er unter Hausarrest und postierte einen Soldaten vor der Tür (den sie auch noch selbst bezahlen musste).

Doch bei seiner Zusage tröstete sich Goethe damit, dass vielleicht nicht nur für das Publikum dabei etwas herauskam, sondern auch für ihn, da er nun gezwungen war, selbst ein paar spielbare Sachen zu schreiben. Vorerst musste er sich mit den Stücken von Kotzebue (den er hasste) begnügen, mit Iffland, Dittersdorf, mit den Bühnenbearbeitungen seines Schwagers Vulpius, mit platten französischen Sittenstücken, bürgerlichen Rührstücken jeder Art, auch mal ein Shakespeare, ab und an eine Oper von Mozart (die Schauspieler mussten auch singen, was sie mehr schlecht als recht taten). Lessings NATHAN DER WEISE, in Berlin durchgefallen, erlebte in Weimar die Wiedergeburt; erst später kamen Goethes eigene Stücke – IPHIGENIE, EGMONT, DIE NATÜRLICHE TOCHTER, GÖTZ VON BERLICHINGEN – und Schillers mit DON CARLOS, DIE JUNGFRAU VON ORLEANS, MARIA STUART, DIE BRAUT VON MESSINA und WILHELM TELL.

Beide Dichter bemühten sich, die Schauspieler zu erziehen, ihren Sprechstil zu heben, die hohen Tonlagen am Ende eines Satzes zu beseitigen und, vor allem, ihnen das abzugewöhnen, was sie »Aktion« nannten: die wilde Gestikuliererei, bei der sie mit beiden Händen zugleich die Luft von sich wegzurudern schienen. (Schon Hamlet hatte das bei den Fahrenden bemängelt.) Es war eine oft mühselige Arbeit. Wir lesen mit Vergnügen den Bericht eines Zeitzeugen, des Weimarer Theatermanns Anton Genast: Als Schiller einem Mimen klar zu machen versuchte, dass er die Rolle dem Text gemäß spielen solle, und dabei immer wieder auf dessen Widerspruch stieß, rief er, der sonst Sanftmütige, zornig aus: »Ei was! Mache Sie's, wie ichs Ihnen sage und wies der Goethe habe will. Und er hat recht – es ischt ä Graus, des ewige Vagiere mit denen Händ und das Hinaufpfeife bei der Rezitation!« Des »falschen Anstands prunkende Gebärde«, sie war ihnen schwer abzugewöhnen.

Bei der Arbeit am WALLENSTEIN ringt Schiller verzweifelt

mit dem Stoff, der ihm formlos, endlos, unglückselig erscheint. Er spricht von einem Meer, das es auszutrinken gilt. Wiederholt teilt er Goethe mit, er habe sich das ungebärdige Ding nun endlich vorgenommen, warte aber auf eine mächtige Hand, die ihn hineinwirft. Dann quält ihn das unholde Wetter, das alle Empfindungen verschließt. Er ist extrem wetterfühlig. Der verhangene Himmel bedrückt ihn auf das Äußerste, macht alle seine Übel rege, der Novemberregen zernichtet jeden Gedanken.

Im Mai 1798 bekam Goethe, der selbst vor sich hinkränkelte, einen heiteren Brief aus Jena. »Ich begrüße Sie aus meinem Garten, in den ich heute eingezogen bin. Eine schöne Landschaft umgibt mich, die Sonne geht freundlich unter und die Nachtigallen schlagen. Mein erster Abend auf dem eigenen Grund und Boden ist von der fröhlichsten Vorbedeutung.«

In dem kleinen Gartenhaus entstand der größte Teil des WALLENSTEIN. Schiller war nun entschlossen, ihn »in Jamben zu machen«, in Versgestalt. Er hatte erkannt, dass für ein solches Werk die Prosa nicht tauge. Durch den nunmehrigen rhythmischen Schwung war alles poetisch, und nun erst konnte man von einer wirklichen Tragödie sprechen. »Wir dürfen hinzusetzen, dass das zugleich die Entscheidungsstunde für die Geschichte des deutschen Dramas überhaupt war, das sich nun Körner, Kleist, Grillparzer, Hebbel nicht mehr anders vorstellen konnten als in Jamben«, schreibt Reinhard Buchwald in seiner großen Schillerbiographie.

Die neue Gestalt bedeutete, dass vieles, was schon fertig schien, neu erarbeitet werden musste. Schlaflosigkeit zermürbte ihn des Nachts und die katarrhischen Anfälle des Tags. Er wünschte sich zehn Wochen ununterbrochene Gesundheit, ach, dann wäre er fertig. Er bekennt, dass er auch hier Goethe viel schuldig sei.

Schiller liefert uns das Beispiel eines Autors, der fern jeden Selbstmitleids, jeder Hysterie, jeder Wichtigtuerei an einem Thema zu scheitern droht und mit Hilfe eines eisernen Willens endlich siegt. Gerhart Hauptmann war es, der gesagt hat: Hier erfährt die Welt einmal, was es heißt, ein Dramatiker zu sein. Im

Oktober 1798 geht im Weimarer Theater der Vorhang hoch über WALLENSTEINS LAGER. Am Heiligen Abend liest Schiller in Jena vor einem kleinen Kreis Szenen aus DIE PICCOLOMINI vor, dem zweiten Teil der Trilogie. Er ist kein guter Leser, die Stimme kommt aus hohler Brust, der schwäbische Dialekt stört nur Schwaben nicht.

Kurz vor Jahresschluss hämmert ein eilender Bote an das Tor. Er überbringt einen Brief Goethes mit der halb scherzhaften, halb ernsthaften Drohung, er werde ein Detachement Husaren schicken mit dem Befehl, sich des Manuskripts zu bemächtigen. Der Theaterdirektor stehe auf den Brettern und wolle endlich mit den Proben beginnen. Im letzten Moment werden ihm die Blätter gebracht. Vom Prolog ist Goethe so begeistert, dass er ihn am liebsten selbst gesprochen hätte. Er kümmert sich um alles: Wallensteins Barett könnte ein paar Reiherfedern vertragen; ein roter Mantel müsse für ihn her, ein Kürass dazu. Die Bühnenmaler und die Architekten sollen, sofern sie einigermaßen bei Stimme, den Chor verstärken, der das Reiterlied singt.

Schiller trifft ein, nimmt Quartier im Schloss, und gemeinsam gehen sie an die Probenarbeit. Goethe übernimmt die Gruppierung der Schauspieler, eine Art Choreographie, wobei er darauf achtet, dass die Darsteller einen anmutigen Halbkreis bilden, nie in den Hintergrund sprechen, auch dem Zuschauer ihren Rücken nicht bieten, ja selbst das Profil ist verpönt. Die jüngeren Schauspieler behandelt er strenger. »Man mache das so, nur so, dann wird man seinen Zweck nicht verfehlen!«

Schiller studiert die Rollen ein, spielt einzelne Passagen vor. Er dringt immer wieder auf vorherige gründliche Leseproben. In den Pausen bleibt er in seiner Loge sitzen, die man ihm eigens im Proszenium gebaut hat, damit er sich lang ausstrecken kann. Er ist glücklich. »Es ist mir in meinem Leben nichts so gut gelungen, und ich hoffe, in dieser Arbeit das Feuer der Jugend mit der Ruhe und Klarheit des reiferen Alters gepaart zu haben.« Goethe teilt dieses Glück.

Ende April gehen an kurz aufeinander folgenden Tagen alle drei Teile der Trilogie über die Bretter: WALLENSTEINS LAGER,

Die Piccolomini und Wallensteins Tod. Besonders der letzte Teil wird vom Publikum gefeiert. Ein französischer Rezensent berichtet seinem Blatt: »Ich bemerkte, und das frappierte mich, zum ersten Mal in meinem Leben Handwerker und Bauern unter den Zuschauern...«

Schiller zog im Dezember 1799 von Jena nach Weimar und richtete sich an der Esplanade (der heutigen Schillerstraße) das neue Haus ein, das er für 2400 Taler erworben hatte. Kaum dass der Schreibsekretär am rechten Platz stand, begann er mit der Arbeit. Wie hatte er den Augenblick herbeigesehnt, da er den Wallenstein endlich würde aus der Hand legen können. Nun war er vom Tisch, aber Erleichterung stellte sich nicht ein. Ihm war eher unbehaglich zumute. Er wünschte sich einen neuen Stoff. Denn nur die Tätigkeit mache das Leben einigermaßen erträglich. Er beendete das in Jena begonnene Drama Maria Stuart, begann mit der Arbeit an der Jungfrau von Orleans, entwarf den Plan zu Wilhelm Tell, schrieb die letzten Szenen der Braut von Messina – Werke von Ewigkeitswert. Er arbeitete wie im Fieber, wohl aus dem dunklen Vorgefühl heraus, nur noch wenig Zeit zu haben.

Der Briefwechsel mit Goethe ging weiter, obwohl sie jetzt nur einen Steinwurf voneinander entfernt wohnten. Schiller sah auch den Herzog nun häufiger und freute sich, als Seine Durchlaucht ihn über den Kaiser in den erblichen Adelsstand erhob – nun könne doch Charlotte mit ihrer Schleppe wieder bei Hofe herumtänzeln. Er ärgerte sich, dass Durchlaucht ständig im Theater erschien und sich in die Inszenierung der Stücke einmischte. Der Jagemann, der die Titelrolle in der Jungfrau von Orleans zugedacht war, verbot Carl August nicht nur den Auftritt, sondern untersagte gleich die ganze Aufführung. Henriette Caroline Friederike Jagemann, die Gespielin seiner Lust, als Jungfrau – oh nein, das würde gewiss einige Lacher geben.

Überhaupt, was für enge spießige Verhältnisse herrschten doch in dieser Stadt. Eine klatschsüchtige Gesellschaft war das, ganz im Gegensatz zu Jena. Es gefiel Schiller auf einmal von Tag zu Tag schlechter an der Ilm. Inzwischen hatte es auch noch mit

Goethe Verstimmungen gegeben. Der war jetzt zu einem richtigen Mönch geworden, hatte sein Haus, ohne krank zu sein, seit einem Vierteljahr nicht mehr verlassen. Anscheinend glaubte Schiller nicht mehr daran, in Weimar noch etwas bewirken zu können, in der Kunst und besonders im Dramatischen.

»Allein kann ich nichts machen«, schrieb Schiller an Humboldt, »oft treibt es mich, mich in der Welt nach einem anderen Wohnort und Wirkungskreis umzusehen; wenn es nur irgendwo leidlich wäre, ich ginge fort.«

Eines Tages war er verschwunden. Ohne Vorwarnung hatte er mit seiner Frau und den beiden Söhnen eine Kutsche gemietet und war über Leipzig nach Berlin gefahren, wo er im Hotel de Russie Logis fand. Als er im Schauspielhaus erschien, bereiteten ihm die Berliner einen jubelnden Empfang, *standing ovation* würde man heute sagen. Königin Luise, die zu seinen großen Bewunderinnen gehörte, empfing ihn im Schloss; ein Frühstück mit dem Königspaar in Sanssouci schloss sich anderntags an. Hat Friedrich Wilhelm III. versucht, ihn für Berlin zu gewinnen?

Es ist anzunehmen. Wer es auf jeden Fall versucht hat, war Iffland: Schauspieler, Theaterdirektor und Dramatiker dazu. Mehrmals sah man die beiden in der Loge des Königlichen Nationaltheaters. Über die Verhandlungen sind wir nicht ausreichend informiert. Man sprach von einem Gehalt auf Lebenszeit in Höhe von 3000 Talern, einer Equipage zu täglichem Bedarf, einem mietfreien Haus. Von einem Kabinettsrat namens Beyme wissen wir, dass der Dichter gern in Berlin geblieben wäre; zumindest für einige Jahre. Bedürfe er doch eines neuen, eines größeren Elements, um seinen Horizont zu erweitern. Diese Stadt hatte über zweihunderttausend Einwohner und bot mit ihren Museen, ihren Salons, ihren Theatern eine Fülle kultureller Reize.

Dass Schiller sich letztlich nicht für Berlin entschieden hat, dafür waren verschiedene Gründe maßgebend: seine schwankende Gesundheit, die ihn die Fremde fürchten ließ; seine Dankbarkeit, die er dem Herzog Carl August glaubte schuldig zu sein; doch letztlich war es Goethe, der ihn davon überzeugte, dass er in Weimar im eigentlichen Sinn zu Hause war. Und Schiller wusste, dass er hier etwas Kostbares besaß: die Freundschaft mit einem wesensverwandten großen Mann...

An einem regnerischen Tag Ende April 1805 verlässt Goethe sein Haus am Frauenplan, geht zu Fuß zur Esplanade und lässt sich durch den Diener bei Schiller melden. Der Freund hatte ihm geschrieben, dass er nach überstandener Krankheit sich wieder an die Arbeit klammere und Posto fassen wolle, so hart es ihn auch ankomme nach so langer Pause; doch mit dem eintretenden Frühling werde der Lebensmut wieder zurückkehren. Der Brief hatte mit der Zeile geschlossen: »Leben Sie wohl, ich sehne mich nach einer Zeile von Ihnen.« Nun ist er selber da und findet Schiller beim Umkleiden, denn er will in die Komödie gehen. Ob Goethe nicht mitkommen wolle? Nein, das gehe nicht, er erwarte des Abends Besuch. Sie verabschieden sich mit einer langen Umarmung vor der Haustür und verabreden ein Wiedersehen für den nächsten Tag.

Es sollte kein Wiedersehen geben.

Am Nachmittag des 9. Mai stirbt Schiller. Die vollkommene Ruhe verklärte sein Gesicht und die Züge glichen denen eines Schlafenden. Die Nachricht von seinem Tod verbreitet sich in Windeseile. Nur einen erreicht sie nicht: Goethe. Weil niemand gewagt hat, es ihm mitzuteilen. Johann Heinrich Voß berichtet: »Doch war ihm die ungewöhnliche Unruhe im Haus nicht entgangen, so dass er Christiane am Morgen des 10. Mai fragt: ›Nicht wahr, Schiller war gestern *sehr* krank?‹ Er richtet sich im Bett auf, in das ihn eine Erkältung gezwungen hat. Den Nachdruck, den er auf das *sehr* legt, wirkt so heftig auf jene, dass sie sich nicht halten kann. Statt ihm zu antworten, fängt sie laut an zu schluchzen. ›Er ist tot?‹, fragt Goethe mit Festigkeit.

›Sie haben es selbst ausgesprochen!‹, antwortet sie.

›Er ist tot‹, wiederholt Goethe noch einmal, wendet sich seitwärts, bedeckt sich die Augen mit den Händen und weint, ohne eine Silbe zu sagen.«

Alexander von Humboldt

Die Nacht am Orinoco

Sie liefen herum wie die Narren, trunken vor Freude, voller Staunen über die Wunder dieser Natur: himmelblaue, karmesinrote, goldgelbe Vögel; schwirrende Palmen im Wind, ein Meer von Blüten; die Häuser aus schneeweißem Sinabaum, aufgereiht vor dem azurblauen Meer wie Perlen; die Plantagen jedem zugänglich, auch nachts die Türen offen. In der Luft sang es, und sanfter Trommelschlag unterstrich die Melodie. Alles bedrängte mit solcher Gewalt ihre Sinne, dass es sie betäubte und sie unfähig machte, die Eindrücke in all ihrer Fülle in sich aufzunehmen.

War das hier das irdische Paradies?

Alexander von Humboldt fragte sich das; und sein Begleiter Aimé Bonpland fragte es sich. Sie hatten in Cumana an der karibischen Küste Venezuelas den Boden Südamerikas betreten. Von hier sollte die Große Reise beginnen. Die Reise durch den Dschungel, über die Llanos, die Berge und die Sümpfe zum Orinoco, dem gewaltigen Strom mit seinen einhundertneunzig Nebenflüssen.

Welch ein Glück war ihnen beschieden! Was für wissenschaftliche Schätze galt es zu heben: beim Sammeln von Pflanzen und Fossilien, bei den Beobachtungen des südlichen Firmaments, bei der Vermessung des Erdmagnetismus, beim Kartieren der Landschaft, bei der Untersuchung der Vulkane. »Das alles ist aber nicht der Hauptzweck meiner Reise. Auf das Zusammenwirken der Kräfte, den Einfluss der unbelebten Schöpfung auf die belebte Tier- und Pflanzenwelt, auf diese Harmonie sollen stets meine Augen gerichtet sein.«

Sie waren bald Gäste des Gouverneurs Don Vicente Emparán.

Er vermittelte ihnen ein geräumiges Haus, in dem sie ihrerseits Gäste empfingen, willkommene und weniger willkommene. Da gab es die Caballeros und Señoras, die stolz darauf waren, ihr Blut seit den Tagen der Eroberung rein erhalten zu haben; die Kreolen, die im Lande geboren waren und von nichtindianischen Eltern abstammten; die Indianer, auch Indios genannt, Abkömmlinge der Ureinwohner. Gleich welcher gesellschaftlichen Schicht sie angehörten, sie waren von unbezähmbarer Neugier. Jeder wollte den Mond und die Sonne sehen durch die Fernrohre der Fremden, vor allem aber Läuse unter dem Mikroskop. »Läuse sind nämlich unter den vornehmsten in gestickten Mousselin gekleideten Damen hier so häufig, dass die Damen, sobald ich das Mikroskop hervorsuche, schon wissen, wovon die Rede ist.« An einer Laus im Haar als Objekt war kein Mangel, und niemand musste lange suchen.

Fast alle Tage gab es Bälle, auf denen Humboldt und Bonpland steife spanische Reigen tanzten mit den Señoras und Señoritas, aber auch modische Tänze à la Zambo und Animalito mit den Negerinnen. Überwältigend war immer wieder die Lebensfreude und die Gastfreundschaft der Menschen.

Von der Terrasse ihres Hauses hatten sie einen überwältigenden Rundblick. »Ein ungeheurer Wald breitet sich zu unseren Füßen bis zum Ocean hinab; die Baumwipfel lianenbehangen, mit langen Blütenbüscheln gekrönt, bildeten einen phantastischen grünen Teppich, dessen tiefdunkle Färbung das Licht noch glänzender erscheinen ließ. Dieser Anblick ergriff uns umso mehr, da uns hier zum ersten Mal die Vegetation der Tropen in ihrer Ungeheuerlichkeit entgegentrat ... Ich fühle es, dass ich hier sehr glücklich sein werde.« Man schrieb den Juli 1799.

Ehe er in Cumana hatte von Bord der Pizarro gehen können, war in Europa ein Berg von Schwierigkeiten abzutragen gewesen. Mehrere Versuche, statt Südamerika ein anderes Reiseziel zu wählen, diese »Zwischenzeit« also nutzbringend auszufüllen, waren gescheitert. Stets war es die Politik, die ihm die Hindernisse in den Weg gelegt, die Politik in Gestalt Napoleons. Das Studium vulkanologischer Erscheinungen in Neapel verhinderte der Krieg, den der Korse in Italien führte. Der Einladung des englischen Forschungsreisenden Lord Bristol, auf eine Expedition nach Oberägypten zu gehen, hatte er nicht nachkommen können: Der Lord war in Italien als »Spion« verhaftet worden.

Als Humboldt erfuhr, dass die Franzosen eine Umsegelung der Welt planten, ging er sofort nach Paris und wurde vom Leiter des Unternehmens mit offenen Armen empfangen. Er hieß Louis Antoine de Bougainville, und wenn man heute noch von ihm weiß, dann verdankt er es einer wundersamen Blume, die er von seiner letzten Weltumseglung mitgebracht hatte und die nun seinen Namen trug: der Bougainvillea. Doch die französische Regierung hielt den Entdecker plötzlich für zu alt und ersetzte ihn durch einen Jüngeren. Aber nun fehlte es an Geld. Napoleons Eroberungen waren ruhmreich, aber teuer. »Welch ein unnennbarer Schmerz, als innerhalb von vierzehn Tagen alle diese Hoffnungen scheiterten«, schrieb Humboldt. Sein Fernweh aber ließ ihm keine Ruhe.

Hatte nicht der General Bonaparte einen ganzen Tross von Wissenschaftlern nach Ägypten mitgenommen, mit dem Auftrag, Kultur und Geschichte der Pharaonen zu erforschen und, nicht zuletzt, *seinen* Ruhm und Frankreichs Glorie in aller Welt zu verbreiten? Alexander beschloss, diesen Männern von Marseille aus nachzureisen. Einen Schiffsplatz bekam er, einen Pass aber nicht. Nun waren alle Versuche, sich einer Forschungsreise anzuschließen, fehlgeschlagen. So schien es wohl am besten, eine eigene Expedition vorzubereiten. Sein Ziel blieb die Neue Welt jenseits des Atlantiks, blieb die westindische Inselwelt, blieb Iberoamerika. Dazu bedurfte es eines zweiten Teilnehmers, soviel war ihm bewusst, eines Partners.

Alexander ging nach Paris und nahm wieder Wohnung im Hôtel Boston in der Rue du Vieux-Colombier. Bei einem Gespräch mit der Concièrge fiel ihm ein junger Mann auf, der eine zerbeulte Botanisiertrommel über der Schulter trug. Er sei als Marinesoldat zur See gefahren, erzählte er, habe den Doktor der Medizin gemacht, kenne sich in der Botanik gründlich aus. Bonpland hieß er, Aimé Bonpland, und wir haben ihn gerade in

Cumana kennen gelernt. Bevor Humboldt ihn als Reisebegleiter gewann, kehrte er noch einmal nach Berlin zurück, dorthin wo er, 1769 geboren, aufgewachsen war.

Sein Hofmeister, wie man die Hauslehrer nannte, war mit Alexander nie zufrieden gewesen. Ständig zeichnete der Knabe die Umrisse ferner Länder auf das teure Büttenpapier, las zum x-ten Male DAS LEBEN UND DIE WUNDERBAREN ABENTEUER DES ROBINSON CRUSOE, der auf einer unbewohnten Insel nahe der Mündung des Orinoco gelebt hatte; studierte die Route, die Columbus eingeschlagen; stöberte in den Atlanten wieder und wieder; trennte Seiten heraus aus der Pflanzenbibel; ja schlimmer noch: Er schleppte Steine an und Baumrinde und Wurzeln und Samen und Zwiebelgewächse, die er im Garten des Schlosses Tegel, wo er aufwuchs, gefunden hatte. Damit verschwende er nur seine Zeit, anstatt dem Beispiel seines zwei Jahre älteren Bruders Wilhelm nachzueifern, der sein Latein beherrschte und die Mathematik desgleichen, ihm überhaupt in allem voraus war. Statt zu lernen, träumte er sich in »entfernte, von Europäern noch unbesuchte Länder«. Und er kränkelte, bekam jede nur denkbare Kinderkrankheit, lag oft zu Bett.

Als er neun Jahre alt war, hatte er den Vater verloren, seines Zeichens Kammerherr des großen Friedrich, den Söhnen liebevoll zugetan. Die Mutter, einer begüterten Hugenottenfamilie entstammend, vermochte diese Liebe nicht zu geben. Sie war eine kühle Natur, förmlich, zurückhaltend, nur darauf bedacht, dass aus den Söhnen einmal etwas werde. Wobei sie deren Wünsche nicht interessierten: Wilhelm hatte Jura zu studieren, Alexander Kameralistik, sprich Volkswirtschaft. Zusammen mit dem Hofmeister gingen sie nach Frankfurt an der Oder, in eine Stadt, die so grau war wie ihre Universität unbedeutend. Nahte das Wochenende, so sattelten die Brüder ihre Pferde und ritten nach Berlin. Doch nicht Tegel mit »Schloss Langeweil« lockte sie dorthin: Die Salons der Madame Herz, der Madame Veith, der Madame Levin waren ihr Ziel.

In den Salons der drei jüdischen Damen traf sich *tout Berlin*, begegnete der Adel dem Bürgertum, die hohen Militärs den Kaufleuten, die Theologen den Schriftstellern. Es wurde über Schiller und die Schauspielkunst diskutiert, über nazarenische Malerei, Lyrik, Diätetik der Seele, Philosophie, Sozialismus, Literatur; und der Klatsch spielte auch seine Rolle. Die Salons, die sich der Berliner Aufklärung unter Moses Mendelssohn verschworen hatten, waren eine Schule für jeden jungen Mann, getreu der Goetheschen Maxime »Und willst du recht erfahren, was sich ziemt, so frage nur bei edlen Frauen an«. Geist wog hier schwerer als Geld, Charme mehr als Aussehen, Esprit mehr als Herkunft. In Henriette Herz hat sich Alexander förmlich verliebt, sie besaß alles, was der Mutter fehlte.

Das Studium unter den elenden Kameralisten langweilte ihn bald, und so war er glücklich, dass die Mutter ihn nach Göttingen ziehen ließ, dessen Universität als die modernste galt in Deutschland und außerdem, das war für Humboldt das Wichtigste, einen hauptamtlichen Professor für Geographie im Vorlesungsverzeichnis auswies. Sein Lebensplan hatte sich inzwischen abgezeichnet: Er wollte fremde Länder erforschen. »Ich bin bereit, den ersten Schritt in die Welt zu thun, ungeleitet und ein freies Wesen... Lange genug gewöhnt, wie ein Kind am Gängelband geführt zu werden, harrte der Mensch, die gebundenen Kräfte nach eigener Willkür in Tätigkeit zu setzen und sich selbst überlassen der eigene Schöpfer seines Glücks oder Unglücks zu werden.«

Er studierte Naturwissenschaften mit den Fächern Botanik, Zoologie, Mineralogie, besuchte Vorlesungen über Geographie, Geschichte und Völkerkunde. Für acht Monate ging er nach Hamburg auf eine Handelshochschule und plagte sich mit Buchführung, Warenkunde und dem »ganzen Comptoirzeugs«. Erholung fand er des Abends in der dortigen großen Bibliothek, die alles enthielt, was Forschungsreisende über ferne Länder geschrieben hatten. Nachts lernte er Spanisch, ein wenig Schwedisch, Italienisch, vervollkommnete sein Englisch – Französisch sprach er von Hause aus – und paukte Latein.

Seine Bildungsreise (für jeden Kavalier eine Standespflicht), die ihn nach Frankreich, England, in die Niederlande führte, ordnete er seinem »Plan« unter. Die vermaledeite Kameralistik, hier stand der Wunsch, ja der Befehl der Mutter im Hintergrund, war ihm keine Last mehr, als er sich 1791 klug entschloss, in Freiberg Bergbau zu studieren. Ein künftiger Staatsdiener musste auf dem Gebiet der Mineralogie, Eisenverhüttung, Mathematik und des Bergrechts kundig sein – und ein künftiger Forschungsreisender auch! »Zwei Fliegen hat er nun mit einer Klappe geschlagen«, schrieb der Bruder anerkennend.

Als einfacher Bergmann fuhr er im Morgengrauen in die Grube und lauschte am Nachmittag den Dozenten. Die Leiter der Beförderungen erklomm er gleichsam spielerisch, wurde Assessor, Bergrat, Oberbergrat. Er erfand, so ganz nebenbei, den Lichterhalter, Vorläufer der späteren Grubenlampe, und eine Respirationsmaschine, eine Art Gasmaske, bei deren Erprobung unter Tage er in Ohnmacht fiel. In der knapp bemessenen freien Zeit verfasste er eine GESCHICHTE DER ERDE, in der er Pflanzen und Tierarten beschrieb, ihre Wanderungen und ihren Untergang, die Entstehung der Berge, der Täler und die Atmosphäre im Wandel der Zeiten. Das alles war neu gesehen, aufregend, ungewöhnlich.

Dieser geniale Mann war mit hundert Dingen beschäftigt und dennoch trug jede seiner Unternehmungen den Stempel der Genauigkeit. Sein Rat war bald in ganz Europa begehrt. Zu seinen Spezialgebieten gehörte der Salzbergbau, was ihn nach Bayern, Österreich und Schlesien führte. Er war nun Beamter, etwas, was er eigentlich nicht hatte werden wollen. Er *diente* dem Staat im besten Sinne, verkörperte die einstigen Tugenden dieses Standes, die da hießen: Unbestechlichkeit, Pflichttreue, Redlichkeit.

Sein Gerechtigkeitssinn empörte sich, wenn er bei seinen Inspektionen der sozialen Lage der Bergleute gewahr wurde: Trotz allem Fleiß und harter Arbeit drohte ihnen eine allmähliche Verelendung. Bei seinen Berichten an die Obrigkeit in Berlin ließ er dieses Thema nicht aus. Er wandte sich sogar an den König. »Bei solchen Verhältnissen habe ich es mir zur Pflicht gemacht, wenigstens von meiner Seite alle Mittel aufzubieten, welche den

Wohlstand der dürftigen, aber arbeitsamen Volksklasse vermehren kann.«

Solche Eingaben machten ihn bei der Ministerialbürokratie nicht beliebt. Das waren gefährliche, von der Französischen Revolution infizierte Gedanken. Ganz und gar degoûtant war es, dass er, ohne die vorgesetzte Behörde zu fragen, eine Bergbauschule gründete, um die jungen Männer in den Revieren zu guten Bergleuten auszubilden. Die ärgerliche Frage des zuständigen Ministers: »Und wer wird solches zahlen?«, beantwortete Humboldt knapp. »Ich, Euer Hochwohlgeboren.«

Bei der Rückkehr von einer diplomatischen Mission erwartete ihn ein Kurier aus Berlin: Seine Mutter, vor Jahren vom Brustkrebs heimgesucht, war ihrem Leiden erlegen. Alexander traf in Tegel seinen Bruder und sie trugen Marie Elisabeth, geborene Colomb, zu Grabe im Schlosspark, wo der Vater und die Vorfahren ruhten.

Schon die Zeitgenossen hatten registriert, wie wenig dieser Tod Alexander zu berühren schien. Die Mutter war ihm von jeher fremd, seine Kindheit und frühe Jugend erschienen ihm in der Erinnerung als eine freudlose Zeit: bestimmt von tausendfältigem Zwang, entbehrender Einsamkeit, von Verstellung und Aufopferung. Dem Bruder waren noch die Worte gegenwärtig: »Im Mai denke ich nach Italien zu gehen, die Mutter mag tot oder lebendig sein.« Die Testamentseröffnung ergab, dass Wilhelm das Schloss und die Liegenschaften erbte, Alexander 90000 Taler, womit er nach heutigem Geldwert zweifacher Millionär war. Allein der Zinsertrag betrug 3476 Taler (Goethe erhielt als Geheimer Rat im selben Jahr 1800 Taler Gehalt).

Sein nächster Schritt führte in das Ministerium, wo er 1796 um seine Entlassung aus dem Staatsdienst einkam. Die Herren baten ihn inständig, er möge seinem Dienst treu bleiben. Hardenberg, der spätere preußische Staatskanzler, versprach, dass er sich für seine geplanten Reisen beliebig lange Urlaub nehmen könne, unter Weiterzahlung seines Gehalts. Alexander blieb bei seinem Entschluss. Die durch das ererbte Vermögen gewonnene Unabhängigkeit von allem und jedem galt es zu nützen. Es bleibt etwas Einmaliges, mit welcher Präzision, wie umfassend und vorausschauend er weiterhin die Große Reise vorbereitete. Die erste Station dieses Unternehmens war Jena, wo er an der dortigen Universität Fächer belegte, in denen er sich nicht für »firm« hielt: Astronomie und Anatomie. Dass die umfassendste Bildung nichts nützte, wenn der Körper nicht gebildet wurde, diese Einsicht ließ ihn lange Wanderungen durch den Thüringer Wald unternehmen. Das einst ewig kränkelnde Kind entwickelte sich zu einem Mann, der allen Strapazen gewachsen war. Wohnung genommen hatte er bei der Familie seines Bruders, mit dem er sich gut verstand, auch wenn Wilhelms Urteil über Alexander widerspruchsvoll war. Der Ältere besaß nicht das, was den Jüngeren auszeichnete: den unbezwingbaren Charme, die Ausstrahlung, das Charisma eben, das ihm alle Türen öffnete. Vielleicht hat er darunter gelitten, doch er war fair genug festzustellen: »Ich halte ihn unbedingt und ohne jede Ausnahme für den größten Kopf, der mir je aufgestoßen ist.«

Auf dem Fünfmarkstück, das die Deutsche Bundesbank 1965 herausbrachte, finden wir die beiden in einem Doppelbildnis: Alexander *en face*, Wilhelm im Profil. Wilhelm, dem Sprachforscher, Diplomaten, Staatsmann, verdankt Preußen die Reform des Bildungswesens, sein Name aber weckt heute bei weitem nicht die lebendige Vorstellung wie der seines Bruders. Für Alexander wurde die Begegnung mit Goethe ein entscheidendes Bildungserlebnis und DIE METAMORPHOSE DER PFLANZEN zu seinem künftigen Leitmotiv. Man weiß nicht, wer wem mehr verdankte, seinem Eckermann jedenfalls diktierte Goethe: »Welch ein Mann! Wohin man rührt, er ist überall zu Hause und überschüttet uns mit geistigen Schätzen. Er gleicht einem Brunnen mit vielen Röhren, wo man überall nur Gefäße unter zu halten braucht und wo es uns immer erquicklich und unerschöpflich entgegenströmt.«

Wenn Goethe nach Jena kam, traf er sich bei der Familie Wilhelm von Humboldts mit Alexander. Nicht selten kam Schiller hinzu und im Mittelpunkt ihrer Gespräche stand oft genug die »Urpflanze«, das Modell aller Pflanzen. Auch Schiller schätzte

Alexander seiner Talente und rastlosen Tätigkeit wegen, dessen Eitelkeit aber stieß ihn ab. Vielleicht war auch ein wenig Eifersucht im Spiel: Wie rasch hatte dieser Mensch Goethes Zuneigung erworben, wie sehr hatte er selbst darum kämpfen müssen.

Es gibt einen zeitgenössischen Stich, der Schiller, Goethe und die beiden Humboldts zeigt, versammelt um einen blütenumrankten Gartentisch, auf dem zwei Bouteillen Wein stehen und eine Schale mit Trauben. Man hat von den »vier Geistesheroen« gesprochen, ein Ausdruck, der heute sehr altmodisch klingt; und dennoch: Die Zusammenkunft jener vier gehört zu den Sternstunden der deutschen Geschichte. In Jena lernte Alexander das schöne Fräulein von Imhoff kennen. Bald galt er als der erklärte Bräutigam und Wilhelm kaufte bereits die Geschenke für die künftige Schwägerin. Eine jener Affairen bahnte sich an, wie man sie dem jüngeren Humboldt des öfteren andichtete. Weil niemand begreifen konnte, dass ein Mann, der geistvoll war, gut aussehend und vermögend, einfach nicht heiraten wollte.

Das hat man auch bis in die jüngere Zeit nicht begreifen wollen und sich ausführlich mit seiner *vita sexualis* beschäftigt. Einige solcher Biographen zogen aus den von Leidenschaft und Sinnlichkeit überströmenden Briefen an den jungen Leutnant von Haeften den Schluss, dass er homosexuell gewesen sein *müsse*. Sie übersahen den in der Hoch-Zeit der Romantik gepflegten Kult der Freundschaft, vornehmlich der Seelen-Freundschaft zwischen Männern.

Als Humboldt Berlin verließ und den ersten Schritt in die Welt tat, schrieb er: »Keine starke Leidenschaft wird mich hinreißen. Ernsthafte Geschäfte und das Studium der Natur werden mich von der Sinnlichkeit zurückhalten.« Von Jena ging es nach Dresden, von Dresden nach Prag und schließlich nach Wien zu der Schatzkammer der Naturalien und der Mineralien, zu den seltenen Pflanzen aus Westindien. In den dortigen botanischen Gärten erlebte Humboldt zum ersten Mal die wunderbaren Gewächse einer Welt, in die aufzubrechen er sich anschickte.

Von April bis Oktober 1798 wohnte er in Paris, wo sein Bruder wertvolle Arbeit für ihn geleistet hatte, dergestalt, dass er ihn mit Wissenschaftlern, Künstlern und Forschern bekannt machte. Der Geist der Französischen Revolution mit der Verkündung der Menschenrechte – *liberté, égalité, fraternité* – hatte Alexander längst angesteckt, und diesen »Bazillus« hat er später nach Südamerika getragen. Dessen ungeachtet blieb er sein Leben lang ein liberaler Konservativer.

»Die an Weimar orientierten Brüder Humboldt waren die Ersten, die ihren französischen Freunden eine Ahnung von dem geistig erwachenden Deutschland vermittelten. Wilhelm litt unter dem mangelnden Verständnis der Franzosen für Deutschlands größte Dichter ... Alexander dachte und fühlte mehr europäisch als deutsch und konnte von den Franzosen als ihresgleichen genommen werden. So war auch gerade er es, der den Hellhörigen unter seinen französischen Freunden die Überzeugung vermittelte, dass man nunmehr auch Deutschland verstehen müsse, wenn man in den Wissenschaften und Künsten die gewonnene Höhe wahren wolle.« So Adolf Meyer-Abich in seiner Monographie.

Als Humboldt mit Bonpland Paris Valet sagte, um von einem der Atlantikhäfen Spaniens endlich die Große Reise anzutreten, warnten ihn die Herren der Akademie. »Sie werden das rückständigste Land Europas kennen lernen. Mit einer grenzenlos verarmten Bevölkerung. Und geben Sie Acht, dass man Ihnen nicht die Instrumente beschlagnahmt. Der dortige Klerus hält das alles für Teufelswerk. Übrigens: In Spanien brennen noch die Feuer, und Sie sind Protestant, Monsieur Humboldt, ein Ketzer ...«

Was sich nun auf der Iberischen Halbinsel abspielt, ist ein Meisterstück der Diplomatie. Humboldt weiß, dass es des Schutzes und der Unterstützung allerhöchster Kreise bedarf, sollte es ihm nicht so ergehen wie dem Forschungsreisenden Malaspina, der in den Verliesen von San Antonio schmachtete. Verboten für Ausländer waren: der Handel mit den Kolonien, der Postverkehr mit den Vizekönigtümern, die Registrierung geodätischer, statistischer, astronomischer Daten, die Mitnahme von Messinstrumenten. Humboldt spinnt ein feines Netz. Über den preußischen Gesandten und den sächsischen Botschafter gelingt es ihm, in Madrid zu Don Mariano Luis de Urquino, dem Minister des Äußeren, vorzudringen, der ein mächtiges Amt innehat und, wichtiger noch, die Gunst der Königin Marie Luise von Parma genießt: Womit einer Audienz bei Carlos IV. nichts mehr im Wege steht. Seine Katholische Majestät empfängt den Fremden mit äußerster Reserve, das Eis aber beginnt zu brechen beim Klang des vortrefflichen Spanisch, das dieser Mensch spricht, und es schmilzt, als er vernimmt, dass ein Teil der in Übersee gemachten Funde an Mineralien und Pflanzen den königlichen Museen zukommen solle, ja, und hier horcht Carlos auf, es bestehe die Hoffnung, bei den Expeditionen in den Anden auf neue Silberminen zu stoßen.

Humboldt bekommt einen Generalpass, in dem die Vizekönige im überseeischen Spanien angewiesen werden, dem Deutschen jegliche Hilfe zu gewähren, deren er bedürfe. Am Hof zu Madrid ist man verblüfft: Noch nie hat die spanische Regierung einem Ausländer größeres Vertrauen erwiesen, ihm mehr zugestanden. »Seit einem Jahr war ich so vielen Hindernissen begegnet«, berichtet Alexander nach Deutschland, »dass ich es kaum glauben konnte, dass mein sehnlichster Wunsch nun in Erfüllung gehen sollte.«

Im Hafen von La Coruña wartet die Korvette Pizarro auf ihn, befehligt von einem Kapitän, der als Blockadebrecher einen Ruf hat. Drei britische Kriegsschiffe kreuzen vor der nordspanischen Küste. Sie haben den Auftrag, den Handel Spaniens mit Südamerika zu blockieren und jedes Schiff aufzubringen. Auf die Pizarro lauern sie vergebens...

Zurück denn nach Cumana! Von hier aus unternahm Humboldt immer wieder kleine Expeditionen in die Dschungelgebiete. Sie stießen auf Dörfer, die von einer Hecke umfriedet waren, einer »essbaren Hecke« aus Bananenstauden, Melonenbäumen, Maniok, Zuckerrohr, Mais. In diesen gesegneten Landstrichen ernährte das kleinste Stück Boden eine ganze Dorfbevölkerung.

Die Bewohner schauten ungläubig drein, wenn die Missionare ihnen predigten, dass nur die Arbeit zu einem gottgefälligen Leben führe. Warum, wenn ihnen alles zum Munde wuchs, warum arbeiten?

Eine ihrer Reisen führte Alexander und seinen Gefährten Bonpland in den Süden der Provinz, wo sich eine riesige Tropfsteinhöhle erstreckte. Hier nisteten zu Tausenden die Guacharavögel, hühnergroßes Federvieh und so wohlgenährt, dass sie den dort lebenden Indianern als Fettreserve dienten. Das Fett war hell, geruchlos und wurde noch nach einem Jahr nicht ranzig. Humboldt drang mit seinem Gefährten über einen halben Kilometer in die Höhle ein. Dann weigerten sich die Indianer weiterzuklettern. Dieser Teil sei für sie ein schauerlich geheimnisvoller Ort; sie glaubten, tief hinten wohnten die Seelen ihrer Vorfahren. Der Mensch, sagten sie, solle Scheu tragen vor Orten, die weder von der Sonne, Zis, noch vom Monde, Nuna, beschienen werden: Zu den Guacharas gehen heiße soviel, wie zu den Vätern versammelt werden. Heute steht die Höhle unter Naturschutz und gilt als *Monumento Nacional de Humboldt*.

Das Paradies Cumana hatte auch seine Schatten, wie die beiden Forscher bald feststellen mussten. Unter den Arkaden des Hauptplatzes fand ein Sklavenmarkt statt, auf dem die an der Westküste Afrikas eingefangenen Neger verkauft wurden. Es waren meist junge Leute, die sich morgens mit Kokosöl einreiben mussten, damit ihre Haut schön glänzte. Die Käufer tasteten die Muskeln ab und rissen ihnen, wie auf dem Pferdemarkt, den Mund auf, um das Alter zu schätzen.

Auf der Hazienda ihres einheimischen Führers, Don Matias Yturbiri, verbrachten sie drei Tage in absoluter Einsamkeit. »Ohne Nachbarschaft, im ungestörten Besitz eines Savannenstreifens von fünf Meilen genießt er hier die Unabhängigkeit, wie die Vereinzelung sie gewährt, und die Heiterkeit des Gemütes, wie sie schlichten Menschen eigen ist, die in reiner, stärkender Luft leben.« Dann fühlten sie sich stark genug, zu jenem Ziel aufzubrechen, das ihrem ganzen Unternehmen den Namen gegeben hatte: zum Orinoco. Ihr Ausgangspunkt war San Fernando, eine Siedlung, so heiß wie die Hölle: eine Hitze, die nur noch übertroffen wurde von der Feuchtigkeit. Sie hatten sie erreicht nach nächtelangen Ritten über die Llanos, trostlose Ebenen, über die ein ständiger Wind wehte, der die Luft mit Staub durchsetzte und das Thermometer auf 43 Grad trieb. San Fernando lag am Apure; ein Pater, der hier dahindämmerte, verschaffte ihnen eine breite Piroge, dazu vier Indianer und einen Patron, der das Boot steuern würde.

Die Indios bauten im Handumdrehen auf dem Deck eine mit Palmblättern gedeckte Hütte, fertigten aus Brasilholz Tisch und Bänke, die sie mit Ochsenhäuten bezogen. Lebende Hühner, Kakao, Bananen, Maniokmehl, Schildkröteneier, die so nahrhaft waren wie geschmacklos, ein Fässchen Jerez, spendiert von dem düsteren Missionar, und einige Flaschen Branntwein zum Tauschhandel wurden geladen. Die Indianer lehnten Proviant ab und zeigten auf ihre Angeln, Speere, Netze. Sie glitten den Apure hinab, vorbei an den vielen Flussinseln, an deren Rändern die Krokodile zu Dutzenden lagen. Kleine schneeweiße Reiher spazierten auf ihnen herum, als seien es Baumstämme; in den Öffnungen der heckenartigen Uferbewachsung sah man die Tapire, die Pekaris, den Hocco, einen schwarzen Vogel mit buntem Federbusch; Schwärme von Flamingos schwebten lautlos durch die Luft. Auf den unteren Ästen der Baumriesen sah man den Jaguar, den König des Dschungels. Sie sichteten Exemplare, die größer waren als der indische Tiger. »Es como en el paraíso«, meinte ihr Steuermann, ein alter Indianer aus der Mission. Um sehr unparadiesisch hinzuzufügen: »Die Weiber, die Wasser holen, frisst das Krokodil.« Die deutsche Dogge, die Humboldt mitgenommen hatte, wurde eines Nachts, trotz der brennenden Feuer, von *el tigre* gerissen und verschleppt.

Nachts schliefen sie in ihren Hängematten, die sie zwischen den Uferbäumen aufspannten. Columbus sei Dank! Er hatte die *hamaca* entdeckt, dieses wunderbare schwebende Bett, das man in einer Handtasche mit sich führen konnte und in dem die Seeleute auf den Schiffen so gut schliefen wie die Indios im Urwald. Das Geschrei des Bisamschweins, das Brüllen des Jaguars, das schrille Pfeifen der Affen, die Klagelaute des Hocco, die Flötentöne der Sapaju, das Gezeter der Papageien steigerte sich in manchen Nächten zu einer infernalischen Kakophonie. Nach dem Grund befragt, sagten die Indianer: »Sie feiern den Mond.«

Am 5. April 1800 fuhren sie vom Apure in den Orinoco ein. Ein feierlicher Moment! Von einem Gefühl der Rührung übermannt, sahen sie sich in einem anderen Land. So weit das Auge reichte, dehnte sich eine ungeheure Wasserfläche vor ihnen. Einsamkeit und Großartigkeit prägten die Landschaft eines der gewaltigsten Ströme der Erde. In Pararuma weigerte sich der das Steuer führende Indio weiterzufahren. Vor ihnen lagen die Stromschnellen. Die bequeme breite Piroge musste aufgegeben werden. Der Missionar von Carichana beschaffte ihnen einen Einbaum, der zwölf Meter lang war, aber nur neunzig Zentimeter breit, und deshalb ständig zum Kentern neigte. Dafür konnte man ihn mit Muskelkraft an den Katarakten vorbeischleppen.

»Vier Monate hindurch schliefen wir im Dschungel, umgeben von Krokodilen, Boas und Jaguaren, nichts genießend als Reis, Ameisen, Manioc, Pisang, Orinocowasser und bisweilen Affenfleisch«, lesen wir in Humboldts Reisebericht. »Strecken von 8000 Quadratmeilen haben wir, an Händen und Gesicht von Moskitostichen geschwollen, durchstrichen … In der Guayana, wo man wegen der Moskitos, die die Luft verfinstern, Kopf und Hände stets verdeckt haben muss, ist es fast unmöglich, am Tageslicht zu schreiben; man kann die Feder nicht ruhig halten, so wütend schmerzt das Gift der Insekten. Alle unsere Arbeit musste daher am Feuer in einer indianischen Hütte vorgenommen werden, in welche kein Sonnenstrahl eindringt und in welche man auf dem Bauche kriechen muss. Hier aber erstickt man wieder vor Rauch. In Higuerote gräbt man sich nachts in den Sand, sodass bloß der Kopf hervorragt und der ganze Leib mit Erde bedeckt bleibt.«

Und dieser Mann, Alexander von Humboldt, schreibt, als er nach seinem persönlichen Ergehen gefragt wird: »Meine Gesundheit und Fröhlichkeit hat, trotz des ewigen Wechsels von

Nässe, Hitze und Gebirgskälte, seitdem ich Spanien verließ, sichtbar zugenommen. Die Tropenwelt ist mein Element, und ich bin nie so ununterbrochen gesund gewesen als in den letzten zwei Jahren. Nie, nie hatte ich nur Kopfweh...« Und er fügte wie entschuldigend hinzu, er habe allerdings einmal ein paar Tage Fieber gehabt.

»C'est une monstruosité, Monsieur Humboldt! C'est impossible!« Philippe Buache, der französische Geograph, hatte es bei einer erregten Diskussion in der Pariser Akademie dreimal gesagt. Flussgebiete seien unabhängige Landschaften, sie bildeten selbstständige Zellen und könnten nicht verbunden sein, weil sie durch natürliche Wasserscheiden voneinander getrennt waren. Und deshalb gebe es keine Verbindung zwischen dem Orinoco und dem Amazonas. Basta, genug!

Humboldt sollte ihn eines Besseren belehren.

Über die Stromschnellen erreichten sie den Rio Atabo und gelangten über kleinere Wasserläufe und einen strapaziösen Landmarsch zum Pimichin, der sie zum Rio Negro brachte. Fünf Tage später sichteten sie die Mündung eines Flusses: Es war der Castiquiare, ein geheimnisvolles unbekanntes Wasser. Zehn Tage lang fuhren sie ihn hinauf, passierten ein Sumpfgebiet, vor dessen Moskitoschwärmen selbst die Indianer flohen. Am 20. Mai 1800 notierte Humboldt – und seine Hand schmerzte ihn höllisch, denn sie wies 190 Moskitostiche auf (Bonpland hatte sie gezählt!): »Wir brachten die Nacht an der Stelle zu, wo der Orinoco sich gabelt.« Diese Gabelung war eine Entdeckung, *seine* Entdeckung. Durch diese Gabelung war der Orinoco über den Casiquiare mit dem Rio Negro verbunden, und der floss in den Amazonas. Sie waren zu schwach, um zu triumphieren.

Was für einen großartigen Gefährten hatte er in Bonpland gefunden! Er verzagte nie, war rastlos tätig, verstand sich mit jedem Menschen, welcher Hautfarbe er auch war; sein Mut und seine Unerschrockenheit bewies er oft genug, rettete Alexander einmal vor dem Ertrinken. Sie waren längst gute Freunde geworden (auch wenn sie sich noch immer siezten). Seine Leistung war umso höher zu schätzen, weil er nicht über die eiserne Gesundheit Humboldts verfügte, mehr unter dem höllischen Klima litt, ja einmal todkrank darniederlag.

Ihren Plan, dem Rio Negro bis zur Einmündung in den Amazonas zu folgen, mussten sie aufgeben. Sie wären damit auf brasilianisches Gebiet gekommen, und hier herrschten nicht mehr die Spanier, sondern die Portugiesen. Lissabon hatte Anweisungen gegeben, die beiden unverzüglich zu verhaften, hätten sie doch nichts anderes im Sinn, als die Grenzforts auszuspionieren. Den an den Flüssen lebenden Indios war es ohnehin unverständlich, wie man sein Vaterland hatte verlassen können, um sich hier von den Moskitos auffressen zu lassen, nur, weil man Pflanzen, Steine, Baumrinde und »solches Zeugs« sammeln wollte. Um eben diese kostbare Sammlung wäre es beinah geschehen, als das Boot kenterte, die Zeichnungen, Karten, präparierten Tiere, Herbarien auf dem Wasser trieben. Sie sprangen in das lehmige Wasser, tauchten unter und konnten schließlich mit Hilfe der Indios das meiste retten; niemand dachte daran, dass im Uferschlamm die Krokodile lagen.

Auf der Rückfahrt liefen sie wieder in den Orinoco ein. Am Berg Duida trafen sie auf eine Station, die so weltverloren war, dass selbst der Missionar ihr immer wieder entfloh. Humboldts Erfahrungen mit den Menschen, die andere Menschen zu ihrem Gott bekehren wollten, den sie für allein selig machend hielten, waren unterschiedlich. Er traf auf Männer, die sich für die ihnen anvertrauten Indios aufopferten und darum kämpften, dass es ihnen besser gehe: Diese waren in der Minderzahl. Die meisten Franziskaner, Kapuziner, Dominikaner, Augustiner bevorzugten bei der *conquista de almas*, der Eroberung der Seelen, die Gewalt, denn Sanftmut sei ein gar zu langsames Mittel. Aus Bekehrung machten sie Versklavung. Die Indios in den Missionen erschienen Humboldt stumpf, teilnahmslos, knechtisch, während jene, die von dem neuen Gott noch nichts vernommen hatten, lebhaft waren, fröhlich, wissbegierig. »Unterdrückung hemmt die Entwicklung, tötet die Geisteskräfte. Das Christentum beraubte die Indios ihrer historischen und religiösen Identität.« Ein bitteres Fazit.

Fast drei Monate waren vergangen, als Humboldt und Bonpland wieder in Cumana eintrafen. Von den Spaniern, Kreolen, Indianern wurden sie so freudig wie fassungslos begrüßt. Nach den immer wieder kolportierten Gerüchten hätten sie längst tot sein müssen: von Krokodilen gefressen, von Jaguaren zerrissen, von Boas erdrückt, in den Sümpfen erstickt, von den mit Curare getränkten Pfeilen der Indianer vergiftet. Es hielt sie nicht lange in der freundlichen Stadt.

Da die Postschiffe von Kuba die britische Blockade regelmäßig durchbrachen, wie man ihnen versicherte, gingen sie 1800 nach Havanna, um dort ihre Sammlungen zu ordnen und versandfertig zu machen.

Bogotá war das nächste Ziel. Der Ruhm war den beiden »Nie-zu-Besiegenden«, wie man sie nannte, vorausgeeilt, und weit vor den Toren der Hauptstadt begrüßte sie eine prachtvolle Kavalkade. Die Stadt interessierte sie weniger als der dort lebende berühmteste Botaniker Lateinamerikas, Don José Celestino Mutis, in dessen Haus sie, kaum eingetroffen, Pflanzen tauschten. Als der Gastgeber ihnen über die Flora an den Vulkanhängen Ecuadors berichtete, war das Stichwort gefallen. Sie machten sich sogleich auf den Weg und zogen über die höchsten Andenpässe, wo die Pfade mit den Knochen der Maultiere gepflastert schienen und die Kreuze an die dort umgekommenen Reisenden erinnerten. Von Quito aus bestiegen sie den Pichincha bis zum Kraterrand und wurden beim Abstieg von einem Erdbeben überrascht (»Ich zählte 15 Stöße in 36 Minuten«). Nach einem zweiten Aufstieg fühlte Alexander sich in so guter Kondition, dass er im Juni 1802 beschloss, den Chimborazo anzugehen.

Mit seinen 6310 Metern galt er damals als der höchste Berg der Welt und war noch unbezwungen. Doch bergsteigerischer Ehrgeiz war es nicht, was die beiden Männer auf den Vulkan trieb, sondern ihre unbezähmbare wissenschaftliche Neugier. Gegen das tiefe Blau des Tropenhimmels hob sich der domartige Vulkan ab in seiner stillen Größe und Hoheit. An der Grenze des ewigen Schnees ließen sie die Mulis zurück und begannen zu Fuß weiterzugehen. Ihre Kleidung hätte jeden heutigen Alpinisten das Gruseln gelehrt. Die langen Leinenhosen waren bald durchnässt, die Stiefeletten zerrissen, sie gingen barfuß weiter. Es hagelte, schneite; Zahnfleisch und Lippen begannen zu bluten, auch die Augen waren blutunterlaufen. Die Indianer wollten nicht weitergehen, trotz aller Bitten und Drohungen. Der Schwefelgestank wurde unerträglich. Plötzlich endete der Felsgrat, der sie emporgeführt hatte: Vor ihnen lag eine tiefe Schlucht, die nicht zu überwinden war. Dass so hoch noch kein Mensch gekommen war – 5881 Meter –, für den ehrgeizigen Humboldt blieb es nur ein schwacher Trost. Sie stiegen ab, sammelten Flechten, unbekannte Pflanzen, Lavagestein und führten immer wieder Messungen durch.

Peru war ihr nächstes Ziel. Denn Humboldt hoffte immer noch, den Weltumsegler Baudin, der ihm in Paris vorgeschlagen hatte, an seiner Expedition teilzunehmen, irgendwo an der Westküste Südamerikas zu treffen, vielleicht in Callao, um sich ihm dann anzuschließen – eine Hoffnung, die sich zerschlagen sollte.

Ihre kleine Karawane war inzwischen auf zwölf Gepäckmulis und vier Reitpferde angewachsen. Sie trugen den Sextanten, den Inklinationskompass, die Thermometer, Hygrometer, den Oktanten, die Fernrohre, den Theodoliten, den Chronometer. Das Barometer war so empfindlich, dass es von einem speziellen Träger befördert wurde.

Sie erreichten das fruchtbare Hochland von Caxamarca, und hier geschah es: Die Wolkendecke zerriss und der Himmel gab den Blick frei auf die unendliche Weite des Pazifischen Ozeans: »Es war ein feierlicher Moment und ich war zutiefst ergriffen.« Trafen sie auf eine der alten Inkastraßen, so ging es zügiger voran. Sie waren mit sorgfältig behauenem Porphyr gepflastert und nur für Läufer gedacht. Die Inkas kannten den Wagen nicht und keine Pferde.

Der Sohn eines Kaziken führte sie zu den Ruinen der Residenz Atahualpas, eines Königs, an dem die spanischen Conquistadores eines ihrer scheußlichsten Verbrechen verübt hatten. Sie versprachen ihm die Freiheit, wenn er einen Raum seines Schlosses bis zur Decke mit Gold füllen ließ. Atahualpa kam ihrem Verlangen nach – und wurde anschließend erdrosselt. In eben jenem Raum verweilten Humboldt und Bonpland lange.

Mexiko war die letzte Etappe der großen Reise, damals Nueva España, Neu-Spanien, genannt. Sie blieben anderthalb Jahre, vom Frühjahr 1803 bis in den Sommer 1804, eine Zeit, die Humboldt dazu benutzte, eine geographische Monographie des Landes zu schreiben, die heute als ein Klassiker gilt. Seine geradezu unheimliche Aktivität ließ ihn keinen Tag ruhen. Er machte dem Vizekönig Vorschläge, wie er die Silbergewinnung ertragreicher machen könne, schrieb ein Gutachten über die Mineralquellen von San José, hielt Vorlesungen über Geologie, vermaß die Vulkane Popocatepetl und Itzacchihuate, studierte die Bewässerungsanlagen von Huehuetoca.

Auf der Rückreise nach Europa machte er einen Abstecher nach Nordamerika, um einer Einladung des amerikanischen Präsidenten zu folgen. Thomas Jefferson hatte Deutschland bei einer Rheinreise kennen gelernt. Er mochte die Deutschen – und diesen aus Preußen stammenden Baron besonders. In den Wochen in Washington und auf seinem Landsitz Monticello diskutierten sie bis in die Nächte hinein; auch über Humboldts Lieblingsthema, den Isthmus von Panama zu durchstechen (was erst einhundertzehn Jahre später geschah).

Trotz aller Gastfreundschaft: Humboldt und Bonpland waren inzwischen von einer anderen Art Fieber ergriffen – dem Heimweh. Anfang Juli 1804 verließen sie mit ihrem Segler die Mündung des Delaware und trafen nach fünfundzwanzigtägiger glückhafter Reise in Bordeaux ein. Unter den Luken lagen 35 Kisten mit 60000 Pflanzen.

Fünf Jahre waren vergangen ...

»Le pauvre Monsieur Humboldt. Il est mort. Ça c'est très triste, c'est déplorable.« An der Pariser Akademie wusste man sogar, wo und woran er gestorben war: auf Kuba, am Gelben Fieber. Als der optische Telegraph meldete, der Baron sei bereits unterwegs an die Seine, glaubte man dieser Meldung nicht. Dann stand er plötzlich vor ihnen: braungebrannt, gesund, voller Vitalität. Und Paris ging sofort daran, den Deutschen zu feiern; ihn zu befragen, ihn herumzureichen, ihn auszuzeichnen. In den Akademien, in der Gesellschaft, am Hofe gab es nur ein Thema: Alexander von Humboldt und seine Große Reise an den Orinoco. Sie waren überwältigt von dem kühnen Mann, von seiner weltmännischen Art, seinem allumfassenden Wissen. Der Comte Berthollet, ein berühmter Chemiker, sprach das aus, was die meisten dachten: »*Cet homme réunit toute une Académie en lui* – Dieser Mann vereinigt in sich eine ganze Akademie.«

Einem anderen Mann konnte das nicht gefallen. Aus der Republik war inzwischen eine Monarchie geworden, aus einem General ein Empereur. Napoleon hatte den preußischen Junker nie leiden können, ihn von Anfang an für einen Spion gehalten. Ein Ärgernis, in der Gazette Nationale immer wieder diesen Namen lesen zu müssen. Er war jedenfalls nicht gewillt, sich von diesem Monsieur »ümbol«, die, wie man heute sagen würde, Show stehlen zu lassen. Am liebsten hätte er ihn ausgewiesen. Auf jeden Fall solle er ständig observiert werden.

Bei einem Defilee in den Tuilerien kam es zu einer Begegnung. Der Kaiser, kurz aufblickend: »Und *Ihr* Metier, Monsieur?« – »Botanik, Euer Majestät.« – »Botanisieren? Das tut meine Frau auch.«

Paris war immer noch der Mittelpunkt der Welt. Die Gesellschaft traf sich bei Matineen und Soireen. Vor der Oper hielten die Equipagen. In den Logen saßen die Damen in eleganten Roben mit tiefem Dekolleté, die Herren im Frack. Die Revolution lag nun anderthalb Jahrzehnte zurück. Die Wissenschaften und die Künste hatten sich längst erholt. »Denken Sie sich eine Stadt«, hat Goethe einmal zu Eckermann gesagt, »wo die vorzüglichsten Köpfe Europas auf einem einzigen Fleck zusammen sind und in täglichem Verkehr sich gegenseitig belehren und steigern.«

Nur hier konnte Humboldt die wissenschaftliche Ausarbeitung seiner Reise in Angriff nehmen. Hier fand er die Kupferstecher, die Koloristen, die Zeichner, die Maler, die Stahlstecher, die Drucker, die Setzer, die Verleger. Als Mitglied der Akademie hatte er Zugang zu den Instituten, zur Universität, zu den Handschriftenabteilungen der Bibliotheken. Zu Mitarbeitern gewann er Forscher aus Frankreich, Deutschland, Holland, England, der Schweiz, die auf ihren Gebieten – der Ethnologie, Geographie, Mineralogie, Anthropologie, Astronomie, Zoologie, Botanik, Kartographie, der Mathematik und Nautik – eine Gemeinschaftsarbeit leisteten, wie sie Europa bis dahin nicht gekannt hatte.

In den zwanzig Jahren seines Pariser Aufenthalts – unterbrochen von Reisen in die europäischen Hauptstädte – entstand das gigantische Werk, das dreiunddreißig Quart- und Foliobände umfasste. Die IDEEN ZU EINER GEOGRAPHIE DER PFLANZEN schickte er mit persönlicher Widmung nach Weimar an den Frauenplan. Die ANSICHTEN DER NATUR widmete er »bedrängten Gemütern«, waren sie doch in der Zeit von seines Vaterlandes tiefster Erniedrigung geschrieben: Nach den Niederlagen der Preußen bei Jena und Auerstedt besetzte Napoleon Berlin (und die Soldateska plünderte Schloss Tegel).

Eines schönen Pariser Tages bekam Humboldt ein Schreiben seines wohlaffektionierten Königs, Friedrich Wilhelms III., den wir als »den Mann der Königin Luise« kennen. Darin wird er gebeten, nun wieder nach Berlin zurückzukehren, schließlich sei sein Werk beendigt. Er wünsche, dass er als Kammerherr von nun an dem Staat diente, ein Dienst, der ihm mit 5000 Talern im Jahr, vier Monate Urlaub eingeschlossen, honoriert werde. Alexander konnte diesmal, nachdem er bereits die Berufung zum preußischen Gesandten in Paris abgelehnt hatte, nicht Nein sagen. Er brauchte das Geld. Die Kosten der Reise nach Lateinamerika sowie der Publizierung des Gesamtwerks mit den 1452 farbigen Kupferstichen der Pflanzen und Tiere, den Atlanten, den Landschafts-, Vulkan- und Gebirgsbildern hatte er aus eigener Tasche bestritten. Nun war er, schlicht gesagt, pleite: Sein Vermögen war aufgezehrt.

1827 kehrte er nach Berlin zurück, in eine Stadt, an die er sich erst wieder gewöhnen musste nach den Jahren unter dem Kreuz des Südens und in der Metropole Paris. Feindschaft schlug ihm entgegen, besonders von den Hofleuten, die ihn als Bürger mit allzu liberalen, ja linken Tendenzen bezeichneten. Auch dem alteingesessenen preußischen Adel passte die ganze Richtung nicht. Die Militärs sahen in ihm einen Freidenker. Arthur Schopenhauer, der Philosoph, nannte ihn einen Kompilator, der seine Bücher aus anderen Werken zusammengeschrieben habe. Aus den Kreisen der Universität, die sein Bruder gegründet hatte, schlug ihm Neid entgegen. Seine scharfe Zunge, sein Wortwitz, seine boshaften Bonmonts, die in der Gesellschaft kolportiert wurden, schufen ihm neue Feinde.

Doch die Zahl der Freunde war größer, und besonders die seiner Zuhörer, deren Herzen er rasch gewann. Zu seinen Vorträgen in der Singakademie kamen pro Abend 1400 Menschen. Eine erstaunliche Zahl. Erstaunlicher noch: Nicht nur die Gebildeten aller Stände, wie man zu sagen pflegte, nahmen teil, auch Handwerksmeister, Buchhalter, Bureauxdiener – und Frauen. Aus diesen Vorträgen ist später sein populärstes Werk, der KOSMOS, hervorgegangen, das er bescheiden den *Entwurf einer physischen Weltbeschreibung* nannte.

Humboldt war nun fast sechzig, als das Fernweh ihn wieder packte. Zu einer Forschungsreise durch die Hochgebirge Asiens, vornehmlich des Himalayagebiets, brauchte er die Zustimmung der Ostindischen Kompanie, aber die Lords fürchteten, dass man ihnen allzu sehr in die Karten schaue, und sie sagten Nein. Da kam 1829 die Einladung des Zaren zu einer Reise durch Sibirien bis an die Grenze Chinas. Die Gastfreundschaft der Russen war so überwältigend, dass es fast keinen Augenblick des Alleinseins gab; an wissenschaftliches Arbeiten war kaum zu denken. In der schneeverwüsteten Einöde dachte er manchmal an die Orchideen des Orinico – und er dachte an Bonpland. Eine Zeitlang war der Gefährte Kaiserin Josephines Gärtner (und ein bisschen mehr), dann hatte es ihn von neuem nach Südamerika gezogen, wo er in die Hände eines Diktators geriet und trotz aller Bemühungen Alexanders erst nach zehn Jahren wieder freigelassen worden war.

Humboldt wohnte nun in der Oranienburger Straße 67 und vor seinem Haus hielten die Kutschen mit hochrangigen Gästen aus ganz Europa. »Der kann wat, der bringt wat, der hat uns *alle beriehmt jemacht*«, sagte der Eckensteher Nante. Als 1848 die Revolution in Berlin ausbrach, stellten ihm Arbeiter eine Schutzwache vor die Haustür, »damit Euch keen Haar nich' jekrümmt wird«. Humboldt begleitete die Märzgefallenen zu Grabe. Auf dem Schlossplatz riefen die Menschen, der Minister dort oben auf dem Balkon solle aufhören zu salbadern, Humboldt möge sprechen. Doch er sprach nicht, sondern grüßte das Volk von Berlin lediglich mit einer tiefen Verbeugung.

Alexander von Humboldt wurde neunzig Jahre alt. In seinen letzten Jahren war die Sorge bei ihm zu Gast. Die Preußische Seehandlung drängte auf Rückzahlung eines Kredits. Sein Verleger Cotta war »vorschussmüde«. Dann war selbst der Holzhändler nicht mehr bereit, ihm die Buchenscheite für den Kamin zu liefern. Schließlich half, wie schon zu wiederholtem Male, der Bankier Mendelssohn. Die Verbindlichkeiten wuchsen dennoch. Er selbst lebte bescheiden, doch sorgte er immer wieder dafür, dass begabte Künstler, Forscher, Wissenschaftler sich *nicht* bescheiden mussten. Schließlich griff sein König ein, dem er bei so vielen diplomatischen Missionen gedient hatte. Friedrich Wilhelm III. tilgte fast 7000 Taler und schrieb: »Hätte ansonsten nicht ruhig schlafen können...«

Als sich der Todestag Alexander von Humboldts 1959 zum hundertsten Mal jährte, entsandte die Bundesregierung eine Delegation von Naturwissenschaftlern und Geographen nach Venezuela. Sie sollten in der Guachara-Höhle eine Gedenktafel zu Ehren Humboldts anbringen.

Ein Bauer tritt auf sie zu und fragt: »Son ustedes americanos?«

»No, somos alemanes.«

»Ah bravo! Compatriotas del famoso cientifico alemán Alejandro de Humboldt.«

Woher er ihn denn kenne?

»Nun, das ist doch der Mann, der allen unseren Pflanzen und Steinen ihre Namen gegeben hat.«

RICHARD WAGNER

GOTT UND DÄMON

Anfang Mai 1864 ist Wagner zu Gast am Tisch der Familie Eckert in Stuttgart. Karl Eckert ist früher Kapellmeister in Wien gewesen, hat reich geheiratet und führt in der Neckarstadt ein behagliches, gastfreies Haus. Gegen Abend erscheint der Diener und meldet, dass im Salon ein Herr warte, der Herrn Wagner dringend zu sprechen wünsche. Der bittet seinen Gastgeber, ihn zu verleugnen, verlässt die Wohnung über den Dienstboteneingang und sucht das Hotel auf, in dem er abgestiegen ist. »Stets auf Übles mich vorbereitend, verbrachte ich eine unruhige Nacht...« Es wird einer jener Gläubiger sein, die ihn nach seiner Flucht aus Wien auf Schritt und Tritt verfolgen. Allein dort betrugen die Wechselschulden über 700000 Schilling.

»Sie kennen den Umfang meiner Leiden nicht«, hat er unlängst einer Freundin geklagt, »nicht die Tiefe des Elends, das vor mir liegt.«

Aus Sachsen ist er 1849 verbannt worden, weil er – *in tyrannos!* – zu jenen Männern gehörte, die sich erhoben hatten, um eine Verfassung von ihren Fürsten zu fordern. Der Steckbrief, mit dem der Königliche Capellmeister aller Orten gesucht wurde, trug sein Konterfei. Riga, wo er als Musikdirektor tätig gewesen war, verließ er bei Nacht und Nebel, war über die grüne Grenze ins Preußische gegangen – drückender Schulden halber – und mit einem Seelenverkäufer, der den Namen Thetis trug, durch tosende Winde und Wogen bis zur Themsemündung gesegelt. Der sächsische König hat ihm eine Teilamnestie gewährt, sodass er zumindest wieder nach Deutschland reisen konnte. Bei der Erstaufführung des TANNHÄUSER in der Grand Opéra zu Paris wurde er – Opfer einer politischen Hofintrige – von einer bestellten Claque erbarmungslos ausgepfiffen.

Immer wieder hatten ihm Verwandte, Bekannte, Fremde geholfen, mit Wohnung, Geld, Empfehlungen, doch diesmal waren die Darlehen ausgeblieben. Auch enge Freunde hatten sich verweigert. Er hatte Konzerte gegeben in Brüssel, Petersburg, Moskau, Wien und wieder in Paris. Aus der finanziellen Misere kam er nie heraus: Sein Hang zu luxuriöser Lebensführung fraß alle Gagen, Honorare, Tantiemen auf. Mainz, Biebrich, Karlsruhe, Dresden, Zürich, Mailand hießen andere Stationen, und er verglich sich mit Ahasverus, dem zu ewigem Wandern verurteilten Juden. Er fühlte mit Gewissheit, dass es nun bald vorbei sein werde. Selbst einen Grabspruch hatte er sich zusammengereimt: »Hier liegt Wagner, der nichts geworden, nicht einmal Ritter vom lumpigsten Orden; nicht einen Hund hinterm Ofen entlockt er, Universitäten nicht mal 'nen Dokter.«

In seinem Stuttgarter Hotel erfährt Richard Wagner, dass man auch hier nach ihm gefragt habe – ein fremder vornehmer Herr. Er wolle am Vormittag wiederkommen. Gegen zehn Uhr klopft der Hoteldiener und überreicht eine Visitenkarte. *Hofrat Franz Seraph von Pfistermeister – Secrétaire aulique de S. M. le roi de Bavière* steht in goldenen Lettern auf der Karte.

»Der Kabinettssekretär S. M. des Königs von Bayern«, schreibt Wagner in seiner Autobiographie MEIN LEBEN, »äußerte mir zunächst seine große Freude darüber, mich durch glückliche Nachweisungen geleitet, endlich hier angetroffen zu haben. Er überbrachte mir ein Billet des Königs, zugleich mit einem Portrait sowie einen Ring als Geschenk desselben. Mit wenigen, aber bis in das Herz meines Lebens dringenden Zeilen bekannte mir der junge Monarch eine große Zuneigung für meine Kunst und seinen festen Willen, mich für immer als Freund an seiner Seite jeder Unbill des Schicksals zu entziehen. Zugleich meldete mir Herr Pfistermeister, dass er beauftragt sei, mich dem König nach München zuzuführen…«

Wagner war überwältigt, fassungslos, wie vom Donner des

Zeus gerührt. Als der Sekretär (der sein Todfeind werden sollte) gegangen war, setzte er sich an den Nachttisch und schrieb: »Diese Tränen himmlischer Rührung sende ich Ihnen, um Ihnen zu sagen, dass nun die Wunder der Poesie wie eine göttliche Wirklichkeit in mein armes liebebedürftiges Leben getreten sind! – Und dieses Leben, sein letztes Dichten und Tönen, gehört nun Ihnen, mein gnadenreicher junger König: Verfügen Sie darüber als über Ihr Eigentum.«

Das Wunder, auf das der nun bald Einundfünfzigjährige so lange gewartet hatte, war tatsächlich eingetreten. Wundersam erschien ihm auch dieser neunzehn Jahre alte König, als er ihm zum ersten Mal in der Münchner Residenz gegenüberstand. »Er ist leider so schön und geistvoll«, schrieb er einer Freundin, »seelenvoll und herrlich, dass ich fürchte, sein Leben müsse wie ein flüchtiger Göttertraum in dieser gemeinen Welt zerrinnen.« Der hoch gewachsene Monarch mit seinen erhabenen Gebärden und der knapp mittelgroße Komponist mit seinem sächsischen Dialekt schienen so gar nicht zueinander zu passen, trotz der in ihren späteren Briefen häufig benutzten gegenseitigen Redewendungen wie »Mein geliebter herrlicher Freund«, »Mein angebeteter Engelgleicher« und so schwülstig weiter. Man hat darin ein Rollenspiel sehen wollen: Jeder habe von Anfang seine Rolle übernommen, hier der auf den Knien seines Herzens liegende Künstler, dort der schwärmende Verehrer Wagnerscher Musik. Doch es war mehr: Eine Freundschaft sollte sich entwickeln, die den härtesten Prüfungen standhielt.

Fünfzehn Jahre alt war Ludwig, man schrieb das Jahr 1860, als er zum ersten Mal in seinem Leben eine Opernaufführung besuchen durfte. Gespielt wurde LOHENGRIN, diese, laut Thomas Mann, Oper aus blau-silberner Schönheit, in deren Mittelpunkt der geheimnisvolle Schwanenritter (»Nie sollst du mich befragen«) steht, von den Rittern des Gral zu den Menschen entsandt, um für Recht und Tugend zu kämpfen. Ludwig, die Menschen scheuend, zur Schwermut neigend, zerfloss in Tränen, lernte das Textbuch auswendig und war von Stund an Wagner verfallen, eine Schwärmerei, die ihn später eine Lohengringrotte erbauen ließ, auf Hohenschwangau einen Schwanenrittersaal, einen Schwanenbrunnen, bis er sich schließlich selbst als Schwanenritter fühlte.

Wenn sich der König den Schöpfer des LOHENGRIN als einen Schwanenritter vorgestellt hatte, so musste er enttäuscht sein. Der Mann, der so göttliche Musik schrieb, schwebte keineswegs in jenseitigen Sphären, er schien umtriebig, ständig auf dem *qui-vive*, also clever, wie man heute sagen würde. Doch das hinderte den König nicht daran, ein wahres Füllhorn von Gunstbeweisen über ihm auszuschütten.

Mit der ersten finanziellen Zuwendung von 4000 Gulden (was dem Jahreseinkommen eines Ministerialrats entsprach) reiste Wagner nach Wien und bezahlte seine Gläubiger. Ferner wurde ihm ein Gehalt von 4000 Gulden *per annum* gewährt und später auf 5000 erhöht. Kurz darauf kamen noch einmal 16500 Gulden als kleine Morgengabe. Die königliche Kabinettskasse erhielt die Anweisung, für den zu komponierenden RING DES NIBELUNGEN ein Honorar von 30000 Gulden bereitzustellen. Insgesamt bekam der Komponist 131173 Gulden (was nach heutigem Geld über eine Million Mark gewesen wäre). Außerdem wurde eine Villa gemietet, das Haus Pellet am Starnberger See, unweit von Schloss Berg.

Wagner hätte glücklich sein können, aber dieser komplizierte Mensch war es nicht. Er litt unter dem Föhn, unter dem schlechten Wetter, überhaupt unter dem Alleinsein. Gewiss, das Haus war komfortabel, aber es fehlte jemand, der die leeren Räume mit Leben erfüllte. Von einer alten Freundin bekam er eine Absage. Auch ein Freund wollte seinem Ruf nicht folgen. Dann reiste auch noch der König nach Bad Kissingen, mit den Gesprächen am Kamin von Schloss Berg war es damit einstweilen vorbei. »Er ist mir doch alles, was ich liebe«, notierte Wagner.

Es gab aber jemanden, den er wirklich liebte. Diese Liebe durfte nicht offenbar werden. Sie war die Frau eines anderen, des Dirigenten Hans von Bülow. Ende Juni erschien Cosima von Bülow in seinem Landhaus am See mit ihren beiden kleinen Töchtern. Später kam auch Bülow, der nichts ahnte, und als aus der

Ahnung Gewissheit zu werden drohte, wollte er es nicht wissen. Cosima und Richard hatten sich bei einer gemeinsamen Spazierfahrt durch den Berliner Tiergarten ihre Liebe gestanden. Unter Tränen und Schluchzen wurde ihr Bekenntnis beschworen, in alle Zukunft einander anzugehören.

Cosima war die natürliche Tochter (wie man damals uneheliche Mädchen nannte) des Klaviervirtuosen und Komponisten Franz Liszt, und Liszt war es, der nun ebenfalls am Starnberger See erschien. Von Cosima in Andeutungen ins Bild gesetzt, kam es im Haus Pellet zu dramatischen Szenen. Er, Wagner, liebe doch seine, Liszts, Tochter gar nicht; sobald er ihrer überdrüssig geworden, würde er die Ehebrecherin verachten – und er sei doch selbst verheiratet. Zwei Freunde drohten sich zu entzweien. Doch das Band der Freundschaft erwies sich als stärker.

»In dieser einen Woche im Haus Pellet am Starnberger See«, schreibt der Wagnerbiograph Martin Gregor-Dellin so vielsagend wie lakonisch, »wurde der Bund besiegelt, die beiden Bülow-Töchter schliefen nebenan.« Ende September ging Cosima im dritten Monat schwanger. Der Vater war nicht Hans von Bülow, ihm hatte sie sich seit längerem verweigert. Das 19. Jahrhundert war das Jahrhundert der großen dramatischen Liebesbeziehungen. Dostojewski und Anna Grigorjewna, Balzac und Eva von Hanska, Musset und George Sand, Browning und Elizabeth Barrett seien hier genannt. Richard Wagner und Cosima von Bülow gehören dazu.

Wagner sah sie als eine junge, ganz unerhört begabte Frau, Liszts wunderbares Ebenbild, nur intellektuell über ihm stehend. Er schrieb in einem Brief: »Alles, was sie betrifft, ist außerordentlich und ungewöhnlich: Ihr gebührt Freiheit im edelsten Sinne. Sie ist kindlich und tief – die Gesetze ihres Wesens werden sie immer nur auf das Erhabene leiten. Niemand wird ihr auch helfen, als sie sich selbst! Sie gehört einer besonderen Weltordnung an, die wir aus ihr begreifen lernen müssen.« Hehre Worte, die ein Hauch von Zynismus umwittert, bedenkt man, dass der Brief an den Ehemann gerichtet war.

Anfang Juli kam Bülow selbst, bezog im Pellet einige Zimmer, und Wagner nahm ihn mit bei seinen Besuchen in Schloss Berg. Es gelang ihm, den König zur Anstellung Bülows als seinen Vorspieler zu bewegen. Wobei Wagner natürlich an *seine* Werke dachte, die er Ludwig vorspielen sollte. Der zweispännige Wagen des Königs stand regelmäßig vor der Gartenpforte des Pellethauses, manchmal benutzte Wagner auch das Boot, mit dem er direkt am Steg des Schlosses festmachen konnte. Wagner spielte Wagner, und Bülow spielte Wagner und der König lauschte Wagner, verzückt, den Klängen hingegeben. War er wirklich so musikalisch? Sein ehemaliger Klavierlehrer hat den Tag, an dem er ihm die letzte Stunde gegeben, seinen Glückstag genannt. Der Kabinettsbeamte Leinfelder, der ihn bei Opernaufführungen beobachtet hatte, bezweifelte gar, dass es die Musik Wagners gewesen sei, die das Gemüt des Kronprinzen so begeisterte.

»Allerdings hatte sie eine wahrhaft dämonische Wirkung auf ihn, aber keine angenehme. Sie legte sich eher schmerzhaft auf seine Nerven, und in manchen Momenten steigerte sich die Empfindung in das geradezu Krankhafte. So geriet zum Beispiel sein Körper an der Stelle, wo Tannhäuser wieder in den Venusberg tritt, jedes Mal in förmliche Zuckungen. Das war so arg, dass ich einmal einen epileptischen Anfall befürchtete.«

Am Kamin von Schloss Berg stellte Ludwig einmal die Gretchenfrage: Wie hält er's denn *heute* mit der Revolution? Gemeint waren die Wagnerschen Revolutionsschriften aus den Dresdner Jahren, in denen er sich über Republik und Königtum ausgelassen hatte. Im Vaterlandsverein, dem Sammlungsort der Linken, war er für das Wahlrecht jedes Bürgers eingetreten und hatte den Untergang der Aristokratie prophezeit. Wagner verteidigte sich mit dem Recht auf Irrtum und dass er wohl Kunst und Leben verwechselt habe. Wer seine damaligen Schriften *richtig* lese, werde feststellen, dass sich seine Meinung zu Staat, Kunst und Religion im Grunde nicht geändert habe.

Doch die Widersprüche zwischen dem Mann von damals und dem Mann von jetzt waren mehr als augenfällig. Zu seiner Erleichterung strapazierte Ludwig das peinliche Thema nicht weiter.

Mitte Oktober 1864 vertauschte Wagner die ländliche Villa in Starnberg mit einem vornehmen Stadthaus in München. Gegenüber den Propyläen gelegen war die Briennerstraße eine gute Adresse, für Wagner mehr als das: ein Zuhause nach den Jahren der Unbehaustheit, des Wanderns und Wechsels. Der große Gönner hatte es ihm als Eigentum überschrieben. Mit ihm zog Cosima ein, als »Sekretärin« bezog sie eine Etage mit Arbeitszimmer und Salon. Wagner war durchdrungen von wahrer Leidenschaft, endlich arbeiten, endlich wieder komponieren zu können. Sein dem König vorgelegtes Programm zeugt von seiner Ungeduld. Der TRISTAN sollte noch im Frühjahr aufgeführt werden, zu Beginn der Wintersaison dann DIE MEISTERSINGER und 1867 bis 1868 die Aufführung des gesamten RING DES NIBELUNGEN. Besonders der RING lag ihm am Herzen: Jede andere Arbeit, und mochte sie noch so vorteilbringend sein, wollte er zur Seite legen, um einzig das Riesenwerk zu vollenden.

Wohl um sich selbst unter Druck zu setzen, schloss er einen förmlichen Vertrag ab, in zehn Artikeln, dem gemäß er »ein reingeschriebenes Exemplar bis längstens in drei Jahren dem Hofrat Hofmann auszuliefern« habe.

Das Jahresgehalt, das Stadtpalais, das Honorar für den RING, weitere Gunstbeweise, das alles blieb in einer Stadt von 166 000 Einwohnern, in der beinah jeder jeden kannte, zumindest in der Gesellschaft, nicht verborgen und erregte Neid und Eifersucht. Als ruchbar wurde, dass der Bau eines monumentalen Festspielhauses geplant wurde, das auf dem Gasteig, den Höhen des Isarufers, thronen sollte, ja der Architekt bereits die Pläne entwarf – der berühmte Gottfried Semper –, wofür der bayerische Steuerzahler am Ende geradestehen musste (die königliche Privatschatulle würde dafür nicht reichen), wurde die Szene zum Tribunal.

Was erlaubt sich dieser Zugereiste, der Revoluzzer, einst steckbrieflich Gesuchte, dieser Schuldenmacher, dessen Benehmen hochfahrend, dessen Musik greulich, ein Mann, der den guten König umgarnte, die Staatskasse plünderte – und lutherisch war er auch noch! Ganz zu schweigen von seinem skandalösen

Verhältnis mit einer Frau, das pfiffen ja die Spatzen von den Dächern, die schließlich die Gemahlin eines, seines Freundes war.

Die Münchner Bürger waren, bei aller Zurückhaltung gegenüber Fremden, eher tolerant und ließen jeden das sein, was er gern sein wollte, doch langsam wurden auch sie, letztlich aufgehetzt von den Bürokraten, höchst ungemütlich. Er sei in Ungnade gefallen, dieses Gerücht wurde lanciert, und es bestätigte sich, als die königliche Loge bei der Aufführung des TANNHÄUSER dunkel blieb. Eine ausdrücklich gewährte Audienz zog Ludwig plötzlich zurück. Pfistermeister, der im Vorzimmer wartete, teilte ihm mit: »Majestät ist verstimmt...« Das hieß, dass man ihn, mit welchen Argumenten auch immer, verleumdet hatte. Wagner war beunruhigt, ja geängstigt.

Es sollte schlimmer kommen: Die Gegenpartei ließ nicht nach in ihrem Bemühen, diesen Menschen aus dem Land zu jagen. In der Augsburger Allgemeinen Zeitung erschien im Februar 1865 ein Artikel, in dem der anonyme Autor dem Kompositeur Verschwendungssucht vorwarf, ihm Undank unterstellte für empfangene Wohltaten und maßlose Selbstüberschätzung und fortgesetzte brutale Verachtung der bayrischen, auch in musikalischer Hinsicht achtenswerten Zustände, ihm vor allem den Versuch unterschob, das Volk von seinem geliebten König zu trennen. Bülow trat ihm sofort zur Seite und bezeichnete den Artikelschreiber als einen »ehrenlosen Verleumder«. Wagner antwortete, dass er nichts anderes sei als ein Künstler, den man für seine Leistungen gut bezahle und der niemandem Rechenschaft schuldig sei über die Verwendung seiner Honorare. Eine kluge Antwort, die auch den einfachen Bürger überzeugte.

Die Angriffe seiner Gegner, die sich aus dem Hofadel, der Ministerialbürokratie und dem Klerus rekrutierten, ließen nicht nach, und Wagner fragte den Monarchen in einem Billet, das seine Verzweiflung offenbarte: »Soll ich fortgehen? Soll ich bleiben? Ein Wort und freudig erfasse ich mein Schicksal!« Die Antwort gab anderntags ein Bote in der Brienner Straße ab. »Bleiben Sie, bleiben Sie hier! Alles wird herrlich wie zuvor. Bis in den Tod, Ihr Ludwig.«

Wagner blieb und begann unverzüglich mit der Inszenierung von TRISTAN UND ISOLDE. Am Pult stand Hans von Bülow, der nunmehrige neue Hofkapellmeister. Dass die Uraufführung Epoche machte, zeigte sich in der Ergriffenheit des Publikums. Die Münchner Gazetten, dem Komponisten sonst in bewährter Feindschaft zugeneigt, waren beeindruckt und sprachen von tiefem Ernst und edlem Streben. Viele der aus ganz Deutschland angereisten Kritiker waren anderer Meinung. Disharmonisch sei das und absurd, die Musik das raffinierte Gebräu einer abgelebten krankhaften Phantasie, das Ganze trostlosester Materialismus.

Solche Äußerungen berührten ihn nicht. Er selbst spürte, dass ihm hier Außerordentliches geglückt war. »Der Tristan ist und bleibt mir ein Wunder. Wie ich so etwas habe machen können, wird mir immer unbegreiflicher.« Und diese Oper hatte als unaufführbar gegolten. Nach der vierten Aufführung erklärte er, das sei die letzte überhaupt. Der Gedanke beschlich ihn, was man diesem Werk antun würde, wenn es in die Hände größenwahnsinniger Regisseure fiele.

Der König ließ sich Teile aus dem TRISTAN in einer Separatvorstellung vorspielen. Allein saß er dort in der verdunkelten Loge des Residenztheaters, dessen Ränge und Parkettsitze leer waren, ein Bild, das etwas Unheimliches hatte. »In des Wonnemeeres wogendem Schwall, ertrinken, versinken – höchste Lust...« Die Sehnsucht nach einer Zweisamkeit im Tod, nach einer von allem Trug des Tages befreiten Weltmacht der Liebe, das war nach seinem Herzen. Er weinte...

Was Wagner immer angestrebt hat, war die Personalunion von Komponist–Dichter–Regisseur. In einem eigenen Haus ließe sich das ideal verwirklichen. Semper, Wagner, der König, sie betrachteten das wunderschöne Modell des Festspielhauses und mussten sich eingestehen, dass der Bau an den Kosten scheitern würde. Sechs Millionen Gulden, so die Schätzung, war in der Tat viel Geld. Es war wenig, bedenkt man die Summen, die deutsche Kleinstadtfürsten zum Fenster hinauszuwerfen pflegten: auf Jagden, Redouten, Maskenbällen, für ihre Günstlinge und Maîtressen; abgesehen davon, was München verloren ging: Die Welt der Musik, die sich alljährlich in Bayreuth trifft, wäre an der Isar zu Gast gewesen und hätte die Stadt zur größten Festspielstadt Europas gemacht.

Wenn die Anti-Wagner-Partei ihre Reihen immer mehr verstärken konnte, lag das auch am Meister selbst. Seine Forderungen waren nicht gerade bescheiden und sein Lebensstil auch nicht. In einem Brief an den König schlug er vor, man möge ihm, damit er endlich auf längere Zeit finanziell gesichert wäre, 200000 Gulden auf Lebenszeit gewähren, dergestalt, dass ein Fünftel davon bar auszuhändigen, 160000 von der Kabinettskasse einbehalten und mit fünf Prozent zu verzinsen seien. Die Verhandlungen zogen sich monatelang hin und endeten in einem Kompromiss. Sein jährlicher Ehrensold wurde auf 8000 Gulden erhöht und 40000 wurden ausbezahlt. Die zuständigen Kassierer verfuhren nach der Devise: Süß ist die Rache des kleinen Mannes, und zahlten nicht mit Papier, sondern mit Silber. Cosima, empört und ratlos zugleich, entschloss sich, eine Pferdedroschke zu bestellen, mit der die zentnerschweren Säcke in die Brienner Straße gebracht wurden. Ein Auftritt, der in Ludwig- und Wagner-Filmen gern gezeigt wird.

Die Auseinandersetzungen, bereits »Krieg« genannt, gingen weiter. Der König hielt zu Wagner. »Wir kennen, wir verstehen uns. Der Freund verlässt Sie nie!« Und dann verließ er ihn doch...

Auf Schloss Hohenschwangau erlebten Künstler und König Tage von mildem Glanz und scheinbar ungestörter Harmonie. Wagner bestellte insgeheim zehn Bläser, die um sieben Uhr in der Früh von den Türmen herab den Weckruf aus dem zweiten Akt des LOHENGRIN intonierten. Nachmittags fuhren sie vierspännig den See entlang. Als Souvenir nahm Wagner eine Uhr entgegen, auf deren Zifferblatt Lohengrin zu sehen war, von einem Schwan gezogen. Politische Gespräche konnten nicht ausbleiben, initiiert durch den vorsprechenden Kabinettssekretär. Was Wagner bei dieser Gelegenheit erfuhr, veranlasste ihn, eine Umbildung des Kabinetts vorzuschlagen. Weg mit Pfistermeister, dem Kabinettssekretär, weg mit Pfordten, dem Ministerpräsidenten, zwei Individuen, die beim bayerischen Volke doch nicht die geringste Achtung genössen. Wagner hatte damit, wie nicht selten, seinen Einfluss maßlos überschätzt, und die Reaktion konnte nicht ausbleiben.

Kaum war der König in München angekommen, meldete sich eine Abordnung, die ein gegen Wagner gerichtetes Protestschreiben von 4000 Münchner Bürgern überreichte. Der Erzbischof bat um Audienz, der Großonkel Prinz Karl erschien in der Residenz, der Rektor der Universität, die Königinmutter höchstselbst, der Großvater, Ludwig I., wurde vorstellig. Sie alle malten das Gespenst der Revolution an die Wand. »Eure Majestät stehen an einem verhängnisvollen Scheideweg«, sprach von der Pfordten, »und haben zu wählen zwischen der Liebe und Verehrung Ihres treuen Volkes und der Freundschaft zu Richard Wagner.« Als im Dezember 1865 nun auch das Kabinett mit Rücktritt drohte, waren alle Treuebekenntnisse nichtig. Ludwig zeigte sich bereit, für den Frieden seines Landes Wagner zu opfern.

Als der Meister anderntags das versiegelte königliche Handschreiben entgegennahm, genießerisch überreicht von einem der Sekretäre, musste ihn Cosima stützen. Er las: »Glauben Sie mir, ich musste so handeln. Sie werden meinen tiefen Schmerz ermessen. Getrennt – wer darf uns scheiden? Es ist ja nicht für immer.«

Das Haus lag auf einer Halbinsel des Vierwaldstätter Sees, der Blick ging auf das gewaltige Massiv des Pilatus, nachts schwebte das Geläut der Kuhglocken über die Wiesen. Wagner hatte ein neues Asyl gefunden und auf sechs Jahre gemietet: das Haus Tribschen. Unmittelbar nach seinem Einzug entschloss er sich, endlich DIE MEISTERSINGER VON NÜRNBERG zu vollenden; ein Werk, an dem er bereits seit vielen Jahren arbeitete – immer wieder unterbrochen, stets von neuem aufgenommen, erneut verschoben. Mehr als eine Oper sollte das werden. »So leitete mich bei meiner Ausführung die Absicht, ein dem deutschen Publikum bisher nur stümperhaft vorgeführtes Abbild seiner wahren Natur darzubieten, und ich gab mich der Hoffnung hin, dem

Herzen des edleren und tüchtigeren deutschen Bürgertums einen ernstlich gemeinten Gegengruß abzugewinnen.«

Auch diesmal wurde er wieder gestört. Ein Telegramm aus München schreckte ihn auf; der König spielte mit dem Gedanken an einen Rücktritt. Eine furchtbare Vorstellung: Ein Herrscher ohne Krone wäre nicht mehr in der Lage, das vereinbarte jährliche Gehalt zu zahlen. Eines Abends pochte es an der Tür, draußen stand ein Mann mit einem großen Radmantel, dessen Kragen hochgeschlagen war. »Wer sind Sie?« – »Ich bin Walter Stolzing.« (So hieß der junge fränkische Ritter aus den MEISTERSINGERN.) Es war der König, der sich heimlich aus Berg davongestohlen hatte, »durchgebrannt« war, wie die Münchner das missbilligend nannten. Ihnen fehlte das Verständnis dafür, dass ein Herrscher über die Grenze ging und bei einem des Landes verwiesenen Individuum zwei Tage Quartier nahm, während ein Krieg in der Luft lag, der Krieg zwischen Preußen und Österreich. Hätten sie gewusst, wie sehr sich ihr König bei seinem Besuch bemüht hatte, das »Individuum« wieder nach München zu locken…

Ludwig litt unter der Trennung unsäglich. »Sie sollten kommen, und zwar bald, sehr bald; um nie mehr zu scheiden. Ihr Freund geht sonst rettungslos zugrunde. Meine Liebe zu Ihnen währet ewig.« Diese Liebe sollte gerade jetzt einer schweren Zerreißprobe ausgesetzt werden.

Die Münchner Zeitungen wagten es zum ersten Mal, von einem Dreiecksverhältnis, einem Triangel Wagner–Bülow–Cosima, zu schreiben. Bülow, zutiefst verletzt, forderte einen der Redakteure zum Duell. Der warf den Sekundanten die Treppe hinunter. Die Bülows forderten nun den König auf, er möge die Verleumdung schriftlich zurückweisen. Cosima: »Auf die Knie sinke ich vor meinen König und bitte in Demut und Not um den Brief…«

Und Majestät schrieb: »Da ich die genaueste Kenntnis des edlen und hochherzigen Charakters Ihrer geehrten Gemahlin mir verschaffen konnte, so bleibt mir das Unerklärliche jener verbrecherischen öffentlichen Verunglimpfungen zu erforschen übrig, um mit schonungsloser Strenge gegen die Übeltäter Gerechtigkeit üben zu lassen.« So stand es im Volksboten und im Neuen Bayerischen Courier.

Entworfen hatte den Brief Wagner, unter der Mitwisserschaft der bereits wieder schwangeren Cosima. Betrogen war der gehörnte Bülow. Und der König, der mit diesem Schreiben einen Falscheid abgelegt hatte. Dass der Redakteur zu drei Tagen Arrest oder einer Geldstrafe in Höhe von drei Gulden verurteilt wurde, denn an eines Königs Wort gibt es nichts zu deuten, verleiht der Angelegenheit jenen Hauch von absurder Komik, der ein Intrigenstück (oder darf man »Bubenstück« sagen?) bedarf.

Inzwischen war Minna Wagner gestorben, die der junge Komponist kennen gelernt hatte, als sie am Magdeburger Theater die Erste Liebhaberin gab; Minna, die nach der Heirat die schwere Zeit an seiner Seite tapfer ertragen: die Flucht aus Riga, die Elendsjahre in Paris, das Exil in der Schweiz nach den Dresdner Aufständen sowie die Amouren des Gemahls mit der Wesendonck, mit Jessie Laussot und anderen Frauen. Minna, die schließlich allein für sich hinlebte, auf Bäderreisen ging, war die unglückselige Gemahlin eines Genies, von dessen Musik sie wenig verstand, deren beste Tat in einer Ehrenerklärung bestand, als sie öffentlich die Behauptung zurückwies, der in Luxus schwelgende Wagner lasse sie im Elend darben. »Es gereicht mir zur besonderen Befriedigung, wenigstens eine der vielfachen Verleumdungen, die gegen meinen Mann gemacht werden, zum Schweigen zu bringen.«

Wagner lebt in einer ständigen zermürbenden Spannung: Da ist Cosima, die er liebt, mit der er einst vereint zu sein jedoch nicht hoffen kann, deren Ehe, in Berlin geschlossen, nur dort gelöst werden könnte, abgesehen davon, dass eine katholisch geschlossene Ehe unlösbar ist und beide überdies den Skandal fürchten. Da ist Bülow, dem gegenüber er schlechten Gewissens ist. Als im Februar Richards und Cosimas zweites Kind, Eva, in Tribschen geboren wird, kommt es zu einer unglaublichen Szene. Bülow, der *es* längst weiß, aber dennoch zum Freund hält, erscheint am Kindbett seiner Frau und sagt: »Je pardonne«, und Cosima antwortet: »Il ne faut pas pardonner, il faut comprendre.« Verzeihen sei nicht wichtig, sondern verstehen. Und da ist Ludwig, dessen Land sich in einem Krieg befindet, dem sogenannten Deutschen Krieg zwischen Preußen und Österreich, den er nicht gewollt hat und der ihn immer aufs Neue an Abdankung denken lässt.

Wagner versucht, sich aus diesen elenden Umständen zu retten: Er stürzt sich in die Arbeit, die einzige Möglichkeit, sich am Leben zu erhalten. Er vollendet die Kompositionsskizze zum zweiten Akt der MEISTERSINGER, vollendet die Orchesterskizze, spart sich die Orchestrierung auf und beendet den zweiten und dritten Aufzug. Als Franz Liszt erscheint, auf geheimen Wegen, um die Presse nicht zu alarmieren, findet er die aufgeschlagene Partitur auf dem Flügel. Er setzt sich, spielt vom Blatt, beherrscht *prima vista* diesen ihm unbekannten komplizierten Notentext, Wagner singt dazu, und sie musizieren bis Mitternacht.

Liszt, der mit seiner Tochter Cosima trotz ihres unmoralischen Lebenswandels, wie er es nannte, noch nicht gänzlich gebrochen hatte, blieb Wagners Bewunderer und schrieb über seinen Gastgeber: »Er hat sich im Äußeren sehr verändert; er ist mager geworden, das Antlitz gefurcht. Aber sein Genie hat keine Schwächung erfahren. Die Meistersinger haben mich durch Mark und Kühnheit, durch Kraft, Glut und unerschöpflichen Reichtum in Erstaunen gesetzt. Kein anderer als er wäre imstande gewesen, ein solches Meisterwerk hervorzubringen.«

Das Werk war fertig, aber die Uraufführung, vorgesehen für den Hochzeitstag des Königs, musste verschoben werden. Ludwig hatte die Verlobung mit der Herzogin Sophie Charlotte in Bayern, der Schwester Sissis, gelöst. (Ludwig in seinem Tagebuch: »Gott sei gedankt, nicht ging das Entsetzliche in Erfüllung!«) Wagner war betrübt: nicht so sehr wegen der abgesagten Hochzeit, sondern wegen der abgesagten Premiere; auch hatten die Vorbereitungen zur königlichen Vermählung so viel Geld gekostet (allein die Brautkutsche schlug mit einer Million Gulden zu Buche), dass für das geplante Festspielhaus in Bayreuth nun schon gar kein Geld mehr da war. Es blieb genug übrig, um die MEISTERSINGER in München prächtig in Szene zu setzen. Am Pult stand –

genau ein Jahr nach der Uraufführung des TRISTAN im Juni 1866 – wiederum der Ritter von der traurigen Gestalt, Hans von Bülow.

Die Münchner, die einst »Kreuziget!« geschrien hatten, riefen nun »Hosianna«. Der Komponist wurde in die Königsloge gerufen und nahm dort die Ovationen entgegen – direkt an der Brüstung, noch vor dem König, was die Wächter der Etikette voller Empörung registrierten. Dem eher heiteren Musikdrama hatte Wagner nach der Fertigstellung einen Schluss angefügt: Es sollte nicht wie ein Lustspiel enden, in dem sich alles in unverbindlichem Wohlgefallen auflöste, dem Zuschauer sollte etwas mitgegeben werden, über den Tag hinaus. Dass der fränkische Ritter Walther von Stolzing glückstrahlend seine Eva heimführen durfte, das genügte ihm nicht. So kommt es in den Schlussworten zu jenem gloriosen Ausbruch deutschen Gemüts, deutscher Freiheit und Meisterlichkeit. Man vergesse nicht, dass es bis zur Schaffung des Deutschen Reiches im Jahre 1871 keine drei Jahre waren. Es war die Zeit fühlbaren Werdens der deutschen Einigung.

»Habt Acht! Uns dräuen üble Streich'!
Zerfällt erst deutsches Volk und Reich,
in falscher welscher Majestät
kein Fürst dann mehr sein Volk versteht;
und welschen Dunst mit welschem Tand
sie pflanzen uns in deutsches Land.
Was deutsch und echt, wüsst' keiner mehr,
lebt's nicht in deutscher Meister Ehr'.

Drum sag' ich euch:
Ehrt eure deutschen Meister!
Dann bannt ihr gute Geister!
Und gebt ihr ihrem Wirken Gunst,
zerging' in Dunst
das Heil'ge Röm'sche Reich,
uns bliebe gleich
die heil'ge deutsche Kunst!«

Wer vermutet hätte, dass die Oper nach der so großartigen Münchner Uraufführung einen Siegeszug antreten würde, sah sich getäuscht. Karlsruhe, Mannheim, Dessau, Weimar brachten sie mit unterschiedlicher Resonanz heraus, doch diese Bühnen galten als zweitrangig. Die Berliner Kritik, sonst allem Neuen aufgeschlossen, sprach von einem musikalischen Monstrum, von einer Katzenmusik und brachte den nicht zu überbietenden Vergleich: »…es war, als wenn sämtliche Leiermänner Berlins in den Renz'schen Zirkus gesperrt worden seien und jeder eine andere Walze drehte.« Aber Wagner polarisierte eben immer: Da gab es die Wagnerianer, die jede Note anbeteten, die ihr Meister schrieb, und die Gegner, für die Wagners Musik eine Krankheitserscheinung war – dazwischen gab es nichts.

Die Nationalsozialisten erhoben die MEISTERSINGER zur deutschen Nationaloper. Hans Sachsens Schlussworte (von Fichte eine »Rede an die deutsche Nation« genannt) waren allzu verlokkend, um sie nicht propagandistisch auszubeuten. Sie spielten die Oper am »Tag von Potsdam« in der Staatsoper Unter den Linden, beim Reichsparteitag in Nürnberg, vor KdF-Publikum, vor Kriegsverwundeten. Dieser Missbrauch genügte, um das Werk in der Nachkriegszeit erst einmal von den Spielplänen verschwinden zu lassen; anders als im Ausland, wo man weniger Skrupel hatte.

Wagner hatte bei einem Besuch in Berlin seine Karte im Reichskanzlerpalais abgegeben und bekam kurz darauf eine Einladung Bismarcks: »in kleinem Familienkreise«. Er habe seinen Werken, so der Kanzler, von jeher sein lebhaftes Interesse zugewandt, wenn auch zuweilen mit Neigung zur Opposition. Nun empfing er ihn, wie wenn er etwa den Minister eines verbündeten Staates empfing. Das war nicht der Blut- und Eisenkanzler, der einen Krieg vom Zaun gebrochen hatte und nun auch Bayern unterdrücken würde. Liebenswürdig, offenherzig, natürlich nicht ohne Koketterie, meinte er, dass sein einziges Verdienst darin bestanden habe, ab und zu eine wichtige Unterschrift erlangt zu haben. »…mit ihm etwas zu tun zu haben, ihn für mich zu gewinnen, meine Sache zu unterstützen, ihn zu bitten, käme mir nicht bei«, schrieb der Meister.

Später kam es ihm doch bei. Schließlich brauchte er Geld, viel Geld, für Bayreuth. Er war, wie ein Vertreter in Sachen Kunst, durch ganz Deutschland gereist, hatte die Wagnervereine zu Spenden animiert, Konzerte gegeben, Tischreden vor erlauchten – und möglichst potenten – Gästen gehalten, die Patronatsscheine in Höhe von 100 und 300 Talern an den Mann zu bringen gesucht (die einen Platz in dem geplanten Festspielhaus garantierten).

In seinem Brief an Bismarck versuchte er die Gründung des Deutschen Reiches mit der Erneuerung der deutschen Kunst durch Bayreuth gleichzusetzen und bat den Fürsten, wenigstens die beiden letzten Seiten seiner Broschüre über das Bühnenfestspielhaus zu lesen. Er wolle niemanden belästigen, doch »dürfte es mir selbst in Ihren Augen gestattet sein, mein tief beklommenes Gefühl darüber auszudrücken, dass die Ausführung eines Unternehmens sich ohne die Teilnehmung der einzig adelnden Autorität vollziehen sollte.« Oder müsse er sich damit trösten, dass auch der große Friedrich, der wahrhafte Held der deutschen Neugeburt, seinen großen Dichtern fremd und kalt gesinnt gewesen sei?

Eine Antwort auf diesen Brief hat er nie erhalten. Sein Kommentar: »Ich hatte bald von Reich und Kanzler genug.«

Als der Komponist das Städtchen Bayreuth in jungen Jahren auf der Durchreise besuchte, hatte er noch nicht einmal das markgräfliche Opernhaus, ein Kleinod aus der Zeit des Barock, wahrgenommen. Darauf stieß er erst viel später, als er das Konversationslexikon auf der Suche nach dem Festspielort durchblätterte. Nun, das Theater erwies sich als weniger geeignet für die Verwirklichung seines »Gedankens«, das Städtchen dagegen sehr. Es lag im Herzen Deutschlands, gut erreichbar, aber fern vom Touristenverkehr; es gehörte zu Bayern (was Ludwigs wegen wichtig war), lag eingebettet in schöner Landschaft, seine Einwohner waren noch nicht verdorben vom »modernen Opernluxus und seinen zersetzenden Gewohnheiten«. Nach dem Scheitern der Münchner Festspielhauspläne schien Bayreuth das Refugium zu bieten für sein Gesamtkunstwerk, für seine Sängerschauspieler, für ein dort der Welt entrücktes Publikum, dem seine Kunst zur Religion werden würde.

Die Herren in Amt und Würden und die mit dem Geld, sprich der Bürgermeister und der ortsansässige Bankier, zeigten sich entgegenkommend, stellten das Grundstück für das Theater zur Verfügung, auch das für die private Villa des Maestro. Der für das Projekt wichtigste Mann, Ludwig, reagierte zwiespältig. Dem Meister schrieb er: »Gottvoll ist Ihr Plan bezüglich Ihres in Bayreuth aufzuführenden Nibelungen-Werkes.« Seinem Hofsekretär Düfflipp teilte er mit: »Der Wagnersche Plan missfällt mir sehr...« Das ganze Projekt stand plötzlich vor dem finanziellen Zusammenbruch und der bereits emporgewachsene Bau drohte zu einer Bauruine zu verkommen. Tief deprimiert notierte Wagner: »Ich will die noch offenen Seiten mit Brettern zuschlagen lassen, damit sich wenigstens die Eulen nicht darin einnisten, bis an demselben wieder weitergebaut werden kann.«

Als der König von Wagners Verzweiflung erfuhr, wurde er anderen Sinnes. »Nein! Nein und wieder nein! So soll es nicht enden: Es muss da geholfen werden!« Er half. Mit einem Kredit und einer finanziellen Garantie von 100000 Talern. Für das Privathaus am Hofgarten, »Villa Wahnfried« genannt, griff er noch einmal in die Schatulle. Der Kredit rettete den »Gedanken Bayreuth« in letzter Stunde. Hier hatte ein Herrscher im besten Sinne königlich gehandelt. Er hatte den großen Musiker zuerst erkannt und ihn der Welt erhalten. Die wahrhaft große Tat eines Mannes, der viel mehr war als ein »Märchenkönig«.

Der Bau des Festspielhauses war noch nicht einmal vollendet, da setzte Wagner, voller Ungeduld, bereits die ersten Proben an. Die Sänger und Sängerinnen, die noch nicht unter ihm gearbeitet hatten, waren so fasziniert wie verschreckt von der Art, wie er Regie führte. Die Sängerin Amalie Materna, die erste Brünhilde, unterbrach er sofort: »Halt, Kindchen, so geht das nicht! Ich will Ihnen einmal erzählen, was Sie mit Ihrem Gesang zum Ausdruck bringen sollen.« Er entwarf ein Bild der ganzen Szene, ließ sie immer wieder ansetzen, bis er spürte, dass sie ihren Part begriffen hatte. Von Herrn Unger, seinem Siegfried, verlangte er tatsächlich, er solle sein ganzes Leben ändern: nichts Schwerfälliges, Schwarzgefärbtes mehr, nur noch Heiteres, Lebensfreudiges, wie Siegfried eben. »Denken Sie nur nicht, dass Lebensgepflogenheiten und Bühnendarstellung zwei Dinge sind.«

Wagner markierte nicht selten die Partie des Partners, sang mit halber Stimme und ohne Wohlklang, aber so ausdrucksstark, dass sie den Sängern in die Seele drang.

Selbst die Großen unter ihnen verfügten über ein geringes Reservoir, waren es gewohnt, dass man den Aufführungsstil nach ihrem Gusto gestaltete, scheuten sich, allzu viel Kraft und Konzentration zu investieren, und gingen am liebsten den bequemen Weg, der sich im »ausgeleierten italienischen Stil« erschöpfte. Wagner hatte sich sein Bühnenpersonal immer heranziehen müssen. Jetzt kam die Schwierigkeit hinzu, sie für Wochen nach Bayreuth zu bringen, in ein Provinznest, dessen künstlerische und finanzielle Zukunft ungewiss war. Auch die Musiker, die er sich aus ganz Deutschland holte, hatten Grund, sich zu verwundern. Der Maestro setzte sie so, wie sie es nicht gewohnt waren. Die Sitzordnung wurde bedingt durch den von zwei Schalldeckeln abgedeckten sechsstufigen Orchestergraben. Die Tieferlegung des Orchesters war eine selbst von Wagners Gegnern anerkannte geniale Tat, die nicht zuletzt das Bayreuther »Klangwunder« erzeugte.

Vor dem noch nicht fertigen Bühnenbild zum RHEINGOLD sitzend, das er in kritischer Befriedigung betrachtet hatte, klatschte Wagner in die Hände und rief den Sängerinnen zu: »Nun, Kinder, geht einmal hinüber und lasst etwas hören!« Die Damen sprangen über den das Orchester überbrückenden Steg und stimmten den Gesang der Rheintöchter an. Die Wirkung war einzigartig. Der Maestro und die auf dem Boden hockenden Zuhörer im weiten, noch unbestuhlten Rund waren von dem Klang zutiefst ergriffen. Eine gute Akustik zu erzeugen, jenes unberechenbare Problem bei allen Bühnenhäusern, hier war es gelungen.

Richard Wagner probte tagsüber, gab abends im Haus Wahnfried Empfänge für wichtige Leute, sprich für seine Gönner, reiste, um mit neuen Konzerten neues Geld heranzuschaffen, kämpfte mit den Bürokraten, setzte sich mit seinen zahlreichen Feinden auseinander, graste die Opernhäuser ab auf der Suche nach Sängern und Sängerinnen. Binnen zwei Wochen wurde der gesamte Ring erarbeitet und Franz Liszt schrieb (inzwischen auch vor dem Gesetz Schwiegervater, denn Wagner hatte Cosima nach ihrer Scheidung 1870 endlich vor den Traualtar führen können): »Von dem Wunderwerk DER RING DES NIBELUNGEN hörte ich kürzlich in Bayreuth mehrere Proben. Es überragt und beherrscht unsere Kunstepoche wie der Montblanc die übrigen Gebirge.«

Richard Wagner war nicht gesund genug, um den achtzehnstündigen Arbeitstag auf die Dauer durchzustehen. Herzbeklemmungen ängstigten ihn, Brustkrämpfe. Er ahnte nicht – und die Ärzte, die ihm Diät und Trinkkuren verschrieben, auch nicht –, dass er an einer Krankheit zum Tode litt. Bayreuth, so klagte er in den schlaflosen Nächten seiner Cosima, das käme doch alles sehr, sehr spät.

Am 13. August 1875 war es soweit: Die ersten Bayreuther Festspiele wurden eröffnet. Musste der Sänger einst zum König kommen, jetzt kam der König zum Sänger: der deutsche Kaiser, der brasilianische König, König Karl I. von Württemberg, die Großherzöge von Sachsen-Weimar und Schwerin, Prinzen, Prinzessinnen, Minister zuhauf, der österreichisch-ungarische Adel. Lenbach, Adolf von Menzel, Anton von Werner vertraten die Zunft der Maler; Anton Bruckner aus Wien, Camille Saint-Saëns aus Paris, Peter Tschaikowsky aus dem fernen Petersburg die der Komponisten; und Nietzsche die der Philosophen.

Bis zum letzten Moment hatten die Anti-Wagnerianer versucht, die Spiele durch Gerüchte, Skandalmeldungen, Proteste zu verhindern. Einer der ihren schrieb in einer Art Vorkritik: »Nein, nein und dreimal nein, das deutsche Volk hat mit dieser nun offenbar gewordenen musikdramatischen Affenschande nichts gemein. Und sollte es an dem falschen Golde des Nibelungenringes einmal Wohlgefallen finden, so wäre es durch diese bloße Tatsache ausgestrichen aus der Reihe der Kulturvölker des

Abendlandes.« Ein Münchner Arzt hatte rechtzeitig eine Schrift erscheinen lassen, in der er die Diagnose stellte, Wagner sei vom Wahnsinn befallen – womit er sich Herostratenruhm sicherte.

Wen man nicht sah, war Hans von Bülow – was jeder verstand; und König Ludwig – was man nicht verstand. Er hatte die Generalproben vorgezogen. Seinen Salonwagen ließ er um Mitternacht auf freier Strecke bei einem Bahnwärterhäuschen halten und fuhr von dort mit einer Equipage zum Schloss Eremitage. »Die mir mehr oder weniger verhassten Fürstlichkeiten in Bayreuth persönlich zu empfangen und ihr Geschwätz anzuhören, statt mich in Ihr hehres Götterwerk zu vertiefen«, hatte er Wagner geschrieben, »dazu konnte ich mich nie und nimmer entschließen.« Ovationen jeglicher Art hatte er sich streng verbeten. Verborgen in der Fürstenloge erlebte er den gesamten RING DES NIBELUNGEN – DAS RHEINGOLD, DIE WALKÜRE, SIEGFRIED, GÖTTERDÄMMERUNG – und schrieb dann aus Hohenschwangau, dass seine großen Erwartungen noch weit übertroffen worden seien. »Ich war so tief ergriffen ... O Sie verstehen es, die Eiskruste, die durch so manche traurigen Erlebnisse um Herz und Sinn sich zu legen begann, durch Ihr siegendes Licht dahinschmelzen zu machen.«

Ergriffen war auch das Publikum an jedem der vier Abende. Doch fiel es schwer, der Ergriffenheit den gemäßen Ausdruck zu geben: Den Künstlern war es untersagt, sich am Schluss zu zeigen, um den Beifall entgegenzunehmen. Auch Wagner blieb unsichtbar, trotz ständiger Hervorrufe und des zum Orkan anschwellenden Beifalls. Er saß hinter den Kulissen und gab sich seinem Ärger hin: diese verpassten Einsätze, die zu früh gezogenen Prospekte; er ärgerte sich über missglückte Verwandlungen des Bühnenbilds; über zu langsame oder zu schnelle Tempi; über all die kleinen und größeren Pannen, die bei Premieren eben passieren. Dieses Walhall als ein *Qual*hall verfluchend, ging er schließlich heim, wobei er, wie immer in der Erregung, stark sächselte.

Achtundzwanzig Jahre hatte er, mit längeren Unterbrechungen, am RING gearbeitet, an seinem Lebenswerk. Aus einem

»Entwurf zu einem Drama« war ein Zyklus von drei Musikdramen samt einem Vorspiel geworden. Den Stoff entnahm er der germanischen Götter- und Heldensage. Ihre Gestalten jedoch und ihre Motive wurden aktualisiert und symbolisch verdichtet; nicht ohne den Einfluss von Zeitströmungen, die vornehmlich von Schopenhauer und Feuerbach ausgingen. Was Wagner selbst erfahren hat in seinem zum Teil abenteuerlichen Leben, schlug sich im RING in sublimierter Form nieder. Und er griff auf den stabgereimten Vers der altgermanischen Dichtung zurück. »Wähnst du mich waffenlos, feiger Wicht?« – so etwas war für die Satiriker ein willkommenes Stilmittel, Wagner zu verspotten. In einer beispiellosen Umformung und Verwandlung der Quellen hatte der Dichter Wagner für den Komponisten Wagner einen neuen, musikalisch deutbaren Mythos geschaffen.

Am Abend nach der Aufführung der GÖTTERDÄMMERUNG zeigte sich Wagner mit seinen Sängern auf der offenen Bühne. Eine Handbewegung ließ den Beifall erlöschen und er sagte: »Sie haben jetzt gesehen, was wir können: Nun ist es an Ihnen zu wollen. Und wenn Sie wollen, so haben wir eine Kunst!« Erstaunen beim Publikum, Befremden bei den Kritikern: Hatten wir bis dahin keine Kunst? Der Meister spürte es und korrigierte sich beim Festbankett. Nie habe er gemeint, dass das deutsche Volk keine Kunst gehabt hätte. »Aber eine nationale Kunst, wie sie Italiener und Franzosen besitzen, die hat den Deutschen immer gefehlt.«

Wagner fühlte sich erhoben. Ihm war gelungen, was nur wenigen Sterblichen gelingt: Er hatte seinen Lebenstraum verwirklicht. Doch richtig glücklich war er nicht. Hatte das Publikum eigentlich die Aufführungen gefeiert oder eher sich selbst? War das Interesse an den Maschinerien nicht stärker gewesen als die Hingabe an die Musik: das Interesse für den schauerlichen Lindwurm, der die Augen verdrehen, den Rachen aufreißen, mit dem Schwanz schlagen konnte; an den geheimnisvoll schwebenden Rheintöchtern; an dem gewaltigen Feuerbrand und dem spektakulären Einsturz der Gibichungenhalle; an all den szenischen Wundern und technischen Kunststücken? Begriffen sie etwas von der Polyphonie in der Verkettung der Leitmotive – dem Walhallmotiv, dem Walkürenmotiv, dem Siegfriedthema, dem ungestüm vorwärts drängenden Motiv der Liebe, die stärker ist als jede Macht? Ja, hatten sie überhaupt gespürt, dass er eine Mission hatte?

Nach der Wiederholung des RING überkam ihn eine unerklärliche Schwermut. Ludwig bekannte er, dass der äußere Erfolg ihm den Abgrund nicht verdecken könne: »...ich und mein Werk haben keinen Boden in dieser Zeit.« Es sei alles unfertig gewesen, eigentlich alles falsch. Er tröstete sich mit der Hoffnung, dass im nächsten Jahr alles besser werden würde. Ein Defizit von 148 000 Mark zerstörte diese Hoffnung. Sechs Jahre sollte es dauern, bis wieder die Fanfare erscholl »Heda! Heda, hedo!« – Donners Ruf aus dem RHEINGOLD.

Die nächsten Jahre war Wagner damit beschäftigt, den Schuldenberg abzutragen. Er gab sieben Konzerte in London, schrieb wieder einmal die Besitzer der Patronatsscheine an, appellierte an die deutsche Öffentlichkeit, wandte sich an die Wagnervereine, verhandelte mit dem Hofsekretariat in München. Die Presse, voran die Wiener Journaille, begleitete seine »Betteleien« mit Hohn und Spott. Sie beschuldigten ihn, das Privatvermögen seiner Frau zu plündern und das Erbe seiner Kinder. Nach zwei Jahren betrug die Schuldenlast immer noch fast 100 000 Mark. Mit dem Geld, das einlief, bezahlte er vorerst die Handwerker von Bayreuth. Mit Cosima erwog er ernsthaft, die Bayreuther Liegenschaften zu verkaufen und für immer nach Amerika zu gehen. Hinzu kam, dass die Wirtschaft im neuen Reich der Deutschen sich in einem Tief befand. Die fünf Milliarden Goldfranken der französischen Kriegsentschädigung, die eine Gründerkonjunktur erzeugt hatten, war in einen Gründerkrach umgeschlagen.

Dann war es der »verrückte König von Bayern«, wie ein englischer Biograph schrieb, »der einzige Mensch, der ihn wirklich verstand, der ihn von allen Sorgen befreite, sodass er das, was von seiner Gesundheit noch übrig geblieben war, der Vollendung des PARSIFAL widmen konnte«. Er gewährte zur Deckung des

Defizits ein Darlehen, dessen Rückzahlung dadurch erleichtert wurde, dass die königlichen Bühnen für jede Aufführung eines Wagner-Werks zehn Prozent Tantieme zahlen mussten.

»R. arbeitet und sagt mir dann, so etwas Tolles wie dieses habe ich noch nicht komponiert!«, notierte Cosima in ihrem Tagebuch. Es war der PARSIFAL, der ihn jetzt tagein, nachtaus beschäftigte. Nach dem TRISTAN, dem Mysterium der Liebe, und dem RING, dem Mysterium der Macht, war es nun das Mysterium des Glaubens. Das Bühnenweihfestspiel, wie er es nannte, bildete den Schlussstein seines Lebenswerks. Die Geschichte des heiligen Grals und des reinen Toren Parsifal, der nach Erlösung strebt, wurde am 26. Juli 1882 in Bayreuth uraufgeführt. Wagner hatte das Publikum gebeten, die Sänger nach den Aktschlüssen auf gar keinen Fall hervorzurufen, würde doch sonst der weihevolle Eindruck zerstört werden. Die Zuschauer hielten sich so brav daran, dass sie auch am Schluss keine Hand rührten (was nun nicht im Sinne des Meisters war). Und sie halten sich noch heute daran: Bei Parsifal-Aufführungen wird nicht geklatscht.

Wagner zielte auf Rausch und Verklärung. Als Religionsersatz ist seine Musik von fanatischen Wagnerianern benutzt worden, als Attrappe für Rassenhochmut und Gewaltpolitik wurde sie von jenen missbraucht, die eine Zeitspanne das Kulturleben in Deutschland zu bestimmen suchten. Die Musik blieb von all dem unberührt. Sie ist »die sensationellste Selbstdarstellung und Selbstkritik deutschen Wesens, die sich erdenken lässt«, schreibt Thomas Mann, »sie ist danach angetan, selbst einem Esel von Ausländer das Deutschtum interessant zu machen, und die leidenschaftliche Beschäftigung mit ihr ist immer zugleich eine leidenschaftliche Beschäftigung mit diesem Deutschtum, das sie kritisch-dekorativ verherrlicht.«

Der Palazzo Vendramin gehört zu den schönsten Bauwerken Venedigs. Die Bogenfenster des Salons blicken auf den Canal Grande. Wagner hatte mit seiner Familie, dem Sprachlehrer, der Gesellschaftsdame, dem Kanzlisten, dem Sekretär, der Kammerfrau, dem Diener, dem Hausmädchen, der Köchin, die vierzehn

Zimmer im Mezzanin bezogen. Der livrierte Portier und die beiden festangestellten Gondolieri vervollständigten das Gefolge des Maestro. Der Herbst des Jahres 1882 zeigte der Lagunenstadt seine kalte Schulter; es musste geheizt werden, was mit den alten Öfen schwierig war. Wagner war einigermaßen guter Dinge. Die Festspiele 1882 hatten einen Überschuss von 143 000 Mark gebracht. Man konnte an Wiederholungen in den folgenden Jahren denken.

Wenn..., ja wenn die Götter ihm noch soviel Zeit ließen. Zehn rüstige Lebensjahre sollten sie ihm noch gönnen, dann wäre sein Sohn so weit, der Einzige, dem er die Fortführung seines Werkes zutraute: Siegfried, nun dreizehn Jahre alt, blondgelockt, so schön, als sei er dem Gemälde eines alten Meisters entstiegen, war mit Zeichenblock und Stift in den Gassen unterwegs. Die Leute sprachen ihn auf seinen Vater an. »Egli è più di un re, dicono, non è vero?«

Den Maestro, der nach Meinung des Volkes mehr war als ein König, erkannte niemand, wenn er auf seinem Lieblingsplatz saß, einer steinernen Bank vor der Basilika von San Marco. Auf dem Heimweg zu jener Stelle, wohin er die Gondel bestellt hatte, blieb er immer wieder stehen und presste die Hand auf das Herz. Die Brustkrämpfe peinigten ihn. Aller Schmerz war jedoch vergangen, als er Mitte Dezember mit den Schülern des venezianischen Konservatoriums seine, nun fünfzig Jahre alte, SYMPHONIE IN C-DUR zu proben begann. Die Aufführung war ein Geschenk für seine Cosima, und als er am Geburtstagsabend das Podium des Teatro La Fenice betrat, da war es das letzte Mal, dass er den Taktstock ergriff.

Im Palazzo Vendramin traf man sich zum Whist, einem englischen Kartenspiel. Franz Liszt war mit von der Partie. Man musizierte auch gemeinsam. Die alte Freundschaft aber hatte Risse bekommen. Sie genierten sich voreinander. Wagner wurde reizbar, stritt sich mit Cosima; den Besuchern, die ihm seine Aufwartung machten, begegnete er ungnädig. Angesichts der festlich geschmückten Gondeln, die den Canal Grande entlangfuhren, setzte er sich an den Flügel und sang »Harlekin, du musst sterherben...« Es war Karneval und am letzten Tag sagte er zu den Kindern, sie mögen sich Masken umbinden, es ginge zum Markusplatz. Von der Merceria und der Riva strömten die Menschen herbei. Sie verbrannten den Prinzen Karneval, löschten ihre Fackeln, die Piazza versank in der Finsternis und vom Campanile tönten die Glocken des Aschermittwoch. »Carnevale è andata, amico mio«, sagte Wagner bei der Rückkehr und schlug dem Portier des Vendramin auf die Schulter.

Siegfried saß im Salon und klimperte auf dem Klavier herum. Cosima setzte sich zu ihm und spielte, aus dunkler Vorahnung, Schuberts *Lied der Träume*. Sie weinte. Wenig später fand man Wagner in seinem Arbeitszimmer, zusammengesunken am Schreibtisch. Der herbeigerufene Arzt vermochte ihm nicht mehr zu helfen ... Das Kalenderblatt zeigte den 13. Februar 1883.

Karl Marx

Ein Grab in London

Es war einer jener Londoner Märztage, an denen die Wolken so tief hängen, als seien sie von der Erde aufgestiegen. Der von der Themse wehende schwache Wind brachte den Geruch fauligen Wassers. Schneeglöckchen hatten die Laubdecke durchbrochen. Um die Gruft auf dem Armenfriedhof Highgate standen elf Trauergäste. Sie legten ihre Blumen neben den Grabstein, auf dem geschrieben stand:

JENNY VON WESTPHALEN. The beloved wife of Karl Marx.
Born February 12th 1814. Died December 2nd 1881.
And Karl Marx. Born May 5th 1818. Died...

Die Daten des Todestags – March 14th 1883 – würde der Steinmetz anderntags einschlagen.

Einer der Männer, Friedrich Engels mit Namen, hielt die Grabrede. In englischer Sprache. Er sagte: »Sein Name wird durch die Jahrhunderte fortleben und so auch sein Werk.«

Nicht nur der Londoner Times, die zwei Tage später eine kurze Meldung brachte, erschien der Satz als eine ziemliche Übertreibung.

Große Männer sind »umstritten«. Das ist das am häufigsten gebrauchte Wort, wenn es um ihre Charakterisierung geht. So auch im Falle Karl Marx. Für die einen gilt sein Werk als Ursprung der menschenverachtenden Herrschaft sozialistischer Staaten – nicht von ungefähr zeige sein Briefwechsel mit Engels, welche kranke Seele ihm innewohnte, diesem schlauen, kalten, zu allem entschlossenen Mann. Für die anderen, und das sind keineswegs nur die »Marxisten«, war er ein auch in der Not unbeugsamer Charakter, geschlagen und gesegnet mit einem ungeheuren Verstand, seinem titanischen Werk treu ergeben, eine Jahrhundertgestalt, in der Voltaire, Lessing, Heine und Hegel vereinigt sind.

Beide Lager aber sind sich darüber einig, dass kein Deutscher der Neuzeit eine größere Weltwirkung ausgeübt hat, eine Kraft, die noch heute fortwirkt; auch in jenen Staaten, in denen der »Marxismus« nicht mehr die beherrschende Lebensform ist. Jedenfalls versteht man nichts von der Partie, die in der Geschichte gespielt wurde und heute noch, weithin unterschwellig, mehr oder weniger gespielt wird, so der französische Marxkenner Jean-Yves Calvez, wenn man den Mann nicht kennt, der sie eröffnet hat.

Trier war die einst stolze Residenz römischer Kaiser, später der Sitz eines mächtigen Erzbischofs und Kurfürsten, und wem das unbekannt ist, der weiß zumindest etwas von der Porta Nigra, dem schwarzen Tor zur Römerstadt. Als Marx dort 1818 geboren wurde, hatte das Landstädtchen etwas mehr als zwölftausend Einwohner und war durch den Wiener Kongress Preußen zugeschlagen worden. Worüber die Trierer sich nicht glücklich zeigten, denn sie waren katholisch, die neuen Herrscher aber protestantisch, und das Auftreten der preußischen Militärs gefiel ihnen schon gar nicht. Der Vater Karls war Rechtsanwalt. Um das bleiben zu können und nicht brotlos zu werden, musste er vom jüdischen zum christlichen Glauben übertreten. Er wählte das evangelische Bekenntnis: Protestantismus war für ihn gleichbedeutend mit Geistesfreiheit. In Preußen waren Juden von allen öffentlichen Ämtern ausgeschlossen, und dazu gehörten Anwaltspraxen. Heinrich Marx ließ auch seine Kinder christlich taufen.

Karl wuchs als Christ auf, ohne christlich zu denken; blieb dem Judentum verbunden, insofern als er es hasste; lehnte Preußen ab, war nicht gern ein Deutscher. Und litt an seinem Judentum, seinem Preußentum, seinem Deutschtum ein Leben lang. Im Jesuitengymnasium, das er fünf Jahre lang besuchte, lobten die Lehrer seine deutschen Aufsätze, seine Kenntnisse in der Geschichte, seine Fähigkeit, französisch zu parlieren und aus dem Lateinischen zu übersetzen. Das alles war nicht mehr als guter Durchschnitt, doch seine eigentliche Bildung holte er sich, wie viele bedeutende Männer, außerhalb der Schule. Hier war es der Geheime Regierungsrat Ludwig von Westphalen, der zu seinem Mentor wurde. Mit ihm zusammen studierte er Plato und Aristoteles, las Homer, Äschylos, Sophokles, Euripides. Bei den französischen Klassikern stand ihm der Vater zur Seite.

Er machte sein Abitur schon mit siebzehn, also zwei bis drei Jahre früher als seine Mitschüler, von denen bei der Prüfung die Hälfte durchfiel. Mit ihnen, denen er hoch überlegen war, hatte er wenig Kontakt, schloss keine Freundschaften. Seine unsägliche Arroganz, die zu seinem Charakterbild gehörte, machte sich schon hier bemerkbar. Für ihn waren die Schulkameraden »Bauernlümmel«, die nichts anderes erstrebten als sich mit Hilfe von Stipendien auf das katholische Priesterseminar vorzubereiten. Dass er christlich getauft war, schützte ihn nicht vor Schmähungen. Für die Söhne der verschuldeten Moselbauern war er »der Jud«, schließlich entstammte er einer alten Trierer Rabbinerfamilie. Und Juden waren für sie Geldverleiher, Wucherer. Wer war schließlich schuld an der Misere ihrer Eltern? – Die Juden.

Zum Studium ging er nach Bonn, wo er Juristerei belegte. Karl, das »Glückskind«, wie ihn die Mutter nannte, tat das nach der Art eines Bummelstudenten: Er wanderte in den Karzer, der Trunkenheit und des ruhestörenden Lärms beschuldigt, wurde erneut bestraft, weil er nicht nur verbotene Waffen getragen, sondern sich damit auch duelliert hatte. Seine Schulden begleiteten ihn nach Berlin, seinem nächsten Studienort, und er machte neue. Der väterliche Wechsel reichte nie. »Als wären wir Goldmännchen, verfügt der Herr Sohn in einem Jahr über beinahe 700 Taler gegen alle Abrede, gegen alle Gebräuche, während die Reichsten keine 500 ausgeben ... So viel habe ich in diesem Winter noch nicht verdient!«

In einem Postskriptum schrieb er das, was so mancher Vater an einen hochbegabten, aber höchst leichtsinnigen Sohn geschrieben hat. »Ich wünsche in Dir das zu sehen, was vielleicht aus mir geworden wäre, wenn ich unter ebenso günstigen Auspizien das Licht der Welt erblickt hätte. Meine schönsten Hoffnungen kannst Du erfüllen oder zerstören.«

Heinrich Marx musste glauben, der Weg ginge in Richtung »Zerstörung«, als er von dritter Seite erfuhr, dass sich der Achtzehnjährige mit der vier Jahre älteren Jenny von Westphalen verlobt hatte. Pikanterweise machte er sie einem anderen abspenstig, einem Offizier. Sie galt als das schönste Mädchen von Trier, war einmal sogar zur »Ballkönigin« gewählt worden. Ludwig von Westphalen, Beamter in der königlich-preußischen Provinzialregierung, wusste nichts vom Verlöbnis seiner Tochter Jenny mit jenem jungen Mann, zu dessen Bildung er beigetragen hatte.

Tief besorgt schrieb Heinrich Marx, nachdem er endlich von dem Verlöbnis unterrichtet worden war: »Ich habe mit J. gesprochen und ich hätte gewünscht, sie ganz beruhigen zu können. Noch weiß sie nicht, wie ihre Eltern das Verhältnis aufnehmen würden … Wenn nach abgehaltener Selbstprüfung Du wirklich beharrst, dann musst Du sofort ein Mann werden. Du hast große Pflichten übernommen. Und es gibt für einen Mann keine heiligere Pflicht, als die er gegen das schwächere Weib übernimmt. J. bringt Dir ein unschätzbares Opfer. Wehe Dir, wenn Du je in Deinem Leben dies vergessen könntest!«

Wie groß das Opfer war, ahnte Jenny nicht: Die Zeit der Verlobung dauerte erst einmal sieben Jahre. An der Seite dieses Mannes zu leben, ihn auf seinen Wegen zu begleiten, sei es nach Paris, nach Brüssel, nach London; die Anfeindungen zu erdulden, ihn bei seiner Arbeit zu unterstützen, in den Zeiten bitterer Not bei ihm auszuharren; ihm vier Kinder zu gebären, seinen Ehebruch zu verzeihen, der nicht ohne Folgen blieb – dazu bedurfte es einer großen Seele.

In Berlin hörte Marx Kriminalrecht und Preußisches Landrecht, seine Pflichtkollegien absolvierte er notgedrungen, ansonsten war er bei den juristischen Vorlesungen selten zu sehen. Da, wo er hätte fleißig sein müssen, war er es nicht, und dort, wo es nicht nötig gewesen wäre, war er es. Er schrieb Gedichte, die ihm später peinlich waren, übersetzte die GERMANIA des Tacitus und die Trauergesänge des Ovid ins Deutsche, schrieb seitenlange Auszüge aus Lessings Laokoon: oder über die Grenzen der Mahlerey und Poesie und Winckelmanns Geschichte der Kunst des Alterthums, versuchte sich an einem neuen metaphysischen System und einer ebenso neuen Rechtsphilosophie. Er interessierte sich für Natur und Kunst, für Gott und die Welt, las die Nächte hindurch, und manchmal rannte er durch die Straßen Berlins und wenn er einen Eckensteher sah, einen von den berühmten »Nantes«, dann hätte er ihn am liebsten umarmt.

Ansonsten missfiel ihm Berlin: mit seinen vielen Offizieren auf den Straßen, den Exerzierplätzen, den Berlinern selbst, diesem Menschenschlag, von dem Goethe gesagt hatte, dass der Fremde hier nur überleben könne, wenn er Haare auf den Zähnen habe. Dass an der Spree großes Theater gespielt, gute Musik gemacht wurde, die Maler, Bildhauer, Architekten, Kupferstecher hervorragende Namen trugen – für das offizielle Kunstleben hatte er wenig übrig. Für seine Doktorarbeit aber auch nicht! Der Vater sah ihn bereits versunken in Ordnungslosigkeit, fahrigem Herumgeistern in allen Wissensgebieten, dumpfem Brüten bei düsterer Lampe, Verwilderung im Schlafrock und ungekämmtem Haar: »...und in dieser Werkstatt unsinniger und unzweckmäßiger Gelehrsamkeit sollten die Früchte reifen, die Dich und Deine Geliebten erquicken, die Ernte gesammelt werden, die dazu dienen, heilige Verpflichtungen zu erfüllen?« Der Vater war so empört, dass er den Sohn bat, vorläufig nicht nach Trier zu kommen.

Der war inzwischen dem »Doctorclub« beigetreten, einem Zirkel junger Universitätsdozenten und angehender Doktoren, die sich mit der Philosophie Georg Wilhelm Friedrich Hegels beschäftigten (der unlängst auf der Höhe seines Ruhmes von einer Choleraepidemie hinweggerafft worden war). Karl war den anderen an Kenntnissen unterlegen, an Intelligenz aber voraus. Er war hier der Jüngste. Die Älteren bewunderten ihn als einen »Ochsenkopf an Ideen«, als »ein Magazin an Gedanken«. Wieder las er regelmäßig bis in den frühen Morgen, studierte die griechischen Denker und wandte sich dann den deutschen zu: Leibniz, Kant, Fichte, Schelling und vor allem und immer wieder Hegel.

Im Café Stehely am Gendarmenmarkt kamen die Clubmitglieder regelmäßig zusammen und »hegelten«. Jedenfalls kannten sie nur ein Thema: Hegels Weltphilosophie. Ohne diese Philosophie, die da postulierte, dass sich der Geist in der Welt realisiere und die Freiheit des Geistes die Welt bestimme, konnten sie nicht leben. Mit ihr aber auch nicht: Es galt den Meister zu überwinden, dergestalt, dass die Welt nicht vom Geist, sondern der Geist von der Welt bestimmt werde – und sie kamen damit zu einem materialistischen System. »Es ist nicht das Bewusstsein der Menschen, das ihr Sein, sondern umgekehrt ihr gesellschaftliches Sein, das ihr Bewusstsein bestimmt.« Dieses berühmte, immer wieder zitierte Wort schrieb Marx viel später.

Momentan ging es darum, endlich die Doktorarbeit zu beenden. Auch die Familie der Braut war unruhig geworden. Mit siebenundzwanzig, so alt war Jenny inzwischen, galt man als alte Jungfer und würde, falls der Verlobte absprang, keinen Mann mehr finden.

Die schriftliche Arbeit war dann endlich fertig, vor dem Rigorosum aber drückte sich der Kandidat. Die Professoren mochten ihn nicht, viele kannten ihn gar nicht – Ähnliches werden wir bei Einstein wiederfinden –, weil er die Hörsäle immer gemieden hatte. Irgendjemand gab ihm den Tip, die Arbeit an der Universität Jena einzureichen. Die einst hoch gerühmte Alma mater, wo Schiller Geschichte gelehrt hatte, war zu einer Doktor-Fabrik herabgesunken. Hier konnte man *in absentia* promovieren, ohne sich der mündlichen Prüfung auszusetzen. Die Dissertation mit dem Titel DIE DIFFERENZ DER DEMOKRITISCHEN UND EPIKUREISCHEN NATURPHILOSOPHIE wurde, im April 1841, abgeschickt, und die Jenenser waren es zufrieden. Marx hatte nun den Doktor. Einen Beruf hatte er nicht; aber immer noch eine Braut, die wartete. Sie muss ihn sehr geliebt haben. In einem der wenigen erhaltenen Briefe schreibt sie: »Ach, lieb, lieb Liebchen, nun mengelierst [mischt] Du Dich noch gar in die Politik. Das ist ja das Halsbrechendste, Karlchen, bedenke Du nur immer, dass Du daheim ein Liebchen hast, das da hofft und jammert und ganz abhängig von Deinem Schicksal ist.«

Als der Schwiegervater im Sterben lag, bestieg Karl die Postkutsche und fuhr nach Trier, wozu er eine Woche brauchte und neun Kleinstaaten durchquerte. Er wohnte nicht bei seiner Mutter, die inzwischen Witwe geworden war, auch nicht bei den Schwiegereltern, sondern in einem Gasthof. Geerbt hatte nach dem Tod des Vaters nur die Mutter. »Ich wünsch' zu wissen, ob du pronowirt hast«, hatte es in ihrem letzten Brief geheißen. Marx war ihre ewige Wehklagerei gleichgültig. Er brauchte Geld. Alles war schief gegangen in der letzten Zeit. Die Hoffnung, in Bonn eine Universitätsdozentur zu bekommen, hatte sich zerschlagen. Er hatte wieder Schulden, und Schulden würde er sein ganzes Leben lang haben und nie auf einen grünen Zweig kommen.

Anfang 1842 zeigte sich der berühmte Silberstreif am Horizont. Ein kleiner Kreis von Kölner Bürgern, die so liberal waren wie vermögend, hatte eine neue Zeitung gegründet, die Rheinische Zeitung. Die, meist jungen, Herren befanden sich in einem gewissen Zwiespalt: Einerseits gingen die Geschäfte gut unter den Preußen, andererseits wollten sie sich nicht »prussifizieren« lassen, sich aber auch nicht vollends den übermächtigen Ultramontanen, den Katholiken, beugen, deren Sprachrohr die Kölnische Zeitung war. Ein wenig von jenem Geist, der von Paris über den Rhein wehte, etwas Sozialismus und Kommunismus, Richtungen, über die bereits so viele Leute diskutierten, sollte in die Spalten. Sie gewannen Marx als Mitarbeiter, der in sechs großen Aufsätzen den Rheinischen Landtag aufs Korn nahm und für die »Preßfreiheit« eintrat. Sein für alle ungewohnter Stil kam in seiner Aggressivität, Bissigkeit und Ironie so gut an, dass man dem Vierundzwanzigjährigen bald die Chefredaktion anvertraute. Mit dem beachtlichen Jahresgehalt von 600 Talern.

Marx begriff sich zu diesem Zeitpunkt weder als Sozialist noch als Kommunist (was ohnehin noch nicht unterschieden wurde). Er trat für die arme, politisch und sozial besitzlose Menge ein, prangerte zum Beispiel die trostlose Lage der Moselbauern an und plädierte dafür, dass man den Armen weiter das Sammeln von »Raffholz« gönne, wie das Reisig hieß. Immer wieder stieß er mit den von Berlin eingesetzten Zensoren zusammen, die ihn schließlich aufforderten, eine der Regierung geneigte Tendenz einzuhalten. Als er sich in die Außenpolitik einmischte und gegen die servile Abhängigkeit Preußens von Russland vorging, war das Maß voll. Der Zar ließ einen scharfen Brief an Friedrich Wilhelm IV. schreiben; der wandte sich an das Oberzensurministerium, das Ministerium entstandte einen Beamten nach Köln und untersagte kurzerhand das weitere Erscheinen des Blattes.

Marxens fünfmonatiges Gastspiel als Chefredakteur war damit beendet. »Ich bin der Heuchelei, der Dummheit, der rohen Autorität und unseres Biegens, Rückendrehens, der Wortklauberei müde geworden. Es ist schlimm, Knechtsdienste selbst für die Freiheit zu verrichten. In Deutschland kann ich nichts mehr beginnen.«

Nun tat er etwas, was längst hätte geschehen müssen: Im Juni 1843 führte er Jenny auf das Standesamt und vor den Altar.

Nach seiner Übersiedlung nach Paris im Oktober war Marx in das VII. Arrondissement gezogen, kein Viertel der Arbeiter, sondern eines der wohlhabenden Bürger. Die Familie – Jenny hatte ein Töchterchen zur Welt gebracht – war finanziell einigermaßen abgesichert. Dafür hatten, wie später immer wieder, seine Freunde gesorgt, die Geld für ihn gesammelt hatten; 1000 Taler und nochmals 600 Franc, was für mehrere Jahre reichen sollte. Sie hatten zum ersten Mal ein Dienstmädchen, geschickt von Mutter Westphalen. Lenchen Demuth, wie sie hieß, blieb den Marxens ein Leben lang treu ergeben. Das ging so weit, dass sie in den späteren Londoner Emigrantenjahren dem Familienoberhaupt ein Kind gebar, das als sein eigenes anzuerkennen er sich allerdings hartnäckig weigerte.

Marx war in Paris als Herausgeber der Deutsch-Französischen Jahrbücher tätig, einer Zeitschrift, gegründet mit dem Ziel, alle Sozialisten zu Verbündeten zu machen. Was schon deshalb misslang, weil die Jahrbücher über eine Doppelnummer nicht hinauskamen. Zu den Mitarbeitern zählten Bakunin, russischer Revolutionär und Anarchist, Proudhon, sozialistischer Schriftsteller (»Eigentum ist Diebstahl«), beide mit Marx später verfeindet, ferner Friedrich Engels, Freund und Mitkämpfer ein Leben lang, und kein Geringerer als Heinrich Heine, der bedeutendste unter den Emigranten.

Auf seinen Spaziergängen schaute Marx immer wieder in der Rue du Faubourg-Poissonière vorbei, wo der Dichter wohnte. Aus den Begegnungen entwickelte sich bald eine Freundschaft, die sich nicht in gegenseitigem Respekt erschöpfte: Man arbeitete zusammen. Der Dichter las vor, was er gerade in Verse gefasst, bat um Kritik, besser: um Zustimmung, konnten ihn doch allzu kritische Äußerungen in tiefe Depressionen stürzen. Nach geraumer Zeit wagte Marx die Bemerkung: »Nun lassen Sie doch die ewige Liebesnörgelei und zeigen den politischen Lyrikern einmal, wie man das richtig macht – mit der Peitsche!«

Heine nahm es sich zu Herzen, und er schrieb ein Gedicht, das wie ein einziger Schrei war, ein Protestschrei. Die schlesischen Weber, eher gutmütige, in der Regel sogar furchtsame Menschen, hatten sich erhoben. Erschöpft von ihrem Sechzehnstundentag, gequält vom Hunger waren sie bewaffnet vor die Villen der Fabrikanten gezogen, mit der schlichten Forderung, dass man sie in Zukunft wie Menschen behandeln möge. Das Militär hatte sie niederkartätscht. »Altdeutschland, wir weben dein Leichentuch«, hieß es in dem Gedicht. »Wir weben hinein den dreifachen Fluch. Wir weben und weben!«

Marx hatte das Gedicht in dem in Paris erscheinenden Vorwärts abgedruckt, der in den deutschen Staaten verboten war. Er selbst hatte eine Nummer zuvor einen Aufsatz über den verzweifelten Aufstand der Arbeiter am Webstuhl geschrieben. Und Heine gebrauchte noch einmal seine Peitsche bei einigen Attacken gegen den König der Reichen. Und noch etwas veröffentlichte der Vorwärts: Strophen aus Heines Versepos DEUTSCHLAND – EIN WINTERMÄRCHEN. Der Reisebericht wurde zum Hohen Lied der Emigranten; den aus ihrer Heimat Deutschland Vertriebenen, die in der Fremde ewig Fremde blieben, war es gewidmet. Der Anfang sei hier zitiert:

»Im traurigen Monat November war's,
Die Tage wurden trüber,
Der Wind riss von den Bäumen das Laub,
Da reist' ich nach Deutschland hinüber.

Und als ich an die Grenze kam,
Da fühlt ich ein stärkeres Klopfen
In meiner Brust, ich glaube sogar,
Die Augen begunnen zu tropfen.

Und als ich die deutsche Sprache vernahm,
Da ward mir seltsam zumute;
Ich meinte nicht anders, als ob das Herz
Recht angenehm verblute.«

Marx genoss Paris auf seine Weise. Er traf sich mit führenden Sozialisten, besuchte die Versammlungen der Handwerker und Arbeiter, verkehrte mit russischen Anarchisten, besuchte die Redaktion von Le Globe, wo die Wortführer der Saint-Simonisten tätig waren, die eine »arbeitende Elite« schaffen wollten mit Bauern, Arbeitern, Bankiers, Unternehmern, um den erreichten Wohlstand allen zugute kommen zu lassen. Die Läden mit ihren luxuriösen Auslagen, die prachtvollen Karossen, die schönen Frauen, die Blumenläden, die feinen Restaurants: Sie zu bestaunen und zu besuchen, war ihm notwendiges Vergnügen.

»Er arbeitet mit ungemeiner Intensität und hat ein kritisches Talent, das bisweilen in Übermut ausartende Dialektik wird, aber er vollendet nichts, er bricht überall ab und stürzt sich von neuem in ein endloses Büchermeer«, schreibt der Doktor Ruge, Mitherausgeber der Jahrbücher, Freund und späterer Feind, als Marx zunehmend seine kommunistische Position bezog.

Nicht vollendet blieb auch die Arbeit über den Adel der Menschen und die Erniedrigung, die den Arbeitern angetan werde. Es' existieren mehrere dieser Unvollendeten in Marxens Leben. Manche Arbeiten brach er einfach ab, andere begannen ihn zu langweilen. Auch sein Hauptwerk sollte davon nicht verschont werden. Nur der erste Band von DAS KAPITAL wurde fertig – trotz ständigen Drängens des Verlegers. Friedrich Engels blieb es vorbehalten, aus dem Chaos der Notizen, Exzerpte, Auszüge, Abschriften, angefangenen Kapitel, Randnotizen ein Gebild zu schaffen, sprich die beiden nächsten Bände. Und alles war geschrieben in einer Handschrift, der gegenüber die Hieroglyphen lesbar gewesen wären.

Heines Weber-Gedicht, sein WINTERMÄRCHEN, die Angriffe auf Friedrich Wilhelm IV., die angebliche Aufhetzung der in Paris lebenden deutschen Handwerker, zwei antipreußische Artikel im Vorwärts hatten Berlin hellhörig werden lassen. Als das Blatt indirekt bedauerte, dass es bei dem fehlgeschlagenen Attentat auf den preußischen König eines besseren Revolverschützen bedurft hätte, wurde das Fass zum Überlaufen gebracht. Die Pariser Behörden verwiesen auf Druck Preußens den Dr. Marx mitsamt seiner Familie des Landes. Aus dem »Steckbrief«, den die Berliner Polizei amtshilflich geliefert hatte, erfahren wir endlich etwas über sein Aussehen. Danach wäre er 5 Fuß 2 Zoll groß – etwa 1,62 Meter –; Schnurrbart und Augenbrauen schwarz; Haare und Vollbart dunkel mit weißen Strähnen; eine gerade Stirn, braune Augen, eine dickliche Nase. Sein Wuchs ist schlank, kurze Beine tragen einen langen Oberkörper (sogenannter Sitzriese).

Marx geht nach Brüssel, unterschreibt einen Revers, wonach er sich jeglicher Äußerung über politische Tagesfragen enthalten werde. Sie bleiben drei Jahre und in dieser Zeit gebiert Jenny eine weitere Tochter und einen Sohn. Die nun fünfköpfige Familie leidet wieder Not, und Engels geht erneut mit dem Hut herum und sammelt. »Die Hunde sollen wenigstens das Pläsier nicht haben, dich durch ihre Infamie in pekuniäre Verlegenheit zu bringen.« Friedrich Engels ist der Sohn eines wohlhabenden Fabrikanten aus Barmen, war »bei Preußens«, das heißt, er hat sich vor dem Militärdienst nicht gedrückt, seine kaufmännische Ausbildung beendet er in Manchester, besucht Marx in Paris und ist nun zu ihm nach Brüssel übergesiedelt.

Hier arbeiten sie gemeinsam an der DEUTSCHEN IDEOLOGIE,

einem Manuskript, das vorerst nicht zum Druck gelangt, sondern der nagenden Kritik der Mäuse überlassen wird. Marx versucht hier, sich endgültig von Hegel zu lösen und sich zur Abwechslung einmal mit Ludwig Feuerbach auseinander zu setzen. In seinem Buch DAS WESEN DES CHRISTENTUMS hatte der Philosoph die These vertreten, dass das Jenseits eine Fabel sei und nicht Gott habe den Menschen gemacht, sondern der Mensch habe sich Gott nach seinem Ebenbild geschaffen. Und was ist Religion? Nichts weiter als ein Traum des Menschengeistes, ein Bedürfnis nach Trost angesichts seiner irdischen Misere. Das waren Worte, die Marx entzündeten. Doch letztlich blieben solche Thesen für ihn reine Theorie. So wie die Philosophen seit Urbeginn immer reine Theoretiker gewesen seien.

»Sie haben die Welt nur verschieden interpretiert; es kommt aber darauf an, sie zu verändern. In der Praxis muss der Mensch die Wahrheit, Wirklichkeit und Macht, das heißt, Diesseitigkeit seines Denkens beweisen.« Um die Welt *in praxi* zu verändern, muss die Philosophie sich mit der Politik verbinden. Darum ging es Marx und dafür wollte er kämpfen. Er tat es mit der ihm eigenen Unbedingtheit, die auf nichts und niemand Rücksicht nahm. Aus der Brüsseler Zeit haben wir eine Schilderung des Russen Paul Annenkow, wonach Marx einen Typus verkörperte, der aus Energie, Willenskraft und Überzeugung bestand, mit Manieren, die allen gesellschaftlichen Umgangsformen zuwiderliefen. Er war stolz, mit einem Anflug von Verachtung. Seine Stimme, scharf wie ein Messer, stimmte mit den radikalen Urteilen überein, die er über Menschen und Dinge fällte. Er duldete keinen Widerspruch. »Dieser Ton drückte die feste Überzeugung von seiner Mission aus, die Geister zu beherrschen und ihnen Gesetze vorzuschreiben. Vor mir stand die Verkörperung eines demokratischen Diktators...«

Im Sommer 1847 trat der Bund der Kommunisten, eine in London installierte Zentralbehörde, an Marx und Engels heran, ihr Glaubensbekenntnis in einem Manifest zusammenzufassen. Man brauche endlich ein Programm.

Das Was war in diesem Manifest nicht neu, alles war auf

irgendeine Weise früher schon einmal gesagt worden; das Wie jedoch war von visionärer Kraft und unerhörtem Kampfgeist. Es beginnt mit den berühmt gewordenen Worten: »Ein Gespenst geht um in Europa – das Gespenst des Kommunismus«, und endet mit Drohung und Verheißung: »Die Kommunisten verschmähen es, ihre Ansichten und Absichten zu verheimlichen. Sie erklären es offen, dass ihre Zwecke nur erreicht werden können durch den gewaltsamen Umsturz der bisherigen Gesellschaftsordnung. Mögen die herrschenden Klassen vor einer kommunistischen Revolution zittern. Die Proletarier haben nichts in ihr zu verlieren als ihre Ketten. Sie haben eine Welt zu gewinnen. Proletarier aller Länder vereinigt euch!«

Die Wirkung des Manifestes war anfangs gering. Abgesehen von den nur einige Hundert zählenden Mitgliedern des Kommunistenbundes bekamen die kleine Schrift, die noch nicht einmal in den Handel gelangte, nur wenige zu Gesicht. Und wenn, dann konnten sie den Gedankengängen nur schwer folgen. Dass hier eine neue Geschichtsphilosophie verkündet wurde, die nicht mehr in der Rückschau die bisherige Geschichte interpretiert, sondern sich der Zukunft zuwendet, um den Menschen zu seinem eigentlichen Wesen gelangen zu lassen; dass in dem Maße wie die Exploitation (Ausbeutung) des einen Individuums durch das andere aufgehoben wird, auch die Exploitation einer Nation durch die andere aufgehoben werde – das alles sagte dem Arbeiter anfangs nichts. Selbst die Genossen in London fanden die Broschüre allzu gelehrt. Und der Name Marx war in Europa bei den Massen weitgehend unbekannt. Niemand konnte zu diesem Zeitpunkt voraussehen, dass DAS KOMMUNISTISCHE MANIFEST einstmals eine höhere Auflage erreichen würde als die Bibel.

Das Manifest hatte 1848 kaum die Druckerpresse verlassen, als in ganz Europa die Revolutionen ausbrachen (wobei das eine mit dem anderen nichts zu tun hatte): im Februar in Paris, im März in Wien und Berlin. Marx wurde mit seiner Frau von der belgischen Polizei verhaftet und über die Grenze abgeschoben. Er flüchtete zurück in das von Unruhen schwer gezeichnete Paris. Wankten die Throne, stürzten sie gar? Anfang April erschien

Marx wieder in Köln, bereitete die Herausgabe der Neuen Rheinischen Zeitung vor, übernahm wieder die Chefredaktion. In den Leitartikeln forderte er zur Revolution auf, ja zum Terror. Er reiste nach Berlin, nach Wien, besuchte Arbeiterkongresse, hielt Vorträge über LOHNARBEIT UND KAPITAL – ein unermüdlicher, durch nichts zu schreckender Kämpfer zeigte sich. Er wurde angeklagt wegen des Aufrufs zum bewaffneten Widerstand, doch die Kölner Geschworenen sprachen ihn frei. Nun geht es Schlag auf Schlag: Die Geldgeber der Neuen Rheinischen springen ab, das Blatt ist am Ende. Am 9. Mai 1849 bekommt Marx den Ausweisungsbefehl: Binnen vierundzwanzig Stunden habe er Preußen zu verlassen. Die Throne waren nicht gestürzt, weder in Preußen noch in Österreich, noch in Russland. Und in Frankreich hatte die Monarchie nur Pause gemacht.

London zählte als erste Stadt der Welt eine Million Einwohner. In keiner Metropole war die Kluft zwischen Reich und Arm tiefer, lebte so viel Not neben so viel Überfluss, waren Elendsviertel trostloser und die Viertel der Reichen prächtiger. Die Luft war durchsetzt mit dem Ruß hunderttausender Kamine und von der Themse her waberte der berüchtigte Nebel. In keiner Weltstadt mochte man Ausländer weniger und tolerierte sie mehr. So hatte sich London zu einem Dorado der Emigranten entwickelt. Wer hier ankam mit seinem Koffer, musste sich nirgendwo polizeilich melden und konnte wohnen, wo es ihm beliebte.

Als Marx in London eintrifft, bezieht er eine Wohnung in Chelsea, wird dort exmittiert, wechselt in das German Hotel am Leicester Square und lässt sich schließlich für die nächsten sechs Jahre mit der Familie in Soho nieder, 28 Dean Street. Hier wohnten viele, die ihrer Überzeugung wegen aus Deutschland, Russland, Österreich, Italien, Frankreich vertrieben worden waren. Wie es bei Marxens aussah, verdanken wir ausgerechnet dem Bericht eines Spitzels – viele Emigranten wurden nämlich von Agenten ihrer Heimatländer überwacht. In keiner der Stuben gebe es ein anständiges Möbelstück. Manuskripte, Bücher, Zeitschriften lägen kunterbunt neben Spielzeug und Stoffetzen aus dem Nähkorb seiner Frau. Gebrauchtes Geschirr, Lampen, ein

Tintenfass, Bierseidel, Pfeifen, alles in wüstem Durcheinander auf demselben Tisch. »Aber all diese Dinge stören weder Marx noch seine Frau. Man wird aufs herzlichste empfangen, eine Pfeife, Tabak, und was sonst noch vorhanden, wird freundschaftlich angeboten. Und schon entwickelt sich eine kluge und anregende Unterhaltung, die für alle häuslichen Misslichkeiten entschädigt und die Unbequemlichkeit erträglich macht.«

Marx versucht, eine Zeitschrift zu gründen, schreibt Artikel, hält Vorträge. Die Schulden bei Bäcker, Fleischer, Lebensmittelhändler steigen. Jenny versetzt, wieder einmal, die silbernen Löffel, den Schmuck; schließlich den Gehrock ihres Mannes, so dass er sich nicht mehr vor die Tür wagt. Nun wird sie auch noch krank. »Den Doktor kann und konnte ich nicht rufen, weil ich kein Geld für Medizin hatte. Seit acht Tagen habe ich die family mit Brot und Kartoffeln durchgefüttert. Wie soll ich mit all dem Teufelsdreck fertig werden?«

Vielleicht dadurch, dass dann gespart wurde, wenn Geld ins Haus gekommen war – meinten Freunde. Da trafen 50 Pfund und ebenso viele Taler aus Köln ein; 150 Pfund erbte Jenny von einer schottischen Verwandten; 800 Pfund brachte das Testament eines Freundes und dann wurde das Resterbe nach dem Tod von Karls Mutter ausgezahlt: stolze 50000 Taler. Die Zahlungen, die Friedrich Engels immer wieder leistete, Nothilfe genannt, waren beträchtlich. Den wohlhabenden Onkel in Holland ließ man gelegentlich zur Ader. Vier Pfund in der Woche zahlte die New York Herald Tribune und 50 Pfund im Jahr die Neue Oder-Zeitung.

Das waren Summen, mit denen eine Familie der unteren Mittelklasse durchaus in einem gewissen Komfort hätte leben können. Ein walisischer Bergarbeiter musste mit wesentlich weniger auskommen. Marxianer haben ihren Helden als einen Bohemien hingestellt, um seine ewige Pleitewirtschaft zu bemänteln. Eine unbekümmerte, leichtlebige, unkonventionelle Künstlernatur aber war er keineswegs. »Eher von der Art in Not geratener feiner Leute«, schreibt der englische Marx-Biograph Francis Wheen, »die verzweifelt versuchen, den äußeren

Schein zu wahren, und an ihren bürgerlichen Gewohnheiten festhalten.«

In der Praxis hieß das: Kaum war Geld auf dem Konto, gab man es aus, für ein elegantes Stadtpalais in der Maitland Road; für einen Privatsekretär; für zwei Diener; für elegante Roben, damit Jenny und Laura, die Töchter, am gesellschaftlichen Leben teilnehmen konnten. Der Gedanke, dass sich durch Arbeit der Unterhalt verdienen ließ, darauf kam niemand. Marx selbst hat sich nur ein einziges Mal um eine Anstellung bemüht, und er war heilfroh, als die Britische Eisenbahnverwaltung ihn abwies. Kein Mitglied der Familie hat jemals mit Geld umgehen können. Die Mutter, die ihren Karl sehr geliebt hat, aber auf wenig Gegenliebe gestoßen ist, schrieb einmal, es wäre besser, nicht über das Kapital zu schreiben, sondern zu lernen, wie man mit dem Kapital umgeht.

Marx war ein komplizierter Mann und hatte, von Engels abgesehen, keinen wirklichen Freund. Für die Engländer blieb er ewig ein *foreigner*, eine jener Figuren, denen ein *true born Englishman* grundsätzlich nicht über den Weg traute. Er selbst betrachtete die Briten als ungebildete Krämerseelen und ihre Hauptstadt als Babylon des verabscheuten Kapitalismus. Die in einzelne Cliquen zerfallenen deutschen Emigranten verachtete er gründlich, diese Berufsflüchtlinge, die Abend für Abend in den Pubs saßen, ihr Stout tranken, die Weltrevolution vorbereiteten und sich an der Losung berauschten »Morgen wird es losgehen«: Leute, allenfalls gut genug, sie mit Häme zu überziehen, über sie zu klatschen, gegen sie zu intrigieren. Politisches mit Persönlichem zu vermengen war Marxens Lust, und allen, die eine andere Meinung vertraten, unterschob er, hier Bismarck ähnlich, ehrenrührige Motive. Man hat ihn einen Meister der Verunglimpfung genannt.

Zeit seines Lebens litt er an irgendeiner Krankheit; was auf psychische Ursachen schließen lässt. Die Leiden waren so zahlreich, dass ein französischer Schriftsteller darüber ein ganzes Buch schreiben konnte. LES MALADIES DE KARL MARX berichtet von Affektationen der Kopfnerven, ischiadischen Anfällen, Lähmung der Gliedmaßen, nervösen Zuständen, permanenter

Schlaflosigkeit, Augenentzündungen, Bronchialkatarrhen, Leberbeschwerden und, vor allem, Furunkolose. Die ständigen Geldverlegenheiten mit dem Gang zum Pfandhaus, das Drängen der Gläubiger, der häufige Besuch des Gerichtsvollziehers ließen ihn nie richtig gesund werden.

Die Familie war ihm nur selten ein Heim, ein Hort der Erholung (»Jenny sagt mir jeden Tag, sie wünsche, sie läge mit den Kindern im Grabe«). Streitigkeiten vergifteten die häusliche Atmosphäre (»Zu Hause immer alles im Belagerungszustand, Tränenbäche ennuyieren mich ganze Nächte und machen mich wütend...«). Aus der Misere seines Lebens, den tausend Elendigkeiten, ist er nicht davongekommen, ohne einen Teil seiner Selbstachtung einzubüßen. Der Soziologe und Volkswirtschaftler Werner Sombart glaubte nach dem Studium der Korrespondenz zwischen Marx und Engels zu erkennen, dass in Karl Marx eine »durch und durch zerfressene Seele gehaust« habe. Auch anderen Biographen war dieser Briefwechsel peinvoll, und sie haben sich dagegen gewehrt, ihn ungekürzt erscheinen zu lassen, weil sonst, wie Franz Mehring äußerte, alle Bemühungen, das Andenken dieses Mannes literarisch zu ehren, umsonst gewesen sein würden.

Die Lektüre der Korrespondenz zwischen Marx und Engels ist in der Tat nicht immer ein Vergnügen. Zynismus, Menschenverachtung, Misstrauen liegen wie Mehltau auf den Zeilen, so die erbarmungslose Aburteilung anderer Menschen als Monstren von Dummheit und Charakterlosigkeit, als Teufel der niedergehenden Klasse. Das Bemühen, ausgerechnet mit den Moralbegriffen der verhassten Bourgeoisie den Schein bürgerlicher Wohlanständigkeit zu verbreiten, erschreckt den Leser, und er fröstelt, wenn er erfährt, wie gleichgültig der Schreiber dem Leid anderer begegnet, wie er nach dem Besuch bei der todkranken Mutter es »als ganz angenehmes Resultat« bezeichnet, dass »die Alte« seine Schuldscheine vernichtet habe.

Moralische Entrüstung jedoch wäre nicht am Platz, und Historiker haben keine Pharisäer zu sein. Eher gilt das Wort eines seiner Biographen, der nach der schonungslosen Darstellung feststellt: »Marx wird dadurch nicht ›kleiner‹; ebenso wenig wie Charles Dickens, das Muster bürgerlicher Ehrbarkeit, es dadurch wird, dass wir von seinem amourösen Doppelleben erfahren, ebenso wenig, wie es Beethoven dadurch wird, dass er eine Tochter mit einer seiner Verehrerinnen hatte. Alle guten Geister bewahren uns vor der Spießerei! ... Marx wird dadurch größer, dass wir die Konflikte ahnen können, in denen er stand. Dieses rauhe und harte Leben hätte schwächere Naturen viel früher zerbrochen. Er aber hatte darin sein Werk zu schaffen.«

Das Werk hieß DAS KAPITAL und seine Entstehungsgeschichte grenzt an eine Tragikomödie, mischte sich doch hier das Hehre der Tragödie mit dem Possenhaften der Komödie. Der Ort der Handlung war der Lesesaal des Britischen Museums. Die hohe kuppelgewölbte Halle, das samtene Licht über den mit Leder bezogenen Tischen, das Geraune der Bibliothekare, die auf leisen Sohlen über das Parkett gingen und die Bestellungen entgegennahmen, beratend, kundig, höflich, die dann die Bücher, Zeitschriftenessays, Broschüren brachten oder auf die riesigen Bestände der Präsenzbibliothek verwiesen – das alles schuf eine Atmosphäre, in der es sich gut arbeiten ließ. Keine der großen Bibliotheken in den europäischen Hauptstädten war mit der im Britischen Museum vergleichbar.

Marx erschien gegen neun Uhr morgens, wenn die Schließer die Tore öffneten, und räumte abends als einer der letzten seinen Platz. Für ihn war das eine Insel der Ruhe, wo er Schutz fand vor den immer unerträglicher werdenden Zuständen daheim, vor den Belästigungen durch die Schuldeneintreiber und vor seinen Landsleuten, diesen »Emigrationsschweinen«, wie er sie zu nennen pflegte. Die Bibliothekare staunten, was dieser Dr. Marx an Lesestoff in sich hineinfraß, wie viele Hefte er füllte mit seinen Auszügen, Abschriften, Kommentaren, Anmerkungen, wie sorgfältig er mit seinem Lineal alles unterstrich. Sie schleppten Werke herbei über politische Ökonomie, Geologie, Chemie, Agrikultur, Mathematik, Astronomie, Slawistik, Theologie, Medizin. Bücher, die für das, was er sein »Hauptgeschäft« nannte, unwichtig waren. Es waren sogenannte »Fluchtbücher«, deren Lektüre ihn davor bewahrte, mit dem eigentlichen Thema anfangen zu müssen. Es ist das alte Autorenlied mit der Melodie: Dieses Werk muss vorher noch gelesen, diese neue Quelle noch studiert, die in Kürze erscheinende Abhandlung noch berücksichtigt werden. Die Flucht in die benachbarten Wissensgebiete – jeder ernsthafte Autor kennt diesen Eskapismus, die Drückebergerei vor dem Anfang, den Schrecken angesichts des weißen Papiers.

Wenn der Verleger Franz Duncker in Berlin ihn mahnte, seine vertragliche Pflicht zu erfüllen; Engels ihn so energisch wie flehentlich bat, das Ding nun bald in die Welt hinauszuschleudern (»es ist verflucht hohe Zeit«); wenn Jenny, die die Exzerpte kopierte, weil der Autor seine eigene Handschrift nicht lesen konnte, nörgelte und murrte, dann kamen die Vertröstungen: »In ganz kurzer Zeit werde ich die ganze ökonomische Scheiße beendet haben.« Oder Ausreden: »Das fast beendete Manuskript muss noch einmal sachlich und stilistisch umgearbeitet werden...« Wollte ihm niemand mehr glauben, dann wurde er krank. Die Galle meldete sich oder die Leber oder die Karbunkel begannen zu schmerzen. Marx ist geradezu ein Modellfall eines Menschen, bei dem sich unverarbeitete emotionale Belastungen, unbewusste psychische Konflikte in körperlichen Störungen niederschlagen. Man spricht hier von psychosomatischen Krankheitsbildern. Solche Krankheiten bringen doppelten Gewinn: die Anteilnahme der Mitmenschen und die Rechtfertigung des eigenen Unvermögens. Marxens Beschwerden verschwanden wie von Zauberhand, als »das Buch« – nach nahezu zwanzig Jahren – tatsächlich fertig geworden war.

An Engels schrieb er, und ein solcher Brief war überfällig: »Ohne Dich hätte ich das Werk nie zu Ende bringen können, und ich versichre Dir, es hat immer wie ein Alp auf dem Gewissen gelastet, dass Du Deine famose Kraft hauptsächlich meinetwegen kommerziell vergeuden und verrosten ließest und *into the bargain* [obendrein] noch alle meine *petites misères* mit durchleben musstest. Salut, mein lieber treuer Freund!« Die kleinen Miseren darf man getrost als die Untertreibung des Jahrhunderts bezeichnen.

Das Echo auf das KAPITAL, dessen erster Band 1867 erschien, war zutiefst enttäuschend. Marx' und Engels' Hoffnung, dass ein Raunen durch ganz Europa ginge, erfüllte sich nicht. Schweigen herrschte im Blätterwalde. Ignoriert zu werden ist für einen Autor das böseste aller Übel. Noch nicht einmal ein anständiger Verriss war zu registrieren; von einem Verbot gar nicht zu reden. Was tun? Folgen wir hier Fritz J. Raddatz, dem hervorragendsten Marx-Kenner.

»Engels, wie immer, weiß Rat: Er schreibt alle Kritiken selber. Gleichgültig für wen, für welches Blatt, gleichgültig welcher Meinung, ob pro, ob contra. Das Unglaubliche geschieht, das jedenfalls in der Geschichte der Weltliteratur wohl Einmalige – unter wechselnden Pseudonymen, auch unter realen Namen und in allen erreichbaren Zeitungen publizieren der Autor und sein engster Mitarbeiter selbstverfasste Kritiken, für sozialistische Blätter lobende, für bürgerliche Blätter vernichtende.« Viel hat es nicht geholfen. Engels kam ins Grübeln. War das Buch vielleicht doch zu abstrakt, zu gelehrt, zu kompliziert im ganzen Aufbau? Schließlich hatte er selbst die größten Schwierigkeiten, den einzelnen Kapiteln zu folgen. August Bebel gestand einem Genossen, dass er das Kapital zwar angefangen, aber nicht weitergelesen habe.

Der Name Bebel wäre das Stichwort, um einmal nach Deutschland hinüberzuschauen. Der Tischler Bebel hatte 1869 zusammen mit Wilhelm Liebknecht die Sozialdemokratische Partei gegründet. Mit dem fünf Jahre zuvor von Ferdinand Lassalle aus der Taufe gehobenen Allgemeinen Deutschen Arbeiterverein gab es nun zwei Arbeiterparteien in Deutschland. Beide Gründungen erregten beim Dr. Marx in London großes Misstrauen. Besonders dieser Lassalle war ihm zuwider, hatte doch dieser »kraushaarige Nigger«, dieser »Baron Itzig von der slowenischen Grenze«, wie er ihn in seinen Briefen nannte, Diebstähle an seinem Geistesgut begangen, und dieses Diebesgut so umgestaltet, dass geradezu gefährliche Lehren entstanden waren: besonders jene, wonach der Staat nicht umzustürzen sei, sondern politisch zu erobern und dienstbar zu machen.

1875 gelang den deutschen Arbeitern in Gotha etwas, wovon

die Genossen in den anderen europäischen Ländern nur träumen konnten: die Konstituierung der ersten dauerhaften sozialistischen Partei. Entstanden durch den Zusammenschluss der Bebelianer mit den Lassalleanern. Engels schrieb über das Programm: »Das Ganze ist im höchsten Grad unordentlich, konfus, unlogisch und blamabel.« Marx wies in einer Randglosse darauf hin, dass die Umwandlung der Gesellschaft nur in die revolutionäre Diktatur des Proletariats münden könne, alle anderen Vorstellungen kleinbürgerlich und gefährlich seien. Schon der Name »Sozialdemokrat« war ihm ein »Sautitel«. Es hieß, die Idee der internationalen proletarischen Revolution zu verraten, wenn man nicht daran glaubte, dass zwar mit den Bourgeois gemeinsam die Macht errungen werden musste, sie anschließend aber zum Teufel zu schicken seien.

Der große alte Mann jenseits des Kanals – und bei seinen Anhängern galt er dafür – hatte ein zwiespältiges Verhältnis zur deutschen Sozialdemokratie. Praktisch handelnden Männern, die die Parteiarbeit für wichtiger hielten als Programmpunkte und ihre Taktik nicht nach der Theorie, sondern nach den Realitäten ausrichteten, brachte er kein Verständnis entgegen. Wer seine Ziele der Denkweise des Arbeiters anpasste, wem die alltägliche Not näher lag als die Weltrevolution, erschien ihm dubios. In England, wo die Zustände in den Bergwerken und Fabriken zum Himmel schrien, hatte er nicht einen einzigen Betrieb aufgesucht. Die Londoner Elendsviertel mied er, mit Arbeitern suchte er keinen Kontakt.

Das KOMMUNISTISCHE MANIFEST, das anfangs, wie erwähnt, wenig beachtet worden war, begann sich allmählich durchzusetzen. Die Arbeiter begriffen es – ohne alles zu verstehen – als eine frohe Botschaft: die Verkündigung ihres endlichen Siegs über die, die sie ausbeuteten, ihres Aufstiegs zur herrschenden Klasse, schließlich der Befreiung der ganzen Menschheit. Der Grundgedanke des Sozialismus, dem gemäß die Erde, ihre Erzeugnisse und die von der Menschheit gemeinsam geschaffenen Werkzeuge allen gehören sollten, wirkte in seiner Einfachheit und Gerechtigkeit überzeugend. Das Manifest stellte die Geschichte jeder bisherigen Gesellschaft als die Geschichte von Klassenkämpfen dar, in der Unterdrücker und Unterdrückte einander gegenüberstanden; die Bourgeoisie hatte zwar den Feudalismus zu Boden geschlagen, die Waffen aber, die sie dazu gebraucht, würden sich in der Hand des Proletariats gegen sie richten und ihr den Tod bringen. Dass die Geschichte die marxistischen Lehren nicht befolgen würde, die Massen keineswegs immer mehr verelendeten, die Sozialisten überall dort scheitern würden, wo sie die Marxschen Klassenkampf- und Revolutionstheorien streng befolgten, konnten sie nicht ahnen.

Das im KAPITAL, dem am Ende auf drei Bände angewachsenen Hauptwerk von Karl Marx, dargelegte System mit seinen abstrakten Definitionen und verwickelten Denkgebilden dagegen blieb größtenteils auch jenen unzugänglich, die sich im Selbststudium einiges Wissen angeeignet hatten. Erst nach seinem Tod zeigte das Buch Wirkung. Durch die vielen Diskussionen und Popularisierungen seiner Themen und Schlagworte begannen die Arbeiterführer langsam zu begreifen, was es mit den Begriffen des wissenschaftlichen Sozialismus auf sich hatte. Und sie versuchten ihre Erkenntnisse in einfachen Worten den einfachen Leuten zu vermitteln.

Also: Der Arbeiter verkauft dem Unternehmer *seine* Ware, sprich die Arbeitskraft, wofür der Unternehmer, der über das Kapital verfügt und über die Produktionsmittel, ihm einen Lohn zahlt. Er bekommt aber gerade so viel, dass es zum Leben nicht reicht und zum Sterben zu viel ist. Dabei ist seine Arbeit *mehr wert*, und diesen *Mehrwert* kassiert der Arbeitgeber als seinen *Profit*, investiert den Profit zum Teil wieder, womit sein Kapital sich ständig anhäuft. Diese ständige Akkumulation, Anhäufung, führt zur Konzentration in den Händen einiger weniger und zur steten Vergrößerung der Zahl der ausgebeuteten und verelendenden Proletarier. Eines Tages würden sie zwangsläufig aufbegehren und gegen die Ursachen ihrer ständigen Existenzbedrohung mit Gewalt vorgehen. Die Stunde der Revolution werde damit gekommen sein – die Enteigner enteignet und die klassenlose Gesellschaft errichtet.

Der Einfluss des Werkes DAS KAPITAL auf die *deutschen* Arbeiter ist nie so stark gewesen, wie es die späteren Marxisten haben glauben machen wollen. Dass Marx und Engels die wahren Führer der Sozialdemokratischen Partei gewesen seien und ihr die politischen Richtlinien vorgegeben hätten, ist eine Legende. Die deutschen Sozis waren keine Revolutionäre und schon gar keine Radikalinskis. Nicht umsonst hatte Lenin ironisch bemerkt, dass diese Revoluzzer kurz vor der Erstürmung eines Bahnhofs sich erst eine Bahnsteigkarte kaufen würden. Ihnen war eher, wie Kiaulehn das an den Berliner Arbeitern so anschaulich geschildert hat, Geduld und Friedfertigkeit zu eigen. Es störte sie zum Beispiel nicht, dass, um die Jahrhundertwende, einer ihrer Führer von Beruf Kapitalist war: der Textilfabrikant Paul Singer. Alljährlich fand der Marsch zu den Gräbern der Märzgefallenen am Berliner Friedrichshain statt, wobei man auch Karl Marx' gedachte. Am Portal des Friedhofs standen die schnauzbärtigen Wachtmeister, um jene Kranzschleifen abzuschneiden, auf denen zu Umsturz und Klassenkampf aufgerufen wurde.

Dass Marx' letzte Ruhestätte auf dem Armenfriedhof in Highgate zu London langsam verwilderte und mehrmals eingeebnet zu werden drohte, wussten sie nicht und sie kannten auch nicht die Schlussworte der Grabrede von Friedrich Engels, seinem Alter ego: »...war er der bestgehasste und bestverleumdete Mann seiner Zeit. Regierungen, absolute und republikanische, wiesen ihn aus. Er schob das alles beiseite wie Spinnweb. Und er ist gestorben: verehrt, geliebt, betrauert von Millionen.«

Das Grab von London ist im Laufe der Jahrzehnte zu einer Art Wallfahrtsstätte geworden, besucht von den Delegationen jener Völker, deren Regierungen die Lehre des Karl Marx bereits entstellt und verfälscht hatten; von Vertretern der großen kommunistischen Parteien des Westens; von Besuchern, die davon überzeugt waren, dass ihr Herz links schlägt; und von Reisegesellschaften, auf deren Programm ein Besuch der Grabstätte inklusive ist...

Otto von Bismarck

Der Aufstieg und der Untergang

Am Abend des 19. März 1848 hörte der Rittergutsbesitzer Otto von Bismarck-Schönhausen, dass es in Berlin zu revolutionären Ausschreitungen gekommen sei und Friedrich Wilhelm IV. sich in der Gewalt der Aufständischen befinde. Bismarck beschloss auf der Stelle, seinen König zu befreien, mobilisierte seine Bauern und hisste auf dem Schönhauser Kirchturm eine Flagge mit dem Eisernen Kreuz. Er ließ sich den Bart scheren, setzte einen Schlapphut mit schwarz-rot-goldener Kokarde auf und fuhr nach Berlin, wo ihn ein befreundeter Kammergerichtsrat trotz der Verkleidung erkannte. »I Jotte doch, Bismack! Wie sehn Sie aus!«

In das Schloss vorzudringen gelang ihm nicht, also ritt er nach Potsdam und versuchte, den Thronfolger zu sprechen, den Prinzen Wilhelm. Der war jedoch gerade abwesend, genauer gesagt, auf der Flucht vor des Volkes Zorn Richtung England. Seine Gemahlin, die Prinzessin Augusta, mochte den Mann nicht, der da so herrisch auftrat und ihr, wenn auch verhüllt, nichts Geringeres vorschlug als eine Konterrevolution, dergestalt, dass, da der König nicht mehr handlungsfähig sei und ihr Mann beim Volk verhasst, ihr siebzehnjähriger Sohn nach seiner Volljährigkeit die Krone tragen müsse. Augusta entließ ihn höchst ungnädig; und ihre Ungnade hielt ein ganzes langes Leben lang. Jedenfalls sollte sie dem späteren Kanzler mehr Schwierigkeiten machen als alle fremden Mächte und Parteien zusammen...

Als sich nun auch noch herausstellte, dass sich der König gar nicht retten lassen wollte, kehrte Bismarck zurück auf seine Klitsche, wütend, enttäuscht, in dem Gefühl, einen Narren aus sich gemacht zu haben. Ein Unternehmen hatte geendet, das abenteuerlich anmutet, besonders wenn man bedenkt, dass sein Held kein Jüngling mehr war, sondern ein Mann von dreiunddreißig, ein Familienvater, ein Abgeordneter. Doch ist das Abenteuerliche, das jeder Regel und Norm Spottende ein Schlüssel zu Bismarcks Wesen. In diesem Menschen scheint sich alles zu widersprechen. Widersprüchliches, das sich bereits im Äußeren zeigt: ein Hüne mit merkwürdig hoher Stimme, auf dem mächtigen Körper ein zierlicher Kopf, an den kräftigen Armen fein gestaltete Hände. Der »tolle Bismarck«, wie man ihn in seiner Heimat nennt, ist so sensibel, dass er in entscheidenden Situationen Weinkrämpfe bekommt. Ein »eiserner Kanzler« zeigt sich uns, der ein höchst labiles Nervensystem besitzt.

Man kann deshalb über Bismarck alles schreiben, weil alles auf irgendeine Weise richtig *und* falsch ist. Bei ihm pflegen sich die Weihrauchschwenker mit den Bilderstürmern abzuwechseln.

Was nun war geschehen an jenen Märztagen in Berlin?

In Europa rumorte es allerorten: Die Flamme des Aufruhrs hatte von Frankreich über den Rhein gegriffen und fand Zündstoff in Baden, Bayern, Sachsen, Hannover. Und in Österreich. Überall gingen die Menschen auf die Straße, schickten Delegationen zu ihren Fürsten und verlangten, dass sie in Zukunft wählen, öffentlich ihre Meinung sagen und für ein vereintes Deutschland eintreten dürften, ohne dafür bestraft zu werden.

Auch in Berlin war es zu Unruhen gekommen. Über 7000 Personen standen unter Polizeiaufsicht. Die Börse meldete Baisse. Das gesellschaftliche Leben kam zum Erliegen. In den Vergnügungsetablissements trafen sich die Berliner nicht mehr zum Vergnügen, sondern um Resolutionen zu verfassen. Auch sie wollten endlich eine Verfassung, die ihnen jene Grundrechte garantieren würde, mit denen allein sich ein menschenwürdiges Leben führen ließ. Versprochen war sie ihnen schon unter dem 1840 verstorbenen Friedrich Wilhelm III., nun der »Hochselige« genannt. Sein Nachfolger, der erwähnte vierte Friedrich Wilhelm, wegen seiner vielen Reden der »Redselige« geheißen, war von seinem Gottesgnadentum derart durchdrungen, dass er

Hinweise auf das Verfassungsversprechen als ein Majestätsverbrechen ansah.

Die anfangs geradezu gemütlichen Revoluzzer wurden ungemütlich, als man ihre Versammlungen mit der Kavallerie auseinander trieb und nicht mehr mit dem flachen Säbel vorging, sondern scharf einhieb. Dann traf jene Nachricht aus Wien ein, laut der Staatskanzler Klemens Fürst Metternich, für das Volk das Urbild des Reaktionärs, gestürzt worden sei. Nun drängten die deutschen Fürsten auf den preußischen König ein, er möge sich vor einer gewaltsamen Unterdrückung hüten. »Misslingt sie«, schrieb Sachsens Johann in einem Brief, »so ist das Schicksal aller Fürsten Deutschlands entschieden...« Und der liebe Vetter wurde über Nacht einsichtig.

Als am 18. März die Ausrufer in den Straßen ihr »Alles bewilligt! Alles bewilligt!« verkünden, ziehen Zehntausende zum Schlossplatz und bringen ihre Vivats aus, als der König auf dem Balkon erscheint. Beim Anblick der Soldaten, die vor dem Schloss einen Kordon bilden, flammen in der Menge sofort empörte Rufe auf. Da krachen zwei Schüsse. Sie treffen niemanden, und niemand weiß, wer sie abgegeben hat, aber sie genügen, um die Menge in einen rasenden, tobenden Haufen zu verwandeln und eine blutige Revolution auszulösen. An diesen beiden Märztagen sterben in den Straßenkämpfen über zweihundert Menschen.

Bismarck saß auf seinem Gut und grollte. Er begriff nicht, dass die revolutionäre Bewegung von breiten Schichten getragen wurde. Für ihn, das Mitglied des Landtags, stand hinter dem Ganzen lediglich die Begehrlichkeit der Besitzlosen. Und der König war ein Schwächling! Als die Königin sein Verhalten in den Märztagen damit entschuldigte, dass er zu wenig geschlafen habe, meinte Bismarck: »Ein König muss schlafen können.« Die Verfassung, die Friedrich Wilhelm schließlich seinem Volk gewährte, ging ihm, Bismarck, viel zu weit.

Bei der Suche nach einem neuen Ministerpräsidenten stand auch sein Name zur Diskussion. Der König aber schrieb an den Rand der Liste, dass er als Minister nur zu gebrauchen sei, »wenn das Bajonett schrankenlos wütet«.

Wie hatte das überhaupt alles mit ihm angefangen?

Er war, 1815 auf Gut Schönhausen bei Magdeburg geboren, in Berlin zur Schule gegangen, hatte in Göttingen studiert, sein juristisches Staatsexamen in Berlin gemacht, war an Gerichten in Berlin und Aachen tätig gewesen, um schließlich, gerade einundzwanzig geworden, dem Staatsdienst Valet zu sagen; geängstigt von der Aussicht, einst als Geheimer Rat zu enden, trocken vom Aktenstaub, hypochondrisch, mit Hämorrhoiden vom Sitzen und angeödet von einer Bürokratie, die jeden selbständigen Gedanken tötete. Er war Landwirt geworden und hätte sich nun seine lebenslange Sehnsucht nach arkadischem Glück erfüllen können.

Stattdessen saß er da und klagte: »Ich habe das unglückliche Naturell, dass mir jede Lage, in der ich sein könnte, wünschenswert erscheint – und lästig, sobald ich darin bin.«

Er trank seine Nachbarn, die Krautjunker, unter den Tisch, ritt durch die Nacht wie Wodan und weckte seine Gäste mit Pistolenschüssen. An den grauen Abenden las er sich quer durch die Literatur, verschlang viel Historie, auch dicke Wälzer über Landwirtschaft. Er bewährte sich als Deichhauptmann an der Elbe, steigerte die Erträge und half seinen Bauern, wo er nur konnte. Dennoch langweilte er sich zum Hängen und fragte sich abends bei Champagner mit Porter, seinem Lieblingsgetränk, was das alles für einen Sinn habe für einen Dreißigjährigen.

Die Rettung aus so viel Lebensleere kam durch eine junge Frau. Er liebte sie vom ersten Augenblick an und durfte ihr diese Liebe nicht gestehen. Marie von Thadden, eine Nachbarin, war mit seinem besten Freund verlobt. Sie erkrankte schwer und Bismarck hat, wie er später gestand, an ihrem Krankenbett zum ersten Mal seit seiner Kindheit wieder gebetet. Marie starb. Diesen Tag hat er als den Tag seiner inneren Wandlung angesehen. Der Herzenswunsch der Verstorbenen war es gewesen, Bismarck möge sich mit ihrer Freundin verbinden, Johanna von Puttkamer, mit der sie ihn bekannt gemacht hatte. Er schätzte die junge Frau, verehrte sie, sie zu *lieben* musste er erst lernen. Er bekam ihr Jawort – mit der Einschränkung, auch ihr Vater müsse Ja sagen.

Der alte Puttkamer war ein gläubiger Christ pietistischer Provenienz und würde seine Tochter schwerlich diesem wilden Mann ausliefern. Der Brief, den Bismarck daraufhin schrieb, glich einer Mischung aus aufrichtigem Bekenntnis und diplomatischer Delikatesse. Er schrieb von der schlechten Gesellschaft, in die er hineingeraten sei und, bald verführt, bald Verführer, jede Sünde für erlaubt gehalten habe. Eine düstere Schilderung, gegen die sich die Wandlung vom Saulus zum Paulus umso eindrucksvoller abhob. »Welchen Wert Sie dieser erst zwei Monate alten Regung meines Herzens zu Ihrer Tochter beilegen, weiß ich nicht; nur hoffe ich, soll sie, was auch über mich beschlossen sein mag, unverloren bleiben ... Mit Versprechungen für die Zukunft kann Ihnen nicht gedient sein, da Sie die Unzuverlässigkeit des menschlichen Herzens besser kennen als ich, und meine einzige Bürgschaft für das Wohl Ihres Fräulein Tochter liegt nur in meinem Gebet, in dem Segen des Herrn...«

Der Antwortbrief enthielt weder ein Ja noch ein Nein, aber das Zugeständnis, er möge zu einem Gespräch nach Rheinfeld kommen. Was sich dort, im Sommer 1847, abspielte, liest sich bei Bismarck so: »Wer weiß, welchen Weg diese Verhandlungen genommen hätten, wenn ich nicht durch eine entschlossene Umarmung meiner Braut die Sache zum sprachlosen Erstaunen der Eltern in ein anderes Stadium gerückt hätte...« Blieb nur noch der Seufzer der Mutter, wonach der Wolf immer die besten Schafe hole.

1851 wurde dem jungen Ehemann der wichtigste Posten anvertraut, den es in der preußischen Diplomatie gab: der des Gesandten beim Deutschen Bundestag in Frankfurt. Fünfhundertvierundachtzig Männer waren im Mai 1848 in das erste deutsche Parlament gewählt worden, und da Deutschland ein Titelland war, galten Rang und Stand als ausschlaggebend. Allein 99 Professoren waren darunter, 100 höhere Beamte, 150 Richter und Staatsanwälte, 60 Rechtsanwälte, 35 Geistliche, 50 Schriftsteller und Publizisten, 38 Kaufleute, 37 Gutsbesitzer, 10 Militärs, 1 Bauer, kein Arbeiter (und natürlich keine Frau).

Idealisten waren die meisten von ihnen, ehrlich strebend bemüht, das an der Stirnseite des alten Kaisersaals in riesigen

Lettern geschriebene Wort wahrzumachen: »Des Vaterlandes Größe, des Vaterlandes Glück, oh, schaffe sie, oh, bringe sie dem Volk zurück.« Einen Bundesstaat wollten die in der Paulskirche zu Frankfurt tagenden Abgeordneten schaffen, der Österreich einbezog, mit der Maßgabe allerdings, die von Nicht-Deutschen bewohnten dortigen Länder, damit also Ungarn, Kroaten, Lombarden, Slowenen etc. draußen vor der Tür zu lassen.

Irgendwann setzte sich bei den Frankfurtern die Einsicht durch, dass die Lösung »Das ganze Deutschland soll es sein« nicht zu verwirklichen war und man nun »kleindeutsch« vorgehen müsse: ohne die Österreicher, aber mit einem Staat, der über Macht, sprich über eine Armee, verfügte – und das war Preußen. Eine Delegation machte sich auf nach Berlin, einen Verfassungsentwurf im Gepäck, der eine einheitliche Spitze vorsah, mit einem aus zwei Häusern bestehenden Reichstag und einem Kaiser als Reichsoberhaupt; und das sollte Friedrich Wilhelm IV. sein. Der empfing sie im Weißen Saal des Schlosses und meinte, dass die Herren sich nicht geirrt hätten, wenn sie auf seine Liebe zum gemeinsamen Vaterland bauten. Andrerseits..., andrerseits könne er das Angebot ohne das Einverständnis der Fürsten Deutschlands nicht annehmen. Er hatte sich schon einmal deutlicher ausgedrückt: Diesen imaginären Reif, von Leuten vergeben, aus deren Kleidern immer noch der Ludergeruch des Monats März drang, den wollte er nicht.

Die Abgeordneten, die ehrlichen Herzens ausgezogen waren, das zu verwirklichen, was Engländer, Franzosen, Russen schon so lange hatten: ein geeintes Vaterland, sie mussten erleben, wie ihr Kampf auf jämmerliche Weise endete. Die zu einem Rumpfparlament geschrumpfte »Paulskirche« wurde nach Stuttgart »ausgesiedelt« und dort vom württembergischen Militär auseinander gejagt wie eine Räuberbande.

Anstelle der Nationalversammlung trat der wiedergegründete Deutsche Bund mit Zwergstaaten wie Waldeck, Lippe, Gotha, Königreichen wie Bayern, Sachsen, Württemberg, Großmächten wie Preußen und Österreich. Ihre Abgesandten waren in der Mehrzahl unselbstständige, kleinkarierte Beamte, damit beschäftigt, die komplizierte Abstimmungsmaschinerie zu bedienen, ohne Berücksichtigung dessen, was man Wissen und Gewissen nennt. Bismarck, obwohl auf diplomatischer Bühne unerfahren, wurde bald zum Hecht im Karpfenteich. Mit seinem Witz, seinem Geist und seiner Offenheit irritierte er die neuen Kollegen; besonders den Grafen Thun aus Wien, der sich tagtäglich darüber erregte, dass dieser Landwehrleutnant, dieser Krautjunker, nicht bereit war, Habsburgs Vorherrschaft anzuerkennen.

Bismarcks anfängliche Sympathie für eine Macht, die so oft und glorreich das deutsche Schwert geführt hatte, schwand von Mal zu Mal. In einem seiner Gespräche mit Thun kündigte sich zum ersten Mal unterschwellig die Möglichkeit einer bewaffneten Auseinandersetzung an. Durch den Schafspelz dieses Bundesgenossen, schrieb er, schimmere überall der räudige Wolfspelz durch. Und er sagte es auch. Seine Offenherzigkeit war berüchtigt. Jedenfalls widerlegte er in jeder Situation das Wort, wonach ein Gesandter entsandt werde, um für das Wohl seines Landes zu lügen.

An Johanna schrieb er, sie möge, bevor sie an den Main nachkomme, ein wenig Französisch parlieren. »Du kommst hier doch in französisches Wesen und Reden hinein, es ist nicht zu vermeiden, dass Du Dich damit vertraut machst. Es hängt das Leben aber nicht daran. Du bist meine Frau und nicht die der Diplomaten ihre, und sie können ebenso gut deutsch lernen wie Du französisch.«

Die Zeit in Frankfurt galt Johanna als die schönste Zeit ihres Lebens. Otto war überzeugt davon, hier einen guten Kampf zu kämpfen und Achtung für Deutschland erworben zu haben. Dann, 1858, trat etwas ein, was seine Lage schlagartig änderte. Friedrich Wilhelm IV. hatte bei einem Theaterbesuch einen Gehirnschlag erlitten, der die Glieder lähmte und das Gedächtnis löschte. Seine Gemahlin, die Prinzessin Augusta, legte ihm nahe, seinem Bruder Wilhelm die Regierungsgewalt zu übertragen. Er unterzeichnete die Order und sagte im berlinischen Dialekt, den er gerne benutzte: »Na jut, also scheen...«

Augusta hasste Bismarck seit jenen Märztagen, wie wir wissen, und auch Wilhelm hegte keine sonderlich hohe Meinung von diesem Krautjunker. Mit den Österreichern hatte er es sich ohnehin verscherzt. Das Ergebnis war die Abberufung des preußischen Gesandten in Frankfurt. Bismarcks neue Position, die des Botschafters in Petersburg, wäre vielen seiner Kollegen begehrenswert erschienen. Für ihn war es nichts anderes als eine Kaltstellung an der Newa. Trotz der herzlichen Aufnahme durch die Familie des Zaren fühlte er sich nicht wohl im russischen Winter. Und da sich bei ihm Seelisches alsbald in Körperlichem manifestierte, bekam er ein rheumatisch-gastrisches-nervöses Leiden.

»Meine gute Natur hat sich aber rasch geholfen, seit man mir Sekt in mäßigen Quantitäten verordnet hat.« Die Natur war anderer Meinung und warf ihn mit einer Lungenentzündung nieder. Wehleidig, wie er sein konnte, glaubte er, bald den Rasen von unten betrachten zu können. Er war in seinem ganzen Leben nie richtig krank in Form von Bettlägerigkeit, aber ständig leidend. Gesichtsneuralgie quälte ihn, Gichtanfälle machten ihm zu schaffen, Gallenkoliken suchten ihn heim. Er trank viel, rauchte noch mehr, aß unmäßig, arbeitete bis zur Erschöpfung. Wie er angesichts einer derart unvernünftigen Lebensweise das vierundachtzigste Lebensjahr erreichen konnte, ist den Ärzten bis heute ein Rätsel geblieben.

»*Periculum in mora. Dépêchez vous* – Verzug bringt Gefahr. Beeilen Sie sich.« Die Depesche fand Bismarck in Paris vor, wo er inzwischen als preußischer Gesandter Dienst tat. Sie stammte von Albrecht von Roon, der in Berlin das Kriegsministerium leitete. Ein Verfassungskonflikt zwischen der Krone und dem Abgeordnetenhaus hatte sich an der Frage entzündet, wie lange ein Untertan als Soldat zu dienen habe, wie viele Soldaten man überhaupt brauchte. Die Abgeordneten waren nicht bereit nachzugeben. Ihren Widerstand zu brechen, dazu fehlte dem nunmehrigen Wilhelm I. die Courage. Er war bereits sechzig, kurz zuvor hatte man ein Attentat auf ihn verübt – sollte doch sein Sohn das Königtum gegen das Volk verteidigen. Er ließ den Text seiner Abdankungsurkunde entwerfen. In dieser Stunde suchte Roon ihn in Babelsberg auf und schlug vor, Bismarck zum neuen Ministerpräsidenten zu berufen. Diesen Gewaltmenschen, die Frivolität, die Anmaßung, die Skrupellosigkeit *in persona* als Ministerpräsidenten? So dachte Wilhelm, aber sagte es nicht. Nach seiner Gewohnheit wich er aus.

»Er wird nicht wollen.« – »Er ist bereits da, Euer Majestät.«

So kam es am 22. September 1862 zu jener Begegnung auf Schloss Babelsberg. Bismarck äußerte im Anschluss daran: »Wenn sie wüssten, wie ich zittere und bebe vor der Größe meiner Aufgabe.« Wilhelm blieb die hochnotpeinliche Aufgabe, seiner Gemahlin zu gestehen, dass er ihren Todfeind ernannt habe. In der öffentlichen Meinung herrschte der Eindruck vor, die »Affaire« könne auf keinen Fall sehr lange dauern. Die Affaire dauerte fast drei Jahrzehnte.

Wilhelm war, wie schon in einem früheren Kapitel erwähnt, schlichten Gemüts. Er hegte eine Aversion gegen alles sogenannte Genialische, galt als ein Zauderer, hatte einen Hang zur Sparsamkeit, ja zum Geiz. Wenn nach einer Truppenparade das von den Stabsoffizieren ersehnte Dinner nahte, zog er eine Semmel aus der Rocktasche. Er verkörperte das, was man die preußischen Tugenden genannt hat: in seinem Pflichtbewusstsein, seinem Fleiß, seinem Gerechtigkeitsgefühl, in seiner ganzen Art mehr zu sein als zu scheinen. Aber auch die Untugenden: das Beschränkte, die Übertragung militärischer Kategorien auf das zivile Leben, den Glauben, dass die Welt nicht sicherer ruhe als der Staat auf seiner Armee.

Bismarcks erster Auftritt vor dem Abgeordnetenhaus erfüllte die düsteren Erwartungen seiner – vielen – Feinde und verschreckte selbst seine – wenigen – Freunde. In der Debatte über die Heeresreform sagte er: »Nicht durch Reden und Majoritätsbeschlüsse werden die großen Fragen der Zeit entschieden, sondern durch Eisen und Blut.« Die Lust am Wort riss ihn dazu hin, hier dem großen Friedrich ähnlich, der manches aussprach, was andere nur dachten. Dabei war Bismarck im Grunde kein Mann des Krieges, kein Mann von Blut und Eisen. Er handelte stets nach der Maxime, dass Krieg eine höchst riskante, unberechenbare Sache sei – man konnte ihn nämlich auch verlieren. Er hatte aber nun mal der unvorsichtigen Wahrheit jenen gefährlichen Klang gegeben, und der Klang sollte ihm ewig nachhallen.

Wie riskant ein Krieg sein konnte, zeigte sich nach der Schlacht bei Königgrätz, am 3. Juli 1866, als ein Flügeladjutant auf Bismarck zutrat und meinte: »Exzellenz, jetzt sind Sie ein großer Mann. Wenn der Kronprinz sich verspätet hätte, wären Sie der größte Bösewicht.« Die Heeresgruppe des Kronprinzen hatte sich durch die schlesischen Berge gekämpft, hatte den Feind in der rechten Flanke gepackt und den Kampf entschieden. Wir sind nun, dem Geschehen vorauseilend, beim preußisch-österreichischen Krieg. Der »Bruderkrieg« war in der öffentlichen Meinung der deutschen Staaten höchst unpopulär. Man begann Preußen zu hassen. Der Hass entlud sich, als der württembergische Student Cohen-Blind Unter den Linden einen Revolver auf Bismarck abfeuerte.

Die deutsche Frage zu beantworten war immer des neuen Ministerpräsidenten Fernziel geblieben: Sei es mit, sei es gegen, sei es ohne Österreich. Am liebsten wäre es ihm gewesen, Norddeutschland unter preußischer und Süddeutschland unter österreichischer Führung zu je einem Bund zusammenzufassen: Beide Bundesstaaten könnten dann einen gemeinsamen Bund bilden. Da sich dieser friedliche Dualismus nicht erreichen ließ, wartete er auf eine günstige Gelegenheit, die Waffen sprechen zu lassen. Der österreichische Kaiser Franz Joseph hatte sie ihm geboten, als er im Zusammenhang mit der Schleswig-Holstein-Frage im Bundestag den Antrag stellte, »zum Schutz der bedrohten Rechte der Bundesglieder« die Armee mobilisieren zu dürfen. Womit der *casus belli* gegeben war.

Kritiker haben Bismarck den Vorwurf gemacht, er sei ein Politiker ohne Gewissen gewesen. Nun sind Politiker *mit* Gewissen in der Weltgeschichte kaum zu finden. Wären sie in ihrer auswärtigen Politik streng den Geboten der Ethik gefolgt, hätten sie den ihnen anvertrauten Staat wahrscheinlich zugrunde gerichtet. Das gilt für Cromwell und Richelieu, für Cavour und

Lincoln, für Napoleon und Schwarzenberg, für Palmerston und Disraeli. »Wir müssen eine scharfe Unterscheidung machen zwischen dem moralischen Verhalten von Individuen und von sozialen Gruppen«, schreibt der Theologe Reinhold Niebuhr. »Wenn wir diesen Dualismus der Moral nicht bekennen, so gefährden wir ihre Wirksamkeit auf beiden Seiten.«

In Roon hatte Preußen einen Mann gefunden, der die Armee vergrößerte und modernisierte; in Moltke einen Feldherrn, der sich zum ersten Mal der modernsten technischen Mittel bediente: des Telegraphen und der Schiene. Dass ihn die Generäle herablassend den »Eisenbahngeneral« nannten, störte ihn nicht. Der Sieg bei Königgrätz war triumphal, aber der Triumph gebar Maßlosigkeit. Ein Stück von Böhmen wollte Wilhelm haben, den österreichischen Teil von Schlesien, ein Stück von Sachsen und einen Einmarsch nach Wien. Bismarck stand vor der undankbaren Aufgabe, Wasser in den brausenden Wein zu gießen und geltend zu machen, dass man in Europa nicht alleine lebe. Es stehe Preußen schlecht an, zu richten und zu rächen, eine Niederlage mache einen Besiegten nicht zum straffälligen Verbrecher. Man müsse ihm seine Würde lassen. Natürlich dachte er auch politisch: Schließlich konnte der Geschlagene von heute der Verbündete von morgen sein. Dennoch, Bismarck zeigte hier Größe. »Politische Klugheit und Weitsicht bis zu dem Punkt zu treiben, wo sie von den höchsten Geboten der Moral nicht zu unterscheiden ist, und das im berauschenden, das Urteil korrumpierenden Augenblick des Sieges, das ist selten und kostbar«, urteilt Sebastian Haffner.

In Nikolsburg, wo man die österreichischen Unterhändler erwartet, spielen sich dramatische Szenen ab. Bismarck ringt mit Wilhelm wie Jakob mit dem Engel, wirft sich weinend auf sein Feldbett, spielt mit dem Gedanken, sich aus dem Fenster zu stürzen. Der König gibt erst nach, nachdem der Kronprinz vermittelnd eingegriffen hat. Aber er ist überredet worden, nicht überzeugt.

Preußens magerer Körper begann sich zu runden. Der 64-er Krieg, bei dem man zusammen mit Österreich gegen Dänemark marschiert war, hatte die Herzogtümer Schleswig und Holstein eingebracht. Jetzt, im Frieden von Prag, holte man sich bei den Verbündeten der Österreicher das, was man Wien gelassen hatte: Land. Hannover, Kurhessen, Nassau und Frankfurt wurden einverleibt. Über 350000 Quadratkilometer umfasste Preußen jetzt; mit über 25 Millionen Menschen. Die hässliche Lücke zwischen dem östlichen und dem westlichen Teil war geschlossen. An keiner Grenze mehr mussten die Reisenden von Zollbeamten belästigt werden.

Männer wie Borsig, Siemens, Krupp, Stinnes machten das Wort wahr, wonach Preußen *auch* durch Eisen und Kohle entstanden sei. Bismarck selbst kassierte für Königgrätz eine Dotation von 400000 Talern, wofür er sich die im fernen Hinterpommern gelegene Besitzung Varzin kaufte, ein Stück Landschaft so urtümlich wie unrentabel, doch für ihn, den Naturmenschen, ein »depeschensicherer Zufluchtsort«. Selten genug konnte er dorthin flüchten.

Innenpolitisch war zwar etwas Ruhe eingetreten. Die Abgeordneten hatten ihm nachträglich Indemnität bewilligt, das heißt die Nichtverdammung der seit 1862 ohne Budget durchgeführten Verwaltungsakte. Dazu gehörten die Zahlungen für die Heeresreform, die nun ein Drittel des Staatshaushalts ausmachten (zum Vergleich: Frankreich und Russland gaben zwei Drittel für ihre Armeen aus). Im Landtag besaßen die Konservativen inzwischen wieder die Mehrheit. Die Nationalliberalen waren bereit gewesen, sich an der Neugestaltung des Vaterlandes zu beteiligen. Die Freikonservativen beugten sich ebenfalls »vor einem Genie, das alle ihre Vorurteile aufgehoben habe«.

Außenpolitisch dagegen glichen die Aufgaben, die sich Bismarck stellten, den Arbeiten des Herkules. Eine davon hatte er bewältigt: Die im nunmehrigen Norddeutschen Bund vereinigten deutschen Kleinstaaten hatte er ruhiggestellt. Sie hatten sich in ihr preußisches Schicksal ergeben. Dass der in allgemeiner, gleicher, direkter Wahl gewählte Reichstag nur geringe Rechte besaß, war kein Grund mehr zu Rebellionen. Die »Arbeit Frankreich« dagegen schien vorläufig nicht zu bewältigen. Nicht Königgrätz, das war zu schwer für französische Zungen, sondern Sadowa hieß bei ihnen die große Schlacht in Böhmen, und immer lauter erklang der Ruf in der französischen Öffentlichkeit: *Revanche pour Sadowa!* Zwar waren nicht die Franzosen bei Königgrätz geschlagen worden, aber sie glaubten, es zu sein! Ihr Stolz, ihr Hang zu *gloire, honneur* und *grandeur* ertrug es nur schwer, dass Preußen, entgegen jeder Erwartung, gesiegt hatte. Ja, noch nicht einmal den fälligen Tribut in Form einer Gebietsabtretung für ihre Nichteinmischung hatte man ihnen gegönnt.

Frankreich fühlte sich isoliert. Napoleons III. Werben um neue Freunde verlief enttäuschend. Aus Wien waren Zusagen gekommen, an deren Einhaltung im Ernstfall niemand glaubte. Italiens Außenminister wollte erst einmal wissen, wie es denn mit dem Abzug der französischen Truppen aus Rom stehe (die »zum Schutz des Kirchenstaats« dorthin geschickt worden waren). Der Versuch, Mexiko einen Herrscher von Frankreichs Gnaden zu geben, war auch gescheitert. Die immer stärker werdende nationalistische Opposition forderte vom Kaiser, dass es nicht genüge, ein Neffe des großen Napoleon zu sein, man müsse auch so handeln wie Napoleon. Das bezog sich nicht zuletzt auf die Verhinderung einer Vereinigung Deutschlands durch Preußen.

Da geschah etwas, das dem dritten Napoleon die Chance bot, die Schlappen der letzten Jahre mit einem Schlag vergessen zu machen.

Die Spanier waren auf der Suche nach einem Monarchen. Sie sahen sich dort um, wo sich die europäischen Höfe bis in unsere Zeit umgesehen haben: in Deutschland. Der Erbprinz Leopold von Hohenzollern-Sigmaringen erfüllte alle Voraussetzungen: katholisch, ledig, blaublütig. Leopold beriet sich mit Wilhelm, der als Familienoberhaupt der Hohenzollern sein Einverständnis geben musste. Wilhelm wandte sich an Bismarck. Der meinte, ein Hohenzoller auf dem spanischen Thron könne vielleicht einmal zwei Armeekorps binden – französische, versteht sich. Das sahen aber auch die Franzosen so. Außenminister Gramont ließ verlauten, man werde es nicht dulden, dass eine fremde Macht einen ihrer Prinzen auf den spanischen Königsthron setze und damit die

Sicherheit Frankreichs gefährde. »Wenn es so kommen sollte, dann...« Und jetzt folgte eine Drohung, die nach Pulver roch.

Botschafter Benedetti wird nach Bad Ems entsandt, wo der Preußenkönig zur Kur weilt, und fordert im Namen seiner Regierung den Verzicht auf die Kandidatur Hohenzollerns. Der alte Herr will seine Ruhe haben – dieser Bismarck hat ihn da in etwas hineingeritten! –, und so legt er den Sigmaringern nahe, doch lieber Abstand zu nehmen.

Damit wäre die französische Forderung erfüllt. Frankreich hat seine Stimme erhoben, Preußen hat auf der Stelle gehorcht. Ein Triumph! Doch der ließ sich noch steigern. Bedrängt von der chauvinistischen Presse, überwältigt von den über die Boulevards ziehenden Parisern mit ihren Rufen »À Berlin, à Berlin!«, schickt Napoleon den armen Benedetti erneut nach Bad Ems. Er möge vom preußischen König die Garantie einholen, dass auch künftig kein Hohenzoller für den spanischen Thron kandidiere.

Das Prestige einer Großmacht und die Ehre seines Hauses verbieten es Wilhelm, diesem Verlangen nachzukommen und den reuigen Sünder zu spielen. Er weist den auf ihn eindringenden Gesandten ab, zieht seinen Zylinder – die Szene spielt auf der Kurpromenade – und bittet sich entfernen zu dürfen. Wieder in seinem Hotel befiehlt er dem Geheimrat Abeken, er möge den Vorgang dem Ministerpräsidenten nach Berlin per Depesche übermitteln.

Bismarck saß zusammen mit Roon und Moltke beim Diner und war schlechter Laune. Frankreich nachgegeben zu haben und auf die deutsche Thronkandidatur zu verzichten, kam einer – und das sahen die Franzosen ganz richtig – außenpolitischen Niederlage gleich. Moltke sprach sogar von einer Demütigung Preußens. Das Telegramm, das ihm an diesem Abend des 13. Juli 1870 der Bote überreichte, las er seinen Gästen vor. Er verlangte nach einer Feder und begann, in dem Text herumzustreichen. Er kürzte, veränderte aber den Inhalt nicht. Er verschaffte auf diese Weise Generationen von Historikern die Möglichkeit, sich über die Frage zu streiten, ob hier eine Fälschung vorliege oder nur eine Zuspitzung. Letzteres ist richtig.

Als König Wilhelm die Depesche anderntags in der Zeitung las, rief er bestürzt: »Das ist der Krieg!« Die berühmte Depesche war für Frankreich nur der Anlass, zu den Waffen zu greifen. Die Ursache lag darin, dass die Deutschen auf dem Wege waren sich zu vereinen und den Franzosen diese Vereinigung wie ein Alptraum vorkommen musste: Würde doch der gefürchtete Nachbar noch furchtbarer werden und Frankreichs Vormacht in Europa beenden. Bismarck kam der Zeitpunkt gelegen, und er hat nichts versucht, die spanische Bombe zu entschärfen. Beide Mächte waren davon überzeugt, dass man eine bewaffnete Auseinandersetzung so wenig verhindern könne wie eine Naturkatastrophe.

»Wenn ich daran denke, dass einmal unser Herbert so daliegen könnte, da wird mir doch schlecht«, hatte Bismarck gesagt, als er nach der Schlacht bei Königgrätz über das Blachfeld geritten war, vorbei an den grässlich verstümmelten Leichen. Er erlebte den Krieg auch diesmal früher, als er geglaubt. Ein Ordonnanzoffizier meldete ihm, dass seinen beiden Söhnen Schlimmes geschehen sei. Er ritt sofort ohne Begleitung los, fand nach langem Suchen in einem Gehöft Herbert, der von drei Kugeln verwundet worden war. Wenig später meldete sich Bill, dem sein Pferd unter dem Leib erschossen worden war und den man, vom Schlamm bedeckt, für tot gehalten hatte. »Das größte Glück meines Lebens war, dass Gott mir keines meiner Kinder genommen hat.«

Mit seiner Pickelhaube und den bis zu den Hüften reichenden Kürassierstiefeln galt Bismarck den Militärs als verkleideter Zivilist und wurde im Feld entsprechend behandelt. Es nützte ihm nichts, dass man ihn zum Generalmajor befördert hatte. Bei einer Fahrt in das Einsatzgebiet hörte er, wie im Nachbarabteil die »Halbgötter«, die Generalstabsoffiziere, sich über ihn unterhielten. »Diesmal wird er nicht an unseren Beratungen teilnehmen. Das walte Wodan.« Über den Verlauf der militärischen Operationen ließ man ihn im Unklaren, und die schlechtesten Quartiere bekam er auch. Der alte Gegensatz zwischen Politikern und Militärs zeigte sich krasser denn je.

Der Feldzug gegen Frankreich sah die Deutschen auf dem Vormarsch. Die ersten Siegesmeldungen entfachten daheim einen

Sturm nationaler Begeisterung. Der Enthusiasmus wäre gedämpfter gewesen, hätte man den Preis gekannt. Die Siege bei Weißenburg, Wörth und Spichern bezahlte die Armee mit dem Tod und der Verwundung von 16621 Mann und 603 Offizieren. Die Attacke magdeburgischer Kürassiere und märkischer Ulanen bei Mars-la-Tour war kein Heldenritt, als der sie in den preußischen Schulbüchern gefeiert wurde, sondern eher eine Wahnsinnstat. Dazu gehörte auch der Frontalangriff über deckungsloses Gelände auf das befestigte St. Privat. Die französische Mitrailleuse mit einer Feuerkraft von 200 Kugeln in der Minute hielt grausige Ernte.

Bismarck bezeichnete solche Attacken offen als unsinnig, ja verbrecherisch und schrieb aus dem Feld an Johanna: »Die Generäle treiben hier Missbrauch mit der todesmutigen Tapferkeit der Leute...«

Nach der Schlacht von Sedan schien der Feldzug zu Ende. Der französische Kaiser war in Gefangenschaft geraten. Bismarck traf ihn auf offener Landstraße in seinem Wagen und fragte ihn, ob er zu Friedensverhandlungen bereit sei. Nein, ein Gefangener könne nicht für Frankreich sprechen. Man geleitete ihn in allen Ehren nach Schloss Wilhelmshöhe bei Kassel. Moltke, der bereits von der Hasenjagd auf seinem Gut gesprochen hatte, musste feststellen, dass der Krieg nur für Napoleon zu Ende war. Er ließ Paris einschließen. Die Pariser trotzten dem Bombardement und kapitulierten erst, nachdem sie ihre Pferde, Hunde, Katzen, Ratten und den gesamten Zoologischen Garten verzehrt hatten. Bei den Friedensverhandlungen setzte Bismarck den jüdischen Bankier Gerson Bleichröder ein, der eine finanzielle Entschädigung von fünf Milliarden Franc herausholte. Dass die Franzosen Elsass-Lothringen abtreten mussten, habe sie derart gedemütigt, dass nie ein wirklicher Frieden herrschen konnte zwischen Deutschland und Frankreich. So die historische Kritik des Auslands und zum Teil auch die des Inlands. Doch ein Staat, der sogar für einen Krieg sich rächen wollte, an dem er gar nicht beteiligt war (»Revanche pour Sadowa!«), hätte selbst den mildesten Verständigungsfrieden als eine Schmach angesehen.

»Hier können Sie etwas Ihres Pinsels Würdiges erleben. Zögern Sie nicht zu kommen«, depeschierte der Kronprinz. Anton von Werner kam, und es entstand jenes berühmte Gemälde der Kaiserproklamation vom 18. Januar 1871 im Spiegelsaal von Versailles, das sich stärker in das Bewusstsein der Deutschen eingegraben hat als alle Augenzeugenberichte. Das Deutsche Reich war gegründet. Ob es auch ohne Blut und Eisen zustande gekommen wäre, ob es ein kunstvoll gefertigtes Chaos war oder das unter den gegebenen Umständen Erreichbare, viel ist darüber gerichtet und gerechtet worden. Wer nicht mit Schiller sagen will, die Weltgeschichte sei das Weltgericht, wird zugeben, dass die Gründung des Reiches einen uralten deutschen Traum verwirklichte, dass die Mehrheit der Deutschen dieses Reich wollte.

»Ich bin müde und während ich noch mit dem Leben dieser Welt verknüpft bin ..., würde ich am liebsten von der Bühne in eine Zuschauerloge abtreten.« Bismarck wusste, dass er keine Zeit hatte, müde zu sein. Was er geschaffen hatte, diesen neuen Machtblock in der Mitte Europas, in nichts mehr vergleichbar mit dem einstigen Sammelsurium an Klein- und Kleinststaaten, dieser Block ließ die Nachbarn Deutschlands nicht schlafen.

Politik war für Bismarck immer eine Kunst des Möglichen gewesen und nicht des Wünschbaren. Wünschbar wäre es gewesen, mit Frankreich irgendwann ein Bündnis abzuschließen, das den Rhein zu einem Strom des Friedens gemacht hätte. Möglich schien es nicht, lauschte man den Stimmen, die aus Paris kamen. Er ging einen Zweibund mit Österreich ein, der die Wunden von 1866 heilen sollte. Durch die Einbeziehung Italiens wurde daraus ein Dreibund. Er achtete darauf, dass Russland dabei nicht vor den Kopf gestoßen wurde. Ein Zusammengehen mit Russland betrachtete er als *essential* seiner Außenpolitik. Er lud den Zaren nach Berlin ein, wo er sich 1873 mit Wilhelm und Franz Joseph zu einem glanzvollen Dreikaisertreffen einfand. Das Einvernehmen wurde lediglich dadurch gestört, dass Petersburg glaubte, Berlin unterstütze Wien in Südosteuropa. Und der nunmehrige deutsche Reichskanzler sprach den klassischen Satz:

»Der Balkan ist nicht die Knochen eines einzigen pommerschen Musketiers wert.«

Bismarck zeigte sich als Virtuose auf dem Podium des misstönenden europäischen Orchesters, als er beim Berliner Kongress 1878 die europäischen Großmächte und die Türkei an einen Tisch brachte. Die Rolle des »ehrlichen Maklers« war ehrenvoll, aber niemand war so recht zufrieden mit dem Ergebnis. Was auch gar nicht im Sinne des »Maklers« war. Dem war eher darum zu tun, das »orientalische Geschwür offen zu halten und dadurch die Einigkeit der anderen Großmächte zu vereiteln«.

Die Außenpolitik zog er, wie auch die heutigen Politiker, der Innenpolitik vor. Dort war Ansehen zu gewinnen, hier nur Verdruss. Mehr als Verdruss bereitete ihm der Kulturkampf.

Aus der Auseinandersetzung mit der Partei des Zentrums entwickelte sich ein Kampf gegen die Katholiken insgesamt, bei dem Bismarck sich in einen biblischen Zorn hineinsteigerte, dergestalt, dass er – widerrechtlich – die Vorstöße der katholischen Kirche unter Papst Pius IX. abzuwehren versuchte, die darauf zielten, die päpstliche Autorität und die Bindung an Rom auszubauen. »Nach Canossa gehen wir nicht!«, hatte er den Abgeordneten zugerufen, um am Ende doch diesen Weg gehen zu müssen. Die gegen die Katholiken gerichteten Gesetze mussten Stück für Stück wieder zurückgenommen werden. (Lediglich die staatliche Schulaufsicht, die Standesämter und die Zivilehe blieben.) Es hatte sich wieder einmal erwiesen, wie so oft in der Geschichte, dass Glauben und Ideen auf die Dauer von keiner Regierung unterdrückt werden können.

Das galt auch für Bismarcks Auseinandersetzung mit den Sozialdemokraten. Für ihn waren die Sozialisten Menschen, deren Ziele mit dem, was man die heiligsten Güter der Nation nannte, unvereinbar waren. Ihre Antriebskräfte seien die Begehrlichkeit und der Neid auf die bessergestellten Mitbürger. Georg Büchners Parole aus dem Hessischen Landboten, »Krieg den Palästen, Friede den Hütten!«, war auch ihr Schlachtruf. Einer ihrer Führer, August Bebel, hatte sich in einer Rede vor dem Reichstag ausdrücklich dazu bekannt. Gegen diese »vaterlandslosen Gesellen und Reichsfeinde« galt es mit aller Härte vorzugehen. Willkommener Anlass war ein Attentat, bei dem Kaiser Wilhelm schwer verletzt wurde. Die Hintermänner waren Sozialdemokraten – kolportierte man. Was nicht stimmte. Wer wirklich hinter dem Anschlag stand, schien den Kanzler ohnehin nicht zu interessieren.

Und so wurde im Oktober 1878 das Gesetz »gegen die gemeingefährlichen Bestrebungen der Sozialdemokratie« verabschiedet, ein Ausnahmegesetz, das eine Million Bürger des Reiches, die keine schlechteren Deutschen waren, politisch ächtete. 1500 Menschen wanderten in Gefängnisse, Hunderte traf die Ausweisung, ungezählte andere verloren ihre Existenz. Das Ergebnis? Die Zahl der sozialdemokratischen Wähler wuchs innerhalb weniger Jahre auf das Doppelte. Für Bismarck war das eine schwere innenpolitische Niederlage, die, wenn auch indirekt, an seinem Sturz beteiligt war. Diese Welt der Massenbewegungen war nicht mehr seine Welt. Ihm *jedes* Verantwortungsgefühl für die Not der Industriearbeiterschaft abzusprechen wäre dennoch falsch. Mit seinen drei Versicherungsgesetzen – Krankheit, Unfall, Invalidität und Alter – wirkte er für seine Zeit bahnbrechend. Und zwar für ganz Europa! Anerkennung oder gar Lob hat er dafür nicht geerntet. Die Arbeiter sahen darin lediglich eine Art Almosen, mit denen die eigentlichen Probleme nicht zu lösen waren.

In den frühen Morgenstunden des 15. März 1890 wird Bismarck geweckt. Der Kaiser erwarte ihn in der im Garten der Reichskanzlei gelegenen kleinen Villa. Es ist Wilhelm II., der 1888, nach dem Tod seines Großvaters und den hundert Tagen seines an Krebs gestorbenen Vaters, auf den Thron gekommen ist und sehr bald äußerte: »Sechs Monate will ich den Alten verschnaufen lassen, dann regiere ich selber.«

Sie begrüßen sich frostig. Der junge Herrscher fragt, warum er kürzlich den Abgeordneten des katholischen Zentrums empfangen habe. Bismarck antwortet, dass es seine Pflicht sei, jeden Abgeordneten anzuhören. »Auch wenn es Ihnen Ihr Souverän verbietet?« Das ist ein Ton, den der Kanzler nicht gewöhnt ist.

»Die Macht meines Souveräns endet an der Schwelle des Salons meiner Frau«, sagt er. Wilhelm wechselt das Thema und fragt, warum man ihn nicht informiert habe, dass Russland an der Grenze zu Österreich Manöver abhalte. Er kommt auf die Militärvorlage zu sprechen, auf die Arbeiterschutzkonferenz, Themen, bei denen die beiden Herren gegensätzlicher Meinung sind. Und überhaupt: Die Kabinettsorder, die ihm, dem Kaiser, den Verkehr mit den Ministern unmöglich mache, müsse zurückgenommen werden. »Wie kann ich regieren, wenn Sie einen großen Teil des Jahres in Friedrichsruh sitzen?«

Im Nebenzimmer hört man ein klatschendes Geräusch, so als würde jemand einen Aktenordner auf den Tisch schmettern. »Ich fürchtete, er würde mir das Tintenfass an den Kopf werfen«, heißt es im Bericht des Kaisers über die Szene. Bismarck hat nicht zum Tintenfass gegriffen. Er reagiert auf andere, bösere Art, dergestalt, dass er so tut, als wolle er einige Papiere in den Ordner zurücklegen, die sich nicht für den Vortrag eigneten. Es ist ein Geheimbericht vom Zarenhof. Wilhelm besteht darauf, die Berichte zu sehen. Und er liest erbleichend, was der Zar über ihn gesagt hat. »C'est un garçon mal élevé et de mauvaise foi. Il est fou. Das ist ein schlecht erzogener Bursche, dem man nicht trauen kann. Er ist verrückt.«

Der Vorhang über dem Stück, genannt »Die Entlassung«, war gefallen. Zweimal von Wilhelm dazu aufgefordert, reichte Bismarck am 18. März 1890 sein Abschiedsgesuch ein. Es wurde zu einer Staatsschrift, in der er darlegte, wie es zu allem gekommen war und warum es so hatte kommen müssen. »Ich würde die Entlassung aus meinen Ämtern schon vor Jahr und Tag Eurer Majestät unterbreitet haben«, schrieb er am Schluss, »wenn ich nicht den Eindruck gewonnen hätte, dass es Eurer Majestät erwünscht wäre, die Erfahrungen und die Fähigkeiten eines treuen Dieners Ihrer Vorfahren zu benutzen. Nachdem ich sicher bin, dass Eure Majestät derselben nicht bedürfen, darf ich aus dem politischen Leben zurücktreten…«

Offiziell verlautete, dass der Kanzler wegen seiner »erschütterten Gesundheit« um seinen Abschied nachgekommen sei und alle Versuche, ihn zu einer Rücknahme seines Gesuches zu bewegen, erfolglos geblieben seien. An den Großherzog von Baden depeschierte der Kaiser: »Mir ist so weh ums Herz, als hätte ich noch einmal meinen Großvater verloren. Aber von Gott Bestimmtes ist zu tragen...« Wer diesen Text als pure Heuchelei ansieht, macht es sich zu einfach. Die Angst vor der eigenen Courage stand dahinter und das Gefühl hilfloser Verlassenheit. Unsicherheit sprach auch aus dem Versuch, den verdienten Mann durch eine Dotation noch etwas verdienen zu lassen, ihn außerdem zum Herzog von Lauenburg zu erheben. Das Geldgeschenk bezeichnete der Scheidende als unannehmbar, den Herzogtitel lehnte er ab (»Ich bin Bismarck«).

Auf dem Perron des Lehrter Bahnhofs hatten sich zum Abschied die Botschafter eingefunden, die Minister, die Bischöfe, die Generäle – dieselben Generäle, in deren Ohren noch die abfälligen Äußerungen ihres Souveräns klangen, der kein Wort der Anerkennung für den Gründer des Reiches gefunden hatte. Sie waren stumm geblieben, so wie sie immer geschwiegen hatten und auch in Zukunft schweigen würden, wenn es um ihre Karriere ging. Als der Zug langsam aus dem Bahnhof hinausrollte, stand Bismarck hoch aufgerichtet am Coupéfenster und hob grüßend die Hand. »Staatsbegräbnis Erster Klasse«, sagte er zu Johanna.

Nach dem Abschied auf dem Lehrter Bahnhof ging man zur Tagesordnung über, so als habe es Bismarck nie gegeben. Im Volk wurde die Version von der angegriffenen Gesundheit geglaubt. In den höheren Beamtenkreisen, in denen man es besser wusste, herrschte Erleichterung. Die Abgeordneten in den Häusern des Parlaments nahmen die offizielle Mitteilung ohne Bewegung entgegen. Die Börse reagierte kaum. Ein großer Teil der Presse gab sich zurückhaltend, ja unverhohlen freudig.

Im Ausland war man stärker beeindruckt vom Rücktritt des großen Mannes. Österreichs Botschafter schrieb von einem widerwärtigen Schauspiel, geboten von Menschen, die noch vor kurzem vor Bismarck auf dem Bauch gelegen hatten. Le Temps schrieb, dass Deutschland, gestern noch geführt von einem umsichtigen Minister, nun der Willkür einer unerfahrenen Hand preisgegeben sei. Ähnlich äußerte man sich in Petersburg. Die Karikatur in der englischen Zeitschrift Punch mit der Unterschrift »Der Lotse verlässt das Schiff« ging um die ganze Welt.

Die offenkundige Tatsache, dass die Deutschen ihn nicht geliebt haben – verehrt ja, bewundert auch –, war es nicht allein, was ihnen den Abschied leicht machte. Sie spürten unbewusst, dass ein Zeitalter mit ihm zu Ende gegangen war. Er hatte gegeben, was er zu geben fähig gewesen, nun war er am Ende. Er hatte sie zu einer Nation vereint, zu einer inneren Einheit der Klassen aber vermochte er ihnen nicht zu verhelfen. Wobei die Frage, ob das überhaupt ein Mensch gekonnt hätte, unbeantwortet bleiben muss. In Berlin machte das Wort die Runde: »Gewiss war es ein Glück, dass Bismarck endlich entlassen wurde. Aber dass es ein Glück war, das ist eben das Unglück.«

Die letzten Jahre verbrachte Bismarck auf seinem Landsitz in Friedrichsruh im Sachsenwald, anfangs erfüllt von Groll und Bitterkeit, die ihm die Nacht zum Tage machten. Besonders litt er darunter, dass sein Rat nicht mehr gefragt war. Wenn er nächtens dem Pfiff der Lokomotiven lauschte, wusste er, dass sie ihre Geschwindigkeit nicht mehr mäßigten, um die für ihn bestimmten Postsäcke abwerfen zu können. Er liebte seine alten Bäume; auf seinen Spaziergängen pflegte er sie zu umarmen. Als er erfuhr, dass im Garten der Reichskanzlei die Eichen gefällt worden waren vom neuen Hausherrn Leo Graf von Caprivi, erregte er sich maßlos. Den Pferden, die zum Reiten nicht mehr taugten, gab er das Gnadenbrot. Seine Hunde, Ulmer Doggen, verwöhnte er, als seien sie seine Kinder. Ansonsten erging es ihm wie den Rentnern, denen der ersehnte Traum vom Leben im Müßiggang zum Alptraum wird, kaum dass er sich erfüllt.

Angesichts der Zugvögel am hohen Herbsthimmel kamen ihm schwarze Gedanken: Werde ich ihre Wiederkehr im nächsten Jahr erleben...?

Robert Koch

Der Mikrokosmos

Frau Koch war dagegen.
Dass ihr Gemahl als Schiffsarzt auf einem Ocean-Liner anheuerte.

Vielleicht wollte sie keine jener Seemannsbräute werden, die ihre Zeit damit verbrachten, auf ihren Mann zu warten und zu warten. Emmy Josefine Albertine überredete ihren Robert, im Lande zu bleiben und sich redlich zu nähren, sprich die Stelle als Kreisphysikus in Wollstein anzunehmen. Der im preußischen Regierungsbezirk Posen gelegene Ort hatte 2827 Einwohner, zwei Kirchen, drei Waisenhäuser, ein Amtsgericht und galt für einen Städter trist und öde. Nicht so für Robert Koch. Er hatte sein Fernweh erst einmal verdrängt und war von Stund an einer jener unbekannten Landärzte, die so viel Segensreiches bewirkt haben und deren Geschichte noch nicht geschrieben worden ist.

Landarzt hieß, bei Wind und Wetter, bei Tag und Nacht mit einem Einspänner über morastige oder schneeverwehte Straßen zu fahren, einer Bäuerin bei einer schweren Geburt zu helfen, ein fieberndes Kind zu untersuchen, einen Gutsherrn zu überreden, die Ehefrau ins Kreiskrankenhaus zu schicken, einem Todkranken das Sterben zu erleichtern. Halsweh, Hämorrhoiden, Heufieber, Hautausschlag, Herzschmerzen, Blasenentzündung – der Doktor wurde immer gerufen, wenn es nötig war und wenn es nicht nötig gewesen wäre.

Nicht selten führte ihn ein Bauer in den Stall, dort lag wieder eine Kuh, die zweite in dieser Woche, krepiert an Milzbrand, einer Seuche, die Jahr für Jahr unter den Viehbeständen wütete. Koch ahnte nicht, dass er seine Aufgabe gefunden hatte. Wer war der Erreger dieser Krankheit, wie wäre ihm beizukommen? Diese

Fragen begannen ihn ununterbrochen zu beschäftigen. Er beschaffte sich ein Mikroskop, einen Fotoapparat, Objektträger, ein Mikrotom, Färbeeinrichtungen, einen Brutkasten, Versuchstiere. Durch einen Vorhang von seinem Sprechzimmer getrennt, begann Koch zu experimentieren. Über seinen Apparaten hatte er ein Schild befestigt mit der Aufschrift *Numquam otiosus* – Niemals müßig. Darunter in kleinen Buchstaben »laboratorium«.

In den Geweben und im Blut an Milzbrand verendeter Rinder entdeckte er stäbchenförmige, stellenweise zu Knäueln ineinander verschlungene Gebilde. Diese Gebilde hatten schon andere Ärzte vor ihm entdeckt. Ob es die Erreger waren, hatten sie nur behaupten können, nicht beweisen. Koch beschloss, die Stäbchen zu züchten. Der Metzger lieferte ihm das ausgeschälte Auge eines Rindes. Mit dem Kammerwasser des Auges, dem Blut eines an Milzbrand gestorbenen Meerschweinchens und der Zugabe von Sauerstoff legte er eine Kultur an und setzte das Präparat in einen Brutkasten bei etwa 35 Grad. Nach zwölf Wochen zeigte sich Erstaunliches: Sämtliche Präparate hatten sich weiterentwickelt und waren ausgewachsen. Es waren lebende Organismen!

Im Blut gesunder Tiere fanden sich die Stäbchen nicht. Injizierte man das Blut erkrankter Tiere in Mäuse oder Meerschweinchen, so starben die Versuchstiere binnen kurzem. Es stellte sich heraus, dass der Milzbrandbazillus in Form von Sporen im Erdboden vorkam – viele Weiden waren vom erkrankten Vieh verseucht – und dort beim Fressen aufgenommen werden konnte. Auch eine Ansteckung über das Fell war möglich.

Koch färbte die Erreger nach einem neuartigen Verfahren. Er schrieb an Carl Zeiss in Jena, er möge ihm einen der neuen mikrophotographischen Apparate schicken, von denen er Wunderdinge gehört hatte. Jetzt konnte er, als einer der Ersten, seine Stäbchen photographieren. Die Mikrophotographie war geboren. Die Bilder der gefärbten Präparate waren von bis dahin ungekannter Schärfe und Klarheit. »Ihren Apparaten verdanke ich einen großen Teil der Erfolge, welche für die Wissenschaft zu erringen mir vergönnt war«, schrieb Koch später an die Zeißschen optischen Werkstätten. Was er nicht schrieb: Für den Ankauf hatte er seine gesamten Ersparnisse geopfert und war nun bankrott.

Er arbeitete nach den täglichen Sprechstunden und Krankenbesuchen in seinem primitiven Labor bis in die Nacht hinein. Mit immer neuen Experimenten versuchte er, seine Erkenntnisse zu untermauern, sie unangreifbar zu machen. Er vernachlässigte seine Frau, kümmerte sich kaum mehr um die kleine Tochter, machte den Sonntag zum Werktag, und Emmy, deren Geburtstag er häufiger vergaß, mochte nicht selten gedacht haben: Hätte ich ihn nur Schiffsarzt werden lassen. Koch war davon überzeugt, einen Durchbruch in der Bakterienforschung erzielt zu haben. Was ihm fehlte und was in seinem Metier entscheidend war: die Anerkennung durch eine wissenschaftliche Autorität oder eine namhafte medizinische Zeitschrift.

Er verfügte über keine derartigen Verbindungen. Er war ein weithin unbekannter Arzt in der tiefsten Provinz. Auch stand ihm seine Bescheidenheit im Wege. Der Vater hatte als Bergmann in den Stollen des Harzes geschuftet, sich allmählich zum Oberbergrat emporgearbeitet, war schließlich mit der Leitung des dortigen Hüttenwesens beauftragt worden. Robert war das dritte von dreizehn Kindern. In Clausthal war er 1843 geboren, wuchs auf, machte das Abitur und ging 1862 nach Göttingen, wo er als armer Student Naturwissenschaften studierte, nach zwei Semestern aber zur Medizin überging: Aus »Gründen rascheren Broterwerbs«, wie es hieß. Als 1870 der Krieg gegen Frankreich ausbrach, meldete er sich, obwohl er wegen seiner Kurzsichtigkeit vom Militärdienst dispensiert worden war, freiwillig als Militärarzt. In den Feldlazaretten musste er erleben, wie hilflos die Ärzte in der Wundbehandlung noch waren. Und in den Seuchenstationen lagen die an Typhus erkrankten Männer auf den Tod danieder.

Bei der Durchsicht medizinischer Blätter stieß Koch nun auf den Namen eines Mannes, der dem Pflanzenphysiologischen Institut der Universität Breslau vorstand und als bester Kenner der Bakterienwelt galt. Ob man es wagen könne, ihm zu schreiben? Emmy redete ihm zu. So bekam der Professor Dr. Ferdinand

Cohn einen Brief, in dem einer dieser Landärzte ihn bat, »während einiger Tage die notwendigsten Experimente zeigen zu dürfen«. Cohn bekam viele solcher Briefe, und meist war nichts dabei herausgekommen. Andererseits klang dieses Schreiben hier ganz interessant, also sollte der Mann in Gottes Namen kommen.

Koch kam. Mit allen seinen Apparaturen, Reagentien, Gefäßen, Mikroskopen. Seine Mäuse, Meerschweinchen, Frösche hatte er auch dabei. Am ersten Tag zeigte er die Kultur des Milzbrandbazillus aus dem Blut einer am Milzbrand verendeten Maus; am darauf folgenden Tag die Versorgung dieser Kulturen. Es folgten Auswertung und Demonstration. Cohn hatte genug gesehen. Sein Kollege, der Chef der Pathologie, der den Versuchen beigewohnt hatte, eilte schnurstracks in sein Institut und sagte zu den Assistenten: »Nun lassen Sie mal alles stehen und liegen und kommen Sie mit zu Koch. Dieser Mann hat eine große Entdeckung gemacht, die in ihrer Einfachheit und Exaktheit der Methode umso mehr Bewunderung verdient, da er von aller wissenschaftlichen Verbindung abgeschlossen war. Ich halte dies für die größte Entdeckung auf dem Gebiet der Mikroorganismen.« Und er fügte die prophetischen Worte hinzu: »Der Mensch wird uns noch mit weiteren Entwicklungen beschämen.«

Koch zog sich wieder nach Wollstein zurück, widmete sich seiner ziemlich vernachlässigten Praxis, und wenn die Sonne gesunken war, saß er im Labor. Diesmal standen die Wundinfektion und die Wirkung von septischen Zuständen im Mittelpunkt seiner Arbeit. Ein Unbekannter war er nun nicht mehr. Dafür hatte Cohn gesorgt, der den Entdecker des Milzbranderregers in seiner Zeitschrift vorstellte. Der Brief, den Koch ihm daraufhin schrieb, wirft ein bezeichnendes Licht auf seinen Charakter. »Obgleich mir jeder Ehrgeiz fern ist und ich allein aus Lust und Liebe zur Wissenschaft arbeite, so sind mir doch die anerkennenden Worte, welche mir von vielen Seiten zuteil geworden sind, ein Beweis, dass, wenn auch meine Leistungen sehr gering sind, doch mein Streben und meine wissenschaftliche Richtung die richtigen sind.«

Es gab auch Enttäuschungen. Er hatte nicht damit gerechnet, wie groß Kollegenneid sein konnte. Die Abfuhr, die er sich in Berlin von dem großen Virchow holte, über den noch zu reden sein wird, schmerzte ihn (»Mein Herz war voller Bitterkeit«). Dass er in Breslau, wo ihm der nimmermüde Mentor Cohn eine Physikatsstelle verschafft hatte, mit der Möglichkeit in den Universitätslabors zu arbeiten, kein befriedigendes Betätigungsfeld fand, deprimierte. Dann war da noch der Aufsatz in einer medizinischen Zeitschrift, mit dem Louis Pasteur, der weltbekannte französische Arzt, behauptete, Kochs Erkenntnisse beruhten auf falschen Voraussetzungen. Er kehrte nach Wollstein zurück. Seine Patienten, denen erst nach seinem Weggang aufgegangen war, wie sehr sie ihren Doktor ins Herz geschlossen hatten, brachten ihm einen Fackelzug. Das war tröstlich. Und dennoch: Sollte Wollstein an der Dojca im Kreise Bomst tatsächlich seine Endstation sein?

Dann kam der Brief, datiert am 28. Juni 1880: Seine Majestät, der Kaiser Wilhelm I., habe dekretiert, dass der Doktor Koch von nun an Regierungsrat sei, dem Kaiserlichen Gesundheitsamt zu Berlin angehöre, mit dem Auftrag, dort eine bakteriologische Abteilung einzurichten, und 6000 Reichsmark im Jahr beziehe. Hinter diesem Schreiben stand der Geheimrat Struck, Leiter dieses Amtes (und Leibarzt des Reichskanzlers Otto von Bismarck). Er hatte einen Fachmann für experimentelle Pathologie und mikroskopische Technik gebraucht und den Wollsteiner vorgeschlagen. Natürlich sagte Koch Ja zu dem Angebot und versteigerte im Nu seinen ganzen Hausrat. Die Berliner zahlten ihm sogar den Umzug. Die Abrechnung ist ein köstliches Dokument preußischer Sparsamkeit. Die Rechnungsprüfer kürzten ihm die Kosten von 522 RM und 73 Pfennigen um 8 RM, nachdem sie eine kürzere Straßenverbindung zwischen Wollstein und Berlin herausgefunden hatten.

Er kam in eine Stadt, die Reichshauptstadt geworden war und sich anschickte, Weltstadt zu werden. Die Einwohnerzahl hatte die Millionengrenze längst überschritten. Zwei Jahre zuvor war Bismarck als »ehrlicher Makler« zwischen den europäischen

Mächten und dem Osmanischen Reich aufgetreten. Im Tiergarten konnte Koch den alten Kaiser beobachten, wie er in seiner von Schimmeltrabern gezogenen Equipage ohne jede Bewachung über die breiten Alleen fuhr. Die erste elektrische Straßenbahn der Welt rollte klingelnd in Richtung Lichterfelde. Fünfundvierzig Berliner konnten sich gegenseitig mit Hilfe eines Apparats erreichen, der gesprochene Laute auf elektrischem Wege in die Ferne übertrug. »Telephon« hieß der Zauberkasten. In der Leipziger Straße flammte elektrisches Bogenlicht (Kommentar der Berliner: »Det wird nie 'n richtjer Jas«). Am Haus Friedrich-/Ecke Schützenstraße standen die Passanten kopfschüttelnd vor einem Emailleschild mit der Aufschrift: »Dr. med. Franziska Tiburtius. Sprechstunden von ... bis ...« Ärztinnen kannte man bis dato nicht.

Koch stieß bei seinem Amtsantritt auf einige Skepsis. Man bezweifelte, ob der »kleine Landarzt« seine neuen Aufgaben hier in der Metropole bewältigen würde – in leitender Stellung, auf verantwortungsvollem Posten, unter den Blicken der Herren vom Ministerium, kritisch beobachtet auch von den Kollegen. Er belehrte sie durch die Tat.

Robert Koch war jetzt achtunddreißig Jahre alt. Er stand auf dem Höhepunkt seiner Leistungsfähigkeit, stürzte sich mit Feuereifer in seine Arbeit. Es machte ihm nichts aus, dass sein in einem kleinen Zimmer untergebrachtes Labor mehr als bescheiden war, verglich man es mit den großzügig eingerichteten Laboratorien der anderen Regierungsräte. Wenn er die Luisenstraße entlangging, wo seine neue Arbeitsstätte lag, hätte Äskulap ihm zuraunen können: »Dort, auf dem Luisenplatz, wirst du einst stehen, in Marmor.«

In dem kleinen Raum, durch dessen Fenster erst spät die Sonne drang, saß Koch mit zwei Mitarbeitern, dem Stabsarzt Georg Gaffky und dem Assistenzarzt Friedrich Loeffler, beides Männer, die sich als seine Schüler einen großen Namen erwerben sollten. Den Milzbranderreger hatte Koch entdeckt. Doch wie konnte man den Erreger abtöten, wie überhaupt war den Bakterien jeglicher Art beizukommen? Zweiundsiebzig verschiedene chemische Verbindungen ließ er auf die Sporen, die Dauerformen der Bakterien, einwirken. Karbolsäure, Chlorzink, schweflige Säure, keines dieser Desinfektionsmittel genügte den Anforderungen. Besonders die Sporen waren, im Sinne des Wortes, nicht totzukriegen. Schließlich ging er ihnen mit 140 Grad heißer trockener Luft zu Leibe, dann mit kochendem Wasser: Das war wirkungsvoller, doch zu umständlich. Hocherhitzter Wasserdampf aber wirkte absolut tödlich.

In Form der »Kochschen Dampftöpfe« hielt diese Methode Einzug in die Operationssäle. In diesen Töpfen wurde alles sterilisiert, was man zu einem Eingriff brauchte. Zusammen mit anderen Entwicklungen auf dem Gebiet der Antisepsis und Asepsis trugen sie dazu bei, den Hospitalbrand einzudämmen, die gefürchtete schwere Wundinfektion, an der jeder zweite Patient starb. Auch hier waren also die »kleinen Tierchen«, wie der immer noch skeptische Virchow die Bakterien nannte, die Verursacher.

Womit Koch nicht zufrieden sein konnte, war der Nährboden für die Züchtung seiner Bakterien. Kartoffeln, Stärkepaste, erstarrtes Eiweiß, Gelantine, keiner dieser Böden erwies sich als ideal. Einer braven Hausfrau blieb es vorbehalten, den entscheidenden Tip zu geben. Angelina Hesse, die Gemahlin eines seiner Mitarbeiter – ihr Name sei ausdrücklich genannt –, sagte eines Tages zu ihrem Mann: »Warum nehmt ihr nicht das Zeug, das ich immer für meine Marmelade verwende.« Das »Zeug« hieß Agar-Agar, ein Geliermittel, das sie von holländischen Freunden aus Sumatra bekommen hatte. Daraus fertigte Koch einen festen, durchsichtigen Nährboden, auf dem sich die Mikroorganismen gut beobachten ließen. Der neue Boden erwies sich als so hilfreich und nützlich, dass man ihn als den entscheidenden Schritt auf dem Gebiet der Bakteriologie bezeichnet hat.

Als Koch 1881 auf dem Internationalen medizinischen Kongress in London sein Reinkulturverfahren mit festem Nährboden vorstellte, war selbst Louis Pasteur beeindruckt. »C'est un grand progrès, Monsieur«, sagt er halb anerkennend, halb ärgerlich. Die beiden Ärzte standen auf Kriegsfuß. Der Deutsche hatte die Verdienste des Franzosen in der Milzbrandforschung gewürdigt, ihm aber gleichzeitig vorgeworfen, er habe seine Methoden so veröffentlicht, dass man sie unmöglich auf ihre Richtigkeit überprüfen könne. Dass sich im Darm von Regenwürmern Milzbrandsporen entwickelten, die dann von den Kühen auf der Weide mit dem Gras gefressen wurden, womit die Ansteckung gegeben war, widerlegte er eindeutig.

Pasteur war dafür bekannt, dass er *la douce France* über alles stellte. Nach dem für sein Vaterland verloren gegangenen Krieg von 1870/71 hatte er die ihm von der Bonner Universität verliehene Ehrendoktorwürde zurückgegeben. Für Frankreich beanspruchte er den ersten Platz in der medizinischen Forschung Europas. Auseinandersetzungen zwischen den Ärzten, Streit, ja langjährige Fehden gab es allerorten im ausgehenden 19. Jahrhundert. In einer Zeit der großen Entdeckungen mussten die Meinungen, mit welchen Mitteln was erreicht werden könne, zwangsläufig aufeinander prallen. Und häufig genug ging es um die Frage der Priorität: Wer hatte was zuerst entdeckt?!

»Was uns gesenkt in tiefe Traurigkeit, zieht uns mit süßer Sehnsucht nun von hinnen.« Diese Zeilen stammen von Friedrich Freiherr von Hardenberg, der unter dem Namen Novalis zu den bedeutenden Dichtern der Romantik gehört. Er starb mit neunundzwanzig Jahren an der Schwindsucht. »Romantisches Fieber« nannte man sie, und nicht wenige ihrer Opfer waren junge gefeierte Menschen, an deren langsamem Dahinsiechen die Mitwelt neugierig oder mitleidig Anteil nahm. »Sie starben in einem Alter«, schreibt der Mediziner Jean-Charles Sounia, »in dem man sich normalerweise entfaltet, im Begriff steht, das Leben zu erobern: Ein erschütternder Verlauf mit tragischem Ausgang, denn für den Kranken ist die Zeit der großen Liebe auch die Zeit, da er sterben muss. Zarte Hoffnungen, zerbrochene Lebensträume ...«

Chopin starb an der heimtückischen Krankheit. Man glaubte damals, dass Seeluft das Leiden heilen könne, und so unternahm die Schriftstellerin George Sand mit ihrem Geliebten jene Reise, die unter dem Titel *Ein Winter auf Mallorca* berühmt wurde. Sie erhoffte sich auf der Mittelmeerinsel Heilung für ihn. Der Doktor Laennec, dem wir das Stethoskop verdanken, legte sein Schlafzimmer mit frischem Seetang aus – vergebens. Der Komponist Carl Maria von Weber wurde ein Opfer der Schwindsucht; und der Philosoph Spinoza und wohl auch Friedrich Schiller. Und die Kurtisane Marie Duplessis – ein Schicksal, das Alexandre Dumas den Jüngeren zu seinem Bühnenstück DIE KAMELIENDAME inspirierte, Verdi zu seiner Oper LA TRAVIATA. Auch in anderen literarischen und künstlerischen Werken fand die Krankheit ihren Niederschlag.

Die Liste der an »Auszehrung«, wie man die Krankheit auch nannte, dahingerafften jungen Männer und Frauen ist lang. Man sprach sogar von einer »Modeerscheinung in literarischen und ästhetischen Kreisen«. Allen diesen Kranken gemeinsam war, dass sie in den letzten Jahren ihres Lebens ein gesteigertes Lebensgefühl hatten, bedingt durch die Wirkung spezifischer Toxine. (Im ZAUBERBERG von Thomas Mann kann man es nachlesen.) Oder, um es weniger medizinisch auszudrücken: Sie hauchten langsam ihr Leben aus, sie gaben, je mehr sie ihr Ende nahe fühlten, das Beste.

Nicht nur in dieser Gesellschaftsschicht forderte die Lungentuberkulose ihren Tribut. In den immer stärker wachsenden Großstädten mit ihren Elendsquartieren, in denen bis zu zehn Menschen in einem Zimmer hausten und wo das Wort »Hygiene« unbekannt war, schien sie einen idealen Nährboden zu finden. Der Tod durch Tuberkulose war ein langsamer schleichender Tod. Die Kranken magerten ab, waren immer müde, husteten blutigen Auswurf. »Wenn ick will, kann ick Blut in Schnee spucken«, renommiert eine Jöre in einer Zeichnung des Berliner Malers Heinrich Zille.

Was war das für eine unheimliche Krankheit? Man wusste, dass sie seit Jahrtausenden die hässliche Begleiterin der Menschheit war. Für Hippokrates war sie erblich, für andere antike Ärzte beruhte sie auf einer Ernährungsstörung. Aristoteles und der bedeutende in Rom wirkende griechische Arzt Galen hielten sie für kontagiös, das heißt, sie steckte an. Der italienische

Astronom und Physiker Fracostro schloss sich dieser Meinung an. Der Streit der Meinungen zog sich über das ganze Mittelalter bis in die Neuzeit hin. Wirklich beweisen konnte niemand etwas. Hufeland, der Leibarzt König Friedrich Wilhelms III., forderte, dass Kleider und Betten eines an Tbc Verstorbenen zu verbrennen seien. Dem Franzosen Villemin gelang es, die Krankheit vom Menschen auf Versuchstiere zu übertragen. Man wusste jetzt, dass die Tuberkulose eine übertragbare, ansteckende Krankheit war, den Erreger aber kannte man nicht.

Als Koch von London zurückgekehrt war, schloss er sich in sein Laboratorium ein und verließ es regelmäßig erst spät abends. Die Tür blieb fest verriegelt. Er war misstrauisch. Außer seinen engsten Mitarbeitern wusste niemand, woran er arbeitete. Er impfte Meerschweinchen mit dem Material eines an Tuberkulose gestorbenen Affen. Ein Bote von der Charité brachte Sputum und Ausscheidungen von Tuberkulosekranken. Zusammen mit den Kaverneninhalten, den Geweben und Lymphknoten wurden sie ebenfalls auf Versuchstiere übertragen.

Um den Erreger zu finden und nachzuweisen, färbte Koch die Präparate methylenblau, bismarckbraun, erwärmte und entfärbte sie. Zum Sterben müde in endlosen Versuchen verließ er abends das Labor, bestellte sich manchmal eine Droschke und fuhr, tief in Gedanken vergraben, an seiner Wohnung in der Hessischen Straße vorbei. *Numquam otiosus*. Was er brauchte, war der richtige Nährboden für die Reinkultur. Er versuchte es mit dem Serumblut frisch geschlachteter Rinder. Nach sechsmonatiger Arbeit, beim 271. Präparat, entdeckte er den Erreger: Es waren dünne spindelförmige Bazillen, strahlend blau schimmerten sie, das Gewebe bräunlich tingiert.

Am 24. März 1884 stellte Robert Koch seine Entdeckung den Herren des Physiologischen Instituts in der Dorotheenstraße vor. Dem Vortrag hatte er den bescheidenen Titel ÜBER TUBERKULOSE gegeben. Später hieß es, dass man dieses Dokument genauso kennen müsse wie Goethes FAUST oder Schillers GLOCKE. Der Vortragende sprach langsam, etwas stockend, ein

Redner war er nicht. »Doch jeder, der diesem Vortrag beigewohnt hatte, war ergriffen. Dieser Abend ist mir als mein größtes wissenschaftliches Erlebnis in Erinnerung geblieben«, berichtete Paul Ehrlich, der spätere Entdecker des Syphilismittels Salvarsan. Es ist schon unheimlich, wie viele großartige Mediziner Deutschland damals hervorgebracht hat. Thomas Mann spricht von einem »Wald großer Männer«.

Die Bazillen gelangen mit der Atemluft, an Staubpartikeln haftend, in die Lunge oder in die Bronchien, wo sie Gewebe zerstören und Kavernen bilden. In die Luft kommen sie durch Erkrankte, die sie beim Husten auswerfen. Deshalb müssten vor allem die Quellen verschlossen werden. Der Auswurf ist zu beseitigen, die Kleider und Betten sind zu desinfizieren, Schwindsüchtige mit offener Tbc notfalls zu isolieren. Zum ersten Mal konnte bewiesen werden, dass es Parasiten sind, die eine Krankheit verursachen, die zu den Geißeln der Menschheit gehört.

Als Koch geendet hatte, blieb es totenstill. Niemand applaudierte, niemand wollte diskutieren, wie es sonst üblich war. Das, was da so einfach vorgetragen worden war, so streng logisch aufgebaut, schien unumstößlich. Die Tatsachen sprachen für sich. Mit keinem Wort hatte er erwähnt, in welche Gefahr er sich begeben, wie leicht er sich hätte infizieren können, als er tuberkulöse Stoffe in einem Käfig mit Versuchstieren versprühte.

Am nächsten Tag erschien endlich Rudolf Virchow und besichtigte kritisch die zur Demonstration aufgestellten Mikroskope, Photographien, Präparate. Er war nicht zu überzeugen. Für ihn, den Zellularpathologen, war und blieb die primäre Ursache einer Krankheit eine gestörte Zellfunktion. Noch Jahre später sprach er abschätzig vom sogenannten Tuberkelbazillus. Außer Virchow gab es auch andere Kritiker. Koch unterzog sich der »keineswegs angenehmen Aufgabe«, mit ihnen ins Gericht zu gehen, und kam zu dem Fazit, dass die gegnerischen Schriften nichts enthielten, was seine Untersuchungen über die Ursache der Tuberkulose zu erschüttern vermochte. Die anerkennenden Stimmen überwogen inzwischen derart, dass man von einem weltweiten Echo sprechen konnte. Die Mediziner, die nach Berlin kamen, um die Kochschen Methoden an Ort und Stelle zu studieren, kamen in der Tat aus aller Welt; darunter waren viele Ärzte aus Japan.

Mitten in seinen neuen Untersuchungen über Mikroorganismen in Luft und Wasser wurde Koch durch eine Meldung des Wolffschen Telegraphenbureaus aufgeschreckt: In Ägypten war die Cholera ausgebrochen. Er hatte diese Seuche vor Jahren in Hamburg kennen gelernt, wo sie über tausend Opfer gefordert hatte. Was er damals im Allgemeinen Krankenhaus erlebte, hatte sich tief in sein Gedächtnis eingegraben: die Rasanz, mit der die Cholera über die Menschen herfiel. Die radikale Entwässerung ließ die Körper schrumpfen, das Platzen der Kapillargefäße färbte die Haut schwarz und blau. Durchfall, Erbrechen, Fieber führten innerhalb weniger Tage, manchmal sogar Stunden, zum Tod.

In den zwanziger und dreißiger Jahren des 19. Jahrhunderts hatte die Cholera Europa heimgesucht und allein in den Großstädten über eine Viertelmillion Menschen gemordet. Panik war damals ausgebrochen, die Krankenhäuser waren überfüllt; die Sterbenden lagen vor den Portalen; in den Straßen zu den Friedhöfen stauten sich die Leiterwagen mit den Toten. Die meisten Leichen mussten verbrannt werden, und der Gestank drang in jedes Haus. Das Volk suchte nach den Schuldigen – und fand sie unter denen, die ihnen unter Aufopferung ihres Lebens halfen: Es kam zur Verfolgung von Krankenschwestern und zu Lynchmorden an Ärzten.

Auch bei der Cholera kannte man den Erreger nicht. Man wusste nur, woher sie kam: aus Indien. Von Bengalen aus verbreitete sie sich in großen Seuchenzügen über Asien, Afrika, Europa bis nach Amerika. Sie zog auf den Karawanenwegen, mit den Pilgern, mit den Kolonialtruppen der Briten, nicht zuletzt mit den Schiffen von Hafen zu Hafen. Der immer stärker zunehmende Weltverkehr war ihr bestes Transportmittel. Die Mohammedaner lehnten Quarantänemaßnahmen aus religiösen Gründen ab, die europäischen Kaufleute waren dagegen, weil sie ihre Geschäfte störten.

Die ägyptische Regierung wandte sich in einem dringenden Hilfsgesuch an Frankreich und Deutschland. Koch wurde zum Leiter der deutschen Expedition ernannt und reiste 1883 mit seinem Stab, der gesamten Ausrüstung und den Versuchstieren (darunter fünfhundert weißen Mäusen) per Expresszug nach Brindisi und von dort per Schiff durch das Mittelmeer. In Alexandria wurde er ehrenvoll empfangen und mit den Barken des Khedive an Land gebracht. Im Griechischen Hospital begann er sofort mit seiner Arbeit. Überall waren Feuer entzündet, mit deren Qualm man die Ansteckung bekämpfen wollte. Doch so plötzlich die Seuche gekommen war, so rasch begann sie zu erlöschen; und es wurde schwierig, sich frische Choleraleichen zu beschaffen.

Die französische Kommission war neun Tage früher eingetroffen und führte mikroskopische Untersuchungen an Erbrochenem und Exkrementen durch. Von ihrer Klinik kam eines Tages die Meldung: »Wir haben den Erreger entdeckt!« Koch machte sich mit Dr. Gaffky, seinem Assistenten, auf den Weg, um mehr darüber zu erfahren. Auch wollte er den französischen Kollegen gratulieren. Die »Erreger« aber stellten sich als Thrombozyten heraus, Blutplättchen, wie sie im Blut jedes Menschen vorkommen. Sie trafen auf tief enttäuschte Kollegen – und auf einen Sterbenden. Der junge Arzt Louis Thuillier, ein Schüler Pasteurs, hatte sich trotz aller Vorsichtsmaßnahmen mit der teuflischen Krankheit infiziert.

Man trat an das Bett des Todkranken. Er fragte mit schwacher Stimme: »Haben wir den Erreger entdeckt, Monsieur Koch?« »*Sie* haben ihn entdeckt, lieber Freund.« Thuillier starb mit einem Lächeln. Eine Geschichte, die wohl Koch charakterisieren sollte, in seiner ihm eigenen Fairness und seinem Anstand. Obwohl sie immer wieder erzählt wird, gehört sie in das Reich der Legende. Sie ist zu schön, um wahr zu sein.

Die deutschen Ärzte entdeckten bei der Sektion im Darm von Choleraleichen immer wieder stäbchenförmige Bakterien, die in einem Zusammenhang mit dem Krankheitsprozess stehen mussten. Ob sie die Ursache waren, blieb ungewiss. Da das Anschauungsmaterial immer geringer wurde, schrieb Koch einen

Brief nach Berlin an den zuständigen Staatsminister. Der Stil, in dem ein solches Schreiben abgefasst werden musste, wirft ein Schlaglicht auf die Zeit des ausgehenden Jahrhunderts.

»Euer Excellenz hochgeneigtem Ermessen stelle ich ganz gehorsamst anheim, ob unter den obwaltenden Verhältnissen die Fortsetzung der Untersuchungen in Indien statthaben soll, und stelle mich, wenn Euer Excellenz für die Ausdehnung der Expedition hochgeneigtest sich entschließen, zur Führung derselben auch ferner ganz gehorsamst zu Verfügung.«

Am 13. November 1883 gingen sie an Bord des Dampfschiffs Clan Buchanan, fuhren durch das Rote Meer, passierten die Malediven, erstaunt, dass aus der Wasserwüste plötzlich ein im schönsten Grün prangender Kokoswald auftauchte. Von den Eingeborenen, die vor Colombo auf Ceylon mit ihren Auslegern das Schiff umkreisten, kauften sie herrliche Früchte. Den kurzen Aufenthalt auf der ihnen traumhaft schön erscheinenden Insel mit ihren Urwäldern, wilden Elefanten, Zimtbäumen, Teeplantagen benutzten sie zu Erkundungsfahrten. Koch hat das alles in Briefen und Tagebuchnotizen beschrieben. Man spürt aus jeder Zeile, wie er gleichzeitig erstaunt und glücklich war, dass sein Jugendtraum sich auf diese Weise doch noch erfüllte: ferne Welten zu erleben. Bei aller Freude – die Besichtigung der dortigen Leprastation »mit ihren unglücklichen Insassen« ließen sie nicht aus.

Bezeichnend ist es, wie Kalkutta, das sie nach vier Wochen endlich erreichten, von Koch erlebt wurde. Es war die Vorhölle, was das Klima betraf, die Armut, der Schmutz, die Hygiene. Arbeit aber fand er genug, da tagtäglich Menschen an Cholera starben und ihm die frischen Leichen sofort zur Verfügung gestellt wurden, sodass die Obduktionen frühzeitig genug vorgenommen werden konnten und jede bereits eingetretene Fäulnis auszuschließen war. Schon nach wenigen Tagen gelang es, aus dem Darminhalt die Bazillen zu isolieren und in Reinkultur zu züchten. Sie waren ein wenig gekrümmt, einem Komma ähnlich, und besaßen eine lebhafte Eigenbewegung. Auf die Versuchstiere ließen sie sich nicht übertragen. Gehörten diese Bazillen zu den gewöhnlichen Bewohnern des Darms oder kamen sie ausschließlich im Darm von Cholerakranken vor? Das war hier wieder einmal die Frage. Darauf eine Antwort zu finden, gehörte zur Aufgabe der nächsten Wochen.

Die Briten, dankbar für den Besuch der deutschen Ärzte, hatten ihnen das Laboratorium des Medical College Hospital zur Verfügung gestellt, halfen überhaupt, wo und wie sie nur konnten. Der Seuche Herr zu werden, lag in ihrem eigenen Interesse. In einem Brief vom 24. Dezember schreibt Koch an seine Frau: »Mir geht es soweit ganz gut, ich bin wieder in voller Arbeit und werde auch am Weihnachtstag noch fleißig mikroskopieren müssen. Für heute Abend sind wir beim Konsul eingeladen, es ist dies eine anerkenneswerte Liebenswürdigkeit.«

Und jetzt kommt jener Satz, der alles aussagt über die Leidenschaft des Forschers. »Statt in Frack und weißer Weste in einem fremden Haus Weihnachten zu feiern, würde ich jedoch lieber allein für mich sein bei meiner Arbeit.« Ungeduldig wartete er auf die ihm zugesagte frische Leiche. Auch die Einladung des britischen Vizekönigs, Lord Ripon, konnte er nicht ablehnen. Inzwischen war es so heiß geworden, dass die Nährgelatine für die Kulturen sich zu verflüssigen begann. Mit der Bengal Railway fuhren die Mediziner nach Darjeeling, am Fuße des Himalaya, wo die indischen *Upper ten* und die hohen britischen Offiziere ihre Villen hatten.

Eine knappe Woche gönnte man sich Urlaub, dann ging es zurück in das mörderische Kalkutta. Wieder begannen die Obduktionen, die mikroskopischen Untersuchungen, die Züchtung der Kulturen, das Färben, Isolieren, Sterilisieren. Dann kam jene Notiz vom 2. Februar 1884, die zu einem medizinhistorischen Dokument werden sollte. »Die in meinem letzten Bericht noch unentschieden gelassene Frage«, schreibt Koch, »ob die im Darm gefundenen Bazillen ausschließlich der Cholera angehörende Parasiten sind, kann nunmehr als gelöst betrachtet werden. Die sogenannten Kommabazillen konnten bei allen Choleraleichen und allen Cholerakranken nachgewiesen werden.«

»Wir haben ihn!« Wieder ertönte dieser Ruf. Der getreue

Gaffky umarmte seinen Chef, was dem spröden, stets etwas zurückhaltenden Preußen ersichtlich peinlich gewesen sein muss.

Auf die Versuchstiere ließ sich die Krankheit nicht übertragen. Ein durch Zufall herbeigeführtes Experiment am Menschen, das den Tierversuch in diesem Fall ersetzte, war der letzte Beweis, dass Kommabazillen in der Tat die Ursache bildeten: Eine Choleraepidemie war ausgebrochen im Umfeld jener als »Tanks« bezeichneten Teiche, um die herum Inder ihre Hütten zu bauen pflegten. In diesen Tanks badeten sie, wuschen sie ihre Wäsche, reinigten ihr Geschirr, dort hinein warfen sie Abfälle; und Trinkwasser schöpften sie dort auch. In den Tanks wimmelte es von Kommabazillen: In den Körpern der in dem Dorf Verstorbenen fanden sie sich auch. Die einzige Infektionsquelle des *vibrio cholerae* war demnach der Mensch. Die Übertragung vollzog sich über verunreinigtes Trinkwasser, durch infizierte Nahrung oder durch Kontakt mit den »Ausscheidern«. Choleraseuchen zu verhindern hieß also für einwandfreies Trinkwasser sorgen und für die Beseitigung der Abwässer. Das schienen einfache Maßnahmen, und doch waren sie schwer zu verwirklichen in den Ländern des Orients. Doch nicht nur dort, wie das Beispiel Hamburg zeigen sollte: 9000 Menschen starben in der Hansestadt durch eine verunreinigte Trinkwasserquelle.

Als die Kommission Anfang Mai 1884 wieder in Berlin eintraf, waren fast sechs Monate seit ihrem Aufbruch vergangen. Der Empfang war überwältigend. Wilhelm I., den sein Enkel später zu »Wilhelm dem Großen« zu machen versuchte, war eher ein schlichter, verständiger Mann, der im Laufe seines Lebens gelernt hatte, die Dinge laufen zu lassen, soweit er sie für gute Dinge hielt – dieser Kaiser, nunmehr siebenundachtzig Jahre alt, empfing Robert Koch im Berliner Schloss und ließ sich Bericht erstatten. Im Grunde war ihm das alles ein wenig fatal. Er verstand nicht allzu viel von diesen scheußlichen kleinen Dingerchen, die anscheinend überall herumwimmelten. Er beauftragte den Kronprinzen, dem Dr. Koch den Kronenorden am schwarzweißen Bande mit Stern an den Frack zu heften. Bismarck stand dem im Reichstag eingebrachten Antrag, den Expeditionsteilnehmern eine Ehrengabe zu überreichen, äußerst wohlwollend gegenüber. Und so kam eine stattliche Summe dabei heraus, von der Koch allein 100000 Goldmark erhielt. Was, in Deutsche Mark umgerechnet, einer Million DM entsprach.

Mit dem Geld sollte die Leistung der Berliner Ärzte anerkannt werden. Gleichzeitig war es gedacht als Entschädigung für eventuelle verhängnisvolle Folgen. Die Mediziner waren gezeichnet von den Strapazen der Reise, der Arbeit unter den Bedingungen eines mörderischen Klimas, dem Aufenthalt in den verschmutzten Hospitälern und Unterkünften. Koch selbst war gerade erst von einem Fieber genesen, das ihn auf der Rückreise in Kairo niedergeworfen hatte. Bevor es ans Feiern ging, musste auf den Pfennig genau abgerechnet werden. Die Kommission legte eine Kostenaufstellung vor von 33 608 Mark und 22 Pfennigen. Heute würde man von einem überwältigenden Preis-Leistungsverhältnis sprechen.

Dann das Festbankett in Krolls Etablissement mit siebenhundert Gästen; die Laudatio von Ernst von Bergmann, dem weltberühmten Chirurgen; die Gratulation von Rudolf Virchow; der Toast von Paul Ehrlich, Berlin im Glanz ... Das politisch-satirische Wochenblatt Kladderadatsch schwang sich gar zu einer Hymne auf.

»Heil sei Euch! Aus den sumpfig feuchten
Aus den choleraverseuchten
Ländern seid ihr heimgekehrt!
Zitternd sah'n wir einst euch scheiden.
Nach Gefahren, Müh'n und Leiden
Ruht nun aus am trauten Herd.
Mögt ihr jetzt Bakterien züchten
Und euch freuen an den Früchten.
Aber Dank und Ruhm vor allem
Soll aus tiefster Brust erschallen
DIR, BACILLENVATER KOCH!«

Es gab nicht nur Hymnen und Festreden. Aus München kamen heftige Angriffe. Max von Pettenkofer, der Begründer der experimentellen Hygiene, dem nicht nur die bayerische Hauptstadt viel verdankt, konnte sich mit den Kochschen Kommabazillen nicht anfreunden. Nach seiner Theorie reifte das Choleragift im Boden, um beim Fallen des Grundwassers aufzusteigen. Es war im Grunde die alte Miasmatheorie, wonach Krankheiten durch Ausdünstungen aus dem Boden entstehen. Der Streit wurde so erbittert, dass der Münchner einen lebensgefährlichen Selbstversuch unternahm. Um zu beweisen, dass Cholera nicht durch den von Koch entdeckten Erreger entstehen könne, schluckte er eine ganze Kultur. Er starb nicht, sondern bekam nur einen leichten Durchfall. Die Anhänger Kochs waren durch den Selbstversuch nicht zu beeindrucken. Ihr Meister hatte schon in Indien nachgewiesen, dass es Bazillenträger gebe, die nie an Cholera erkrankten.

Koch wurde Direktor des für ihn gegründeten Hygienischen Instituts, las als ordentlicher Professor an der Berliner Universität, gründete die Zeitschrift der Hygiene, kämpfte für eine Verbesserung des Impfgesetzes, stritt sich auf den Ärztekongressen mit seinen Gegnern, betreute am Institut seine Schüler, zu denen Emil von Behring gehörte, der Entdecker des Diphterieserums; Paul Ehrlich; Georg Gaffky, dem erstmals die Züchtung von Typhusbazillen gelang; Friedrich Loeffler, Entdecker des Diphteriebazillus; der Japaner Kitasato, der den Pestbazillus fand und den Erreger der Ruhr. (Er errichtete seinem Lehrer in Japan einen Schrein, an dem noch heute Erinnerungsfeiern stattfinden.)

Robert Koch verfügte über eine phänomenale Arbeitskraft, und man fragte sich, ob der Mann, dessen Wohnzimmer das Labor war, überhaupt ein Privatleben hatte. Er hatte eins, wenn auch kein sehr glückliches. Er war damals in Clausthal mit seiner Schülerliebe zum Traualtar gegangen. Für ein langes Leben hatte diese Liebe nicht ausgereicht. Sie waren nur noch verbunden durch ihre Zuneigung zur gemeinsamen Tochter. Koch hatte die Mitte der Vierzig bereits überschritten, als er eine andere

Frau kennen lernte. Es geschah auf höchst romantische Weise, was zu dem scheuen, verschlossenen Mann gar nicht passen wollte.

Bei einem Kunstmaler, dem er für ein Portrait saß, sah er auf einer Staffelei das Bild eines jungen Mädchens. Er war fasziniert, verliebte sich förmlich in das schöne Gesicht, erfuhr, dass sie die beste Schülerin des Malers sei, suchte sie auf, machte ihr einen Heiratsantrag und nicht lange darauf wurde die achtzehnjährige Hedwig Freiberg seine Frau. Emmy hatte in die Scheidung eingewilligt und kehrte verbittert nach Clausthal zurück. Der Klatsch in der Berliner Gesellschaft über das Thema »Altes Herz wird wieder jung« blühte. Hedwig erwies sich als geradezu heroische Gefährtin, war sie doch schon zu Beginn ihrer Bekanntschaft bereit, sich einem nicht ungefährlichen Selbstversuch zu unterziehen: einer Impfung mit Tuberkulin.

Mit diesem Mittel verbindet sich Robert Kochs größte Niederlage.

Es begann 1890 mit einem Vortrag über »bakteriologische Forschung«, den Koch vor 7000 Ärzten hielt, für die nur ein Zirkus Platz bot, der Zirkus Renz. Sie erwarteten, und der preußische Kultusminister erwartete es schon seit langem, einen Bericht, wie weit er mit der Entwicklung eines Heilmittels gegen die Tuberkulose gekommen war, an dem er, wie man wusste, seit Jahren arbeitete. Diese Erwartungshaltung war es, die Koch, wider seine Gewohnheit, über noch nicht abgeschlossene Versuche etwas verlauten zu lassen, sagen ließ: »Ich kann nur so viel mitteilen, dass Meerschweinchen auf eine Impfung mit tuberkulösem Virus nicht mehr reagieren und bei anderen, die schon im hohen Maße an Tuberkulose erkrankt sind, der Prozess vollkommen zum Stillstand gebracht werden konnte.«

Nach dieser sensationell erscheinenden Mitteilung schloss er mit den Worten: »…dass sich die Kräfte der Nationen im Kampf gegen die kleinsten, aber gefährlichsten Feinde des Menschengeschlechts messen mögen in einem internationalen Wettstreit der edelsten Art.« Das Mittel, das er den Versuchstieren injiziert hatte, nannte er Tuberkulin. Obwohl er immer aufs Neue warnte, keine allzu großen Hoffnungen zu hegen (war doch die Heilwirkung bei den einzelnen Tuberkulosearten verschieden) – es entstand das, was ihm als ernsthaftem Wissenschaftler nur zuwider sein konnte: ein wahrer Tuberkulinrummel. Die Hauptstadt wurde überflutet von Lungenkranken, aus Hotels machten geschäftstüchtige Unternehmer Kliniken. Wer von den Ärzten an das »Wundermittel« herankam, spritzte es, ohne sich an die Kochschen Richtlinien zu halten.

Und es kam, wie es kommen musste. Misserfolge häuften sich. Kranke, die sich rasche Genesung erhofft hatten, wurden grausam enttäuscht. Das Mittel hielt nicht alles, was sich alle davon versprochen hatten. Die anfängliche Euphorie schlug um: Aus Zuversicht wurde Ernüchterung, Begeisterung verwandelte sich in Wut. Die Sammeltassen, Fächer, Taschenuhren, Taschentücher mit dem Portrait Kochs verschwanden aus den Läden. Schlimmer noch: Vor den wilden Tuberkelkliniken hielten die Leichenwagen. Denn viele Kranke waren als Todkranke nach Berlin gekommen. Koch litt unendlich unter den Angriffen. Dass sein Mittel sich bei der Diagnostik hervorragend bewährte, man also bei zweifelhaften Fällen sofort erkennen konnte, ob es sich um Tuberkulose handelte oder nicht, interessierte die Allgemeinheit wenig. Die Misserfolge verdrängten die Erfolge.

Auch die Furcht vor Bazillen griff um sich. Hatten die Kranken mit ihrem Auswurf und ihren Ausscheidungen nicht alles verpestet? War man in Restaurants, Theatern, Hotels, Verkehrsmitteln noch sicher vor Ansteckung? »In diese Bazillenkutsche kriegt mich kein Mensch mehr«, hatte der Kaiser gesagt, als er zum ersten Mal in seinem Leben mit der S-Bahn gefahren war. Damit waren natürlich, kolportierte man, indirekt die »Lungentouristen« gemeint.

Die neuen Aufgaben, die auf Koch warteten, ließen ihn über seinen Fehlschlag hinwegkommen. Aus seiner Arbeit am Hygiene-Institut riss ihn ein dringendes Kabel, mit dem ihn diesmal die britische Regierung um Hilfe bat. Die Rinderpest hatte in Südafrika ganze Herden niedergeworfen. Gemeinsam mit seinen Kollegen gelang die Entwicklung eines Serums, mit dem er die gesunden Tiere immunisierte: Über zwei Millionen Rinder wurden gerettet! Koch entwickelte sich zu einem Weltreisenden im Kampf gegen die Seuchen. In Bombay leitete er eine Kommission zur Eindämmung einer Pestepidemie. Seine Mitarbeiter fanden die Beweise, dass Ratten die Überträger der Pest sind. Und die Ratten auf den Schiffen waren es, die den Erreger in die Häfen aller Erdteile einschleppten, auch in die Flusshäfen, wie wir es in Straßburg erlebt haben.

Dass die Malaria durch den Stich bestimmter Mücken auf den Menschen übertragen wird, das hatten italienische und englische Ärzte herausgefunden (in heftigem Streit um die Priorität). Während seines Aufenthalts in Ostafrika konnte Koch die »Malaria-Moskito-Theorie« bestätigen. Eine weitere Expedition führte ihn wieder nach Afrika zur Erforschung der Schlafkrankheit. Aus Deutsch-Guinea schrieb er, dass die Schlafkrankheit in der Kolonie besiegt sei. Als einer der ersten Forscher versuchte er, das Geheimnis des Schwarzwasserfiebers zu enträtseln, einer von den Weißen besonders gefürchteten Tropenkrankheit. Als in Memel die Leprafälle sich häuften, war er ebenso zur Stelle wie bei der Typhusepidemie in Gelsenkirchen.

Fast elf Jahre reiste er von Erdteil zu Erdteil. Er arbeitete im Dschungel, in Sumpfgebieten, in den Slums von Großstädten, in ständiger Gefahr sich anzustecken, wie es so manchem Kollegen geschah, der dann eines elenden Todes starb. Koch muss eine eiserne Natur gehabt haben, und er war absolut furchtlos. Unter den Strapazen litt er nicht, er ertrug sie gern und fühlte sich immer dann am wohlsten, wenn es in die weite Welt hinausging, um zu forschen, zu studieren, hinzuzulernen. Was ihm am meisten zusetzte, war »die Schar der Missgünstigen, Eifersüchtigen und Intriganten, die sich auf dieselbe Sache stürzen, sie streitig zu machen oder, wenn ihnen das nicht gelingt, sie einem zu verekeln suchen«. Neider gab es, seit der deutsche Kaiser ihn zum Geheimrat ernannt hatte, und ihre Zahl stieg, als die Stadtverordneten ihn zum Ehrenbürger der Reichshauptstadt machten und der schwedische König ihm 1905 den Nobelpreis überreichte.

Die einzige Krankheit, die Koch in seinem Leben hatte, war

die Krankheit, die zu seinem Tod führte. Er war jetzt sechsundsechzig. Herzschmerzen bereiteten ihm qualvolle Nächte. Angina pectoris diagnostizierten die Ärzte. Er solle nicht mehr arbeiten, sondern ausruhen. Hatte er sich die Ruhe nicht verdient? Er ging nach wie vor in sein Laboratorium. Einer der Doktoren meinte, man solle ihn ruhig weiterarbeiten lassen; denn, und das war ein weises Wort: »Ein Mann wie Koch lebt *ganz*, oder er lebt *gar nicht*.« Er gestattete ihm sogar die lange Eisenbahnfahrt nach Baden-Baden, einem von seinem Patienten geliebten Kurort, in dessen milder Luft er Genesung erhoffte. Im Sanatorium schien er sich rasch zu erholen. Er studierte das Gutachten, das er für die Stadt Berlin über die Errichtung eines neuen Tuberkulosekrankenhauses erstellt hatte.

Bei der abendlichen Visite fand man ihn, bei weit geöffneter Balkontür, still in seinem Sessel sitzend. Ein Herz hatte aufgehört zu schlagen. Georg Gaffky, sein Schüler und Nachfolger im Institut, sagte in seiner Gedächtnisrede: »Spekulationen und jeder Art von Mystik war er abhold. Hypothesen waren ihm nur Gerüste, die er abtrug, wenn das Gebäude fertig war. So ist ihm das Glück zuteil geworden, das Goethe als das höchste Glück des denkenden Menschen preist: das Erforschliche erforscht zu haben und das Unerforschliche ruhig zu verehren.«

Albert Einstein

Die Formel

Die Schüler liebten ihn. Die schlechten Schüler. Nicht weil sie etwas verstanden hätten von dem, was er entdeckt hatte – da ging es ihnen so wie ihren Lehrern –, sondern wegen seiner schulischen Leistungen. Hatten sie kein gutes Zeugnis nach Haus gebracht, konnten sie sagen: »Was wollt ihr, auch Einstein war ein schlechter Schüler...« Woraus manche Erwachsene den Schluss zogen, dass miserable Noten die Voraussetzungen seien für jemanden, der zu Großem berufen ist.

Die Wahrheit sieht anders aus. Einstein war nachlässig, unkonzentriert, versponnen, und ein Spätentwickler war er auch; mit neun Jahren konnte er noch nicht richtig sprechen. Das Hausmädchen betrachtete ihn als den »Depperten«. Seine Noten in der Elementarschule aber waren immerhin gut genug, um ihm den Übertritt in das Gymnasium zu ermöglichen.

In Ulm wurde er 1879 geboren, just in jenem Jahr, da der Vater mit seinem am Münsterplatz eröffneten Elektrogeschäft Pleite machte und kurz darauf nach München zog. Dem »Albertle«, wie er nach gut schwäbischer Art gerufen wurde, blieb kein Haus der Erinnerung an die Stadt an der Donau mit dem himmelragenden Dom, von deren Bewohnern es immerhin hieß: *Ulmenses sunt mathematici* – Die Ulmer sind Mathematiker.

Wenn das Kind etwas auszeichnete, dann war das seine durch nichts zu bezähmende Neugier. »Wo ist das Rädle?«, fragte der Zweieinhalbjährige angesichts des neugeborenen Schwesterchens; er wollte, dass es endlich lief. Er besaß auch die Gabe des Staunens über Dinge, die andere Kinder nicht für erstaunlich hielten. Warum die Nadel seines vom Vater geschenkten Taschenkompasses immer in dieselbe Richtung zeigte, gleichgültig, wie man das Gehäuse auch drehte und wendete, diese Erfahrung machte auf ihn einen tiefen Eindruck. Da musste doch etwas hinter den Dingen sein, eine Kraft, die tief verborgen war?

Die »heilige Neugier des Forschens«, wie er das später nannte, erfüllte ihn auch auf dem Münchner Luitpoldgymnasium, in das er hinübergewechselt war. Doch dieses delikate Pflänzchen bedurfte der Freiheit, um wachsen und gedeihen zu können. Und Freiheit fand er hier nicht. Die Herren Professoren waren von unnachsichtiger Strenge, ließen der Phantasie keinen Raum, sondern opferten sie der Disziplin. Im Vordergrund stand das Einpauken griechischer und lateinischer Vokabeln. Selbstständiges Denken war nicht gefragt. Der Schüler hatte Haltung anzunehmen, wenn die Lehrer sich an ihn wandten. Sie ähnelten militärischen Vorgesetzten, vor denen man Angst hatte und die man durch ein möglichst unterwürfiges Benehmen freundlich zu stimmen suchte.

Seine Abneigung gegenüber jeder Art von Bevormundung, ja sein Hass auf alles autoritäre Gehabe hatten hier ihre Wurzeln. Das berühmte Foto, auf dem er der Welt die Zunge herausstreckt, hatte durchaus seinen Sinn.

Einstein zog sich mehr und mehr zurück. Freunde unter den Klassenkameraden fand er nicht. Auch die Söhne der jüdischen Bekannten seiner Eltern blieben ihm fremd. Sie betrachteten die Einsteins als Ungläubige. In der Synagoge sah man sie nie, koscher war ihre Küche nicht, der Sabbat wurde nicht gefeiert. Besonders für den Vater war das Judentum eine Art Aberglauben aus uralter Zeit, dessen Rituale er mit ironischen Bemerkungen bedachte.

Der Sohn wurde zum »Einspänner«, er vereinsamte. »Als ziemlich frühreifem jungen Menschen«, schrieb er später, »kam mir die Nichtigkeit des Hoffens und Strebens lebhaft zum Bewusstsein, das die meisten Menschen rastlos durchs Leben jagt. Auch sah ich bald die Grausamkeit dieses Treibens ... Jeder war durch die Existenz seines Magens dazu verurteilt, an diesem Treiben teilzunehmen. Der Magen konnte durch diese Teilnahme wohl befriedigt werden, aber nicht der Mensch als denkendes und fühlendes Wesen«, schrieb er später.

Alberts Glück war es, dass die Mutter ihn gezwungen hatte, bei einem ausgedienten Orchestermitglied Geigenunterricht zu nehmen. Er kratzte so lange auf dem Instrument herum, bis er Vergnügen daran fand und es so gut beherrschte, dass er zusammen mit der Klavier spielenden Mutter musizieren konnte. Die Musik wurde ihm zur Zuflucht, die Geige begleitete ihn sein ganzes Leben lang. Die schwarze Aktentasche mit den Aufzeichnungen unter dem rechten Arm, den Geigenkasten in der Linken, so sollte ihn die Öffentlichkeit kennen lernen.

Wer auf der Schule angesichts einer Klassenarbeit in Mathematik – »Hefte verteilen!« – wie gelähmt auf seinem Platz hockte und oft nicht mehr als weiße Seiten ablieferte (so der Verfasser), liest mit ungläubigem Staunen, dass es Menschen gibt, denen die erste Begegnung mit den quadratischen Irrationalitäten des Euklid oder die Ähnlichkeitslehre nach Eudoxos von Knidos stärker in Erinnerung geblieben ist als ihre erste Liebe. Wie kann man, fragt er sich, über die klassische Geometrie die Reinheit im Denken erlangen; einen Kegelschnitt als strahlend schön empfinden und einen partiellen Differentialquotienten so bewegend wie eine Zeile Goethescher Lyrik? Einstein konnte es.

Mit zwölf Jahren hatte er sein »Damaskus«, jenes Erlebnis, das einst aus dem Christenverfolger Saulus einen Apostel Jesu gemacht hatte. Am Anfang eines Schuljahres bekam er ein Buch über Euklidische Geometrie der Ebene in die Hand. »Da waren Aussagen wie das Sichschneiden der drei Höhen eines Dreiecks in einem Punkt, die – obwohl an sich keineswegs evident – doch mit solcher Sicherheit bewiesen werden konnten, dass ein Zweifel ausgeschlossen zu sein schien. Diese Klarheit und Sicherheit machten einen unbeschreiblichen Eindruck auf mich.«

Und da war auch noch Onkel Albert, von Beruf Ingenieur und Humor hatte er auch. Mathematik, sagte er zu seinem Neffen, sei im Grunde eine lustige Wissenschaft. Da gehe es zu wie auf einer Jagd: Wenn man das gesuchte Tier nicht erjagen könne, so gibt man ihm vorläufig einen Namen ›x‹ und jagt so lange, bis es zur Strecke gebracht sei. Und es gab den polnischen Studenten, der bei den Einsteins einmal in der Woche Tischgast war und sich damit revanchierte, dass er dem Sohn Bücher mitbrachte. Anfangs waren es naturwissenschaftliche Volksbücher, in denen die Wunder der Erde geschildert wurden: Vulkane und Erdbeben, Orkane und Taifune, Sterne und Meteore, exotische Pflanzen und wilde Tiere, Gebirge und Dschungel, Ströme und Wüsten. Alexander von Humboldts fünfbändiger Kosmos war schon etwas anspruchsvoller. Folgten Darwins Entstehung der Arten, Ludwig Büchners Kraft und Stoff, schließlich Kants Kritik der reinen Vernunft.

Einstein fraß sich durch alles hindurch. Seine Lieblingslektüre blieben mathematische Bücher. Die Geometrie genügte ihm bald nicht mehr, sie wurde abgelöst von der Höheren Mathematik mit den Infinitesimalrechnungen, schließlich von den Grundlagen der theoretischen Physik. Der polnische Sabbatgast hatte eines Tages kapituliert: Halb stolz, halb traurig bekannte er, dass er dem mathematischen Höhenflug dieses Knaben nicht mehr zu folgen vermochte. Die Mitschüler auf dem Gymnasium hatte Albert in »Mathe« längst hinter sich gelassen. Da ihn die anderen Fächer nicht interessierten, begann er sich zu langweilen. Er zeigte seine Langeweile so deutlich, dass der Klassenlehrer vorschlug, er möge doch gleich zu Hause bleiben. »Ihre bloße Anwesenheit verdirbt den Respekt der anderen Schüler.« Im Übrigen glaube er nicht, dass aus ihm im Leben jemals etwas werde.

Während Albert E. sich mit den Lehrern plagte, stand die in München neu gegründete Electrotechnische Fabrik J. Einstein & Cie. vor dem größten geschäftlichen Erfolg ihrer noch jungen Existenz. Sie hatte sich um einen millionenschweren Auftrag beworben: die Beleuchtung der Münchner Innenstadt. Zwar waren die schärfsten Konkurrenten namhafte Firmen wie Siemens, AEG, Schuckert, doch die Einsteins, Vater Herrmann und sein Bruder Jacob, rechneten sich Chancen aus, hatten sie doch auf ihrem Gebiet bereits Spektakuläres geleistet: Die Wies'n leuchtete, sie leuchtete mit Hilfe einer neuen Technologie, der Elektrizität; auch Schwabing erstrahlte dank der Firma Einstein im hellen Glanz der Bogenlampen. In den meisten großen Städten Deutschlands hatte der Strom das Gas abgelöst, und die mit langen Stangen ausgerüsteten Lampenanzünder waren arbeitslos geworden.

Dass die Gebrüder Einstein gegen die kapitalkräftigeren großen Firmen letztlich doch unterlagen, hatte für die Fabrik schwerwiegende Folgen. Anscheinend hatten sie sich übernommen, mussten liquidieren und gingen nach Italien, wo sie in Mailand erneut ein Unternehmen gründeten. Albert musste in München bleiben, um an seinem Gymnasium das Abitur abzulegen. Schließlich sollte er einmal studieren. Er fügte sich zähneknirschend. An der Isar ließ es sich eigentlich gut sein: Die Menschen hier lebten nicht, um zu arbeiten, sie arbeiteten, um zu leben. Wissenschaftler, Künstler und Lebenskünstler gleich welchen Standes hatten hier ihre Heimat gefunden. Der nun Fünfzehnjährige aber litt: an der Trostlosigkeit seines möblierten Zimmers und an der Schule, wo er unter den Klassenkameraden noch immer keine Freunde gefunden hatte und sich bei den Lehrern, außer dem Mathematiklehrer, nur Feinden gegenübersah. Die Briefe aus Italien waren nicht geeignet, seine Stimmung zu verbessern. Das »vernünftige Gewerbe eines Elektroingenieurs« hieß es darin immer wieder, solle er ergreifen, und das gehe nun einmal nicht ohne einen Abschluss.

Die Wohnung in der Via Berchet 2 in Mailand war zugleich der Sitz der Firma Einstein, Garonne e C., und als zwei Tage vor Silvester die Glocke anschlug und Albert vor der Tür stand, glaubten die Eltern, der Sohn wolle mit ihnen den Jahreswechsel feiern. Sie waren entsetzt, als sie den wahren Grund erfuhren. Er hatte sich aus der ungeliebten Penne selbst entlassen, nachdem er sich von einem Arzt bescheinigen ließ, er leide an »neurasthenischer Erschöpfung«, und von seinem Mathematiklehrer, dass er das Pensum in diesem Fach perfekt beherrsche. Außerdem habe er in Erfahrung gebracht, das Polytechnikum in Zürich verlange keine Matura. Eine Aufnahmeprüfung genüge, die zu bestehen ihm, Albert Einstein, nicht schwer fallen dürfte...

Vater Hermann, von diesen Argumenten überrollt, kapitulierte seufzend und forderte lediglich, der Sohn möge mit dem Selbststudium gleich morgen beginnen. Das tat er. »Seine Arbeitsweise war ganz sonderbar«, wissen wir von seiner Schwester Maja, »selbst in größerer Gesellschaft, wenn es ziemlich laut herging, konnte er sich auf das Sofa zurückziehen, Papier und Feder zur Hand nehmen, das Tintenfass in bedenklicher Weise auf die Lehne stellen und sich in ein Problem so sehr vertiefen, dass ihn das vielstimmige Gespräch eher anregte als störte.«

Zürich war nicht nur eine wunderschön gelegene Stadt, sondern auch erstaunlich fortschrittlich, was ihre Lehrstätten betraf. Ihre Universität ließ junge Frauen zum Studium der Medizin zu. Im Berliner Reichstag hatte die Erwähnung eines weiblichen Arztes noch in den neunziger Jahren, laut Parlamentsstenogramm, »ungeheure Heiterkeit« erregt.

An der Limmat trafen sich die Studenten aus aller Herren Länder, darunter viele junge Männer und Frauen aus dem Osten und Südosten Europas, die daheim überhaupt nicht studieren durften. In den Listen der Studentenheime finden wir die Namen Lenin, Bucharin, Rosa Luxemburg, James Joyce etc. Das Polytechnikum erfreute sich eines hohen internationalen Ansehens. Um die Aufnahmeprüfung ablegen zu können, brauchte Einstein erst einmal eine Sondergenehmigung. Das Mindestalter betrug achtzehn Jahre; er war sechzehneinhalb. Ein Freund der Familie, der zu den Honoratioren Zürichs zählte, schrieb dem Rektor einen Brief, in dem er seinen Schützling als eine Art »Wunderkind« schilderte.

Das Wunderkind jedoch fiel durch. Die Noten in Arithmetik, Algebra, Geometrie, Physik, Chemie waren brilliant, was für eine technische Hochschule eigentlich entscheidend hätte sein sollen. Die weisen Professoren jedoch wollten anscheinend keine Fachidioten, sondern legten Wert auf Allgemeinbildung. Und die besaß der Kandidat Albert E. nicht, weder in Geschichte noch in Literatur, noch in den Sprachen. »Die Prüfung zeigte mir schmerzhaft die Lückenhaftigkeit meiner Vorbildung, obwohl die Prüfenden geduldig und verständnisvoll waren.« Dann das für Prüflinge höchst seltene Eingeständnis: »Dass ich durchfiel, empfand ich als voll berechtigt.«

Die nächste Prüfung fand ein knappes Jahr später auf der Kantonatsschule in Aarau statt. Der Rektor des Polytechnikums hatte ihm geraten, dort sein Abitur nachzuholen. Der Gedanke, wieder eine Schulbank drücken zu müssen, behagte ihm gar nicht. Seine Stimmung wurde besser, als er in Aarau ein gut sortiertes Laboratorium fand, mit dessen Dynamos, Batterien, Schalttafeln, Messinstrumenten er zu experimentieren beabsichtigte. Dass man ihn sofort vom Singen und Turnen befreite, amüsierte ihn eher. Wichtiger war die Befreiung vom Militärdienst. *Wie* dort in Aarau unterrichtet wurde, im Vergleich mit dem Münchner Luitpoldgymnasium, darüber schrieb er später:

»Diese Schule hat durch ihren liberalen Geist und durch den schlichten Ernst der auf keine äußerliche Autorität sich stützenden Lehrer einen unvergesslichen Eindruck in mir hinterlassen. Hier wurde mir eindringlich bewusst, wie sehr die Erziehung zu freiem Handeln und Selbstverantwortlichkeit jener Erziehung überlegen ist, die sich auf Drill und äußere Autorität stützt.«

Mit dem Zeugnis der Reifeprüfung kehrte er nach Zürich zurück, wo er im »Poly« wie die Studenten ihre Alma mater nannten, Mathematik und Naturwissenschaften belegte. Der Abschied von Aarau verlief nicht ohne Wehmut: Er hatte sich in die Tochter seiner Wirtsleute verguckt, sie aber *liebte* ihn. Er schrieb der Mama, dass er sich so früh nicht binden wolle. Angestrengte geistige Arbeit und das Erforschen der Natur, das seien »die Engel, welche mich unerbittlich streng durch die Wirren des Lebens führen werden«.

Was nicht hieß, dass ihm die anderen Engel gleichgültig gewesen wären. Er galt sein Leben lang als das, was man einen *homme à femmes* nannte, einen Mann, der den Frauen gefällt. Dabei gab er sich gar keine Mühe, ihnen zu gefallen. Er kleidete sich mehr als salopp, wirkte nicht sonderlich gepflegt, trug selten eine Krawatte, hasste Bügelfalten, und das Befremden war groß, als eine Gastgeberin bemerkte, dass er in seinen Lackschuhen keine Strümpfe trug. Wenn auf einer Einladung vermerkt war, was man anzuziehen habe, blieb er lieber gleich zu Hause. »Ich verkleide mich nicht gern...«

Er flirtete leidenschaftlich gern, aber nicht mit intellektuellen Damen, den sogenannten »Blaustrümpfen«. Auch die Hausmütterchen mochte er nicht. Bei einem Hauskonzert packte er plötzlich die Geige ein und sagte mit einem Blick auf die mit ihren Stricknadeln klappernden Zuhörerinnen: »Ich möchte Sie bei Ihrer Arbeit nicht stören.« Die Geige betrachtete er als »eine gute Freundin, durch die ich mir alles sage & singe, was ich mir in Gedanken nicht im mindesten zugestehe«. Sie verschaffte dem Studenten Eingang in die Gesellschaft. Es gab ja noch kein Radio und keine Schallplatte. Ein Geiger wurde immer gebraucht. So mancher reiferen Dame, deren Klavierspiel er mit seinem Instrument zu veredeln suchte, wurde er mehr als ein musikalischer Begleiter. Einstein war kein Beau, wirkte aber mit seinen dunklen gewellten Haaren, dem schwarzen Schnurrbart, den großen leuchtenden Augen und jenem schwer zu definierenden Zug um die vollen Lippen durchaus attraktiv. Schon als Student besaß er Charisma: Wenn er einen Raum betrat, gehörte die Aufmerksamkeit ihm.

Nach eigenem Eingeständnis fehlte ihm alles, was einen guten Studenten auszeichnet: Aufmerksamkeit bei den Vorlesungen, Ordnungsliebe, Fleiß. Er schwänzte die Stunden jener Professoren, die ihn langweilten. Bei den mathematischen Praktika versuchte er, die Aufgaben auf seine Weise zu lösen. Zum Erstaunen der Kommilitonen waren seine Lösungen richtig und die von ihm angewandten Methoden immer interessant. Der Dozent für Elektrotechnik meinte: »Sie sind ein gescheiter Junge, Einstein. Aber Sie haben einen großen Fehler: Sie lassen sich nichts sagen.« Hermann Minkowski, der später der Speziellen Relativitätstheorie die mathematische Form geben sollte, bekannte, dass er von diesem Studenten keine besonderen Leistungen erwartet habe. Wie auch, wenn jemand seine Pflichtfächer vernachlässigte, seine Wahlfächer aber nicht – wie Astronomie, Bank- und Börsengeschäfte, Goethes Werke.

Am meisten arbeitete er auf seiner Bude, wo er die großen Meister der Physik mit »heiligem Eifer« studierte. »Dies war an sich gut und diente auch dazu, mein schlechtes Gewissen so wirksam abzuschwächen, dass das seelische Gleichgewicht nicht allzu empfindlich gestört wurde.«

»Privatstunden in MATHEMATIK UND PHYSIK für Studierende und Schüler erteilt gründlichst ALBERT EINSTEIN, Inhaber des eidgn. polyt. Fachlehrerdiploms. GERECHTIGKEITSGASSE 32. 1. STOCK. Probestunden gratis.«

Der Mann, der die Welt aus den Angeln heben würde, fand nach erfolgreich abgelegtem Examen keine Stellung. Als Assistenten hatten seine Professoren ihn nicht haben wollen, sie behaupteten, dass sie sich nicht erinnern könnten, ihn jemals in ihren Vorlesungen gesehen zu haben. Ohne Arbeit und, vor allem, ohne den Wechsel der Tante aus Genua (»Als Diplomphysiker wirst Du Dir nun selbst helfen können ...«) wurde die Lage kritisch. Hilfslehrer in Winterthur, Nachhilfepauker in Schaffhausen waren die nächsten Stationen. Ein Studienfreund vermittelte ihn schließlich an das Eidgenössische Amt für geistiges Eigentum, sprich Patentamt, in Bern, wo er 1902 als technischer Experte III. Klasse Unterschlupf fand – mit einem Jahresgehalt von 3500 Franken. Dass er die Summe »hübsch« fand, aber »knappest«, lag daran, dass er Vaterfreuden entgegensah und mehr aus Pflichtgefühl denn aus Liebe die werdende Mutter zu heiraten sich entschlossen hatte.

Milena Maric war eine Studienkollegin aus den Züricher Tagen. Die Tochter einer Bauernfamilie aus Neusatz, dem heutigen Novi Sad, liebte ihren »Johonzel«, doch ihr slawischer Hang zur Schwermut, ihre krankhafte Eifersucht und, nicht zu vergessen, seine Seitensprünge ließen die Ehe nicht gedeihen. Der erwartete Junge, der ein Mädchen war, Lieserl genannt, kam in Neusatz zur Welt. Einstein hat sein erstes Kind nie gesehen. Was mit ihm geschah, bleibt ein Rätsel. Die Annahme, die Eltern hätten das Kind zur Adoption freigegeben, als es anderthalb Jahre alt war, lässt sich durch kein Dokument beweisen; und so bleibt das Schicksal dieses Lieserl ein dunkler Punkt in Albert Einsteins Leben. Milena Maric gebar ihm noch zwei Kinder, die Söhne Hans-Albert und Eduard. Die Ehe wurde nach sechzehn Jahren geschieden, war aber weit vorher zerbrochen.

Milena war, ihrem Mann zufolge, ein verdammt gescheites Luder, aber so gescheit war sie nicht, dass man sie als »Mutter der Relativitätstheorie« hätte bezeichnen können, wie es Ende der sechziger Jahre in einem auf Serbokroatisch erschienenen Buch geschah. Die Verfasserin war eine Feministin, getrieben von der Überzeugung, dass das, was Frauen geleistet haben, schon immer von den Männern unterdrückt worden und Wiedergutmachung dringend erforderlich sei. Sie stützte sich auf eine Passage in einem Einsteinischen Brief an sein »liebes Miezchen«, in dem es hieß: »Wie glücklich und stolz werde ich sein, wenn wir beide zusammen unsere Arbeit über die Relativitätsbewegung siegreich zu Ende geführt haben.« Ihre Beteiligung an der »Bewegung« bestand aber lediglich darin, dass sie sich an den Diskussionen über physikalische Probleme beteiligte, die in der kleinen Berner Wohnung mit den Kollegen oft bis in die Morgenstunden geführt wurden.

Das Jahr 1905 nahte und damit Einsteins *annus mirabilis*, das »Wunderjahr«: Vier bahnbrechende Veröffentlichungen in den Annalen der Physik erschienen, darunter die Lichtquantenhypothese und die *Spezielle Relativitätstheorie*.

Die Arbeit, in der sie enthalten war, trug den schlichten Titel ZUR ELEKTRODYNAMIK BEWEGTER KÖRPER. Als er sie als Habilitationsschrift der Berner Universität überreichte, gab sie ihm der Professor Aimé Forster mit den Worten zurück: »Was Sie da geschrieben haben, verstehe ich überhaupt nicht.« Und so erging es und ergeht es noch immer den meisten Menschen, Laien genannt. Was Einstein hier postulierte, sei eigentlich paradox, widersinnig, sprich: mit dem gesunden Menschenverstand nicht vereinbar.

Die Zeit soll nicht überall gleich schnell vergehen? Der Raum soll gekrümmt sein? Ein Mensch, der sich schneller bewegt, altert langsamer? Eine Uhr, die in einem Raumschiff durch das Weltall rast, geht, im Vergleich mit der Uhr auf der Erde, nach? Und dann das kaum glaubhafte Zwillingsparadoxon: Nora, eine Dreißigjährige, bleibt auf der Erde, Nina rast mit einer Rakete nahe der Lichtgeschwindigkeit durch den Raum und kehrt nach einem Jahr wieder zurück. Mit Schrecken stellt sie fest, dass die Schwester eine alte Dame von achtzig Jahren geworden ist, sie selbst aber erst zweiunddreißig ist.

»Während Einsteins Theorien einen Teil der Grundlage der modernen Physik ausmachen«, schreibt Lincoln Barnett, »sind sie noch durchaus kein Teil der modernen Bildung. Es überrascht daher nicht, dass mancher Absolvent moderner Bildungsanstalten in Einstein einen mathematischen Surrealisten sieht und nicht den Entdecker kosmischer Gesetze von großer Tragweite für den zähen Kampf des Menschen um die Erkenntnis des Universums.«

Um die Relativität zu erklären, hat Einstein das bekannte Bild eines gradlinigen und gleichförmig fahrenden Zuges benutzt. Im mittleren Waggon sitzt ein Reisender, der nach beiden Richtungen entlang des Zuges Lichtstrahlen aussendet. Durch einen Spiegel kann er feststellen, dass die Lichtstrahlen am Anfang und Ende des Zuges gleichzeitig ankommen. Der Beobachter auf dem Bahnsteig bemerkt, dass der Strahl am ersten Waggon später ankommt als am letzten. Aus der Sicht dieses Beobachters dauert derselbe Vorgang – und die Lichtgeschwindigkeit ist ja konstant – länger als aus der Sicht des Reisenden.

In der Zeit, die das Licht vom Reisenden bis zum hinteren Spiegel benötigt, hat sich der Zug weiterbewegt, sodass die Strecke zwischen dem Spiegel und dem Auge des Beobachters kürzer geworden ist und der Strahl darum eher das Auge erreicht. Der vordere Spiegel ist inzwischen weiter entfernt vom Auge, der Weg also länger. Darum kommt der Strahl später beim Beobachter an. Logisch, sagt der Fachmann, doch der Laie muss erst ein wenig nachdenken, ehe es ihm dämmert.

Dieses Beispiel und das mit den Uhren zeigte, dass der seit Isaac Newton als unumstößlich geltende Lehrsatz vom absoluten Raum und der absoluten Zeit nicht mehr unumstößlich war. Dem englischen Naturforscher verdankte die Welt die Entdeckung der Gravitationsgesetze, des Spektrums, des Rückstoßprinzips; für ihn verfließt die Zeit vermöge ihrer Natur gleichförmig und ohne Beziehung auf irgendeinen äußeren Gegenstand; und der Raum befindet sich in Ruhe, er bildet die unveränderliche Bühne, auf der sich verschiedene physikalische Kräfte entfalten.

Einstein unternahm nun etwas, das die Anhänger Newtons

total verwirrte. Er erklärte die Lichtgeschwindigkeit für absolut und unveränderlich, eine universelle Naturkonstante also, nahm aber gleichzeitig Raum und Zeit ihre Absolutheit, er relativierte sie. Newtons Bewegungsgesetze jedenfalls galten nicht mehr – große Geschwindigkeiten vorausgesetzt. Als Einstein diese Erkenntnis eines Morgens nach einer schlaflosen Nacht niederschrieb, fiel es ihm wie Schuppen von den Augen: Mit einem Schlag schienen alle Widersprüche verschwunden, ließen sich die Gesetze der Physik in allen gleichförmig gegeneinander bewegten Systemen genau in der gleichen Weise formulieren. Vorher hatte er noch den seine Theorie störenden Äther beseitigt. Dieser feinste Stoff, so glaubte man, fülle den Weltraum aus und diene als Medium für die Ausbreitung des Lichts – analog zur Fortpflanzung der Schallwellen in der Luft. Die Versuche des amerikanischen Physikers Michelson und Einsteins Interpretation ergaben jedoch, dass es diesen Äther nicht geben konnte. Die heutige Physik lehrt, dass dem leeren Raum selbst die Eigenschaft zuzuschreiben sei, bestimmte physikalische Zustände anzunehmen.

Zahlreiche Experimente und Versuche haben seitdem Einsteins Theorie bestätigt, sodass sie heute zum gesicherten Schulwissen der physikalischen Wissenschaft gehören. Damals allerdings war das Echo keineswegs nur wohlklingend. Die Großen wie Max Planck und Arnold Sommerfeld erkannten sofort, dass es sich hier um eine sensationelle physikalische Erkenntnis handelte. Andere Gelehrte begriffen wenig oder wollten nichts begreifen. Noch 1931 hieß es in einer Veröffentlichung, die den Titel trug 100 AUTOREN GEGEN EINSTEIN: »Es scheint unfassbar, wie Mathematiker, Physiker, Philosophen, ja vernünftige Menschen überhaupt, sich derartiges auch nur vorübergehend einreden lassen konnten.«

Der Begriff *Relativitätstheorie* drang auch ins Volk ein, wovon zahlreiche Anekdoten zeugen. Da gibt es den New Yorker Autobusschaffner, der von einem Fahrgast gefragt wird, wie weit es noch bis zum Washington Square sei, und zur Antwort gibt: »Nach Einstein ist *weit* ein relativer Begriff, es kommt ganz darauf an, wie eilig Sie es haben.« Oder der Student, der während einer langweiligen Vorlesung immer wieder auf die Uhr schaut und seinem Banknachbarn zuraunt: »Noch zehn Minuten – eine Ewigkeit.« Derselbe Student sitzt auf einer Parkbank neben einer schönen jungen Frau, die ihm sagt, sie könne nur noch zehn Minuten bleiben. Darauf der Student: »Zehn Minuten – also nur einen Augenblick.«

Wer das Kabinett der Madame Tussaud in London besucht, begegnet ihm unweit des Eingangs: Dort steht er auf einem kleinen Podest, in dunklem Anzug mit Schlips und Kragen, in der rechten Hand ein Stück Kreide, hinter ihm eine Schiefertafel, auf der geschrieben steht: $E = mc^2$. Die berühmteste Formel der Welt erscheint in der Originalhandschrift. Die Wachsfigur Albert Einsteins ist so lebensecht, dass einige Besucher, wenn sie gedurft, ihn gern berührt hätten. Sie begnügen sich damit, die Formel laut zu wiederholen. Dass damit die Äquivalenz, die Gleichwertigkeit von Masse und Energie zum Ausdruck kommt, haben sie im Prospekt gelesen, verstanden haben sie es nicht.

Der Student, der sie führt, versucht es ihnen zu erklären. $E = mc^2$: also Energie gleich Masse mal Lichtgeschwindigkeit im Quadrat. »Da die Masse eines bewegten Körpers mit seiner Beschleunigung zunimmt«, sagt er und blättert in seinem Barnett, »und da die Beschleunigung nichts anderes als die Vermehrung der Bewegungsenergie des Körpers darstellt, kann man die Massenzunahme einfach auf eine Zunahme der Energie zurückführen. Kurzum: Energie hat Masse. Womit wir zu jener berühmten Formel gelangen: Energie gleich Masse mal Lichtgeschwindigkeit im Quadrat.« Er macht eine Pause, fragt, ob noch Fragen sind. Nein? Er fährt fort. »Diese Gleichung ermöglicht die Lösung vieler Probleme der Physik. Sie erläutert, wie radioaktive Substanzen mit enormer Geschwindigkeit Partikel ausstoßen und mit diesem Prozess noch Millionen Jahre lang fortfahren können. Sie erklärt ferner, weshalb die Sonne und die anderen Fixsterne noch Milliarden Jahre lang Licht und Wärme zu spenden vermögen.« Jetzt kommt der Satz, der die Besucher sehr nachdenklich macht. »Die Energiegleichung enthüllt auch das

Ausmaß der Energie, die in einem Atomkern verborgen ist, und lässt berechnen, welche Uranmenge eine Atombombe enthalten muss, um eine Stadt zu zerstören.«

Einstein war nach zehn Jahren zur *Allgemeinen Relativitätstheorie* vorgestoßen. Die geheimnisvollen Kräfte zu ergründen, die die Bahnen der Sterne, Sonnen, Monde, Meteore, Spiralnebel lenkten, sah er nun als seine Aufgabe an. Die *Spezielle Relativitätstheorie* war für ihn von nun an nichts als eine »Kinderei«. Der große Newton hatte diese Urkraft, die *Gravitation*, die Kraft der gegenseitigen Anziehung von Massen also, wie sie die Sonne zum Beispiel auf die Erde ausübt, die Erde auf den Mond usf., dem Raum zugeordnet. Für Einstein dagegen war das Gravitationsfeld keine Erscheinung im Raum, sondern eine Änderung des Raumes selbst. Das hieß: In der Nähe großer Massen ist der Raum stärker *gekrümmt* als in der Nähe kleiner Massen. Außerdem werde das Licht auf seinem Weg durch das All zur Erde, wenn es zum Beispiel das Schwerefeld der Sonne passiert, abgelenkt, *gebogen* – eine Behauptung, die besonders die englischen Forscher irritierte. Newtons Nachfahren wollten jedenfalls solche kühnen Theorien durch die Erfahrung bestätigt wissen, und dazu bot ihnen die Sonnenfinsternis des Jahres 1919 *die* Gelegenheit. Sie brachen auf nach Nordbrasilien und in den Golf von Guinea und fotografierten die Eklipse während ihrer gesamten Dauer. Im November desselben Jahres verkündete Sir Arthur Eddington in den Räumen der Royal Society in Burlington House zu London: »Nach sorgfältiger Überprüfung der fotografischen Platten darf ich Ihnen verkünden, dass Einsteins Prognose bestätigt werden kann.«

Die Kollegen aus Zürich feierten diesen Triumph des reinen Denkens mit einem ergreifenden Vierzeiler – geschrieben auf einer an den »Triumphator« gerichteten Postkarte.

»Alle Zweifel sind entschwunden,
Endlich ist es nun gefunden:
Das Licht, das läuft natürlich krumm
Zu Einsteins allergrößtem Ruhm.«

»Neue Theorie des Universums – Newtons Gesetze gestürzt«, schrieb die Times. Es war eine Schlagzeile, die um den ganzen Erdball ging. Einstein war mit einem Schlag berühmt, weltberühmt. Die Tatsache, dass eine Theorie von einem Deutschen formuliert worden war und von Engländern bestätigt, brachte die beiden Länder einander näher. Das bedeutete in den Jahren nach dem Ersten Weltkrieg viel; in einer Zeit, in der sich zum Beispiel die Franzosen weigerten, mit deutschen Wissenschaftlern zusammenzuarbeiten.

Die Postkarte mit dem Vierzeiler trug als Adresse Berlin-Dahlem, Ehrenbergstraße. Einstein hatte Zürich längst verlassen, wo er als Ordinarius für Theoretische Physik tätig gewesen war. Die Stellung dort war gut dotiert, die Stadt schön, der Freundeskreis groß – es lag eigentlich kein Grund vor, das alles aufzugeben. Max Planck von der Preußischen Akademie der Wissenschaften, der eigens von der Spree an die Limmat reiste, war es gelungen, ihn zu überreden, indem er ihm ein verlockendes Angebot machte: Mitgliedschaft in der berühmten Akademie (die Leibniz gegründet und Preußens Friedrich erneuert hatte), ein wesentlich höheres Gehalt, eine Professur an der Universität Berlin, die ihm alle akademischen Rechte sicherte, aber keine Pflichten auflud. Das Geld spielte, wie immer bei Einstein, eine geringere Rolle, wichtig war ihm Planck, dessen Arbeiten zur Strahlung er in der Lichtquantentheorie präzisiert hatte, wichtiger noch die Möglichkeit, in Zukunft nicht mehr lehren zu müssen, sondern nur noch forschen zu können. Dass Berlin sich zu einem Zentrum der Naturwissenschaften in der ganzen Welt entwickelt hatte, spielte auch eine Rolle bei seiner Zusage. Erwähnt seien Namen wie Walter Nernst, Heinrich Rubens, Emil Warburg, Fritz Haber, Lise Meitner, Otto Hahn, Gustav Hertz.

Auch ein sehr persönlicher Grund sprach für den Wechsel: *Cherchez la femme.* »Ich lebe ganz zurückgezogen«, schrieb Einstein an einen Kollegen, »und doch nicht einsam. Dank der Fürsorge einer Kusine, die mich ja überhaupt nach Berlin zog.« Sie hieß Elsa, und seine Zuneigung zu ihr wuchs in dem Maße wie die Abneigung gegen Milena.

Einstein hatte sich entschlossen, das »Abenteuer Berlin«, wie er es nannte, zu wagen. Er spürte eine gewisse Bangigkeit. »Die Herren Berliner«, sagte er 1914 bei einem Abschiedsessen in der Züricher Kronenhalle, »die spekulieren mit mir wie mit einem prämierten Legehuhn. Aber ich weiß nicht, ob ich noch Eier legen kann.« Er konnte.

Wichtige Arbeiten entstanden bereits in den beiden ersten Jahren: ERKLÄRUNG DER PERIHELBEWEGUNG DES MERKUR, FELDGLEICHUNGEN DER GRAVITATION und die Vollendung der Allgemeinen Relativitätstheorie. Sein Arbeitsplatz befand sich im gewaltigen Bau der Staatsbibliothek Unter den Linden. Das menschliche Klima war hier rauher, die Umgangsformen steifer, der Verkehrston förmlicher. Die Herren der Akademie ließen sich mit »Exzellenz« und »Herr Geheimrat« anreden. Einstein, der, wie Romain Rolland berichtete, nie umhin konnte, auch dem ernsthaftesten Gedanken eine scherzhafte Form zu geben, fühlte sich anfangs fremd hier. Humor war nicht gefragt. Andrerseits bewunderte er den Fleiß, die Hingabe an ihre Aufgabe, die Selbstlosigkeit, mit der diese »Preußen« selbst ihre ehrenamtlichen Positionen ausfüllten. Hier ließ sich's arbeiten, und die Arbeit war ihm das Wichtigste.

Am 1. August 1914, einen Tag, den der Sommer so vergoldete, als wolle er den Menschen zeigen, wie schön das Leben sein könnte, brach der Krieg aus. Von seinem Fenster aus konnte Einstein die vorbeimarschierenden Soldaten beobachten, deren Gewehre die Frauen mit Blumen geschmückt hatten. Ein patriotischer Rausch, eine ekstatische Gläubigkeit ergriff die Menschen. Einstein sah verstört, wie die Kollegen der Akademie und des Kaiser-Wilhelm-Instituts sich freiwillig meldeten, um als Soldaten oder als Mitarbeiter kriegswichtiger Industrien dem Vaterland zu dienen. Er wusste, dass sich das alles keineswegs auf Deutschland beschränkte.

»Die Gelehrten der verschiedenen Länder gebärden sich, wie wenn ihnen das Großhirn amputiert worden wäre«, schrieb er erbittert. »Sollten wirklich drei Jahrhunderte fruchtbarer Kulturarbeit die Europäer nicht weiter gefördert haben als vom religiösen Wahnsinn zum nationalen Wahn? Ist nicht das Häuflein emsiger Denkmenschen das einzige Vaterland, für das unsereiner etwas Ernsthaftes übrig hat?« Dieser Krieg werde keinen Sieger und keinen Besiegten haben.

Die allgemeine Kriegsbegeisterung, die in Kriegshysterie umschlug, stieß ihn in Berlin deshalb so ab, weil er Deutschland für den Aggressor hielt. Er schien aber nicht bereit zu sein, daraus Konsequenzen zu ziehen. »... fest steht, dass er eine überraschende Fähigkeit zeigte, seine linke Hand nicht wissen zu lassen, was die rechte tat«, schreibt der englische Einstein-Biograph Ronald W. Clark. »Die Physik ging allem anderen voran. Hätte er sich nur einmal die Mühe gemacht, darüber nachzudenken, er hätte auch dann in der Tatsache keinen Widerspruch gefunden, dass er gegen den Krieg loszog und gleichzeitig das Geld derer für die Wissenschaft verwendete, die den Krieg unterstützten.« Die Industriellen.

Einstein begriff sich nicht als Deutscher, fühlte sich auch nicht als Schweizer (trotz seines eidgenössischen Passes), er war ein Weltbürger aus Überzeugung. Ein Zuhause braucht jedoch der Mensch, und sein Zuhause war Berlin. Hier arbeitete die Elite der Physiker und Mathematiker, gaben sich die Nobelpreisträger die Klinke in die Hand. 1922 gehörte auch er zu dem erlauchten Kreis. Hier hatte er die fruchtbarsten Anregungen. Die Akademie bot ihm ideale Arbeitsbedingungen. Er vergaß auch nicht, dass es deutsche Wissenschaftler waren, die seine Arbeiten als Erste anerkannt hatten. Mit der deutschen Kultur war er aufgewachsen, und die deutsche Sprache hat er bis an sein Lebensende benutzt. Auf seinen vielen Reisen wurde er überall als Botschafter des guten Deutschlands begrüßt: Das Auswärtige Amt betrachtete ihn als einen Kulturfaktor ersten Ranges. Er wandte sich gegen die maßlosen Reparationszahlungen, die Deutschland auferlegt worden waren, und er protestierte gegen die auch nach dem Friedensschluss fortgesetzte Hungerblockade.

Die sogenannten völkischen Kreise haben es ihm schlecht gedankt. Sein Pazifismus war ihnen ein Greuel, sein Sozialismus entsetzte sie, außerdem war er Jude – und *die* waren bekanntlich an allem schuld. Ihr Antisemitismus machte auch vor seinen wissenschaftlichen Leistungen nicht Halt. Die eigens gegründete »Arbeitsgemeinschaft deutscher Naturforscher zur Erhaltung reiner Wissenschaft« bezeichnete die Relativitätstheorie als »jüdischen Weltbluff«, als eine entartete Wissenschaft. Einstein wehrte sich in Zeitungsartikeln und Diskussionen vehement. Von biblischem Zorn ergriffen, überschritt er gelegentlich die, nach Meinung der Kollegen, für einen Wissenschaftler geltenden Grenzen. Sie beschworen ihn, sich aus den Gazetten herauszuhalten, in denen er viel zu oft erschien, und die Politik als ein garstiges Geschäft zu betrachten.

»Ich komme mir vor wie jemand, der in einem guten Bett liegt und von Wanzen geplagt wird«, bemerkte Einstein sarkastisch, wenn er von »jenen« Kreisen sprach.

Der überwiegende Teil der Akademiemitglieder hielt zu ihm. Dankbar registrierte er die Offenen Briefe, mit denen ihm das kulturelle Berlin seine Solidarität bekundete. In den Goldenen Zwanzigern blühten nicht nur Wissenschaften und Technik, sondern auch das Theater, die Bildenden Künste, die Literatur, die Musik. Namen wie Leopold Jessner, Werner Krauß, Max Reinhardt, Thomas Mann, Gerhart Hauptmann, Max Liebermann, Erich Kleiber, Stefan Zweig, aber auch Siemens und Borsig hatten die Stadt an der Spree zu einer Metropole gemacht.

Einstein war inzwischen in die Wohnung seiner Cousine Elsa in Berlin-Schöneberg gezogen. Kurz nach dem Krieg heiratete er sie. Elsas Versuche, ihn an seinen Amouren zu hindern, waren vergebliche Liebesmüh. Der Schritt vom Wege wurde ihm von den Damen allzu leicht gemacht. Der Verlockung, ein Genie zum Liebhaber zu haben, konnten die meisten nicht widerstehen. Elsa resignierte schließlich und begnügte sich mit der Rolle der Assistentin und Chefsekretärin. Zum Meister vorzudringen hieß, Elsa zu überwinden. Sie schützte ihn auch vor den Belastungen durch seinen Ruhm: vor den Aufforderungen, hier eine Rede zu halten, dort ein Interview zu geben, einen Aufruf zu unterschreiben, jemanden zu unterstützen, jemanden zurückzuweisen, vor alldem, was man öffentliche Verpflichtungen nennt. Die »gute Seele« mag bisweilen übertrieben haben in ihrer Bemutterung, wie aus einem Brief des Gemahls hervorgeht.

»Ich habe mir fest vorgenommen, mit einem Minimum an medizinischer Hilfe ins Gras zu beißen, wenn mein Stündlein gekommen ist, bis dahin aber drauflos zu sündigen, wie es mir meine ruchlose Seele eingibt: Rauchen wie ein Schlot, Arbeiten wie ein Ross, Essen ohne Überlegung und Auswahl, Spazierengehen *nur* in wirklich angenehmer Gesellschaft, also leider selten, Schlafen unregelmäßig etc.«

Das Landhaus lag in Caputh, einem Flecken südlich von Potsdam, und der Blick aus den Fenstern ging weit über die märkische Seenlandschaft. Man schrieb den Dezember 1932, als Einstein die Türen und Fenster verschloss und zu seiner Frau sagte: »Schau dir alles gut an. Du wirst es niemals wiedersehen.« Elsa lachte. Das war wieder einmal eine seiner verrückten Ideen. Sie fuhren nach Berlin und reisten vom Lehrter Bahnhof mit dem Wagon-Lit nach Antwerpen. Von dort ging es per Schiff in die USA, sprich Kalifornien. Bei der letzten Überseereise hatten sie in New York einen Zwischenstop eingelegt und entsannen sich nun, mit welcher Begeisterung sie dort empfangen worden waren. Die Reporter waren über ihre Kabinen hergefallen wie die Heuschrecken und hatten sich nicht genug wundern können, dass Mr. Einstein kaum Englisch sprach (»Mit dieser Sprache habe ich ein Leben lang Kriege geführt...«) und dass Mrs. Einstein für jedes Foto drei Dollar nahm. 1000 Dollar waren auf diese Art zusammengekommen und wurden umgehend dem Berliner Armenfonds überwiesen. Fünf turbulente Tage waren das gewesen mit Banketten, Reden, Ehrungen, Parties ohne Zahl, der Verleihung der Ehrenbürgerrechte. John D. Rockefeller hatte sie zum Tee gebeten, Toscanini in die Met, die Geistlichen der Riverside-Kirche zur Besichtigung einer Einstein-Statue.

Seinem dritten Aufenthalt in Kalifornien sah er nun mit einigem Bangen entgegen. In Los Angeles kam es zu einer Massenhysterie, als er mit Charlie Chaplin die Premiere von dessen neuem Film CITY LIGHTS besuchte. »Mir jubeln sie zu, weil mich jeder versteht«, sagte Chaplin, »und Ihnen, lieber Professor, weil Sie keiner versteht.« Und wieder forderten die Reporter ihn auf, die Relativitätstheorie in einem Satz zu erklären. Das Bangen bezog sich auch darauf, dass Mr. Millikan, der Direktor des California Institute of Technology ihn gebeten hatte, den Mund zu halten, wenn es um nichtwissenschaftliche Dinge ging. Sein Pazifismus in Ehren, aber es gehe nicht an, die jungen Amerikaner aufzufordern, den Wehrdienst zu verweigern (A.E.: »Wenn das in allen Ländern nur zwei Prozent tun, könnten die Regierenden keine Kriege mehr führen ...«). Ständig für den Zionismus einzutreten gehöre auch nicht zu den Aufgaben eines Wissenschaftlers.

Die Woman Patriotic Corporation hatte ihn ohnehin schon im Visier, weil er Stalins Schauprozess verteidigt und für die kommunistische Arbeiterhilfe gespendet hatte. Anderen konservativen Gruppierungen waren seine kosmischen Phantastereien suspekt. Millikan gelang es, seine millionenschweren Gönner zu beruhigen. Es begann nun ein förmliches Tauziehen um den Mann aus Deutschland. Daran beteiligt waren das »High Tech« im kalifornischen Pasadena, das neu gegründete Institute for Advanced Study in Princeton an der Ostküste, zahlreiche Universitäten im ganzen Land. Die Preußische Akademie wollte ihn keineswegs ganz verlieren. Ein halbes Jahr in Deutschland, ein halbes Jahr in Amerika, dieser Kompromiss stand im Raum.

Und dann kam Hitler...

Albert Einstein, der die nationalsozialistische Bewegung ursprünglich nur als eine Folgeerscheinung der wirtschaftlichen Notlage angesehen hatte, als eine Kinderkrankheit der Republik sozusagen, eine Meinung, mit der er in Deutschland nicht allein stand, nahm sofort eindeutig Stellung. In einem Interview mit dem New York World Telegram sagte er: »Solange mir eine Möglichkeit offen steht, werde ich mich nur in einem Land aufhalten, in dem politische Freiheit, Toleranz und Gleichheit aller Bürger vor dem Gesetz herrschen. Diese Bedingungen werden gegenwärtig in Deutschland nicht erfüllt. Es werden dort diejenigen verfolgt, die sich um die Pflege internationaler Verständigung verdient gemacht haben, darunter einige der führenden Künstler.« Er hoffe, dass in Zukunft die großen Männer wie Kant und Goethe nicht nur gelegentlich gefeiert werden, sondern dass sich auch ihre Grundsätze im öffentlichen Leben und im allgemeinen Bewusstsein durchsetzen. Er forderte die zivilisierte Welt zu einer moralischen Intervention auf, aber »es wäre ein großer Fehler, in eine generell anti-deutsche Agitation zu verfallen«.

Am 28. März 1933 erklärte Einstein seinen Austritt aus der Preußischen Akademie der Wissenschaften. »Die Akademie hat mir neunzehn Jahre lang die Möglichkeit gegeben, mich frei von jeder beruflichen Verpflichtung wissenschaftlicher Arbeit zu widmen. Ich weiß, in wie hohem Maße ich ihr zu Dank verpflichtet bin. Ungern scheide ich aus ihrem Kreise, auch der Anregungen und der schönen menschlichen Beziehungen wegen, die ich während dieser langen Zeit als ihr Mitglied genoss und stets hoch schätzte.«

Max Planck war erleichtert, hatte der Freund der Akademie doch die Schande erspart, ihn ausschließen zu müssen. Im Kultusministerium war man wütend; zu gern hätte man mit einem Rausschmiss den »Tag des Judenboykotts« gekrönt. Max von Laue, einer der großen deutschen Physiker, hatte als Einziger die Zivilcourage, eine Sondersitzung der Akademie einzuberufen, auf der die Mitglieder durch ihr Votum dokumentieren sollten, welch eine geniale Persönlichkeit sie mit Einstein verlören. Der Antrag wurde abgelehnt. Wenig später hätten die Akademiker von ihren Fenstern aus ein Spektakel beobachten können, wie die westliche Welt es seit dem Ausgang des Mittelalters nicht mehr erlebt hatte: die Bücherverbrennung. »Brenne Kurt Tucholsky!«, »Brenne Thomas Mann!«, »Brenne Stefan Zweig!«. Und: »Brenne Albert Einstein!« Die Konten Einsteins wurden gesperrt, das Haus in Caputh beschlagnahmt, die sonstige Habe geplündert. In einer Broschüre mit dem Titel JUDEN SEHEN DICH AN – EINE GALERIE VON VOLKSVERDERBERN stand unter seinem Foto: UNGEHÄNGT.

»Princeton ist ein wundervolles Stückchen Erde und dabei

ein ungemein drolliges zeremonielles Krähwinkel stelzbeiniger Halbgötter«, schrieb Einstein 1935. In diesem Städtchen, das von New York so bequem zu erreichen war, dessen Universitätsgebäude englischer waren als die in Oxford und wo auch die Professoren noch ein bisschen britischer zu sein versuchten, hier hatte der Unbehauste ein holzverkleidetes Haus im Kolonialstil bezogen. 112 Mercerstreet gehörte bald zu den bekanntesten Adressen der USA: Hier trafen die Hilferufe der von den Nazis aus ihren Stellungen gejagten Wissenschaftler ein, der Schauspieler und Regisseure, die hier so unbekannt wie sie in Deutschland berühmt waren, der Autoren, die keine Tantiemen mehr bezogen, der Musiker ohne Engagement, der Mediziner, denen man ihre Praxis genommen – sie alle waren verzweifelte Opfer, und sie alle hofften, dass *er* ihnen half.

Einstein schnorrte bei den amerikanischen Millionären, zweigte Dollars von seinem Gehalt ab, schoss Reisekosten vor, half bei der Beschaffung von Einwanderungspapieren, gründete Hilfskomitees, wandte sich an die Kirchen, appellierte an das Gewissen der wohlgesinnten Menschen und musste bald einsehen, dass sein »Vermittlungsbüro für Verfolgte«, wie er es nannte, überfordert war.

Er gehörte auch in Princeton zu den Professoren, die forschen konnten, ohne lehren zu müssen. Tagtäglich wanderte er die baumbestandene Allee entlang in sein Institut, wo im Kaminsims des Common Room sein berühmtes Wort verewigt wurde: »Raffiniert ist der Herrgott, aber boshaft ist er nicht.« Er glaubte an einen Gott, der sich in der Harmonie des Seienden offenbart, doch mit dem Schicksal und den Handlungen der Menschen gebe sich der Alte da oben nicht ab.

Die anfangs reservierten Bürger der Universitätsstadt begannen sich an den Mann mit der langen weißen Mähne zu gewöhnen, dessen Englisch so schwer zu verstehen war. Geschichten und Geschichtchen erzählten sie sich am Kamin: Dass er der Tochter eines Nachbarn bei der Mathematikarbeit geholfen habe, für die sie die Note »mangelhaft« kassierte; und dass der Dekan, der einem Anrufer beschied, es sei ihm verboten, Einsteins Adresse zu nennen, zur Antwort bekam: »Aber ich bin Einstein. Also wo liegt mein Haus?«

Aber der Professor war nicht vertrottelt, sondern nur hochgradig zerstreut, auch wenn seine große Zeit vorbei zu sein schien. Die jüngeren Physiker verstanden nicht, warum er sich mit solchem Starrsinn gegen die Quantenmechanik eines Niels Bohr und Heisenberg wandte und sich damit vom Hauptstrom der theoretischen Physik entfernte. Seiner magischen Ausstrahlung waren sie dennoch erlegen. Sie bewunderten die Einfachheit seines Denkens und dass sein methodisches Vorgehen ästhetisch und intuitiv sei. Der größte Physiker seit Newton war nicht so sehr Wissenschaftler, sondern ein Künstler. Aber es gab nicht wenige, die in ihm nichts anderes sahen als ein historisches Relikt.

Am 2. August 1939 bekam Einstein auf seinem Sommersitz in Peconic Grove auf New Island Besuch. Leo Szilard, ein ungarischer Physiker, den er noch aus seiner Berliner Zeit kannte, setzte ihm in einem mehrstündigen Gespräch auseinander, dass die Menschheit einer furchtbaren Gefahr entgegengehe. Otto Hahn war es im Kaiser-Wilhelm-Institut für Chemie gelungen, wie Einstein wisse, den Kern des Uran-Atoms in zwei Teile zu spalten. Würde es den Deutschen gelingen, und die Wahrscheinlichkeit sprach dafür, die bei der Kernspaltung frei werdenden ungeheuren Energien militärisch zu nutzen, sprich eine Atombombe zu bauen, so würde Hitler sie zweifellos einsetzen. Gemeinsam entwarfen sie einen Brief an Präsident Roosevelt, in dem die Notwendigkeit betont wurde, Experimente in Angriff zu nehmen, mit dem Ziel die *allerletzte Waffe* zu entwickeln.

»Die Wahrscheinlichkeit, dass die Deutschen an demselben Problem mit Aussichten auf Erfolg arbeiten dürften, hat mich zu diesem Schritt gezwungen«, schrieb Einstein. »Es blieb mir nichts anderes übrig, obwohl ich stets ein überzeugter Pazifist gewesen bin.«

Das »Manhattan Project« wurde gestartet. Mit dem Ergebnis, dass am 6. August 1945 in der japanischen Stadt Hiroshima 200000 Menschen umkamen. Eine B-52 hatte um 8.15 Uhr eine

Uraniumbombe abgeworfen. Der Mann, der den verhängnisvollen Brief geschrieben hatte, befand sich zu dieser Stunde in seinem Ferienort am Saranac Lake im Norden des Staates New York. Als er die Nachricht im Radio hörte, sagte er zu seiner Sekretärin: »Oh weh.«

Selbst wenn es keine direkte Linie gibt zwischen der Formel $E = mc^2$ und der Bombe, selbst wenn die Wissenschaftler davon überzeugt sind, dass die USA auch ohne Einsteins Anregung die Waffe konstruiert hätten: Im Bewusstsein der Öffentlichkeit galt er als der eigentliche Urheber. Jetzt hatten die Physiker die Sünde kennen gelernt, und das Wissen würde sie nie mehr verlassen. Die Tatsache, dass er zu einer Entwicklung beigetragen hatte, wie sie die Menschheit bis dahin nicht gekannt, hat Einstein seelisch gewiss belastet. Davon zeugen seine Rechtfertigungsversuche. Dem zweifachen Nobelpreisträger Linus Pauling gegenüber bekannte er, es sei ein großer Fehler gewesen, den Brief an Roosevelt zu schreiben. Und der Atomphysiker Werner Heisenberg, der es wissen musste, bezeichnete es als »eine weit verbreitete Legende, dass auch in Deutschland die Produktion von Atombomben versucht worden sei«.

Die letzten zehn Jahre verlebte Einstein in Princeton. Im Unruhestand. Unruhig wurde er sofort dann, wenn er die Freiheit des Individuums bedroht sah, durch die Gesinnungsschnüffelei eines McCarthy zum Beispiel, und er empfahl den Verfolgten, einfach die Aussage zu verweigern. Oder er nahm öffentlich Stellung zum Irrsinn des Wettrüstens der Großmächte, das den Kalten Krieg einem heißen Krieg tagtäglich näher brachte; oder gegen den Numerus clausus, mit dem amerikanische Universitäten die Zahl jüdischer Studenten und Professoren zu beschränken suchten. Die UNO kritisierte er wiederholt, weil sie über das Stadium einer bloß moralischen Autorität noch nicht hinausgekommen sei. Den Arabern im neu gegründeten Staat Israel empfahl er Geduld und den Israelis Besonnenheit. Das Angebot, als Staatspräsident nach Jerusalem zu gehen, lehnte er ab, weil ihm die Rücksichtslosigkeit eines Politikers fehle. Den Deutschen gegenüber blieb er unversöhnlich: Sie hatten seine jüdischen Brüder in Europa hingemordet und unermessliche Schuld auf sich geladen.

Was wichtig im Leben sei, wurde er 1955, in seinem letzten Jahr, gefragt. »Wichtig ist, nie mit dem Fragen aufzuhören. Die Neugierde hat ihre eigene Existenzberechtigung.« Und welche Eigenschaften müsse der Mann haben, den das Institut in Princeton zu seinem Nachfolger mache? »Suchen Sie nach einem sehr ruhigen Mann, der die Leute nicht stört, die zu denken versuchen...«

Verzeichnis der Abbildungen auf dem Umschlag

Von links nach rechts:

1. Reihe:
Albert Einstein. *Einstein bei seiner Ankunft in New York.*
   Photo 1930. Photo: AKG Berlin
Otto von Bismarck. *Bismarck an seinem Schreibtisch in
   Friedrichsruh.* Photographie, 27. Dezember 1886, koloriert.
   Photo: AKG Berlin
Friedrich II. (der Große). *Bildnis.* Gemälde von Franz Dudde.
   Photo: AKG Berlin
Johann Wolfgang von Goethe. *Portrait.* Gemälde von Joseph
   Stieler. Photo: AKG Berlin

2. Reihe:
Johannes Gutenberg. Kolorierte Postkarte nach einem Gemälde
   unbekannter Herkunft.
Alexander Freiherr von Humboldt. *Portrait.* Gemälde von
   Joseph Stieler. Photo: AKG Berlin
Friedrich II. *Friedrich II.* Kupferstich, altkoloriert, nach einem
   Gemälde von Philipp Veit. Photo: AKG Berlin

3. Reihe:
Otto I. (der Große). *Otto der Erste/Römischer Kaiser.*
   Punktierstich von Gottlieb Boettger d. Ä. Photo: AKG
   Berlin

4. Reihe:
Robert Koch. *Portraitaufnahme* (undatiert). Photo: AKG Berlin

5. Reihe:
Nikolaus Copernicus. *Portrait*. Gemälde, anonym. Photo: AKG Berlin/Erich Lessing
Karl Marx. *Portraitaufnahme*, 1867. Photo: AKG Berlin

6. Reihe:
Martin Luther. *Portrait, Luther als Reformator*. Gemälde von Lucas Cranach d. Ä. Photo: AKG Berlin
Friedrich von Schiller. *Portrait*. Gemälde von Johann Friedrich August Tischbein. Photo: AKG Berlin/Erich Lessing
Richard Wagner. *Portrait*. Gemälde von Franz von Lenbach. Photo: AKG Berlin

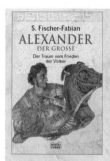

Alexander der Große	Karl der Große	Die ersten Deutschen
3-404-64152-3	3-404-61493-3	3-404-64192-2

Geschichte zum Anfassen präsentiert von

S. Fischer-Fabian

Die deutschen Kaiser	Ritter, Tod und Teufel	Herrliche Zeiten
3-404-64197-3	3-404-64204-X	3-404-64206-6